普通高等教育土建学科专业"十一五"规划教材

21世纪交通版高等学校教材

Qiaoliang Shigong ji Zuzhi Guanli

桥梁施工及组织管理

（第二版）

下册

邬晓光　主　编

姚玉玲　副主编

王首绪　主　审

人民交通出版社

内 容 提 要

　　本书为普通高等教育土建学科专业"十一五"规划教材，为原教材《桥梁施工及组织管理》一书之下册的修订版，修订后分八章，其内容是根据面向 21 世纪交通版高等学校教材《桥梁施工及组织管理》的大纲编写的。书中全面系统地阐述了桥梁施工各阶段的组织管理工作，重点介绍了桥梁施工招标与投标管理、桥梁开工前的准备工作、桥梁施工组织设计编制方法及内容、施工过程组织及流水施工组织原理、网络计划技术、桥梁工程概预算与标底及报价的编制，以及桥梁施工管理等内容。

　　本书可作为土木工程专业(桥梁方向)、道路桥梁与渡河工程专业"桥梁施工组织与概预算"必修课程的专业课教材，亦可作为有关院校公路与交通工程专业师生的教学参考书，对桥梁工程建设各个部门的技术管理人员也有参考意义。

图书在版编目(CIP)数据

桥梁施工及组织管理. 下册/邬晓光主编. —2 版.
—北京：人民交通出版社，2008.10
ISBN 978-7-114-07425-7

Ⅰ. 桥…　Ⅱ. 邬…　Ⅲ. ①桥梁工程—施工组织—高等学校—教材②桥梁工程—工程施工—高等学校—教材　Ⅳ. U445

中国版本图书馆 CIP 数据核字(2008)第 153953 号

普通高等教育土建学科专业"十一五"规划教材
21 世纪交通版高等学校教材

书　　名：	**桥梁施工及组织管理(第二版)下册**
著 作 者：	邬晓光
责任编辑：	曲　乐
出版发行：	人民交通出版社
地　　址：	(100011)北京市朝阳区安定门外外馆斜街 3 号
网　　址：	http://www.ccpress.com.cn
销售电话：	(010)59757973
总 经 销：	人民交通出版社发行部
经　　销：	各地新华书店
印　　刷：	北京鑫正大印刷有限公司
开　　本：	787×1092　1/16
印　　张：	21.5
字　　数：	528 千
版　　次：	1999 年 1 月　第 1 版　2008 年 10 月　第 2 版
印　　次：	2022 年 1 月　第 2 版　第 9 次印刷　总第 17 次印刷
书　　号：	ISBN 978-7-114-07425-7
定　　价：	39.00 元

(有印刷、装订质量问题的图书由本社负责调换)

总　序

当今世界，科学技术突飞猛进，全球经济一体化趋势进一步加强，科技对于经济增长的作用日益显著，教育在国家经济与社会发展中所处的地位日益重要。进入新世纪，面对国际国内经济与社会发展所出现的新特点，我国的高等教育迎来了良好的发展机遇，同时也面临着巨大的挑战，高等教育的发展处在一个前所未有的重要时期。其一，加入WTO，中国经济已融入到世界经济发展的进程之中，国家间的竞争更趋激烈，竞争的焦点已更多地体现在高素质人才的竞争上，因此，高等教育所面临的是全球化条件下的综合竞争。其二，我国正处在由计划经济向社会主义市场经济过渡的重要历史时期，这一时期，我国经济结构调整将进一步深化，对外开放将进一步扩大，改革与实践必将提出许多过去不曾遇到的新问题，高等教育面临加速改革以适应国民经济进一步发展的需要。面对这样的形势与要求，党中央国务院提出扩大高等教育规模，着力提高高等教育的水平与质量。这是为中华民族自立于世界民族之林而采取的极其重大的战略步骤，同时，也是为国家未来的发展提供基础性的保证。

为适应高等教育改革与发展的需要，早在1998年7月，教育部就对高等学校本科专业目录进行了第四次全面修订。在新的专业目录中，土木工程专业扩大了涵盖面，原先的公路与城市道路工程，桥梁工程，隧道与地下工程等专业均纳入土木工程专业。本科专业目录的调整是为满足培养"宽口径"复合型人才的要求，对原有相关专业本科教学产生了积极的影响。这一调整是着眼于培养21世纪社会主义现代化建设人才的需要而进行的，面对新的变化，要求我们对人才的培养规格、培养模式、课程体系和内容都应作出适时调整，以适应要求。

根据形势的变化与高等教育所提出的新的要求，同时，也考虑到近些年来公路交通大发展所引发的需求，人民交通出版社通过对"八五"、"九五"期间的路桥及交通工程专业高校教材体系的分析，提出了组织编写一套21世纪的具有鲜明交通特色的高等学校教材的设想。这一设想，得到了原路桥教学指导委员会几乎所有成员学校的广泛响应与支持。2000年6月，由人民交通出版社发起组织全国面向交通办学的12所高校的专家学者组成21世纪交通版高等学校教材(公路类)编审委员会，并召开第一次会议，会议决定着手组织编写土木工程专业具有交通特色的**道路专业方向、桥梁专业方向以及交通工程专业**教材。会议经过充分研讨，确定了包括**基本知识技能培养层次、知识技能拓宽与提高层次**以及**教学辅助层次**在内的约130种教材，范围涵盖**本科与研究生用**教材。会后，人民交通出版社开始了细致的教材编写组织工作，经过自由申报及专家推荐的方式，近20所高校的百余名教授承担约130种教材的主编工作。2001年6月，教材编委会召开第二次会议，全面审定了各门教材主编院校提交的教学大纲，之后，编写工作全面展开。

21世纪交通版高等学校教材编写工作是在本科专业目录调整及交通大发展的背景下展开的。教材编写的基本思路是：(1)顺应高等教育改革的形势，专业基础课教学内容实现与土木工程专业打通，同时保留原专业的主干课程，既顺应向土木工程专业过渡的需要，又保持服务公路交通的特色，适应宽口径复合型人才培养的需要。(2)注重学生基本素质、基本能力的培养,为学生知识、能力、素质的综合协调发展创造条件。基于这样的考虑,将教材区分为二个主层次与一个辅助层次,即基本知识技能培养层次与知识技能拓宽与提高层次,辅助层次为教学参考用书。工作的着力点放在基本知识技能培养层次教材的编写上。(3)目前,中国的经济发展存在地区间的不平衡,各高校之间的发展也不平衡,因此,教材的编写要充分考虑各校人才培养规格及教学需求多样性的要求,尽可能为各校教学的开展提供一个多层次、系统而全面的教材供给平台。(4)教材的编写在总结"八五"、"九五"工作经验的基础上,注意体现原创性内容,把握好技术发展与教学需要的关系,努力体现教育面向现代化、面向世界、面向未来的要求,着力提高学生的创新思维能力,使所编教材达到先进性与实用性兼备。(5)配合现代化教学手段的发展,积极配套相应的教学辅件,便利教学。

教材建设是教学改革的重要环节之一,全面做好教材建设工作,是提高教学质量的重要保证。本套教材是由人民交通出版社组织,由原全国高等学校路桥与交通工程教学指导委员会成员学校相互协作编写的一套具有交通出版社品牌的教材,教材力求反映交通科技发展的先进水平,力求符合高等教育的基本规律。各门教材的主编均通过自由申报与专家推荐相结合的方式确定,他们都是各校相关学科的骨干,在长期的教学与科研实践中积累了丰富的经验。由他们担纲主编,能够充分体现教材的先进性与实用性。本套教材预计在二年内完全出齐,随后,将根据情况的变化而适时更新。相信这批教材的出版,对于土木工程框架下道路工程、桥梁工程专业方向与交通工程专业教材的建设将起到有力的促进作用,同时,也使各校在教材选用方面具有更大的空间。需要指出的是,该批教材中研究生教材占有较大比例,研究生教材多具有较高的理论水平,因此,该套教材不仅对在校学生,同时对于在职学习人员及工程技术人员也具有很好的参考价值。

21世纪初叶,是我国社会经济发展的重要时期,同时也是我国公路交通从紧张和制约状况实现全面改善的关键时期,公路基础设施的建设仍是今后一项重要而艰巨的任务,希望通过各相关院校及所有参编人员的共同努力,尽快使全套21世纪交通版高等学校教材(公路类)尽早面世,为我国交通事业的发展做出贡献。

21世纪交通版

高等学校教材(公路类)编审委员会

人民交通出版社

2001年12月

前　　言

随着我国对公路基础设施,特别是对高速公路建设投资力度的增大,公路工程建设出现了一直高速发展的态势。桥梁作为公路工程的重要组成部分,尤其是山区高速公路和跨海工程项目,主要组成是桥梁与隧道工程建设项目。为了适应高速公路向山区和海上发展的新形式,21世纪交通版高等学校教材编审委员会,研究确定了修订原教材《桥梁施工及组织管理》(下册)。本书是根据该委员会审定的教材修订大纲编写的,教学计划按36学时左右讲授,修订后的下册教材共分为八章,比原教材增加了桥梁施工组织管理概论、桥梁施工招标与投标管理、桥梁开工前的准备工作及桥梁工程施工标底和投标报价的编制方法等现代桥梁施工组织管理的重要内容。

本书由长安大学公路学院邬晓光主编,并编写第一章绪论、第二章桥梁施工招投标管理、第三章桥梁开工前的准备工作、第四章桥梁施工组织设计、第六章网络计划技术;长安大学公路学院姚玉玲任副主编,并编写了第五章施工过程组织及流水施工原理,第七章桥梁工程概预算及标底、报价编制,第八章桥梁施工管理;长沙理工大学交通学院王首绪主审。21世纪交通版高等学校教材编审委员会和人民交通出版社,为本书的修订工作给予了热情帮助和大力支持;同时本书在编写过程中参考了大量的文献,无论书中列出与否,在此一并表示衷心的感谢!

由于编者水平有限,书中肯定存在许多不妥之处,敬请使用本书的读者,给予批评、指正。

邬晓光

2008年3月2日

目　　录

第一章 绪 论

第一节 现代桥梁施工研究对象

桥梁施工应包括:选择施工方法,进行必要的施工演算,选择或设计、制作施工机具设备,选购与运输建筑材料,安排水、电、动力、生活设施以及施工计划,组织与管理等方面的事务。施工是一项复杂且涉及面很广的工作,上至天文、气象,下至工程地质、水文、地貌、机械、电器、电子、管理等各项领域;同时与人的因素,与地方政府的关系密切。因此,现代大型桥梁工程施工,应由多种行业的技术管理人员及工人协力完成,其研究对象不仅包括桥梁施工技术,而且包括桥梁施工组织管理。

一、桥梁施工技术

桥梁施工技术是指桥梁的建造方法,它着重研究桥梁施工技术方案和保证技术方案实施所必须采取的技术措施。它的实质就是研究施工方案的选择以及保证技术方案的实施。例如预应力混凝土连续桥梁上部构造的施工方法有就地浇筑法、悬臂施工法、逐孔施工法、移动模架施工法、顶推法等多种施工方案。我们必须按桥梁设计构思、工期、造价、施工队伍的素质、设备、机具和施工现场的具体条件等多种因素,认真仔细地进行方案比较,从中选取最佳施工技术方案。同时必须在模板、混凝土的供应、施工机具、吊装等方面采取相应的技术措施,以便保证施工技术方案的实施。

桥梁施工技术内容还包括施工顺序的确定。施工顺序是指单位工程中各分部、分项工程施工的先后次序,它既是一种客观规律的反映,也包含了人为的制约关系。换句话说,确定施工顺序时要考虑工艺顺序和组织关系。工艺顺序是客观规律的反映,无法改变。组织关系是人为的制约的关系,可以调整优化。因此,确定施工顺序时,在保证工程质量和施工安全的前提下,力求做到充分、合理利用空间,争取时间,实现缩短工期、降低成本、提高施工的经济效益。确定施工顺序时,需要考虑以下因素。

1. 施工工艺的要求

各施工过程之间客观上存在着一定的工艺顺序关系,它随结构构造、施工方法与施工机械的不同而不同。在确定施工顺序时,不能违背,而必须遵循这种关系。

2. 施工方法和施工机械的要求

施工顺序与采用的施工方法和施工机械协调一致。例如,连续按顶推的施工方法和按先简支后连续的施工方法施工时,在施工顺序方面就有很大的差异,这种差异不仅表现在梁体的预制、预应力束的张拉顺序、梁体安装方面,而且连基础、墩台、桥头引道的施工顺序安排也不完全相同。

3. 施工组织的要求

有时施工顺序可能有几种方案,应从施工组织的角度进行分析、比较,选择最经济合理、有利于施工和开展工作的方案。

4. 施工质量的要求

在安排施工顺序时,要以能确保工程质量为前提。当影响工程质量时,要重新安排施工顺序或采取必要的技术措施,技术措施本身就改变了原来的顺序。

5. 当地气候条件的要求

雨季和旱季,河中基础施工顺序差异很大,进而影响到桥墩升高顺序的改变,有时甚至影响到梁体安装的顺序。在南方,应当考虑雨季的特点;在北方,应当考虑冬季的施工特点。在安排施工顺序时,要将某些项目安排在冬季或雨季,而在冬季或雨季到来之前,有些项目必须完成,因此这些项目在冬季或雨季不能施工。由此可见,气候条件会对施工顺序有很大的影响。

6. 安全技术的要求

合理的施工顺序,必须使各施工过程的搭接不致引起安全事故。

二、桥梁施工组织管理

桥梁施工技术是指桥梁建造方法。在进行桥梁初步设计时就应确定工程的基本施工方法;在工程施工中,结合已有的机具设备和施工能力,制订各施工阶段的施工程序和施工文件。组织管理是从施工管理上,制订周密的施工计划,确保在规定的工期内优质、安全地完成设计图纸所要求的工程内容。桥梁施工组织管理的研究对象大致可以分为以下几个方面。

1. 确认工程项目,进行现场布置

工程的建设单位、设计部门和施工承包单位具有生效的承包合同,包括确定工期、工程数量、工程费用等。施工单位进场后要明确施工现场,了解现场地理位置、水电资源、工程地点的气象条件等,用以确定施工现场的生产场地和生活设施,并进行合理布局。

2. 制订工程进度计划

根据施工技术要求和有关重要事项,依照完工期限和气象、水文等条件制订分项工程进度计划和整体工程进度计划,它是施工组织管理的总纲领。

3. 安排人事劳务计划

根据各施工阶段的进度和施工内容,确定各阶段所需的技术人员、技工及劳务工的计划;同时确定工程管理机构和职能干部,负责各方面的事务。

4. 临时设施计划

确定工程施工中所需的生产性和非生产性的临时设施的类别、数量和所需时间。生产性临时设施包括构件预制厂、栈桥、便道、运输线、临时墩等;非生产性临时设施包括办公室、仓库、宿舍等。

5. 机具设备施工计划

它包括各施工阶段所需机具设备的种类、数量、使用时间等,以便制订机具设备的购置、制作和调拨计划。

6. 材料及运输计划

根据计划编制材料供应计划,安排材料、设备和物资的运输计划。

7. 工程财务管理

包括工程的预算、资金的使用概算、各种承包合同、施工定额、消耗定额等方面的管理。

8. 安全、质量与卫生管理

包括各种作业的安全措施,安全检查与监督,工地现场保卫,施工质量验收制度,工程监理

和环境卫生,生活区的卫生等。

桥梁施工技术与组织管理在内容上是有区别的,但在实际工作中关系是密切的。施工技术是保证工程能按设计进行施工,只有严格的组织管理才能圆满地按照承包合同完成工程。桥梁施工组织管理是一门重要的管理科学,以往常被施工单位所忽视,而采取放任自流的态度。现代桥梁施工过程中,不少工程项目重视科学管理,讲求经济核算,从而提高了经济效益。

第二节　施工管理含义

一、施工管理的概念

施工管理,就是指对工程项目施工的计划、组织、指挥、控制、协调和激励的全过程。

1. 计划

计划,是指人们通过调查研究和预测,对工程项目施工要达到的目标作出的预先设想,以及为实现这些目标所预先作出的谋划与安排。目标明确、计划切实可行才能动员群众、组织群众,对施工活动起指导作用,从而获得最佳的经济效益。

2. 组织

组织,是指为了实现目标,建立权利的正式机构和组织体系,并规定其各级的职责范围和协作关系。组织过程包括:确定实现目标所必须进行的全部工作,以及为此而设立相应的组织机构。不同的目标由不同的方式来完成;分配给每一个成员以适当的工作,使每项工作能由最合适的人来完成,并且其工作量的大小应恰到好处;协调各级组织和各个成员的工作,形成统一整体;规定管理人员的等级制度、联络人员等。

3. 指挥

指挥,是指对各类人员发出命令、指派任务、提出要求、限期完成。

控制,是指对计划的执行情况进行跟踪检查、考核,找出偏差,进行分析,采取措施,将原计划作以调整,保证目标按计划实现。控制必须具备的条件是标准、信息、措施。没有标准就没有衡量的依据,信息不通就无法知道偏差,措施不力就不能达到目标。一个可靠而有效的控制系统的特点是:提供信息准确、迅速,采取校正措施及时,控制点在关键部位上。

4. 协调

协调,是指对企业内部各部门、各单位,对各项施工活动,通过联系、磋商和调度等方式,谋求形成良好的配合关系,只有通过协调,分析矛盾,解决矛盾,才能消除和克服彼此脱节的现象,争取卓有成效地实现施工目标和任务。

5. 激励

激励,是指对职工进行的教育和鼓励。

所以,管理的定义又可叙述为:在一定的社会生产条件下,人们依照某些原则、程序和方法对管理对象的诸要素(人、物、资金、信息、空间、时间)及其运动过程,加以计划、组织、指挥、控制等,以达到预期的目的,这就是管理。

二、施工管理的内容

桥梁施工管理的主要内容包括:施工经营管理、施工组织管理、工程造价管理、施工生产管理等。

1. 施工经营管理

施工经营管理的主要内容为：施工招投标管理；经营商品化建筑材料和配件及施工机具设备；技术咨询和对外服务；联合经营及其他兼营等。

2. 施工组织管理

施工组织管理的主要内容为：桥梁开工之前的各项准备工作；桥梁各类施工组织设计；流水施工组织原理与应用；施工组织网络计划技术等。

3. 工程造价管理

（1）桥梁工程估算与概预算及竣工决算。

（2）桥梁施工标底和报价及合同价的编制。

4. 施工生产管理

施工生产管理的主要内容为：①施工计划管理；②施工技术管理；③施工质量管理；④施工定额管理；⑤施工成本管理；⑥施工信息管理。

第三节　施工组织研究范畴及任务

一、施工组织的对象

桥梁施工为了达到工程项目的目标，就必须合作完成，于是形成群体，即施工组织。施工组织的研究对象是工程施工过程中如何产生质量好、产量高、成本低的项目产品，其具体研究对象包括：时间问题（进度计划）、空间问题（组织机构及场地布置）、资源问题（工料机等供应）及经济问题（预算与报价及成本管理）。

1. 时间问题

时间问题即进度计划。施工进度计划以施工方案为基础，根据规定的工期和技术物资的供应条件，遵循各施工过程合理的工艺顺序，统筹安排各项施工活动进行编制。

它的任务是：以最少的劳动力和技术物资资源，保证在规定的工期内完成质量合格的产品；为各施工过程指明一个确定的施工日期，即时间计划；确定各施工过程所需的劳动力和各种技术物资的供应计划，进而确定采购和运输计划；同时也为施工总平面设计中，计算临时设施的数量、面积等提供数据。

2. 空间问题

空间问题即组织机构及场地布置。施工组织管理机构是为完成桥梁施工任务负责施工现场指挥和管理工作而设置的机构。机构组织与人员的配备随施工地区和施工规模的不同而变动。施工组织机构领导班子的建设，关键是要选派好施工企业的现场经理、书记，以及配备好副经理、总工程师或主任工程师等人选。经理和书记分别是行政和党委领导班子的主要负责人，党政领导应相互支持，共同配合管理桥梁施工现场。

施工现场的临时工程和辅助工程及现场临时设施等设计成果，应逐项绘制在施工平面图上，也称为施工现场平面图设计。施工现场平面图设计是施工组织设计的基本内容之一，它涉及的问题多、面广，但却很具体，是一项实践性、综合性很强的工作。合理的施工平面布置对于顺利执行施工进度计划、维持正常施工秩序、实现文明施工、保证桥梁工程实施目标的完成都是非常重要的。反之，如果施工平面图设计不周或管理不当，将导致施工现场的混乱，直接影响施工进度计划的执行、劳动生产率和工程成本及施工安全。因此，编制施工组织设计时，对施工现场平面布置图的设计应予以极大的重视。

3. 资源问题

资源调配计划即资源需要量计划包括：劳动力、各种材料、各种施工机械设备及资金等需要量计划。

4. 经济问题

经济问题即工程成本计划。工程成本是一项综合指标，因此工程成本的管理贯穿于施工生产经营活动的全过程，它涉及物资消耗、劳动效率、技术水平、施工管理等各个方面，内容十分广泛。为了提高经济效益，必须有效地调动广大职工的积极性，加强成本管理，厉行增产节约，切实降低成本费用，努力加强生产、技术、质量、设备、劳动、物资等各项管理工作。从成本管理的各个环节来看，其主要内容包括：成本费用预测、成本费用计划、成本费用控制、成本费用核算、成本费用分析和成本费用考核。

（1）成本费用预测，是事先对成本费用进行科学管理的重要方法。施工企业应根据预算定额、施工定额、企业内部历史会计核算和统计资料，认真分析研究自身的技术经济条件以及建筑市场情况，在考虑采取增产节约措施的基础上，对一定时期的成本费用水平、成本目标进行预测，以促进企业有计划地降低工程成本，加强经济核算，提高经济效益。

（2）成本费用计划，是对工程成本费用实行计划管理的重要手段。企业应根据上级主管部门下达的成本费用降低任务，制订有效的技术组织措施，编制成本费用计划，确定工程成本降低额和降低率。成本费用计划的编制，应先进可行。企业成本费用计划一经批准确定，其各项指标应成为日常成本费用控制的依据。

（3）成本费用控制，是加强成本费用管理，实施成本费用计划的关键。企业应根据成本费用计划，采取有效措施对成本费用进行控制，及时发现和解决施工生产经营过程中的损失或浪费，总结经验教训，积极推广增产节约的先进技术、先进方法和先进工作经验，促使企业完成和超额完成各项计划指标。

（4）成本费用核算，是对成本费用进行管理的中心环节。施工企业应根据市场经济的要求和国家有关成本费用的规定，结合本单位工程施工特点以及经营管理的需要，正确组织工程成本计算和各项费用的核算，切实提高成本费用核算水平，为成本费用预测、成本计划、成本费用分析、成本费用考核等各环节提供资料。

（5）成本费用分析，是对实际成本与计划、预算、历史最高水平等对比分析，发现差异，指明加强成本费用管理和降低成本费用开支的方向的重要环节。企业应依靠广大职工定期或不定期地对成本费用进行分析，查明成本费用升降的原因，总结经验，发现问题，采取措施，提高成本费用管理水平。

（6）成本费用考核，是对成本费用计划执行情况的总结与考评。成本费用计划是企业生产经营计划的重要组成部分，应该定期对其进行考核。企业应建立和健全成本费用考核制度，定期对内部各责任单位或个人成本费用指标完成情况进行考核、评比，以促进成本费用管理经济责任制的落实。

二、施工组织原则

编制的施工组织计划，要能正确指导施工。首先必须体现施工过程的规律性；其次还要能体现组织管理的科学性、技术的先进性。具体而言，要掌握以下原则。

1. 统一指挥、精干高效的原则

统一指挥原则可表述为:组织的各级机构以及个人必须服从一个上级的命令和指挥,只有这样,才能保证命令和指挥的统一,避免多头领导和多头指挥,使组织最高管理部门的政策得以贯彻执行。无论任何一种组织结构形式,都必须将精干高效原则放在重要地位。精干高效原则可表述为:在服从由组织目标所决定的业务活动需要的前提下,力求减少管理层次,精简管理机构和人员,充分发挥组织成员的积极性,提高管理效率,更好地实现组织目标。

2. 稳定性与适应性相结合

这一原则可表述为:组织结构及其形式既要有相对的稳定性,不要总是轻易变动,但又必须随组织内外部条件的变化,根据桥梁施工项目的目标作出相应的调整。

3. 充分利用时间和空间的原则

桥梁工程是一个形体庞大的空间结构,按照时间的先后顺序,对工程项目的各个构成部分的施工要作出计划安排。换句话说,就是在什么时间、用什么材料、使用什么机具设备,在结构空间的什么部位上进行施工,也就是时间与空间的关系。如何处理好这种关系,除了考虑工艺关系外,还要考虑这种关系。更重要的是利用运筹理论、系统工程原理解决这些关系。时空关系处理好了就能实现项目实施的三大目标,否则就会给项目实施造成不必要的损失。

4. 人尽其力、物尽其用的原则

"人尽其力、物尽其用"就是要处理好人力与物力的关系,实际上就是要保证人、机不间断地连续施工,既要防止停工待料、停机待料,也要防止在材料方面的浪费,做到人的连续工作与物的消耗相协调。材料积压过多,不仅会导致材料霉烂、变质、失效、损失、浪费、失窃等情况发生,使直接费(材料费)增大,材料积压过多,还会使临时设施费增加,间接费增大,最终增加工程的成本。解决这一问题的途径是根据工程进度计划计算施工速度和材料用量,再应用存储论原理计算最佳库存量和最小库房面积。

5. 工艺与设备配套的优选原则

任何一个工程项目都具有一定的工艺过程,可采用多种不同的设备来完成,但却具有不同的效果(不同工期、不同成本、不同质量)。

不同的机具设备又具有不同的工序能力,因此,必须通过试验取得此种机具设备的工序能力指数。选择工序能力指数最佳的施工机具或设备实施该工艺过程,既能保证工程质量,又不致造成浪费。

例如,在混凝土工程中,桩基础的水下混凝土浇筑、梁体混凝土浇筑、路面混凝土的浇筑等,均要求最后一盘混凝土浇筑完毕,最初第一盘混凝土不得初凝。如果达不到这一工艺要求,就要影响工程质量。因此,在安排混凝土搅拌、振捣、运输机械时,要在保证满足工艺要求的条件下,使这三种机具相互配套,防止施工过程出现脱节,充分发挥三种机具的效率。如果配套机组较多,则要从中优选一组配套机具提供使用,这时应通过技术经济比较作出决策。

6. 最佳技术经济决策原则

完成某些工程项目,存在着不同的施工方法,具有不同的施工技术,使用不同的机具和设备,要消耗不同的材料,导致不同的结果(工期、成本)。因此,对于此类工程项目的施工,可以从这些不同的施工方法、施工技术中,通过具体地计算、分析、比较,选择最佳的技术经济方案,以达到降低成本的目的。

7. 专业化分工与紧密协作相结合的原则

现代施工组织管理既要求专业化分工,又要求紧密协作。特别是流水施工组织原理和网络计划技术编制,尤其如此。

处理好专业化分工与协作的关系,就是要减少或防止窝工,提高劳动生产率和机械效率,以达到提高工程质量、降低工程成本、缩短工期的目的。

8.供应与消耗协调原则

物资的供应要保证施工现场的消耗。物资的供应既不能过剩,又不能不足。物资供应要与施工现场的消耗相协调。如果供应过剩,多建存放库房,则要多占临时用地面积,必然增加临时设施费用,同时物资积压过剩,存放时间过长,必然导致部分物资霉烂、变质、失效,从而增加材料费用的支出,最终造成工程成本的增加;如果物资供应不足,必然出现停工待料,影响施工的连续性,降低劳动生产率,既延长工期,又提高工程成本。因此,在供应与消耗的关系上一定要坚持协调性原则。

三、施工组织的任务

施工组织的任务就是根据工程项目对工期、质量及合同投资的要求,以及为实现上述要求在施工准备阶段就对工程项目的全部施工过程预先进行的纲领性谋划与组织。施工组织任务包括基本生产、附属生产及辅助生产在内的全部施工组织活动等。其具体任务如下。

1.确定施工前的各项准备工作

桥梁施工前的准备工作一般分为两个阶段。第一阶段是施工招投标及签订承包合同等准备工作阶段;第二阶段是施工单位确定承包任务以后,桥梁施工开工之前所进行的各项准备工作。前者在第二章介绍,后者在第三章详述。

2.选择合理的施工方案

选择经济合理的施工方案,做好以下施工的战略部署:

(1)确定合理的施工顺序;

(2)选择经济合理的施工方法和施工机械;

(3)尽可能组织流水施工;

(4)合理摆布施工力量(包括劳动力、施工机械设备、技术管理人员和技工等)。

3.编制严密的施工进度计划

编制切实可行、逻辑关系严密的工程进度计划,确定施工速度。单位工程的施工进度计划是以施工流向、施工顺序、施工方法与机械选择、施工作业的方式、施工力量的部署为基础,根据规定工期和技术物资的供应条件,遵循各施工过程合理的工艺顺序,统筹安排各项施工活动进行编制的。它的任务是为各施工过程指明一个确定的施工日期,即时间计划,并以此为依据确定所必须的劳动力和各种技术物资供应计划。它又是劳动力组织、资源调配以及施工现场平面布置的主要依据。

4.编制合理的资源用量计划

编制资源(包括劳动力、材料、机具设备、资金等)需要量计划包括如下方面。

1)劳动力需要量计划

根据施工准备工作计划、工程进度计划或主要分部分项工程进度计划,套用概预算定额或经验资料计算出所需劳动力人数,并编制劳动力需要量计划——劳动力动态曲线。

2)各种材料需要量计划

桥梁工程的材料费用,一般要占整个工程造价的50%~75%。做好材料供应计划和材料采购、保管、使用等工作,是保证施工工作顺利进行,严格控制或降低工程成本的关键之一。材料需要量计划,主要作用是掌握备料情况、组织备料,确定仓库、堆场面积,组织运输。

3)施工机具、设备计划

根据所采用的施工方案和安排的施工进度计划来确定施工机械的类型、数量和进退场时间。确定方法与劳动力、材料确定方法相同。确定之后,应详细列表反映上述内容。

4)资金需要量计划

这里所说的资金是指已完建安工作量的预算价值,考虑中标报价则为工程进度款。

5. 制订科学的采购、运输计划

制订采购、运输计划,以便及时供应物资,确保施工现场的物资消耗。桥梁施工工地的运输分为场外运输和场内运输。场外运输是指材料、物资从产地或交货地点运到工地仓库、料场。场内运输是指在工地范围内,从库房、料场或预制场等地到施工地点的材料、物资搬运。这里只讨论场外运输。

运输工作的组织主要包括:货运量的确定、运输方式的选择、运输工具需要量的计算、运输线路的规划以及装卸方式与设备的选择等。

6. 搞好施工现场的规划与设计

施工现场规划与设计是在施工方案确定之后,为完成施工所需的临时工程、临时设施、必须的自制设备、支架、模板、工艺过程等所做的设计以及许多技术性设计(砂浆、混凝土配合比、配料等)。其具体内容如下:

(1)临时工程。包括临时便道、便桥、临时轨道铺设、临时电力线路和临时电信线路等。

(2)辅助工程、施工设备的设计。包括模板、支架、吊篮、拱架、扒杆、自制吊装设备、导梁或架桥机等。

(3)现场设施的设计。包括临时职工宿舍、仓库、水塔、供水管路、供电线路、预制场等。

(4)施工工艺过程的设计。

(5)技术性设计。包括砂浆和混凝土配合比设计、钢筋配料设计、钢筋的代换设计、分部分项工程验收方案设计(抽样检验方案)以及标准试验等。

(6)合理布置施工现场总平面图,充分利用空间。

(7)切实安排好冬、雨季施工项目,保证全年不间断施工。

(8)提出切实可行、技术先进、经济合理的施工技术措施、组织措施、安全措施和质量保证措施。

第二章 桥梁施工招投标管理

公路建设市场自推行招投标制度以来,承接桥梁施工任务由计划下达的方式改为招标投标方式。施工招标与评标是指工程建设单位(业主)通过标有"标的"招标文件,公开地或者有选择地邀请数家投标人对其承包工程项目进行报价,并编写相应的施工组织设计,在规定的日期内开标后经过评价比较,择优确定工程承包人的全过程。公路工程施工招标一般分:招标准备、资格预审、售招标文件、开标、评标、决标和签约六个阶段。其中招标准备工作及招标文件编制、资格预审及预审文件编制工作,招标组织及评标方法是施工招标与评标工作的关键内容。

作为生产经营型的桥梁施工企业,既要搞好生产管理,又要搞好投标业务开发,这是相辅相成的两个环节。不搞好业务开发,做好市场调研,正确进行经营决策,合理进行部署,通过投标方式招揽工程项目,就无从进行生产。如果决策不当,即使拿到项目,也无法取得应有的效益。另一方面,一旦揽到工程项目,如不成功地组织实施,出色地完成工程任务,即使在正确决策的情况下,也无法获得良好的效益,赢得良好的信誉,从而也会降低或失去企业的竞争力。因此投标已成为施工企业工作内容的重点,投标文件的编制也是投标单位管理的重点内容之一。

第一节 施工招标准备工作

采用招标方法择优选择承包单位也必须按基本建设程序办事,因此项目招标也应具备一定的条件后方可进行施工招标。公路工程项目施工招标应满足以下条件:工程已正式列入国家或地方公路建设计划;建设单位(业主)已办理了项目报建手续;设计文件已经批准;建设资金已经落实;施工准备工作已经完成或落实;招标文件已经编制完毕;工程项目已办理了建设许可手续,施工监理单位已由业主选定。

招标工作成败与否,在很大程度上取决于招标前准备工作开展的好坏。如果建设单位在招标前准备充分,考虑周到,则不仅可节约宝贵的资金,还可缩短工期;同时,省去很多不必要的麻烦。相反,如果招标前的准备工作没有做好,往往会在招标过程中遇到很多不必要的麻烦,使招标的结果出现一些不合理的现象,如价格不好、条款不合理、双方权利义务不清等,这在以往的招标中是屡见不鲜的。由此可见,做好招标前的准备工作是十分重要的。

具体来说,要进行施工招标,必须做好以下准备工作。

一、成立招标工作机构

公路工程施工招标是一项很复杂的工作,特别是国际竞争性招标。这种国际招标工作涉及各国有关外汇管理、外资利用、国际贸易、对外经济技术合作以及财政金融等方面的方针、政策、法规等问题,融技术、经济、财务、法律于一体,需要广泛的知识和各部门的支持、配合,因此,成立招标工作机构是很有必要的。

《公路工程施工招标投标管理办法》规定:"公路工程施工招标的管理工作,按工程项目的隶属关系,分别由交通部和地方交通主管部门负责。地方交通主管部门设立相应机构,负责招标工作的领导。"根据这条规定和以往公路工程施工招标的经验,成立招标工作的"招标领导小组"和"招标工作组"这二级机构比较符合我国国情。"招标领导小组"的主要任务是对招标工作中的重大问题进行决策并负责协调好各方面的关系,而大量的具体业务则由招标工作组来完成。而对国际竞争性招标,还必须选择一家对外窗口的代理机构。

1. 招标领导小组

招标领导小组或招标委员会是一个临时组织,是为某项工程而设立的,随着该工程招标工作的结束完成使命。招标领导小组的组建,应根据工程建设规模的大小、工程所在地、技术复杂程度和工程重要性确定其组成成员。一般应由省(市、县)政府的领导、省(市、县)计委、造价管理、银行、交通等有关部门的领导同志组成。它的主要任务是做好招标工程中的行政监督;协调好各方面的关系;审定招标工作计划;及时研究和解决招标工作中的重大问题;监督和检查招标工作的进展情况;审查招标工作组的推荐中标单位和定标等。

2. 招标工作组

招标工作组应以建设单位(业主)工作人员为主,并邀请设计、监理、咨询公司的人员参加。在招标工作组中,除了应了解和熟悉招标工作的领导者外,还必须把各职能部门和各方面的专家(包括计划、技术、造价、财务、施工、监理、材料、劳动人事、法律等)组织进来,形成一个精明强干的班子,以便最有效地完成招标工作任务。

招标工作组从准备招标申请,组织或委托编制资格审查文件和招标文件,发招标通告或投标邀请书,发售资格审查文件和招标文件,主持标前会议和组织现场考察、开标、审查和评比投标文件,提出推荐的中标单位,到准备好签约的合同文件等一系列工作,都是其职责范围。招标工作组是业主的代理人和招标领导小组的参谋部。即使是国际竞争性招标,除委托一家对外窗口的代理机构外,其他招标的许多具体工作必须由招标工作组来完成。

3. 招标代理机构

根据国家规定,采用国际竞争性招标时,其对外窗口必须是经国家批准的采购代理机构,比较大的有中技国际招标公司和中国机械进出口公司国际招标部及一些省(自治区、直辖市)的对外经济技术合作公司。作为采购代理机构,其职责主要是:协助业主制订招标计划,编制招标文件的合同条款部分;作为业主的委托代理人,经办具体招标采购事宜;在商务上作为业主的委托代理人,与投标人及中标的承包人进行谈判;督促承包人履行采购合同。

4. 招投标管理机构

当前,各地成立了具有监督职能的招标投标管理机构(一般为事业性质),规定各地的招标投标工作均由当地的招标投标管理机构进行监督和管理。招标投标管理机构的任务是:贯彻实施国家和当地政府有关招标、投标的法规和规章;进行招标项目登记;审核招标、投标、咨询、监理等单位的资格;核准招标文件;处理招标、投标中的违法行为等,公路工程进行国际招标时,也大都接受当地招标投标管理机构的监督。

二、制订招标工作计划

制订一个完整、严密、合理的招标工作计划,能使招标工作有条不紊地顺利进行,也便于检查,中间环节出现问题时能及时发现,尽快修正,保证总计划的完成。

编制招标工作计划既要和设计阶段(初步设计和施工图设计)计划、建设资金计划、征地拆迁计划、工期计划等相互呼应,又要考虑合理的招标阶段时间间隔,并要结合工程规模和范围,作不同的安排,在编制时应该考虑到。一方面,招标工作的时间不能太长,如果时间太长,不但可能影响建设计划的完成,而且还会造成人、财、物的浪费。另一方面,招标工作也不能安排得过紧,如果时间太短,不仅会影响招标工作的质量,而且使投标单位没有足够的时间编制标书,对招标单位和投标单位都不利。

三、确定招标方式

施工招标按投标单位的数量不同可分为公开招标、邀请招标和协议招标三种招标方式。

1. 公开招标

公开招标也称为无限竞争性招标,它不受所有制、地区、部门以及投标单位多少的限制。招标单位可通过报刊、广播、电视等新闻媒体公开发布招标广告,凡符合规定条件的投标人都可以自愿参加投标,这种招标方式叫公开招标。其主要含义是,招标活动处于公众监督之下进行,一般来说,它将遵守“国际竞争性投标(ICB)”的程序和条件,如果工程所在国制定了公共招投标法规,如我国原交通部制订的《公路工程施工招标投标管理办法》,则公路工程招标应当按照这个管理办法规定的程序和办法进行。

公开招标一般均在招标文件中规定了开标日期、时间和地点,并在招标单位、业主、投标人和其他有关人员在场的情况下当众开标,开标的结果,各投标人的报价和投标文件的有效性等均应公布。虽然是公开招标,但评审投标书和报价,却是在绝对保密情况下进行的,根据公开的评标、定标办法,按照公平和合理的原则评定中标人。

公开招标打破了地区封锁、行业垄断、开展平等的竞争,有利于促进施工企业励精图治,改善生产经营管理,在竞争中求生存求发展,在不断提高企业经济效益的同时,也重视社会效益和企业的信誉。公开招标也使招标单位有较大的选择范围,可在众多的投标人之间选择报价合理、工期较短、信誉良好的承包人。但公开招标也有其不足之处,就是招标单位审查投标人的资格及其标书的工作量比较大,相应要耗费的人力和费用也比较大,工作过程的时间也较长,同时,参加投标者越多,每个投标者中标的机会就会越小,白白损失投标费用的风险也越大,因此公开招标会增大工程建设的社会成本。

2. 邀请招标

邀请招标也称有限竞争招标,实际上就是有选择地直接通知有承担该项工程施工能力的施工企业来参加投标竞争。

邀请招标的优点是招标单位可以在自己熟悉或了解的施工单位中进行选择,一般都选择技术装备水平高,施工经验丰富,社会信誉好,以及经营管理等方面均能适应该项工程建设技术要求的施工企业,由于被邀请参加竞争性投标者为数有限,不仅可减少招标工作的许多繁锁事务,节省招标费用,相应也提高了投标人的中标几率,对招标投标双方都有利,从而降低了工程建设的社会成本。但邀请招标的最大缺点是限制了竞争范围,把许多可能的竞争者排除在外,不利于公平竞争。因此,邀请招标最好应在公开进行资格预审的基础上进行。我国《公路工程施工招标投标管理办法》规定邀请招标中应邀参加投标的单位不得少于三家,否则招标单位就没有了选择余地,失去了招标的意义。

3. 协议招标

不通过公平招标或邀请招标,而由业主或其代理人直接邀请,也可由上级主管部门指定数家(一般为 2~3 家)施工单位,通过分别协商,协定工期和工程造价等有关事宜,达成协议后将工程任务委托一家施工单位去完成。由于是议标,竞争性差,工程造价一般都会稍高,但业主可减少招标费用,还可减少招标的繁琐工作手续,缩短了工程建设项目开工前的准备时间,可以提前组织施工。因此,对个别施工难度大,工期特别紧张以及情况特殊的公路工程项目,也可采用议标方式。《公路工程施工招标投标管理办法》规定参加议标的施工单位不得少于两家。

招标单位选用何种方式招标,应视工程具体情况而定,并报上级主管部门批准,公路工程施工招标除世界银行贷款项目等外资项目必须进行公开招标外,在通常情况下我国采用两阶段招标,即公开进行第一阶段资格预审招标,对其合格者采用第二阶段邀请招标的方式比较合适。因为在土木建筑市场开放的情况下,采用公开招标会有许多其他行业的施工单位要求参加投标,而这些企业却又大都缺乏承担大型公路工程施工和综合管理等方面的经验,同时也缺乏足够的筑路机械和试验仪器设备。这无疑会增加招标单位招、评标工作量,延长招、评标阶段的时间。

四、选择合同形式,划分合同段

1. 合同形式的确定

招标采用的合同形式按计价方法的不同,一般分为总价合同、单价合同和成本加酬金合同三种主要形式。

(1)总价合同。总价合同就是按商定的总价承包工程。总价合同的特点是以设计图纸和工程说明书为依据,明确承包内容后计算出该项工程所需的总费用(总价格)而予以包定,在合同执行过程中,除非业主要求更改原定的承包内容,否则承包人不得要求变更承包总价。这种承包方式对业主较为简便省事,且对该项工程究竟要花多少钱心中有底,因此常为业主欢迎。对承包人来说,若设计图纸和设计说明书详细正确,施工工期也不长,估计施工期间的物价变动也不会太大,能比较精确地估算出造价。签订合同时考虑地也比较周全,不致有太大的风险,也是一种简便的承包方式。但若设计图纸和说明书不够详细、工期较长、未知数较多、承包人承担的应变风险大、往往在报价时加大不可预见费用,不利于降低造价,对业主也不利。因此,总价承包合同一般适用于规模较小、技术不复杂、工期较短的工程。

(2)单价合同。单价合同是指按实际完成的工程数量和承包单价结算工程价款的承包合同。在实际操作中有只列出工程项目、计量单位、承包总价的合同,也有列出工程项目、计量单位、工程数量、承包单价、总价的合同。目前国内外招投标中用得最多的是后一种形式的单价合同。在这种形式中,需要业主提供一份工程量清单。这种承包方式适用于设计已达到一定深度,能据以估算出分项工程数量的近似值的工程,但对于某些情况不完全清楚或任何一方承担过大的风险,采用这种形式的单价合同是不合适的。在招投标中,投标人按工程量清单和承包单价计算出总报价,招标单位也以总报价和单价作为评标、决标的主要依据,并以此签订单价承包合同。根据合同条款的规定,有在合同执行期间内价格调整与否的规定,但即使要进行价格调整,也是在一定时间内的结算价调整,单价在合同执行期间是始终不能变动的。单价合同有利于降低投标报价,有利于处理变更工程的计价及减少施工索赔或降低施工索赔的处理难度等。

(3)成本加酬金合同。成本加酬金合同的基本特点是按工程实际发生的成本加上商定的管理费和利润,来确定工程总造价。这种承包方式一般用于开工前对工程内容尚不十分清楚的情况,如边设计边施工的紧急工程,或遭受地震、水毁等灾害破坏后需修复的工程等。

合同形式主要考虑是单价合同还是总价合同,价格是否调,视具体建设项目情况而定。如工程投资少、工期短、施工图设计招标,一般采用价格不调整的总价合同。即使是施工图设计招标,但工期长(如 12 个月或 18 个月以上),则宜采用价格可调整的总价合同。如属初步设计阶段招标,或大中型建设项目,则采用单价合同为好,至于价格是否调整,主要是根据工期而定。

2. 合理地划分标段

公路工程是线形结构,一个工程项目可以是几十甚至几百公里,工程项目以公路工程为主,也有建筑工程、机电工程等。因此,对于一个大的路线工程,划分好合同段对今后工程施工是有很大意义的。按工程性质划分标段,只要将房屋建筑和交通工程的通信等设备采购单独分合同段外,其余的宜按路线长度划分合同段为好(当然也可将有些大桥、特大桥或立交工程作单独合同段),有的将路基工程和路面工程分作不同合同段,对于软土路基有沉降的地区,是很不合适的。按路线长度划分,究竟多少公里一个合同段才合适,也得看具体情况,要从路线等级、投资额、行政区域、工程数量和施工队伍的施工能力等方面综合考虑。以高速公路为例,根据我国施工企业的施工能力,一般以 20km 左右为一个合同段较为合适,对外国大的施工企业而言,世界银行则希望我们还得划得大一点。以某一 88km 的高速公路为例,途经 4 个县、市,分成 20km、19km、20km、14.5km、14.5km 5 个合同段,除中间的 20km 和 14.5km 在同一市区,其他 3 段正好一个合同段在一个县、市,每一个合同段投资额为 3 亿~4 亿元。值得注意的是合同段划分得太小时,会破坏原有的土石方调配方案,增加业主或监理的管理协调工作,增大工程施工的总开办费用,从而加大工程造价。

公路工程施工比较复杂,每个项目的工程内容、工程数量、施工条件及施工方法基本上是千变万化的,影响因素也很多,因此,标段划分应考虑的因素有:工程性质、工程规模、承包对象、分包问题、土石方调配、合同段的管理工作量等。

合同段划分的大小对工程造价产生以下影响:破坏设计土石方最佳调配方案;增加施工队伍的开办费;工程相互干扰引起费用索赔;工期长短直接影响成本的高低等。由此应按下列原则合理地划分合同段:

(1)适合采用现代化的施工方法和施工工艺,确保工程质量;

(2)工程量至少能容纳一个施工队,合理的工期内完成施工任务;

(3)防止产生标段之间的相互干扰以及内部工序之间的相互交叉;

(4)工程性质相同的标段尽量避免化整为零,以免影响工效和施工质量;

(5)保持构造的完整性,除特大桥外,尽可能不肢解完整的工程构造。

<h3 style="text-align:center">五、编制资格预审文件和招标文件</h3>

当招标工作机构已经成立,招标工作计划已经制订,招标方式、合同形式和合同段已经确定后,就应组织资格预审文件和招标文件的编制。公路工程施工招标为了保留公开招标和邀请招标的优点,克服二者的缺点,一般分两阶段招标,即第一阶段公开进行资格预审招标,第二阶段对预审合格的投标人进行邀请招标。所以一般要进行相应的资格预审文件和招标文件的编制。资格预审文件比较简单,具有一定的格式,其编制要求及注意事项在下一节中详述。招标文件的组成,对国内和国际工程项目招标采购均有相应的招标文件范本,具体项目招标文件编制时必须按范本格式执行。

1993 年原交通部推荐并委托四川省交通厅和云南省交通厅组织编写了《公路工程国内招标文件范本》(简称为《93 范本》),此国内范本以国内法规为依据,突出了公路建设的行业特点,并部分地参照了国际范本的有关规定,使各地通过熟悉和使用国内范本,也能基本适应国际招标的要求,有利于公路工程基本建设与国际惯例接轨。

有了公路工程国际和国内招标文件范本,大大地减少了各地在编制每个项目招标文件时的人力、物力和财力,但是由于我国公路工程技术规范在 1991～1995 年间正处于更新时期,对世界银行贷款项目而言,财政部和世界银行又编制了排他性的《世界银行贷款项目采购招标文件范本》,于是原交通部于 1999 年又重新修订出版了《公路工程国内招标文件范本》(简称为《99 范本》)。该范本内容共分三卷,由 10 篇及附篇组成,适用于二级以上公路,大型、特大型桥梁编制招标文件时使用,对于二级以下公路及大中型桥梁,可参照执行。《99 范本》在全国范围内强制性使用,对指导、规范各地公路工程施工招标投标工作,提高工程质量和控制工程造价起到了重要的作用。此后,在《99 范本》使用过程中,国务院、原国家计委、原交通部陆续颁发了许多与招标投标有关的政策、法规和规章,同时,国家相继颁布了一系列国家标准和行业标准,使得《99 范本》中的许多内容不能满足公路建设项目施工招标投标的要求。原交通部公路司在总结近几年来公路建设实践的基础上,于 2002 年 2 月组织华杰工程咨询有限公司和国内专家对《99 范本》进行了修订,经过一年多的深入调研和广泛征求意见等细致的工作,经审定形成了 2003 年版的新《范本》,以下称《2003 范本》。《2003 范本》依据原国家计委等七部委《评标委员会和评标方法暂行规定》、《公路建设项目施工招标投标办法》和原交通部《公路工程施工招标投标管理办法》、《公路工程施工招标评标委员会评标工作细则》,对评标条款进行了较大幅度地修订,明确了初步评审、详细评审的工作内容,界定了重大偏差与细微偏差的处理方式。按照国家有关规定,《2003 范本》还增加了工程建设强制性标准条文以及国家新颁的水泥和钢筋等规范,对环境保护、水土保持与绿化工程方面的内容进行了补充完善。《2003 范本》共分三卷:第一卷包括投标邀请书格式、投标人须知、合同通用条款、合同专用条款;第二卷是技术规范;第三卷包括投标书及投标担保格式、工程量清单、投标书附表格式、合同协议书格式、履约担保格式、施工组织设计建议书格式。

六、招标公告和投标邀请书

凡是公开进行资格预审或公开招标的工程项目,一般都要发布招标公告,以使承包人都有同等的机会获得招标信息。如果是世界银行贷款项目以国际竞争性招标(ICB)方式进行招标的工程项目,则要求在国内外广泛发行的著名的技术性杂志、报纸和贸易刊物上发布招标公告,以保证为世界银行成员国提供平等的竞争机会。

第二节 资格预审及预审文件编制

资格预审是对有兴趣参加本项目投标的潜在的投标人的合法地位、技术水平、财务状况及过去类似工程的施工经验及商业信誉等方面事先进行一次审查,以确保参加投标的单位具有合法资格及技术胜任能力,谢绝一批不合格的投标人,以便减轻招标评标工作量,加快评标工作进程。因此,资格预审必须严格按预定的程序进行,而且预审工作的关键之一是编制好资格预审文件,同时必须公平、公正、客观、准确地做好资格评审工作。

一、资格预审程序

我国公路工程现阶段施工招标的资格预审工作必须依据《中华人民共和国招标投标法》和《公路工程施工招标投标管理办法》和《公路建设市场管理办法》办理,实行公开招标的公路基本建设项目,都应进行资格预审,只有通过预审的投标人方可参加正式投标,剔除部分不合格的投标人,这对此类投标人也是一种保护,让他们腾出时间和财力去投自己更适应的项目,以免盲目陪标。通过谢绝一批不合格的投标人后,使评标工作量减少,且评标对象基本一致,从而也降低了评标、定标工作难度。

资格预审一般分三步进行,即邀请投标单位参加资格预审,发售预审文件和有兴趣的投标人提交资格预审申请书,接受申请书进行资格预审并确定合格的投标人名单。详细的资格预审程序根据原交通部文件,交公路发〔1997〕451号关于发布《公路工程施工招标资格预审办法》的通知,附件一:第二章"资格预审管理和程序",其资格预审应按下列程序进行:

(1)建设单位准备资格预审文件;

(2)公开发布资格预审通告(邀请书);

(3)发售资格预审文件;

(4)投标申请人编写资格预审申请书,递交资格预审申请书;

(5)对投标申请人进行必要的调查,对资格预审申请书进行评审;

(6)编制资格预审评审报告,报上一级交通主管部门审定;

(7)向通过资格预审的投标申请人发出投标邀请。

投标资格预审的申请人必须是实际承担工程施工且具有法人资格,持有营业执照、资质证书,通过资信登记的主(兼)营公路施工企业的投标申请人,方可获得投标资格。

二、资格预审文件主要内容

资格预审是为了对打算参加投标的承包人的审查,则编制资格预审文件就应考虑到两方面的要求:一方面是使投标人能够了解工程概况和招标要求,以便对自身的能力和工程可能给自己带来的利益进行估计,确定是否参加投标,另一方面也是为了业主在审查投标人的资料时能掌握投标人足够的资料,所以资格预审文件的编制虽然不必要像招标文件那样细致,但也是一份比较全面的文件。

资格预审文件主要包括:资格预审通告(邀请书)、资格预审申请人须知、资格预审申请表、工程概况及合同段简介等各部分内容。

1.资格预审通告(邀请书)主要内容

(1)建设单位的名称和地址;

(2)招标项目的性质和数量;

(3)获取资格预审文件的办法、时间、地点和费用;

(4)提交资格预审申请书的地点和截止日期;

(5)资格预审的时间安排等。

2.资格预审申请人须知

资格预审申请人须知中,应说明对资格预审申请表格填写的要求,联营体投标人中各方的地位与责任和提交资格预审申请正、副本的份数。在其他方面,诸如对业主单位,资金来源,招标范围,接受资格预审申请书的单位和通讯地址及电话号码,资格预审申请的截止日期及时间,使用的语言等也要作简要介绍和规定。

资格预审申请人须知中还应作以下规定:

(1)投标申请人应独家申请资格预审。如以联合体形式申请资格预审,必须遵守下列规定:

①联合体成员不得超过2家;

②每个成员均须通过资信登记,并单独提交资格预审申请书;

③联合体必须签订联合体协议,明确主办人和各方承担的责任。

(2)投标申请人(包括联合体成员)不得以其他形式对同一合同段再次申请资格预审。

3. 资格预审申请表的内容

1)国内招标项目资格预审申请应包括的内容

(1)投标申请人组织机构、财务状况、人员、设备、业绩等资料表;

(2)拟投入到本工程的施工人员、设备等资料表;

(3)如有分包计划,应有分包人的资信登记人员、设备等资料表。

2)国际招标项目资格预审申请表内容

国际工程项目招标中为了对资格预审申请人进行审查和对比,一般均将要审查的内容编制成固定的表格,让申请人逐一填写,对于填表的要求和注意事项也应有详细说明。资格预审申请表格一般包括以下十三个方面:

PQ-F1　　申请表

　　　　　　(申请人一般情况、联系人、联营体情况、授权声明)

PQ-F2　　申请合同表

　　　　　　(申请参加哪几个合同段投标)

PQ-F3　　组织机构表和组织机构框图

　　　　　　(申请公司简况和本工程项目管理机构)

PQ-F4　　财务状况表

　　　　　　(企业财务基本数据,前4年的营业额为本项目提供的营运资金,在建工程估价,经审计部门审计的前2年财务报表,今后2年财务预算,银行信贷证明)

PQ-F5　　公司人员表

　　　　　　(公司人员总数和拟为合同提供的专业技术人员,参加本合同主要人员个人简况)

PQ-F6　　施工机械设备表

　　　　　　(用于本合同机械设备概况)

PQ-F7　　分包人表

　　　　　　(如有发包,填此表)

PQ-F8　　已完成的同类项目表

　　　　　　(列出过去5年内完成的所有项目)

PQ-F9　　在建项目表

　　　　　　(包括已收到通知或意向的项目)

PQ-F10　　介入诉讼案件表

PQ-F11　　其他资料表

　　　　　　(与申请资格预审有关的其他资料)

PQ-F12　　誓词

　　　　　　(保证资料真实,授权其他单位提供证明材料)

PQ-F13　　申请书致件信

　　　　　　(附件有授权签字证明等)

4. 工程概况及合同段简介内容

工程概况分别介绍工程地理位置、自然条件、开发目标或建设对策、工程规模、各单项工程的特征、对外交通与通信条件、动力供应、生活与医疗设施,以及实施本项目有关的各方面情况与条件。

合同段简介主要介绍本合同段的起止桩号、路基土石方数量、大中桥或隧道等工程数量,以及对本合同段投标人的资格要求等。

三、资 格 评 审

资格评审前应对投标申请人公路施工业绩、拟投入本工程的关键人员、主要设备、主要财务指标及履约等制订出适当的资格条件,以便资格评分。

在对各招标单位进行资格审查前,应根据审查的内容分别制定出评审的标准,有些内容能定量的尽量定量,便于评审。评审的主要标准如下:过去的施工经验是否与本工程的规模相适应,也就是说是否确有能力承担本工程;公司的财力目前能否承担本工程;施工设备、工程技术和管理人员的数量和水平能否满足要求等。由于资格预审是要选取一批有资格的投标者,同时还要考虑到被批准的投标者不一定都来投标这一因素,所以要掌握分寸,在符合上述主要标准的基础上,不应过严。

凡在规定截止期前收到的资格预审文件,均属有效,并按申请公司递交文件的先后次序登记所有资料。

收到资格预审文件后,按以下步骤开始审理文件:

1. 符合性检查

(1)参加资格预审的公司,是否来源于按世行采购指南规定的世行成员国,以及与中国有无外交和商务关系(此条指世行贷款项目);

(2)预审文件的字迹是否清楚,有无难以辨认的字迹,数据是否有二异性;

(3)预审申请者递交的文件份数是否足够;

(4)有无合伙人和分包人,以及与其合伙人、分包人的协议;

(5)是否有银行担保,金额是否按规定填写;

(6)递交的文件是否齐全,应填表格是否全部填写过;

(7)公司有无营业执照;

(8)公司的授权人和其他代理人是否有效;

(9)拟投的合同段是否标明;

(10)同一合同项目,预审申请者是否有重复申请。

2. 强制性履约标准评审

审理强制性履约标准表时,不能仅仅看申请人填写的"满足或超过要求项目详述"这一栏,而应和申请人报送的其他表格相对应,予以核查。

(1)强制性履约标准(经验)应和已完成的同类工程及在建工程项目表相对应,予以分析、计算,看是否达到要求。

(2)"财务能力"应和财务状况表及经审计部门审计的或由公证部门公证的财务报表结合起来,还可结合银行信贷证明。

(3)"人员"应和"公司人员表"中的人员相一致。

(4)"施工设备"应根据工程规模、项目预先拟订一个各合同段需要必备的施工机械规格、数量和"施工机械设备表"对照。

(5)"分包"与"诉讼"和"分包商表"及"介入诉讼案件表"对照。

（6）"每个合同最低限度的主要人员"应和"公司主要人员表"每个人经历等对照。根据以往经验，仅仅根据所提供的资料审查管理人员的适宜性，有时并不能如实地反映其实际经验与水平，特别是应付各种复杂局面的能力，以致贻误工程，因此，必要时还需通过其他途径对关键人员作更深入、确切的了解，对此应引起足够重视。

3. 商业和社会信誉调查

调查申请人的商业信誉，主要指申请人过去执行合同的情况，完成工程的质量评价，以及在以往执行合同中有无违约、毁约、索赔和诉讼等历史记载。国外工程要依靠驻外使馆和有关国外报刊提供信息。

通过审查评估人过去完成的工程和该工程的业主评价（适当考虑所获得的优良证书），可以反映该公司过去的业绩。同时还应结合现在情况做一些社会调查，了解目前公司的经营、管理和企业素质是否发生了变化，如果了解到目前企业素质下降、管理混乱、经营亏损、急于找出路者，业主有权不通过其投标资格。

4. 申请书的证实和补充

在资格预审中，如对所提交的申请有不清楚的或需进一步查实的问题，应个别提出，由申请人在所规定的时间内予以答复或澄清。对资格预审申请书有疑问，如对已完成工程项目的规模、质量要落实，可以直接和原建设单位或监理单位联系，予以证实。

因时间有限，澄清资料可能受到限制，在已接受的资料准确性方面，业主的判断也可能有误差。因此，在评阶段要仔细核证，尤其对被评为最低标者，要做适当的核证，这也称作资格预审的标后核实，不论资审结果如何，决不能把合同授予一个资金上、技术上实力都不足的投标人来承担本工程。

通过对有关不清楚资料的证实补充、澄清与核实后，再按预定的资格预审评审细则，对投标人的技术能力、财务状况和施工经验具体进行资格打分，从而排队确定出通过者、不通过者的名单，要求对同一合同段的投标人，按照资格总分由高到低排列顺序，推荐4~8家单位为通过资格预审的投标申请人。没有通过资格预审的投标申请人，应采取适当的方式通知他们，并退回其投标保证金。

第三节　招标组织工作

在招标文件已正式出版和通过资格预审阶段已确定投标人名单的基础上，即可发出投标邀请书。邀请的方式，可以按照投标人名单分别发出投标邀请书，邀请书中告知发售招标文件的日期、地点和每份售价，接受投标文件的截止日期、时间，送交投标文件的地点和提交投标文件正本、副本的份数，为争取时间，在发售招标文件之前一定时间，应事先与各投标人联系，以便及时前来购买招标文件。在投标组织阶段，对业主来讲，主要有下列工作：发售招标文件；组织投标人考察现场；标前会议；发出修改书；接收投标文件。如果是有标底的，则应组织有资格单位或委托造价咨询公司编制标底，并在开标前完成标底审定工作。

一、发售招标文件

招标文件的发售工作要求尽量做到公平地对待每个投标人，在投标邀请书规定的地点，从规定的日期开始，由招标单位将招标文件发售给带有委托书或证明书的投标人的代表。从发售之日开始，到投标截止期为止的这段时间，都是招标文件的发售期。

二、组织现场考察

当投标单位对招标文件阅读熟悉和基本掌握之后，招标单位应统一组织一次现场考察。目的在于使投标单位进一步了解工程现场，及有关因素（如水、电、路、料等），并可视需要采集样品。现场考察的时间、地点和缴纳的费额，一般在投标邀请书中明确。

现场考察的主要内容有两方面，即重点工程的考察和地方材料（砂、石、土）及料场的考察。考察之前招标单位应事先做好安排，具体规定出考察的顺序和考察的行驶路线，编出考察文件发给投标单位，而计划考察的重点工程和料场，均应由设计单位协助招标单位事先设置明显标志。

招标单位还要为参加现场考察的投标人提供食宿与交通方便，费用由投标单位自理。招标单位将向参加考察的投标人介绍工程情况，目的是使投标单位能充分了解和利用现有资料，但招标单位对投标单位由此得出的推论、解释和结论不应承担任何责任。

三、召开标前会议

开标前会议的目的是为了使招标单位澄清投标人对招标文件的疑问，回答投标人提出的各类问题。

一般大型的和较复杂的工程才召开此类会议，而且往往与组织投标人考察现场结合进行。应在"投标邀请书"中规定好会议的日期、时间和地点。

标前会议的内容主要是由招标单位以正式会议的形式，口头解答投标人在考察前和考察后以书面提出的各种问题。每种解答必须慎重认真，因为解答的每一个问题或每一句话都涉及投标人的报价，换句话说，它都代表了一定数额的货币。所以解答前招标单位要组织人员对所提出的全部问题归类研究，列出解答提纲，由主管人解答。在会议上有可能即席提问，对此，主答人有把握时，可予扼要答复，非主答的其他人员不宜插话；对把握性不大的问题，则可临时休会，由招标组研究之后，复会解答；对与投标和考察无关的其他问题，一律拒绝解答。

投标人对正式的问题提出，应以书面形式发出，招标单位对提出问题的答复和标前会议纪要也均以书面的形式发给每个投标人，并作为正式招标文件的一部分，由于标前会议而产生对投标文件的任何修改，将以发放修改书的方式进行，不在会议纪要或问题答复中给出。

四、发出修改书

业主、招标单位根据现场考察中各投标人书面提出的问题清单进行汇总、归类，并准备书面答复。对于那些与本项目投标无关的问题以及在招标文件中已经明确说明，仅仅由于投标人代表未认真阅读招标文件及提出的问题，一般则不予答复。

业主、招标公司在准备好书面答复之后，连同在发出招标文件以后，业主、招标公司自己对招标文件的修改（如有的话）一并以"修改书"的形式正式通知所有的投标人。这些修改书具有与招标文件同等的效力，并将列入合同文件，因此，不论某投标人代表是否提出过其他投标人代表所提出的问题，业主、招标公司均以统一的、汇总后的书面通知发给所有投标人。

投标人在收到修改书后，应立即通知业主，招标公司已经收到，然后即着手编制投标文件。在编制投标文件过程中，还可能发现一些问题，则在"投标须知"中对招标文件的澄清规定的截标日期前一定时间（如35天）前，还允许他们书面提出这些问题（包括用电传、电报等方式提出），业主、招标公司则在截标日期前的一定时间（如28天）之前，照例通知所有投标人，并应得到他们的及时反馈,以证明他们所编制的投标文件是以招标文件和所有修改书为基础的。

五、接受投标文件

在规定的投标截止日期及时间之前,投标文件不论是以邮寄还是派人递送方式,均应送达投标文件接受单位,才能被接受。在收到这些投标文件后,应签收或通知投标人已收到其投标文件,并记录收到日期和时间,在收到投标文件至开标之前,所有投标文件均不得启封,并应采取措施确保投标文件的安全。

对于那些在截止投标日期及时间之后收到的投标文件,一概原封退还,并取消其参加投标的资格。

投标人在投标递交截止日期以前,可以通过书面形式向业主提出修改或撤销已提交的投标文件。要求修改投标文件的信函应该按照递交投标文件的有关规定编制、密封、标记和发送。撤消通知书可通过电传或电报发送,随后再及时向业主递交一份具有投标人签字确认的证明信,收到日期不得晚于投标文件递交截止日期。在投标截止日期之后,投标人不能再对投标文件进行修改。在投标截止日到投标有效期终止日之间,投标人不得撤销投标书。否则,业主有权没收其投标保证金。

六、主 持 开 标

招标投标活动经过了招标阶段、投标阶段,就进入了开标阶段。所谓开标,是指在规定的日期、时间和地点将所有投标人的投标文件启封揭晓,将全部投标人的投标书中所列标价予以公开宣布,记录在案,使全体投标人了解各家报价及最低标价。

1. 开标的时间和地点

《中华人民共和国招标投标法》规定,开标应当在招标文件确定的提交投标文件截止时间的同一时间公开进行。这样的规定是为了避免投标中的舞弊行为。我国以前对有关招标投标的规定往往是提交投标文件截止时间与开标的时间不是同一时间,两者之间有一段时间间隔,这样容易给舞弊者留下可乘之机。如在指定开标时间之前泄露投标文件的内容,尤其是投标报价。

另外,开标应当公开进行,即应当向所有投标人公开投标文件,其行为完全是在投标人及有关方面的监督下进行。

在有些情况下可以暂缓或者推迟开标时间。如:招标文件发售后对原招标文件做了变更或补充;开标前发现有影响招标公正性的不正当行为;出现突发事件等。

开标地点应当为招标文件中预先确定的地点。招标人应当在招标文件中对开标地点作出明确、具体的规定,以便投标人及有关方面按照招标文件规定的开标时间到达开标地点。

2. 开标程序

开标仪式由招标公司或业主主持,各投标人必须派代表出席开标会。除业主外,项目主管部门、政府其他有关部门、监理工程师等一般也派代表出席开标会。如果没有专门投标箱的,投标箱应放在招标单位的专门房间里,投标箱应密封上锁,并在开标时进行启封。

开标应在招标单位指定的会议室或较适宜的大厅里进行,会场布置庄严肃穆,主席台上应配备有扩音器、录音设备、电子显示设备等。在招标单位宣布开标开始后,先由公证人检查投标箱的密封情况,封条是否完整,上锁是否完好。在得到公证人的证明以后,在公证人监督下将投标箱打开,取出投标文件,分类登记并核对数字。投标人代表检查本单位投标文件密封状况并签字确认无误,拆封验证营业执照及法人资格证书和投标担保金或保函。其后拆阅投标文件,大声地唱标,朗读投标人名称及其对该项目的报价,进行书面及音响记录在案,同时在电子数字显示仪中示出报价数,开标会上一般不允许提问或作任何解释,但允许记录或录音。

在开标过程中,参加开标的所有投标人代表应集中精力记录好各家的报价结果,这不仅能了解最高和最低标价,以及本单位报价是在第几位,还可以利用这些数据来分析各投标对手的报价水平和趋势,以便为今后同类工程的投标打下基础。

如果招标单位要求提出某种供选择的比较方案,或投标人经获准提出某种选择方案时,这些方案的报价也应该加以宣读并予以记录。

开标以后任何投标人都不得更改其投标内容,尤其是标价和其中的重要部分,但可以被允许对其投标作一般性的说明或疑点澄清。对招标单位来说也可以要求投标人对其投标文件中的某些含混不清处予以说明,但不允许更不得要求投标人修改其标价或实质性的内容。

在投标截止日期以后收到的投标文件,尤其是已经开始宣读投标文件以后收到的投标文件,不论出于何种原因,一般都可加以拒绝。为了最大限度鼓励竞争,按照世界银行的意见,关于投标截止期的规定,执行时应持明智态度。如果稍有出入,只要符合业主和有关各方的利益,不损害整个招标程序,也没有任何迹象对任何投标人有利或不利,业主也愿意通融,就不必刻板地执行这一规定。如:投标文件在投标截止期后20min才送到,其时任何投标文件都还未开启;又如投标人已按《投标须知》规定将投标文件送交邮局,而邮局送达迟延。在这种情况下,业主如提出愿意通融,世界银行不会反对,世界银行认为,"不拘泥于这种细微出入,可能更符合业主的最大利益"。但最终如何处理,取决于业主。因此,在国内招标工程中,也应加以考虑。

开标会结束后,应由主持开标者编写一份开标会纪要,包括开标日期、时间、地点,开标会主持者,出席开标会的投标人代表和各有关部门代表名单,截标前收到的投标文件、收到日期和时间及其报价一览表,对截标后收到的投标文件的处理等。一般说来,该纪要应分送给业主、监理工程师、项目主管部门、政府有关部门以及世界银行备查。

3. 招标公证工作

招标公证就是国家公证机关对招标投标这一法律行为的真实性和合法性给予法律的审查认可和证明。

招标公证的法律依据:我国公证暂行条例第二条规定:"公证是国家公证机关根据当事人的申请,依法证明法律行为,有法律意义的文书和事实的真实性、合法性,以保护公共财产,保护公民身份上、财产上的权利和合法利益"。作为司法系统的公证机关所出具的文书具有三种效力,即法律效力、执行效力和法律上的证据效力。

根据《中华人民共和国合同法》以及司法部关于国内公证应把办理经济合同公证,特别是对国民经济计划的完成和人民生活有重大影响的经济合同摆在首位的指示精神,招标单位在进行招标时,都宜申请招标公证。招标投标这一法律行为,既是签订合同的前提,又是签订合同过程中的要约和承诺,公证的目的是确认招标投标这一法律行为的合法性、真实性和有效性。

招标公证的具体做法,可以根据招标工作的特点,分为八个方面:

(1)协助招标单位做好招标前的一切准备工作,如宣传有关法律知识,草拟招标章程和招标工作程序以及做好开标、评标前的准备工作。

(2)封存投标箱上锁,贴上盖有公证单位印章的封条并保管钥匙。招标单位可以设立一投标箱,把各单位的投标文件一律投入箱内,待开标之日方能取出。

(3)验箱启封,即检查封条、投标箱等是否完整无损,然后打开箱子,取出投标文件,分类登记并核对数字,如果有出入,则要查明原因。

(4)监督唱标、评标,函件分类后即进行唱标,公证人员对唱标过程中的差错应及时纠正,对不符合招标文件的投标文件应立即宣布为废标。

(5)公证员发表公证词,对招标、开标、唱标等一系列法律行为的真实性、合法性给予法律上的确认和证明,向各投标人证明开标结果有效。

(6)出具公证书。在公证员发表公证词之后,对整个招标活动及投标人分别说明招标项目的真实性、合法性、有效性,出具加盖公证处印章和公证员签名盖章的给予证明的公证书,以形成书面的法律证据,并归档备查。

(7)对预中标单位及时进行审查,主要是审查其法人资格、权利能力和行为能力。

(8)对招标单位与中标人所签订的经济合同进行公证。

第四节　评标及签约

一、评标目的

评标是决定招标工作成败的关键之一,评标的目的就是从技术、商务、法律、施工、管理等各方面对每份投标书提出的费用予以分析评价,以便招标单位能在这个"评标价"的基础上将全部投标加以比较。应当看到,经过评标后,招标单位认为最有利的投标应该是"评标价"最低的投标,而不一定是"报价"最低的投标。因为"评标价"最低的投标是经过技术上、财务上、商务上进行全面鉴别,比较以后得到的最经济合理和最有成效的投标。而有时候那些在投标书上列出的费用是最低的投标,在经过技术上、财务上、商务上的比较后,却不一定是经济效益最高的投标。

因此,不难看出,评标的根本目的是要评定出一个技术上较合适同时费用又最低的投标书。这两种要求往往是相互对立的。评标就是要从这个矛盾的对立中找出一个最佳的平衡统一点。因而评标工作是异常复杂和困难的。要想得到理想的评标结果,必须建立一个有力的评标机构,制订一个完善的评标计划,坚持评标原则和评标办法,在规定时间内完成。

二、评标组织

评标是一项既关键又细致的综合性工作,一般应由有关方面人员,如招标公司、业主、监理工程师、造价工程师、主管部门及政府有关部门代表以及法律顾问等组成评标机构,评标机构可以分成二级、三级组织,应视工程性质、规模、投资渠道等而定,这里介绍评标委员会、评标工作组二级组织机构形式。

1. 评标工作组

评标工作组由造价、工程技术、财务等方面专家为主组成,可分综合、商务、技术三个小组分头进行工作。综合组主要负责对投标文件的符合性检查,包括:完整性审查(有无漏项);响应性审查(有无差异或保留);资格的审查或复查(指和资格预审时比较,有无实质性退化)。商务组主要对财务和投标进行评估,包括:财务性总检查;投标价算术校核;计算评标价。技术组主要负责对施工组织设计进行评价,包括:施工总体布置,施工方案和方法;工程总体计划;

工程管理和保证措施。在以上工作基础上,对投标文件澄清后完成资料汇总,进行初步评议,在已作出实质性反应的投标中,推选出标价最低的 3~4 家供评标委员会评审,完成初评工作。

2.评标委员会

评标委员会由交通运输部、项目所在省交通厅派人组成,负责评标工作的具体领导。评标委员会根据初评意见,进行进一步的评审,评出中标名单,编写评标报告,提交主管部门或有关部门审定,最终确定中标人,完成终评工作。在此必须强调,所有参加评标工作的人员,都应详细而准确地了解招标文件的有关内容,严防仓促应付。因此,在投标人编制投标的同时,评标人员也应熟悉招标文件,着手做好充分准备,以便开标后不失时机地全面展开评标工作。

三、评 标 原 则

1.评标应坚持的原则

《公路工程施工招标投标管理办法》规定,"评标定标的原则是:报价合理、施工方案可行、施工技术先进、确保工期和工程质量"。因此在评标中,应坚持以下原则:

(1)"保护竞争、一视同仁"的原则。在评标过程中,招标单位和评标机构对各投标单位均应一视同仁,不能带有任何框框,使各单位能够在同等条件下进行竞争。这里有两方面的含义:一是凡不符合招标文件中投标须知要求已达到废标条件的投标文件,或根据地区有关规定属于无效的投标文件,均不能参加评标;二是对符合招标文件的投标文件,在评标时,均应持公正态度,避免带有任何倾向性,使招标工作徒有形式、走过场。

(2)经济效益原则。即投标单位应采用可靠、先进合理的施工方案或施工方法及相应的施工技术来达到保证施工质量的前提下,降低工程造价或缩短施工工期从而提高投资效益的目的。

(3)正确处理报价与投标单位资质的原则。招标单位及其评标机构在评审投标文件时,均应以投标文件中的施工组织设计、工期、报价为依据,综合考虑投标文件中的各项内容和条件,只有当两个以上投标单位所报标价和其他方面各项内容均很接近的时候,才能考虑两个(或两个以上)投标单位的资质情况和社会信誉,并排出先后次序。这是因为:在发售招标文件前,招标单位已对投标单位的资质进行了比较认真详细的审查,有的地区或招标工程还经过上级主管部门或地区基建管理部门的审查批准后才允许参加投标。一般说来,经过审查并允许参加投标的单位,均能完成招标工程的施工任务。所以,只要某个投标单位投标文件的主要内容均接近标底或符合招标文件规定的"优先考虑中标条件",而其他投标单位投标文件的内容又相差较多,或与招标文件规定的"优先考虑中标条件"距离较大时,就不应舍弃前面的各项内容均接近标底或符合招标文件确定的"优先考虑"的投标单位,而去选择后者,因为这样就违反了前面两项评标原则。实际上,如果某个投标单位编制的投标文件各项内容均接近标底,投标文件中所附施工组织设计所采取的技术组织措施又合理可行,就应该认为该投标单位的企业素质是比较好的,因为它比较全面地反映了投标单位的工作质量和企业素质。所以,选择这样的投标单位为预选对象才是比较合理的。

2.评标注意事项

评标工作应严格按严肃认真、公正合理、客观全面、细致保密的原则进行。除标价因素外,还要考虑施工方法和机械设备、工程管理等方面的先进性、可靠性以及用以确定评标价格的其他因素,且应尽可能折算成货币来表现。同时要求评标过程应注意下列事项:

(1)吃透评比标价最低的 3~4 名的标书,提出应澄清的问题;

（2）按预先确定的评比标准与指标，逐项评议，要平等待人，忌带偏见，维护业主和承包人的利益；

（3）一切澄清，决定的问题要有记录，并让投标人补遗正式的书面资料；

（4）注意保密，避免干扰，坚决制止评标人员与投标人私下交往。

四、评标内容及方法

评标工作包括初评和终评两个阶段，其内容包括如下事项。

1. 初步评审

招标人依法组织的评标委员会首先对投标文件进行初步评审，只有通过初步评审的投标文件才能进入详细评审，通过初步评审的主要条件：

（1）投标文件按照投标文件规定的格式、内容填写，字迹清晰可辨：

①投标人按招标文件规定填报了投标价、工期，且有法定代表人或其他授权的代表人亲笔签字，盖有法人章；

②投标书附录的所有数据均符合招标文件规定；

③投标书附录齐全完整，内容均按规定填写；

④按规定提供了拟投入的人员证件的复印件，证件清晰可靠、有效；

⑤投标文件按照招标文件规定的形式装订。

（2）投标文件上法定代表人的或其他授权代理人的签字（含小签）齐全，符合招标文件规定：

凡投标书、投标书附录、投标担保、授权书、工程量清单、投标书附表、施工组织设计的内容必须逐页签字。

（3）法人发生合法变更或重组，与申请资格预审时比较，其资格没有实质性下降：

①通过资审后法人名称变更时，应提供相关部门的合法批件及企业法人营业执照和资质证书的副本变更记录的复印件；

②资格没有实质性下降，指投标文件仍然满足资格预审中的强制性标准（经验、人员、设备、财务等）。

（4）投标人按照招标文件规定的格式、时效和内容提供了投标担保：

①投标担保为无条件式的投标担保；

②投标担保的受益人名称与招标人规定的受益人一致；

③投标担保金额符合招标文件的金额；

④投标担保有效期为招标文件有效期加30天；

⑤若采用银行保函形式，出具保函的银行的级别必须满足投标人须知资料表的规定。

（5）投标人法定代表人的授权代理人，其授权书符合招标文件规定，并符合下列要求：

①授权人和被授权人均在授权书上签名，不得用签名章代替；

②附有公证机关出具的加盖钢印的公证书；

③公证书出具的日期与授权书出具的日期同日或之后。

（6）投标人以联合体的形式投标时，提交了联合体协议书副本，且与通过资格预审时的联合体协议书正本完全一致。

（7）投标人如有分包计划应提交分包协议，分包工作量不应超过投标价的30%。

（8）一份投标文件应只有一个投标报价，在招标文件没有规定的情况下，不得提交选择性报价。

（9）投标人提交的调价函符合招标文件要求（如有）。

（10）投标文件载明的招标项目完成期限不得超过招标文件规定的时限。

（11）投标文件不应附有招标人不能接受的条件。

投标文件不符合以上条件之一的，应认为其存在有重大偏差，并对该文件作废标处理。

2. 合同条件的详细评审

对合同条件进行详细评审的主要内容包括：

（1）投标人应接受招标文件规定的风险划分原则，不得提出新的风险划分方法；

（2）投标人不得增加业主的责任范围，或减少投标人义务；

（3）投标人不得提出不同的工程验收、计量、支付办法；

（4）投标人对合同纠纷、事故处理办法不得提出异议；

（5）投标人不得在投标活动中有欺诈行为；

（6）投标人不得对合同条款有重要保留。

投标文件如有不符合以上条件之一者，属于重大偏差，按废标处理。

3. 技术能力和履约表现的详细评审

对投标人技术能力和以往履约信誉进行详细评审的主要内容：

（1）对投标人提供的财力资源情况（财务报表及相关资金证明材料）的真实性、完整性进行财务能力的评价；

（2）对投标人承诺的拟投入本工程的技术人员素质、设备配置情况的可靠性、有效性进行技术能力的评价；

（3）对投标人编制的施工组织设计、关键工程技术方案的可行性，以及质量标准、进度与质量、安全要求的符合性进行管理水平的评价；

（4）对投标人近五年来完成的类似公路工程项目的质量、工期，以及履约表现进行业绩和信誉的评价。

在对投标人技术能力的履约信誉详细评审过程中，发现投标人的投标文件有下列问题之一，则属于重大偏差，按废标处理：

（1）承诺的质量检验标准低于招标文件和国家强制性标准要求；

（2）关键工程技术方案不可行；

（3）施工业绩及履约信誉证明材料有假。

4. 细微偏差

投标文件中的下列偏差为细微偏差：

（1）在算术性复核中发现算术性错误；

（2）在招标人给定的工程量清单中修改了某个工程细目的单价和合价；

（3）在招标人给定的工程量清单中多报了某个工程细目的单价和合价或所报单价增加或减少了报价范围；

（4）在招标人给定的工程量清单中修改了某些支付号的工程数量；

（5）除强制性标准规定之外，拟投入本合同段的施工、检测设备、人员不足；

（6）施工组织设计（含关键工程技术方案）不够完善。

5. 细微偏差的处理

评标委员会对投标文件中的细微偏差按如下规定处理：

（1）按本须知有关规定对算术性差错予以修正；

（2）对于漏报的工程项目细目单价和合价中减少的报价内容视为已含入其他工程细目的单价和合价之中；

（3）对于多报的工程细目报价和工程细目中增加的部分报价从评标价中给予扣除；

（4）对于修改了工程数量的工程细目报价按招标人给定的工程数量乘以投标人所报单价的合价予以修正，评标价作相应的调整；

（5）在施工、检测设备和人员单项评分中酌情扣分，但最多分不得超出该单项评分的40%；

（6）在施工组织设计（含关键工程技术方案）评分中酌情扣分，但最多分不得超出该单项评分的40%。

6.澄清

在以上工作的基础上，分别要求投标人对评审中所涉及的商务、技术和资格核查等方面的问题做进一步的澄清，澄清未对投标的实质内容和价格产生任何影响。投标人应以书面形式提供澄清内容，并签字盖章后作为投标文件的组成部分。

7.计算评标价

在完成上述工作后，根据招标文件的评标价格计算要求和"投标须知"的规定，计算出各投标人的评标价。

8.评标方法

评标定标可以采用世界银行最低评标价中标的办法，也可采用无记名投票或打分制的办法，无论采用什么办法，都应在评标委员会或评标小组成员对投标文件充分讨论和评议后进行。

五、终评及决标

在终评阶段，首先应针对初评阶段选出的几家投标人存在的问题，拟出问题清单，分别寄送各投标人，由他们作出书面答复，予以澄清。往往为了更有效地澄清问题和加快评标工作进程，由投标人派出授权代表前来参加澄清会更为有利。在他们前来参加澄清会之前，应将问题清单中的主要内容事先通知他们，以便有所准备。在开澄清会时，应向投标人提出经主谈人签字的完整的问题清单，通过口头澄清后，投标人亦应正式提出书面答复，并由授权代表正式签字。在澄清会期间，还可根据需要提出补充问题清单，再由投标人予以书面澄清。这些问题清单与书面答复均将作为正式文件，并具有与投标文件同等的效力，但不得通过澄清问题对投标文件作实质性修改，也不应要求或允许改变投标价。

在确定澄清问题的范围、内容、深度时，应尽量排除枝节问题，除了与实质性反应有关的问题必须澄清外，主要应集中在与评标价有关的问题上，同时应注意所提问题要明确、集中、具体，防止泛泛而论，造成投标人不能准确理解需澄清的问题所在而答非所问，拖延时日。由于进入终评阶段后对于哪一家可能中标是个非常敏感的问题，投标人将利用开澄清会之机，力图摸清评标者对选标的倾向性意见。因此提问时应讲究策略，注意掌握分寸。在澄清会上一般只限于提问与回答，不宜对投标人的回答作任何评论或表态，以免被动。另外，由于评标者接触各家投的资料、数据等，容易混淆，因此，开澄清会时（特别是几家投标人在同一时间内穿插开澄清会），应保持清醒头脑，防止串标，造成泄密等不良后果。

问题经澄清后，则可对进入终评的几家投标人就初评中的三个方面问题作进一步深入的评审，在此基础上，分别计算出各家投标的评标价，以作为定标的依据。

按世行以最低评标价中标原则看,评标价计算是整个评标过程中,继初评阶段评判各投标人是否已作出实质性反应之后的又一个既关键而又困难的问题。其主要难点在于各种因素需要尽可能从货币形式予以定量,具有一定的灵活性,它不仅取决于评标价计算者的经验与判断,同时还受评标者主观意愿的制约。正因为它将作为最终定标的依据,往往会引出许多争议,因此必须强调在整个评标过程中,始终坚持公正、客观的原则。

如果不采用最低评标价的方法,用无记名投票或评委打分的方法,则可按开标前通过的评标办法或打分标准进行评选,评出中标人名单。

综合评分定标方法评分时,严格按评标细则的规定,对影响工程质量、工期和投资的重要因素逐项评分,推荐综合分最高者为中标人。其评分分值范围如下。

(1)评标价:分值范围 50～70,均值 60。

(2)施工能力:分值范围 10～18,均值 14。

(3)施工组织管理:分值范围 8～12,均值 10。

(4)质量保证:分值范围 6～10,均值 8。

(5)业绩和信誉:分值范围 6～10,均值 8。

以下,通过两个例子来说明综合评分法定标在具体的招投标实际项目中的应用。

[例 2-1]　某大型工程,由于技术难度大,对施工单位的施工设备和同类工程施工经验要求高,而且对工期的要求也比较紧迫。业主在对有关单位和在建工程考察的基础上,仅邀请了3 家国有一级施工企业参加投标,并预先与咨询单位和该 3 家施工单位共同研究确定了施工方案,业主要求投标单位将技术标和商务标分别装订报送。经招标领导小组研究确定的评标规定如下:

(1)技术标共 30 分,其中施工方案 10 分(因已确定施工方案,各投标单位均得 10 分),施工总工期 10 分,工程质量 10 分,满足业主总工期要求(36 个月)者得 4 分,每提前 1 个月加 1分,不满足者不得分,自报工程质量合格者得 4 分,自报工程质量优良者得 6 分(若实际工程质量未达到优良将扣罚合同价的 2%),近 3 年内获鲁班工程奖每项加 2 分,获省优工程奖每项加 1 分。

(2)商务标共 70 分。报价不超过标底(35 500 万元)的 ±5% 者为有效标,超过者为废标。报价为标底的 98% 者得满分(70 分),在此基础上,报价比标底每下降 1%,扣 1 分,每上升1%,扣 2 分(计分按四舍五入取整)。

各投标单位的有关情况见表 2-1。

表 2-1

投标单位	报价(万元)	总工期(月)	报工程质量	鲁班工程奖	省优工程奖
A	35 642	33	优良	1	1
B	34 364	31	优良	0	2
C	33 867	32	优良	0	1

问题:(1)该工程采用邀请招标方式且仅邀请 3 家施工单位投标,是否违反有关规定? 为什么?

(2)请按综合评标得分最高者中标的原则确定中标单位。

(3)若改变该工程评标的有关规定,将技术标增加到 40 分,其中施工方案 20 分(各投标

27

单位均得20分),商务标减少为60分,是否会影响评标结果?为什么?若影响,应由哪家施工单位中标?

解答:

问题(1)答:不违反有关规定。因为根据有关规定,对于技术复杂的工程,允许采用邀请招标方式,邀请参加投标的单位不得少于3家。

问题(2)解:①计算各投标单位的技术得分,见表2-2。

表2-2

投 标 单 位	施 工 方 案	总 工 期	工 程 质 量	合 计
A	10	$4+(36-33)\times1=7$	$6+2+1=9$	26
B	10	$4+(36-31)\times1=9$	$6+1\times2=8$	27
C	10	$4+(36-32)\times1=8$	$6+1=7$	25

②计算各投标单位的商务标得分,见表2-3。

表2-3

投标单位	报价(万元)	报价与标底的比例(%)	扣 分	得 分
A	35 642	$35\,642/35\,500=100.4$	$(100.4-98)\times2=5$	$70-5=65$
B	34 364	$34\,364/35\,500=96.8$	$(98-96.8)\times1=1$	$70-1=69$
C	33 867	$33\,867/35\,500=95.4$	$(98-95.4)\times1=3$	$70-3=67$

③计算各投标单位的综合得分,见表2-4。

表2-4

投 标 单 位	技术标得分	商务标得分	综 合 得 分
A	26	65	91
B	27	69	96
C	25	67	92

B公司综合得分最高,故应选择B公司为中标单位。

问题(3)答:这样改变评标办法不会影响评标结果,因为各投标单位的技术标得分均增加10分(20-10),而商务标得分均减少10分(70-60),综合得分不变。

[例2-2] 某工程采用公开招标方式,有A、B、C、D、E、F共6家承包人参加投标,经资格预审该6家承包人均满足业主要求。该工程采用两阶段评标法评标,评标委员会由7名委员组成,评标的具体规定如下。

(1)第一阶段技术评标

技术标共计40分,其中施工方案15分,总工期8分,工程质量6分,项目班子6分,企业信誉5分。

技术标各项内容的得分,为各评委评分去除一个最高分和一个最低分后的算术平均数。技术标合计得分不满28分者,不再评其商务标。表2-5为各评委对6家承包人施工方案评分的汇总表。

表 2-5

投标单位 \ 评委	一	二	三	四	五	六	七
A	13.0	11.5	12.0	11.0	11.0	12.5	12.5
B	14.5	13.5	14.5	13.0	13.5	14.5	14.5
C	12.0	10.0	11.5	11.0	10.5	11.5	11.5
D	14.0	13.5	13.5	13.0	13.5	14.0	14.5
E	12.5	11.5	12.0	11.0	11.5	12.5	12.5
F	10.5	10.5	10.5	10.0	9.5	11.0	10.5

各承包总工期、工程质量、项目班子、企业信誉得分汇总表见表 2-6。

表 2-6

投标单位	总工期	工程质量	项目班子	企业信誉
A	6.5	5.5	4.5	4.5
B	6.0	5.0	5.0	4.5
C	5.0	4.5	3.5	3.0
D	7.0	5.5	5.0	4.5
E	7.5	5.5	4.0	4.0
F	8.0	4.5	4.0	3.5

(2)第二阶段评商务标

商务标共计 60 分。以标底的 50% 与承包人报价算术平均数的 50% 之和为基准价,但最高(或最低)报价高于(或低于)次高(或次低)报价的 15% 者,在计算承包人报价算术平均数时不予考虑,且商务标得分为 15 分。

以基准价为满分(60 分),报价比基准价每下降 1%,扣 1 分,最多扣 10 分;报价若比基准价每增加 1%,扣 2 分,扣分不保底。表 2-7 为标底和各承包人的报价汇总表。

表 2-7

投标单位	A	B	C	D	E	F	标底
报价(万元)	13 656	11 108	14 303	13 098	13 241	14 125	13 790

(3)评分的最小单位为 0.5,计算结果保留两位小数

问题:(1)请按综合得分最高者中标的原则确定中标单位。

(2)若该工程未编制标底,以各承包人报价的算术平均数作为基准价,其余评标规定不变,试按原定标原则确定中标单位。

解答:

问题(1)解:①计算各投标单位施工方案的得分,见表 2-8。

表 2-8

投标单位 \ 评委	一	二	三	四	五	六	七	平均得分
A	13.0	11.5	12.0	11.0	11.0	12.5	12.5	11.9
B	14.5	13.5	14.5	13.0	13.5	14.5	14.5	14.1
C	12.0	10.0	11.5	11.0	10.5	11.5	11.5	11.2
D	14.0	13.5	13.5	13.0	13.5	14.0	14.5	13.7
E	12.5	11.5	12.0	11.0	11.5	12.5	12.5	12.0
F	10.5	10.5	10.5	10.0	9.5	11.0	10.5	10.4

②计算各投标单位技术标的得分,见表 2-9。

表 2-9

投标单位	施工方案	总工期	工程质量	项目班子	企业信誉	合　计
A	11.9	6.5	5.5	4.5	4.5	32.9
B	14.1	6.0	5.0	5.0	4.5	34.6
C	11.2	5.0	4.5	3.5	3.0	27.2
D	13.7	7.0	5.5	5.0	4.5	35.7
E	12.0	7.5	5.0	4.0	4.0	32.5
F	10.4	8.0	4.5	4.0	3.5	30.4

由于 C 承包人的技术标仅得 27.2 分,小于 28 分的最低限,按规定不再评其商务标,实际上已作为废标处理。

③计算各承包人的商务得分,见表 2-10

∵ (13 098 − 11 108)/13 098 = 15.19% > 15%

(14 126 − 13 656)/13 656 = 3.43% < 15%

∴承包人 B 的报价(11 108 万元)在计算基准价时不予考虑。

则

基准价 = 13 790 × 50% + (13 656 + 13 098 + 13 241 + 14 125) × 50%/4 = 13 660(万元)

表 2-10

投标单位	报价(万元)	报价与基准价的比例(%)	扣　　分	得　　分
A	13 656	(13 656/13 660) × 100 = 99.97	100 − 99.97 = 0.03	59.97
B	11 108			15
D	13 098	(13 098/13 660) × 100 = 95.89	100 − 95.89 = 4.11	55.89
E	13 241	(13 241/13 660) × 100 = 96.93	100 − 96.93 = 3.07	56.93
F	14 125	(14 125/13 660) × 100 = 103.40	(103.40 − 100) × 2 = 6.80	53.20

④计算各承包人的综合得分,见表2-11。

表2-11

投 标 单 位	技术标得分	商务标得分	综合得分
A	32.9	59.97	92.47
B	34.6	15.00	49.60
D	35.7	55.89	91.59
E	32.5	56.93	89.43
F	30.4	53.20	83.60

因为承包人 A 的综合得分最高,故应选择其为中标单位。

问题(2)解:①计算各承包人的商务标得分,见表2-12。

表2-12

投标单位	报价(万元)	报价与基准价的比例(%)	扣　　分	得　　分
A	13 656	$(13\ 656/13\ 530) \times 100 = 100.93$	$(100.93 - 100) \times 2 = 1.86$	58.14
B	11 108			15.00
D	13 098	$(13\ 098/13\ 530) \times 100 = 96.81$	$(100 - 96.8) \times 1 = 3.19$	56.81
E	13 241	$(13\ 241/13\ 530) \times 100 = 97.86$	$(100 - 97.86) \times 1 = 2.14$	57.86
F	14 125	$(14\ 125/13\ 530) \times 100 = 104.44$	$(104.44 - 100) \times 2 = 8.88$	51.12

基准价 = $(13\ 656 + 13\ 098 + 13\ 241 + 14\ 125)/4 = 13\ 530$(万元)

②计算各承包人的综合得分,见表2-13。

表2-13

投 标 单 位	技术标得分	商务标得分	综合得分
A	32.9	58.14	91.04
B	34.6	15.00	49.6
D	35.7	56.81	92.51
E	32.5	57.86	90.36
F	30.4	51.12	81.52

因为承包人 D 的综合得分最高,故应选择其为中标单位。

六、定标及签约

定标就是决定中标人,并授予合同,即双方签订合同。定标应以评标报告及其推荐意见为依据。定标之前还应就评标报告中所列出的问题,需要同投标人进一步谈判,并签订承包合同。

1.决标前的谈判

在定标谈判前,应将评标报告中所列举的问题进行分类,确定谈判日程。分类的方法仍应按照评标小组的划分方法进行,谈判时由有关技术及经济专家参加。

在谈判时招标单位和投标人彼此就投标文件及整个工程有关事项提出问题,要求对方作出明确的、肯定的回答。这既是招标单位为选择理想的投标人而进行的最后一次考查,也是投标人为中标而迈出的重要一步。通过答辩讨论,进一步把招标单位的指导思想、技术要求传达给投标人,使双方对合同条款、技术要求、施工方案、程序达到统一,为签订合同作最后准备。

谈判的主要内容:招标文件中技术问题、各种程序、方案、设备能力、技术条件、工程计划等是否满足要求;工程内容的变更、工程的追加和减少对程序、工期、价格的影响;其他,例如施工临时借地位置,进场道路等。

在谈判中得出的结论应用书面形式予以记载,措辞应完善,以便直接载入合同文件。只有当某一项目的谈判结论经双方一致同意后才能转入下一项目的谈判,根据谈判所达成的协议再对合同文件予以修改。

当谈判结束,形成最后文件以后,双方应各派一名高级代表审阅合同文件,并在文件的每一页上面签字。如果在最后审阅时还发现存在问题,应该就这些分歧再组织谈判,直至意见完全一致为止。

2. 中标通知书

定标谈判一经结束,招标单位应尽快决定中标人,以及预中标人的先后排列顺序。

招标单位一般应选择总价最低的投标人作为中标人。但如果该投标人的总价太低,以至于低到不合理、不能令人放心的程度,这种价格将对今后工程实施产生潜在危险,招标单位也可以把标授给报价较高的投标人而不必作出任何解释。

在最后确定中标人后,招标单位应立即向中标人发"中标通知书"(也可用电传发出中标通知),其内容简短扼要,只要告知该项工程已由你单位中标,并确定签约的时间、地点即可。对于所有未中标人,应在合同签订后给以通知,只需说明"经过认真的评价,××工程已确定由××单位中标"即可,并退回投标保证金。

中标人一经宣布,投标阶段即告结束。

3. 履约担保书

投标人中标以后随即改变了"投标人"的身份而成为"承包人",这时承包人应立即向业主提交履约担保书。

履约担保书是承包人保证履行工程合同的一种担保,也是约束承包人从合同签订之日起经过工程开工、竣工至缺陷责任期满为止的整个期间,按合同履行义务的一种手段。如果承包人一旦中途毁约,业主便可持履约担保书到扣保单位索取保证金作为另雇其他单位继续施工所遭受的损失的补偿。履约担保书的格式和保证金须由招标单位事先在招标文件中予以明确规定。

履约担保书的有效期一般延续到工程缺陷责任期满为止。之所以作这种规定,是因为:如果在缺陷责任期内工程发现缺陷而原承包人未能按期保修时,业主则可以将担保金兑现另行雇工维修或返工。

履约担保书和投标担保书一样,其担保单位应该是经业主同意的银行或保险公司,担保金额的大小视工程规模和类型而定,总之是以保证业主在更换施工单位的情况下不致遭受重大损失。履约担保金额国际上一般为合同总价的 10% ~ 15%,国内公路工程为合同总价的5% ~10%。

4. 签订承包合同

中标人在接到正式的"中标通知书"后,应在规定期限内和业主签订承包工程合同。中标人如不按中标通知书中规定的时间、地点与业主签约,则按违约论,业主有权没收其投标保证金作为罚款。然后,业主按预中标人的排列顺序递次选定第二中标人,并通知对方前来签约。

与中标者签订合同应视工程具体情况决定是否履行公证手续。中标者接到中标通知书后,应按中标通知书写明的时间、地点及要求与招标单位签订承包合同。签订合同的唯一依据是招标文件、投标文件及有效的其他有关文件。

任何一方不能以额外的条件未获满足为理由,拒绝签合同。中标人拒签合同,无权请求返回投标保证金;招标单位拒签合同,国内公路工程施工招标投标管理办法规定应双倍返还投标保证金。

签订合同时,中标人应向招标单位送交由开户银行出具的履约担保书(简称"保函")。合同履行后,无法定理由,投标者不履行合同时,无权请求返还保函金额。招标单位不履行合同的,国内公路工程招标投标管理办法规定应双倍返还保函金额。

第五节　投标准备工作

一、投标业务开发

1.成立投标组织机构

施工单位为了在投标竞争中获胜,应设置专门投标机构,配备专职人员。投标机构的任务是:经常掌握国内外公路工程项目的市场信息和动态,搜集招标的有关情报;对招标项目进行分析,研究有无参加价值;定期收集招标地区有关部门颁发的建筑材料价格;研究投标策略和报价编制策略;认真分析历次投标中失败的教训和经验,为今后投标打下基础。

投标机构通常由下列人员组成:

(1)经理或业务副经理,作为投标负责人和决策人,其职责是决定最终是否参加投标及参加投标项目的报价金额。

(2)总工程师或主任工程师,其职责是决定施工组织设计方案、技术措施及技术问题。

(3)公路工程造价工程师,负责编制计划及投标报价工作。

(4)机械管理部门工程师,负责根据本投标项目工程特点选型配备供应本项目施工设备。

(5)材料部门人员,了解提供当地材料供应及运输能力情况;财务部门人员,提供企业工资、管理费、利润等有关成本资料;生产技术部门人员,负责安排施工作业计划等。

2.投标业务开发

1)投标业务开发内容

工程承包企业的业务开发包括以下主要内容:

(1)对承包市场的宏观调查,了解企业经营的外部环境及其发展动态,研究开展承包业务的机会,预测可能的风险,选择开发的市场和项目;

(2)根据本企业的实力和优势以及经营目标,确定中、长期发展战略和部署;

(3)积极开展对外业务宣传;

(4)完善内部管理机制,开发新技术,培训企业骨干力量,提高企业竞争力;

(5)通过各种方式,与业主和有关部门、有关方面建立密切关系;

(6)寻求各种合伙人(合营、分包、供货),以便增强企业竞争力;

(7)沟通信息渠道,通过各种可能的途径和方式招揽工程项目,使企业经常处于和谐的运转状态;使人力、物力、资力得到充分的、合理的利用,从而获得良好的整体效益。

2)开发战略决策的重要性

一个工程承包企业,要有一个本企业发展的总体规划,才有前进的目标,才能使近期发展与长远发展有机地结合起来。开拓一个地区的业务,应是企业发展规划的一个组成部分和总的战略的体现。

土木工程的工期因工程大小而异,一般为 1～3 年。有些大的线状工程(如道路工程、管道工程),为了早日完成投入使用,往往分成若干段同时招标,从而缩短工期。

在一个地区只经营一个项目时,为了充分利用所配置的机械设备和人力,避免因任务间断而停滞带来的损失,需要"吃一看二想三",即在拿到一个项目后就要考虑后续工程。而且,由于各项工程内容不尽一致,使用的机械、人力也有所变化,需要有所更换和补充。在一个新开辟地区,当只有一套施工设备时,最理想的后续工程是工程内容与在建的基本相同。但实际上不太可能,因而,要做几手准备,要有一个通盘考虑,即在一个地区究竟准备长期开发承包业务或者只是短期的、试探性的开发,准备承揽业务的规模多大为好?

制订中、长期战略决策,就是要避免短期行为,避免盲目性。对于道桥工程而言,所谓中期是指能把投入的一套施工设备的资金全部收回的时间,一般以 3～6 年为宜,而长期则为 6～10 年或更长些。

3)开发战略决策的内容

在一个地区的中、长期业务开拓规划,要以本企业的发展规划为依据。其内容应包括:

(1)本地区的业务开发在本企业业务开发计划中所占地位,是重点开发还是辅助性开发,是长期性还是临时性的、试探性的。

(2)本企业准备投入的施工设备、资金、人力多大。

(3)预估可能取得的效益,可能遇到和可能承受的风险,还要提出避免风险的对策和措施。

(4)先从何类工程入手有利,例如一个道桥承包公司,以招揽本行业项目入手有利于发挥自己的优势。在道桥项目中,以先搞一般形式桥梁较为有利,因为这样既可充分利用在国内施工中积累的经验,投入的施工设备也较少。但如果该地区属于干旱地区,河川甚少,桥梁工程不多,搞桥梁项目就没有发展前景。如果是新修道路,土石方工程较大,需投入土石方工程机械多,投入资金就多;如果是沥青路面,则需投入的路面专用施工机械就多,但只要工程量大,工期长,仍能充分发挥机械效用。一项工程下来,施工机械剩余,分项工程类型甚多,但每个分项工作量均不大,例如市区道路工程,长不过 6～7km,既有土方,又有排水系统,有多层目需要的施工机械设备品种繁多,利用率又都不高,此时作为进入该地区的第一个项目是根本不能考虑的。作为进入一个新地区的头一个项目,最好选择投入少、产出多、有后续的项目。

(5)要通过投资开发的机会研究、考虑本企业的资力、人力和经验,确定在该地区发展的规模、布局和逐步发展的步骤。要预估可能遇到的问题,并考虑采取的措施。

3. 合作开发业务

1)合作与竞争的关系

有些公司进入承包市场,只注意竞争压倒别人,不注意寻求合作,增强竞争力,没有处理好竞争与合作的关系,结果很难发展。应当认识到,一个企业的发展,总是从小到大,自己的实力总是有限的,而社会的潜力才是无限的。因此,要善于在不同条件下与不同的企业谋求可能的合作,使自己在竞争激烈的市场上立于不败之地。

工程承包市场的特点,是工程项目的类型、规模、内容变化无常,因而,一个企业要想完全靠自己的实力承接各类项目是不可能的。企图把自己的企业搞成一个能承接各类项目的大而全的企业是不现实的,也是不经济的。善于经营的企业,必须既善于管理自己的企业,还善于根据市场情况寻求合作,利用别人的优势,补充自己的不足,才能提高竞争能力,获得经济效益。

2）合作的形式和范围

合作的形式多种多样,合作的范围也是广泛的,现摘要分述如下。

（1）分包　这是最常用的一种合作形式。在国外市场上,凡是该地区工程建设项目比较多的地方,都有一批小包商。他们大都拥有少量常用的小型机械（水泥混凝土拌和机,空压机等）或小型专用设备（如画线机等）,有一定数量的技术工人,可从事小型排水构造物或混凝土制品及诸如道路画线、标志牌制作安装之类的专业化工程。这些小包商有当地施工经验,专业性强,机动、灵活,其工程成本往往比大公司要低。因此招揽项目时,与他们合作,作为专项工程分包人,既可减少施工设备的投入,又可降低造价,减少一些繁杂工作,对承包人是有利的。在国内开展工程承包,许多地方也有一些集体性质的小包商,对于这些当地小包商只要注意了解其资信,有一定的约束手段,是可以与他们成功地合作的。

（2）联合投标　对于规模大的工程,采取联合投标是经常遇见的。在国际上,比较多的是具有不同专业特点的承包人之间的联合。合作的项目大都是包罗各种专业的大型综合性项目,例如,包含有大量土方工程、道路工程、楼房工程和电信设施的航空港建设工程。此外,工业发展区的基础工程,农业发展区的建设,也都是包罗多方面的工程项目,采取联合投标也是有利的。

从事同行业的承包人,由于优势不同,也有合作的可能。例如,同是搞路桥工程的,但在某个地区,有的公司拥有桩基或某种架桥设备,如某公司承建一条公路,为了其中少量桥梁工程搞一套设备,利用率不高,成本却高了,这就可以考虑采取与前者联合投标或分包的合作形式。

此外,有时为了在竞争中取得某种优势,两个实力相当的承包公司也有采取联合投标,分段施工的。这样可以缩短工期,取得规定的优惠条件（如有的国家规定,只要投标时工期比业主要求的减少一个月,即可按相当于降低标价0.5%参加评标）。有些按实力属二流公司,为了打破实力雄厚的一流公司的垄断,也采取联合投标,集双方的优势以击败对手。

（3）建立集团公司　这是一种综合联营的方式,国际上许多大公司采取此种形式。参加联营的一般是本国公司,可包括投资公司、设备材料供应公司、工程建设公司、运输公司等。这种联营公司一旦获得项目,可以依靠集团内部力量在各个环节上协调工作,共同实施工程,共同获利,竞争力是很强的。

为了搞好合作,业务开发部门要注意调查有关公司的实力、优势,寻找合适的合作伙伴,建立双方有利的合作关系。还要善于及时调整合作关系,否则,一旦合作不成可能成为竞争对手,将会损害自身的利益。

二、招揽投标项目

1. 调查了解投标信息

信息在整个投标活动中占有举足轻重的地位,谁先掌握了全面准确的信息,谁就掌握了投标的主动权,因此,调查了解信息是投标活动中的第一位工作。

投标信息内容包括来自企业内外的一切与投标有关的经济、技术和社会方面等信息。有条件的施工企业,应组织好信息网,通过各种渠道搜集有关项目信息及招标资料,为选择项目、决策投标提供基础。

1）对信息的要求

对于信息的要求,可以归纳为"快、全、准、用"四个字。"快"为迅速及时；"全"为多多益善,系统积累,如哪里有招标项目,工程概况如何,什么日期开始招标,什么时间开标以及当地材料价格、汇率、工期等,在招标的全过程中,即从准备投标一直到定标前的几分钟,都要掌握信息,而交标以后,开标之前,均应采取相应的措施以利夺标;"准"是要求信息的准确性,要善于辨别信息的真伪;"用"就是要善于利用信息,为正确的投标决策服务。

在进入一个新的投标竞争区之前,更应该派出信息敏锐性强的各种专业人员和具有决策权的有关领导深入该区,进行较长时间的考察,考察的主要任务就是搜集和掌握信息,力求全面了解该地区的工程建设情况,对于有投标可能的项目,需要作更详细、更准确、更全面的调查。

2)需要掌握的信息内容

(1)当地建筑市场信息及投标建设项目的工程情况,如项目规模有多大,公路多少公里,分几个标段,资金来源、招标单位、名称、招标时间、项目是否列入国家计划等市场信息。

(2)当地建筑材料和设备能否供应、价格怎样,交通运输情况,当地税收、税率、银行贷款利率、地方法规等。

(3)材料与施工技术发展动态,如招标项目有无新结构、新技术、新材料,需要采购的新设备和新工艺等情况。

(4)招标单位的倾向性(招标单位倾向让哪个或哪类层次施工单位来承包工程)和困难,如工期要提前、投资不足、材料供应困难等,应探明建设单位(或业主)的主要困难是什么。

(5)各竞争对手的基本情况,如有多少单位参加投标,每个标段有几个单位投标,他们的名称、资质、技术水平高低、装备能力、管理水平、队伍作风、是否急于想中标,投标报价动向、与业主之间的人际关系等。

(6)设计与其他协作单位的情况。

(7)类似工程的施工方案、报价、工期等。

(8)本企业内部今年和明年任务是否饱满,是否有力量投入新的投标项目。

(9)本企业欲完成本项目投标工程和同类已完工程的技术经济指标。

(10)企业为本投标项目购置新设备、采购新技术的可能性。

2. 选择投标项目

正确地选择投标项目,是企业的经营决策大事,是否看准,将直接影响到中标后企业的利益、生存和发展,因此每个企业都应认真研究这个问题。

1)选择投标项目的原则

(1)项目的可行性与可能性。选择的投标项目是否可取,首先要从本企业的实际情况出发,实事求是,量力而行,而不是中标项目越多越好,应以保证均衡施工和连续施工为前提,防止铺摊太多,不能确保重点。同时,根据本企业的施工力量、机械设备、技术力量、施工经验等方面的条件,考虑招标项目是否有事实上的利润,本企业能否保证工期和质量的要求。其次要着重考虑能否发挥本企业的特点和特长、技术优势和装备优势,做到扬长避短,选择适合于发挥本企业优势的项目,避开本企业缺乏经验的项目。再次要根据竞争对手的技术经济情报和市场投标报价动向,考虑该项目是否有一定竞争取胜的把握和机会,反之,不宜勉强投标,更不宜陪标,以免有损于本企业的声誉,而影响未来的投标机会。

(2)项目的可靠性。首先是充分了解建设项目是否已正式批准,资金来源是否可靠,主要材料和设备供应是否落实,设计文件完成的阶段情况等;其次是认真研究业主的资信条件及合同条件有无重大风险性等方面,以避免参加不可靠的项目竞争,造成不应有的损失。

（3）利润的测算。承包企业在确定投标前,除必须弄清招标文件内容和要求外,认真研究项目中标后可能获得的利润程度,通过工程技术和经济效益的分析,测算出工程中标后可能获得的利润金额。

（4）本企业的近期利润目标和远期利润目标。施工企业要建立起本企业的目标管理标准,制定出本企业的近期利润目标和远期利润目标,才能明确投标竞争的战略战术。不同时期,不同的竞争环境,企业可以有不同的近期目标,因而在面临许多招标项目时,就可以很容易地作出究竟选择哪一项目可以参加投标的决策。

在进行投标的选择时,还应考虑其他一些因素,如本企业员工的技术水平,施工设计能力等。

2）项目选择首选条件

（1）重点工程项目;

（2）有施工经验的项目;

（3）本地工程项目;

（4）通用机械设备施工项目;

（5）项目管理法律法规的健全项目;

（6）征地拆迁完成好的项目;

（7）业主、监理管理水平高的项目;

（8）正常按 FIDIC 条款管理的项目;

（9）与当地政府关系好的项目;

（10）主营、兼营并与工程规模相适应的项目。

与上述首选条件相反的项目应为投标决策放弃的项目。

3. 项目投标决策

1）招揽项目的风险分析

对公路工程施工承包的合同而言,最常遇到的还是固定单价合同。对于道桥工程和一些其他的土木工程,由于不确定因素比较多,例如地下工程、水下工程,地质、水文条件有变化,所用天然砂石料场材料质量和开采、运输条件时有不同,居民区地下管线不明,因而标书中预估的工程数量常有较大出入,采用固定单价,按实际发生的数量结算比按总价包干风险小些。然而,由于工程单价与数量大小有关,量大而集中的工程与量上零星的工程耗费的机械和人工有较大差异,施工机械和人员的配备也有很大不同。因此,如实际发生的工程量比预估的出入很大,承包人仍将蒙受风险,有时甚至会严重延误工期,加大成本,造成明显亏损。在市场竞争激烈,标价大幅度下降的情况下,如能按成本加酬金的方式取得合同,对承包人是有利的。但此种方式目前很少为业主采用。因为需要逐项审核单据,严格控制成本,这对业主和承包人都比较繁琐。对于承包人而言,如果业主同意采取这种方式,而且确认业主或其代表能公正对待承包人,也是可以接受此种合同的。特别是对于工程分项和工程量估算都比较粗的情况下,按此种方式签订合同更为有利。

交钥匙合同一般用于工业建设,如建造工厂,包括安装设备和试运转。这种项目可称为成套出口项目。由于包括勘察设计、生产线或某种生产技术的转让,包括组织营运,所以,可以说带动了技术输出、智力输出、设备输出,承包人掌握了较多主动权。这是一种层次较高的合同,创利创汇比一般施工合同要高,而且比较有保证。承包人必须有较好的素质、较好的信誉,与业主有较密切关系,才能得到此种合同。在路桥行业也有类似工程,例如,外援项目大都按此方式签订合同。如果建造汽车或工程机械修配厂,也可采用此种形式。

特许权合同的经营范围比交钥匙合同更广,包括为项目提供资金和全面组织营运。在路桥行业中有收费高速公路、桥梁之类工程,例如我国的广—珠—深高速公路就是采取这类合同的。这种形式合同层次更高,但风险和创利都更大。对于一个实力强的公司,在十分熟悉一个地区的市场,投资环境好,又善于在国际市场组织资金,有在当地经营的能力的情况下,是可以采取这种承包方式的。

2)要求工程任务具有连续性

一个项目完工或接近完工就能找到另一个项目,以便已经闲置的施工设备和人员能及时转移到一个新工地。这种衔接愈好,不必要的停滞时间愈短,效益愈高。反之,即使某项工程效益好,由于停滞时间长,不创产值的维持费用(包括保管维护施工设备、资金利息等费用)将抵消或部分抵消已创价值,总体效益不好。也就是说,经营上的亏损侵吞了管理上的盈利。

3)所承揽的工程项目与拥有的施工设备相适应

由于各工程项目内容差异甚大,例如,有的工程是道路新建工程,土方(或石方)多,需要土方机械多;有的工程是道路改建,主要是补强路面,需要路面专用机械多;在水网地区,桥涵工程多,需要混凝土拌和、预制、安装等施工设备。在选择项目的机遇多时,就要选择更能发挥已有施工设备的项目。如果要考虑增添新工程需要的设备,也应该是该地区用途广的施工机械。为此,要进行设备投资效益预估,就道路工程之类的土木工程而言,要求在一个项目中充分利用各种施工设备往往是做不到的,因此有必要在允许的条件下,积极利用短期闲置的施工设备,如在附近地区寻找各种小包工程或短期出租这些设备,以此增加收入,提高总体效益。另外,利用率低的施工机械尽可能租用,而不购置。

4)承揽的项目应具有相对的"投入少,产出多,结算快,创利高"

就道路工程而言,土方工程需机械多,价格高,投入大,产出少;混凝土工程所用机械较少,材料较多,投入小,产出大。小工程周期短,结算快,技术性强的工程、议价工程一般创利高些。在有选择余地时,就要考虑这些因素,并通过一些定量指标的估算加以比较。

在施工设备能力允许的条件下,缩短工期就意味着降低成本。其原因,一是工效高,停滞时间少;二是间接费少;三是资金回收快。所以施工安排紧凑,提前完工是获得良好效益的有效办法。

为了达到上述目的,业务开发人员不能坐等标讯,而要多方活动,通过各种渠道捕捉信息,加以研究。除了积极参加投标之外,还要争取议标项目;除了各级政府计划项目之外,还要联系企业甚至私人(主要是在国外)的小项目。对承包市场的动态研究,要有连续性,不能中断,在不招揽项目的时期,同样要密切注意有关信息。有些外国公司几乎是有标就买,以此测算标价的涨落和分析竞争对手的动向,以便一旦投标,心中有数。

三、资格预审申请

对大型的或复杂的土木工程项目,业主和承包人都十分重视投标前的资格预审工作。从业主进行招标工作着想,可以事先了解投标参加者的实力与多少家,资格审查后,使评标工作也可简化。从承包人角度看,参加资格预审是正式投标前的首次竞争,若未通过审查,可以免去开支一大笔投标费用及无谓的竞争;若通过审查,则可认真准备进行投标信息调研及报价工作。

不同的国家,不同的业主,对不同的项目资格预审(简称资审)的要求和做法不尽一致。

有的国家对承包企业按其实力(人、财、物)和资信核准其等级,授予该等级工程承包权;有的国家则按工程类型、规模大小和性质分类进行资审。对大型土木工程项目(如高速公路、独立大桥、大型航空港、大型水坝等)逐项进行资格预审,对于一般土木和道路工程项目只在承包人初次参加该类项目投标时进行资格预审并立案,以后再投类似的标可不重新进行预审,但投标时仍要附上有关承包人资格的文件。

资格预审应在充分准备资料的基础上,认真编制资审文件,努力争取通过资审。

1. 资格预审资料的准备

国际上的大型工程承包公司,经常在几天之内便可报出高质量的预审资料,他们利用先进的电子计算机进行管理,平时就积累了本公司的资料及政绩证件等,一旦投标预审需要,只须稍加打印整理,按招标要求提供表格等,即可交出资审资料。资格预审资料的准备和提交是与业主资格预审文件及审查的内容和要求相一致的,主要包括下列内容。

(1)技术资格资料。承包人应详细介绍或填表说明本工程承包公司的名称、国别、性质、注册年份和资本、等级及营业执照、通信地址等。还要写明本公司总部和投标工程现场的负责人(项目经理)的姓名、年龄、学历和工程管理或工程技术的经验和简历,现场管理机构与总部授权的关系和权限范围;具体的技术人员专业和职称系列,如高级工程师、工程师等人数及比例,熟练工人、技术工人和普通工人的总数和比例。

投标方公司中拥有的施工机具设备也属于技术方面的内容。承包人应详细申报已拥有的各类施工机械设备和运输车辆的名称、规格、数量、已使用年限,以及可用于本投标工程项目的机械设备情况。

对于工程的分包和转包计划等,也需一一填表申报,表明总承包人干些什么工程,要分包出哪些分项工程,分包人的资质等。

综上所述,投标人在准备资格预审申请时,应详细填写《投标资格预审表格》中的工程公司一般资料表、本工程的现场组织机构表、参加本工程的主要人员表、实施本工程拟用设备表、工程项目承包的联合体情况表、实施本工程拟用分包人情况表等表格。

(2)财务能力资料的准备。一般是公司最近三至五年的财务经营状况,根据业主资审文件及表格的要求,投标者主要应填报有关的资产负债表、收益表和营业总额表,并附有与承包人往来银行及审计的会计师事务所的名称、地址及书面证明的资信文件等。

对承包人的财务能力的资格评审,一般可从承包人的年生产能力、投标能力、速动资金贴现率、盈利率、资产收益率等进行考核。

(3)施工经验及业绩。近几年承包人是否干过与本招标工程性质和规模类似的项目,以及具有相似的地质水文条件和气候下的施工经验。另外,以前干过的工程项目中有获奖的,或业主验收评价很高的书面证明资料,也是资格预审的重要方面。

2. 资审文件的编制

资审文件一般包括承包人的组织机构,在所在地区或承建同类工程的经验,拥有的资源(管理人员、技术人员、工人、施工设备)和财务状况及信誉五方面。此外,业主还可能根据招标项目的特点提出一些问题,例如采取何种施工方案和技术措施等,要求承包人答复。在新进入一个地区,因缺乏当地施工经验,只好填报在别的地区的经验。有的业主要求严格,例如参加高等级沥青路面施工投标,要求承包人修筑过300km以上的沥青路面,并要求详细开列这些项目的清单,写明业主、监理工程师的姓名并附上该工程的竣工证件。对承包人财务状况方面,要求附上近年资产负债、损益表,还要求附上资信好的银行出具的关于承包人资信的证明或保证书,承包人拥有的施工机械表和主要管理人员资历表等。上述这些资料平时都要注意积累和整理并编辑成册,以便随时提供使用。此类资料要求文字简明扼要,以图表和反映公司活动的照片为主,并根据拟建项目类型,适当调整内容,不断更新充实。对反映公司经营状况的财务资料,要认真审核,正确反映本企业良好的经营状况,特别是要反映出公司实力。切忌临时拼凑资料,造成谬误或残缺不全,致使业主要求进行补充,贻误时机;或给人造成不良的印象。应及早物色信誉好的其他公司联合参加资格预审。为此,需要商定某种集团形式,共同编制资审文件。

3. 争取通过资审

承包人的资格预审是投标活动的前奏,与投标一样存在着竞争。除了认真按照业主要求编送有关文件之外,还要开展必要的宣传活动,争取资审通过。

在已经获得项目的地区,业主更多地注视承包人在建工程的进展和质量,为此,承包人要获得业主信任,应当很好地完成在建工程,一旦在建工程搞好了,通过其他项目的资审就没多大问题。在新进入一个地区,为了争取通过资审,应派人专程送资审文件,并开展宣传、联络活动。主持资审的可能是业主指定的业务部门,也可能委托咨询公司。如果主持资审部门对新承包人缺乏了解,或抱有某种成见,资审人员可能对承包人提问或挑剔,有些竞争对手也可能通过关系施加影响,散布谣言,破坏新来的承包人的名誉。为了澄清事实,扩大宣传,承包人的代表要主动了解资审进展情况,向有关部门、人员说明情况,并提供进一步资料,以便取得主持资审人员的信任。必要时还要通过驻外人员或别的渠道介绍本公司的实力和信誉。在竞争激烈地区,只靠寄送资料不开展必要活动就可能受到挫折。有的公司为了在一个新开拓地区获得承建一项大型工程,不惜出资邀请有关当局前来我国参观本公司已建项目,了解公司情况,取得了良好效果。有的国家主管建设的当局得知我国在其邻国成功地完成援建或承包工程,常主动邀请我国参加他们的工程项目投标,这都说明扩大宣传活动的必要性。

四、办理投标担保

投标人办理投标担保,可以直接向招标方的开户银行汇出投标担保款额,也可由投标方的开户银行作保,开具保函。一般投标保函是随同投标书一起递交给招标机构。投标担保一旦办理,在其有效期内是不可撤销的。

1. 投标担保的金额

通常在招标文件有明确规定,一般约为投标方报价总金额的 0.5% ~ 3%,也有些工程项目招标方规定为固定金额。

2. 投标担保的有效期

一般与投标书的有效期相致,或略长一些,通常在投标人须知中有具体规定,一般中等规模的项目需 90 天左右,大型及特大型项目须 120 ~ 180 天左右。

3. 投标担保有效期的延长

当招标方评标和议标时间延长而担保有限期快到时,业主往往会要求各投标人办理延长投标担保的手续。

4. 投标担保金的清退

在一般情况下,当决标授标后,未能得标的投标者会得到业主或招标方清退的投标担保金。而中标者则在和业主方签订协约后,向业主提交一份履约担保或保函,此时业主就应退还其投标担保金。

五、购 买 标 书

1. 编标的组织方式

一旦资格预审获得通过,就应尽早确定编标的组织方式。有些外国公司有一整套编标工作程序,有完整的电脑系统,包括标价计算程序和定额、价格、费用的数字库。编标工作在统一计划安排和协调下,由施工组织计划、工程预算、设备配备和材料物资等部门分别进行工作,然后由公司领导直接参与决策,使编标和决策较好地联系起来。这样可以编出完备的施工组织计划和标价。这种方法对于熟悉的地区比较适用,但是,对于一个新开辟地区,因缺乏第一手资料,就会显得无能为力。对于工程内容变化较多的道桥工程,也往往难以达到应有的精度。在我国目前条件下,还是以组织投标组的方式就地进行编标工作为好。

对于国外工程,在已开拓地区,可以办事处为主组织编标、投标;在新开拓地区则由公司总部组织投标就地编标为宜。为了便于主要领导直接参与决策,必要时可在投标前派人向公司领导详细汇报后定标。在时间允许的情况下,还可采取派人到国外调查后在国内编标,并在国外适当留人,以便随时与国内联系,进行补充调查和掌握市场动向。托人购买标书,在国内编标投出的办法,或在国外编标国内决策的方法,都是不可取的,它往往造成失误而无人负责。

为了争取时间作好标前工作,要尽早组织投标组。投标组成员要根据项目工程性质和规模而定,一般应包括熟悉投标程序和合同管理的业务开发人员、富有施工管理经验的工程组织计划人员和精通业务的预算工程师、施工工程师和机械管理工程师。要由既有经验,又有经营决策权的领导带领,有拟担任未来项目经理的人员参加。在国外投标,业务开发人员和其他编标人员都应有一种以上外语水平,否则,就须配备具有一定专业知识和商务知识的外语人员。为了减少投标费用,人员要少而精,尽可能身兼数职。要派熟悉业务的领导担任投标组长,以便既能参与具体工作,又有决策意识和权限。因为投标工作大量的是具体计算和调查,而决策只有在这些细致的工作的基础上才能进行,不能把具体计算和调查工作与决策截然分开,否则无法把决策内容体现到细致的计算和调查工作之中。

2. 购买标书及有关资料

资格预审通过后或登报或由业主通知承包人,同时通知购买标书的时间和地点以及标书价格和交标时间。投标人员要及早购买标书,以便争取时间。编标时间视工程大小、难易程度以及业主对工程要求的迫切性而异,多者 3 个月,少者 1 个半月或 1 个月。

购买标书之后,要很快确定编标需要的有关资料,如标书条文涉及的有关法律(公司法、承包法、商业税法、海关税法、劳动法……)、技术规范或标准。此外,还有业主备索的地质钻探、料场调查等资料。

3. 制订编标工作计划

在规定的时间内,要完成市场调查、标价计算和研究决策、编制标书的工作,如无严格的计划,往往顾此失彼,丢三落四,造成漏项、计算错误等。

为了各方人员能同时分别进行工作,不致互相干扰和贻误,外国公司往往把所购标书送回国内复印数份,分别送有关部门,并制订统一的编标进度和质量要求,严格执行。有的外国公司,则购两套标书,国外办事处和国内同时编标,加强联系,最后报出一套。

我国公司在国外编标也应有严格工作计划,分工明确,否则容易前松后紧,贻误时机。

第六节　投标程序及标书编制

一、确定投标方针

投标方针是指在某次投标的指导思想和策略。它首先体现本企业对该地区开发的战略和布置,同时,经结合当时市场情况和该项目的特点确定具体策略,包括报价水平的掌握和资源的投入。

对于认定要尽快开发,而且准备长期开发的地区,一旦遇到有利于本企业开发的项目,应采取积极争取的方针。一方面要加强对竞争对手的摸底,另一方面的成本计算中对某些固定资产(如利用率较低的施工机械和管理设备等)采取减少摊入,降低利润率,或以保本报价等措施降低报价水平,把获利寄希望于以后的工程项目,或利用工作间隙开展小包、分包或出租机械等措施增加收入。这种做法提高了竞争力,但不能保证成功,因而属风险型决策。

对于该地区发展前景没把握或工程隐蔽部分较多、风险较大的项目,特别是对竞争对手情况不明的情况下,不能盲目杀价。一般应争取工程量较大,工期较长,投入施工设备的资金较少的项目;或采取分包部分工程,以减少资金投入。争取在一个工程中就把投入资金的大部分收回来。在没有把握情况下,宁愿把标价定高一些,作为摸底。还可以采取较高报价,争取名列第二、三标,以便取得参与评比的权利,然后进行必要的活动,这样可以争取以较高报价得标。

在已开发地区谋求后续项目时,要掌握时机,务使新项目与在建项目衔接较好,并把充分利用现有设备作为确定投标方针的重要因素。对于工期衔接较好,现有设备可以充分利用的项目,可以较低价格争取得标。为此,可以把由于减少施工设备带来的利益考虑进去。承揽在建项目邻近地区的新项目,可以减少工地迁移费用,对施工条件环境熟悉,这都是有利的,投标报价时,应列为积极争取的项目。

二、投标工作步骤

在投标工作程序中,主要包括以下工作步骤:

(1)根据招标广告或招标单位的邀请,筛选投标的有关标段,选择适合本企业承包的工程参加投标。

(2)向招标单位提交资格预审申请书,同时应附上本企业营业执照及承包工程资格证明文件、企业简介、技术人员状况、历年施工业绩、施工机械装备等情况。

(3)经招标单位投标资格审查合格后,向招标单位购买技术文件及资料,并交付一定的投标保证金。

(4)研究招标文件合同要求、技术规范和图纸,了解合同特点和技术要点,制订出初步施工方案,提出现场考察提纲和准备向业主提出的疑问。

(5)参加招标单位召开的标前会议,认真考察现场、提出问题、倾听招标单位解答各单位的答疑。

(6)在认真考察现场及调查研究的基础上,修改原有施工方案,落实和制订出切实可行的施工组织设计。在工程所在地材料单价、运输条件、运距长短的基础上编制出切实的材料单价,然后计算和确定标价,填好合同文件所规定的各种表格,盖好印鉴密封,在规定的时间内送到招标单位。

（7）参加招标单位召开的开标会议，回答招标单位要求补充的资料或须进一步澄清的问题。

（8）如果中标，与招标单位一起依据招标文件规定的时间签订承包合同，并递交银行履约保函；如果不中标，及时总结经验和教训，按时撤回投标保证金。

三、研究招标文件

对招标文件，应认真研究以下内容：

（1）研究工程总说明，借以获得对投标项目的全貌了解。

（2）熟悉和研究设计图纸和技术说明书，目的在于弄清工程项目的技术细节和具体要求，作为制订施工方案和编制报价的确切依据。在研究设计图纸的同时，应核实工程量，为制订投标策略寻找依据。

（3）研究合同条款，明确中标后应承担的义务和责任及应享有的权利。重点是承包方式、开竣工时间及工期奖惩，材料供应及价款结算办法，预付款的支付和工程款结算办法，工程变更及停工、窝工等损失处理办法等。

（4）熟悉投标须知，了解在投标过程中投标单位什么时间做什么事和不允许做什么事，目的在于提高编标效率，缩短编标时间，避免造成废标。

研究招标文件的主要内容，掌握招标项目的基本情况后，其目的是便于投标单位合理地制订投标工作计划。

四、研究合同条件

合同条件是商业性的，它具有法律效力。通用条件是土木工程通用性的，一些国家直接采用 FIDIC（国际咨询工程师联合会）通用条件。不少国家参考 FIDIC 条件自行制定通用条件。这种条件，业务人员可以事先熟悉、研究。专用条件则是针对本项目，由业主制定的，对通用条件起补充作用，它体现了本地区、本项目的特点，要在投标阶段着重研究。其中对编标影响较大的一些问题，尤应注意分析研究。

1. 对工期的规定及延期的惩罚

工期对于承包工程是硬指标，能否按期完成，是承包人信誉的首要因素。拖期往往被认为是承包人履约能力差的综合表现，不但给业主造成经济损失，而且由于拖长工期，管理费、设备折旧费等固定开支增加，还影响资金、施工设备、人员的周转使用，从而使工程成本加大。此外，还会受到延期罚款。罚款额按日计算，一般以合同总额的几千分之一计，例如每延迟一日罚款 $1/5\,000 \sim 1/2\,000$ 的合同金额。这样，大的工程每日罚款可达上万美元，小的工程也几千美元。有的标书还规定按累计原则计罚款，达到规定额度（例如达到合同金额的 5%），业主就有权自行安排其他承包人承接部分或全部剩余工程，一切费用由原承包人承担；甚至取消合同，没收履约保函，冻结承包人资产，并进一步索取赔款。

为了取得信誉和避免经济损失，承包人务必根据要求的工期安排计划，配备足够的施工设备和劳务。工期的限制在很大程度上决定了资金投入的多少和回收的程度。

工期的计算方法对施工组织计划也有影响，有些标书规定合同批准（生效）后即下达开工令，下开工令后第二天就开始计算工期，这样就不得不把施工准备（如建点、组织机械人员进场）安排在工期之内，从而缩短了工程的实际工作时间。也有许多标书规定，下达开工令后一段时间(例如一个月或两个月)再开始计算工期,这样承包人就可在工期开始前进行现场施工准备工作。工程竣工只进行初步验收,直到缺陷责任期满才进行最终验收,因而缺陷责任期中出现的质量问题(仅仅指由于施工质量引起的损坏)仍由承包人负责修复。标书规定的缺陷责任期有半年、一年,多的达两年,这就增加了承包人的责任和费用,应在投标时予以注意。

2. 关于预付款及保留金

开工预付款是业主在工程结算之前,提供承包人作施工准备、购置施工机械和材料之用的,属无息贷款。在工程结算中,从开始或结算额到一定比例后逐月扣还。这可缓解承包人初期资金的紧张程度。各个国家,不同的业主对预付款的规定差异较大,因此要仔细弄清。通常有开工预付款和材料、施工机械预付款。开工预付款一般为合同总额的 10% ~ 20%,也有的项目没有开工预付款。材料预付款是指按规范要求外购的材料,送到工地经工程师检验后按一定比例(例如按料价的 70% ~ 80%)预先结算付款。材料预付款有一个最高限额,即预付总额不超过一定比例(如 5% ~ 10% 的合同总额)。施工机械预付款是按到场新机械的购置费或旧机械估算价的某种比例(例如 60%)预付,也有一规定限额(例如不超过合同总金额的 20%),但大多数不单独开列,而与开工预付款联系起来,即包括在开工预付款的限额内,作为开工预付款的一种支付条件。

保留金实际上是工程结算时扣留的养护保证金,一般规定为结算金额的 5% 或 10%,在初步竣工验收后退还一部分,在缺陷责任期满工程最终验收后全部退还承包人。有的国家则规定只要提供保留金保函,就可不再扣留这笔款。这些条件要在合同特别条款的研究中搞清楚。

3. 报价方式和支付条件

报价方式和支付条件是编标中最值得注意的内容,拿到标书后首先要搞清标书规定的合同类型。道桥工程一般是以单价和工程量为基础的合同,但有时也有成本加酬金或其他类型的报价方案供选择。

此外,有时因为采用外汇种类不同而提供不同报价方案供选择。例如法语地区,可采用法国法郎和美元(或其他硬通货)以及当地贷币(如在西非地区,只要西非法郎,它与法国法郎保持 50∶1 的兑换率,由法国银行保证)分别作三种报价方式,其预付款数额各异。

关于外汇的支付也有不同规定,通常是以当地货币作为报价的货币,同时规定其中可兑换为某种硬通货的比例(一般在 30% 以上),承包人可以在规定额度内把结算款转兑为某种外币汇出或取出。当地币转换为外汇的兑换率,一般在投标时固定(一般截至交标之日前一个月的该日中央银行卖出价为准),但也有浮动的,即在以后兑换时按市场兑换率计。凡当地币软,易贬值,则固定汇率对承包人有利;对于少数当地币较硬(如科威特第纳尔),则采用浮动汇率对承包人有时更为有利。

有些标书规定,报价时即将各个单价分解为外汇货币和当地货币,并以两种货币进行结算。此种方式与固定汇率相当,报价时比较繁复,但使用时不必办理转汇,可减少转汇的损失。关于结算程序,支付手续和周期,以及延迟付款对承包人的补偿,对资金周转也是至关重要的,要逐一弄清。在 1987 年 FIDIC 修订的国际通用合同条件中,规定业主必须在接到工程师签认的月结算单后,28 天内支付工程款,这对承包人是十分有利的。

4. 关于税收

许多国家和地区在标书中要求承包人按照有关当局规定交纳各种税款,但并不详细开列应考虑的纳税项目,或者只开列一些主要项目,而并不提供有关细节,因此承包人必须通过各种途径弄清纳税项目、税率和纳税程序。

有些国家和地区在税收方面对公共工程承包人提供某些优惠条件,例如免除工程所需施工机械、材料的进口税,或者免除某种营业税收,有的则规定分期交纳设备进口税,还有的规定工程承包人可以免除增值税等。各国对承包人收取的各种税率差异也很大,因此,要仔细研究标书中有关税收的条款,并与社会调查结合起来。

5.其他方面

标书中关于工程保险、第三者保险、承包人运输和工程机械保险的规定,关于承包人雇佣外籍雇员的限制和优先雇佣当地工人和选用分包人,以及有关各种保函的开具要求都要逐项研究。

有些国家(或地区)对于各项保险要求比较严格,例如,进口物资都要经当地保险公司保险才能放行。如果各种保险都必须进行,发生的费用就明显增加。

履约保函一般为合同金额的10%,但也有诸如交担保金等形式的。

此外,还有预付款保函,一般要求开具全额保函。如果进口施工机械采取分期缴纳海关税,则要开具相应的缓付部分税金的保函。一般标书规定,必须由当地银行出具保函的,则需通过中国银行向当地银行出具保函,然后由后者转开,这样就要发生双重手续费,所以上述这些保函的手续费押金是相当可观的。要弄清有关条款,以便计算所需资金和费用。

对于改建道路或交叉道路,要求保证正常交通,因此,在施工中组织中应采取相应措施,如修便道或半边施工,这样对进度和工程成本都将有明显影响,需要现场观察交通情况,以便制订相应措施。

五、研究技术条件和报价内容

编制标价要按照招标文件中技术条件(技术规范)的要求和工程数量清单中开列的项目及对每条项目工程内容的说明进行,任何疏忽都将造成失误。在新到一个地区,要逐条逐句阅读技术条件条文,不可认为有些条目与投标人在国内或在另一地区所遇到的大体相同而不再认真阅读分析。因为各国对同样工作项目(如借土填方、混凝土垫层等)所含内容并不一定相同(有粗细不同,有要求不同)。对于综合性项目(如一延米涵管的提供和安装,一处平面交叉等),尤其要注意所罗列的工作内容。

对于技术条件规定的工作内容,在工程量清单中未开列出来的或未明文包括进去的,也要在所列项目中计算进去,否则将成为漏项。如有不明确之处,则可在标前会议向业主提出澄清。

对于工程数量清单所列内容含混的项目要特别注意,例如,清除植被包括清除草和灌木,但又未注明树木大小尺寸;结构开挖未分土、石,未分干、湿,这些都要等到现场勘察后确定难易程度。有的标书对隐蔽工程未作勘探,只提出粗略估计数量,一旦数量出入较大,工程难易程度超过预计的,例如多年失修没有记录在案的地下管线,管道开挖中遇到大量坚硬石方,桥梁基础钻孔遇到特殊土质(如硬黏土、翻沙等),就会给承包人带来严重困难。因此,在遇到类似的可疑情况时,应设法多方面进行调查,甚至作试探性勘探。否则,就需要在投标书中提出相应的制约条件。例如,当发生工程数量大于所列清单"名义数量"某种限度,应要求另行议价,以便一旦出现上述意外情况进行索赔交涉,同时还应把报价提高些,以免承受过大的风险。

六、认真进行现场考察

投标者应按业主规定的时间参加现场考察,不参加正式考察者,可能会被拒绝投标,此外,编制标书需要许多数据和了解有关情况,也要从现场调查中得出,因此投标人在报价前必须认真地进行现场考察。

现场考察的内容主要包括以下几个方面:

(1)政治方面。主要指国际工程投标,包括所在国政局是否稳定,本国和工程所在国关系等。

(2)地理、地貌、气象方面。指项目所在地及附近地形地貌,河流水文状况、最近20年的气象,有无各种自然灾难等。

(3)法律法规方面。指与承包工程有关的各项法律,如经济合同法、外汇管理法等。

(4)工程施工条件。包括材料的生产、运输条件、供水供电条件等。

(5)经济方面。包括工程所需材料的数量、价格,职工待遇,各种运输、装卸和柴油、汽油价格等。

(6)工程所在地有关健康、安全、环保和治安情况,如医疗设施、救护工作、环保要求、废料处理、保安措施等。

(7)其他方面。

投标人完成标前调查和现场考察工作后,可根据调查结果,编制出材料和机械台班单价。同时给施工组织设计提供了大量的第一手资料,为制订出合理工程报价打下了基础。

七、编写施工组织设计

投标单位在详细地研究招标文件及考察施工现场后,即可按招标文件中辅助资料表的格式及要求,编写施工组织设计文件,其内容如下:

(1)施工方案和施工方法的确定,主要施工工艺的选择及书面介绍;

(2)各分项工程的施工进度安排;

(3)现场平面布置及平面布置设计;

(4)临时工程及相应的设计图纸;

(5)技术人员、劳动力及机械设备的配备情况和进场计划;

(6)用款估算及用款计划;

(7)工地的组织机构;

(8)冬、雨季或夜间的施工组织措施与安排;

(9)质量、安全、环保措施等。

施工组织设计文件应力求先进可靠,表达详尽,尽量符合招标文件中规定格式和要求。在进行施工组织设计时,应注意下列事项:

(1)选择技术上可行、成本最低的施工方法;

(2)选择合适功率的施工机械,确定合理的施工定额和最低的折旧费用;

(3)优化施工组合,均衡施工,尽量避免出现施工高峰和赶工;

(4)国外工程尽可能雇用当地工人,以节省外汇,从而降低工程的直接费、现场经费、间接费开支。

为了编好施工组织设计,可以分两步考虑,在认真研究招标文件后,投标者根据自身的丰富经验,先拿出2~3个粗线条的施工方案,等实地考察后,感觉原先考虑的施工方案不妥或不尽完善处,再进行深化、选择,使之形成切实可靠的施工方案。

八、投标书的编制

1.投标文件的组成

根据业主的招标文件要求,参照国内公路工程施工招标范本格式及内容,投标人编写的投标文件,应包括下列各项内容:

(1)投标书及标书附录;

(2)投标担保;

(3)授权书;

(4)联合体协议书(如有);

(5)标价的工程量清单;

(6)投标书附表;

(7)施工组织设计;

(8)资格预审的更新资料(如果有)或资格后审资料(如系资格后审);

(9)选择方案及报价(如果有);

(10)按本须知规定应填报的其他资料。

以上内容都必须使用《2003范本》第三卷中提供的格式或大纲,除另有规定者外,投标人不得修改。

由此可见,投标文件的组成主要包括以下几个方面的内容。

1)招标文件的认可及交回

招标文件中的招标须知、合同条件、技术规范、图纸等,是对投标者编标及未来工程承包合同的要求与限制,投标者使用后只需确认并签字表示已认真阅读过,连同投标书一起交回即可。

2)投标证明文件及附加文件

投标证明文件根据业主招标要求可连同投标书一起报送,也可分批报送。这些证明文件一般包括:投标授权书、营业证书、公司简介、项目管理人员表、财务说明报表、银行资信证明、注册证书等。按照招标要求的统一格式填报及签字,不能遗漏,是投标的基本保证条件。有些工程项目招标还有附加的条件和文件,如带资投标声明、建议和比较方案、降价声明致函等。

3)需编制的文件

依据招标的要求,投标者应对施工技术与进度、施工机械设备、工程材料等问题进行详细的文字和图表说明,以及方案比较、外汇需求、附加条件等也做出文字说明,以便于业主审标评标。这些文件主要包括以下几类:

(1)施工技术与计划进度。投标时根据工程项目的情况,首先确定拟采用的施工技术与方法,据此来初步安排施工进度计划。依据招标规定的工期范围和自己的施工方法及工序安排,可采用横道图或网络图,利用计算机程序优化出最佳的关键线路。编制进度计划时,应考虑节假日、气候条件和影响等,留有一定余地,又使工序紧凑和工期较短,以利中标和获取效益。

(2)施工机械装备报表。施工机械装备应满足工程项目的需要,符合招标文件的要求。主要包括机械设备的选型和规格、名称、数量、制造厂家、使用年限等。业主从施工机械装备表中可以判断承包人的施工经验和实力,各承包人之间的区别和特点。中标后,业主则按所报机械装备数量表要求承包人如数提供,因此,要注意填表适宜,多报会造成不必要的机械设备闲置和浪费,少报又不能争取中标。

(3)工程材料的需求说明。有些招标文件已写明有材料供应商或厂家,也有些要求承包人上报工程材料需求及来源表。投标时,应慎重主动地说明材料需求有货源,必要进口时,还要增加外汇需求量。

(4)建议或比较方案说明与编制。如果业主在招标中要求承包人提出工程分项的建议比较方案,则承包人必须编制比较方案,否则业主认为不符合投标要求。比较方案的编制为承包人中标多了一个机会。若承包人的比较方案结构合理、技术先进,又较美观,即使报价略高于原方案也可能得标。对于比较方案的编制,也必须认真对待,详细计算,不可造成漏算和失误,否则一旦被业主选中,可能会造成亏损和失利。

(5)外汇及其他说明。外汇主要用于工程项目所在国以外的工程材料、物品和机械设备等的付款,以及承包人汇回本国的管理费和利润等。对于世行贷款项目及地区银行贷款等项目,属于国际公开招标的,一般都有外汇直接支付给承包人。对于外汇的报价比例,根据具体的项目不同,一般占总投资额的 10% ~50% 不等。若当地货币稳定,外汇比率不高也可接受。

4)需填写的数据及投标文件

业主招标时,一般都编制有规定的表格及留有空白,承包人投标时只需往上面填写数据及文字即可。这些内容主要包括以下几项:

(1)投标保函或投标保证金。根据招标文件要求的投标保证格式,承包人在投标时要填写投标担保金额,寻找担保的银行,并写明担保有效期和责任,然后签字盖章等。

(2)投标书或投标致函。投标者按投标要求填写下列内容:投标项目的名称、投标人名称、地址、投标总价、总工期、投标人签名盖章等。此外,还包括投标书的文件份数、种类、有效期等。

(3)标有价格的工程量清单。在招标文件所附的工程量清单原件上填写单价和分项细目总价,每页小计,并汇总出最后报价。工程量清单上的每一数字大、小写都必须认真审核,并签字确认。如有修改数据,必须加盖公章并签字。

2.投标书的编制

投标书是为投标单位填写投标总报价而由业主准备的一份空白文件。投标书中主要应反映下列内容:投标单位、投标项目(名称)、报标总报价(签字盖章)、投标有效期。投标单位在详细研究了招标文件并经现场考查工地后,即可以依据所掌握的信息确定投标报价策略,然后通过施工预算的单价分析,填写工程量清单,并确定该项工程的投标总报价,最后将投标总报价填写在投标书上。招标文件中提供投标书格式的目的:一是为了保持各投标单位递送的投标书具有统一的格式,二是提醒各投标单位投标以后需要注意和遵守有关规定。

编制投标书的具体格式可参考 2003 年版《公路工程国内招标文件范本》第三卷第 6 篇投标书与投标担保格式及其详细内容。实际投标书的编制一般包括:商务部分、技术部分和报价部分,各部分编制的主要内容如下。

第一部分:商务部分

(1)投标书及其附件

(2)投标银行保函

(3)法人委托书

(4)投标单位一般情况表

(5)投标单位财务状况表

(6)在建工程情况

(7)分包人情况

(8)投标单位合格性资格材料等

第二部分:技术部分

(1)施工组织设计文字说明

(2)项目施工组织管理机构

(3)拟投入的施工机械设备

(4)拟投入的试验仪器设备

(5)主要人员简历

(6)施工总体平面布置图

(7)施工总进度计划表

(8)工程进度管理曲线、网络图、斜条图等

(9)主要工序工艺流程图

(10)工程质量保证体系等

第三部分:报价部分

(1)工程量清单

(2)单价分析

(3)合同支付结算

(4)外汇需求

(5)国外材料

(6)调价权值系数

(7)计日工价格

(8)暂定金额等

编写标书应注意以下事项:

(1)按招标文件要求认真填写标书,不得涂改。

(2)不得更改投标书的格式,不要复写、抄写或复印,要求用计算机打印。

(3)单位名称应写全称,特别注意法人代表签字盖章,不要漏章。

(4)正本、副本应分开装袋,装袋后应盖密封章。

(5)按招标文件规定的时间递交标书。

第三章 桥梁开工前的准备工作

桥梁开工前的准备工作是现代桥梁施工组织与管理的重要内容之一,也是为了创造有利施工条件必须认真进行的重要工作。它的基本任务是掌握桥梁工程的特点、施工进度的要求;摸清施工客观条件,合理部署和使用施工力量;充分、及时地从技术、物资、人力和财力及组织管理方面为桥梁施工创造一切必要的条件。

桥梁施工准备工作,不仅仅局限于开工以前的准备工作,还包括施工过程中各个阶段的施工准备工作。因此,施工准备工作必须有计划、有步骤、分阶段地进行,且贯穿整个施工过程。

实践证明:凡是重视施工准备工作,认真细致地执行施工准备工作计划,则工程项目就能够顺利地完成;反之,忽视施工准备工作,仓促上马,则在开工后,缺东少西,延误时间,浪费财力,有的甚至被迫停工。这种盲目施工的结果是:停工待料、窝工、窝机,施工现场混乱,施工进度缓慢,工程质量下降,不安全事故增多,工程成本提高,造成不必要的损失。

第一节 施工任务确定后的准备工作

无论是上级主管部门向施工单位直接下达的桥梁施工任务,还是施工单位通过投标招揽的任务,在任务确定后,施工单位都要认真做好各项准备工作,使桥梁开工后能连续、均衡、有序、按计划进行,并且保证工程项目按质、按量、按期完成。施工任务确定后的准备工作内容主要包括:确定施工组织管理机构及人员配备;对设计文件进一步了解和研究;施工现场的补充调查和复核及施工测量;依据补充调查资料和重新掌握的情况,结合施工单位的施工经验和施工技术水平,对设计内容需要变更、改进的地方向建设单位和设计单位提出建议,并通过协商进行修改,根据进一步掌握的情况,对原拟定的施工方案、施工计划、技术保证措施重新评价和深入研究,进行有关项目的施工设计,同时修订或重编指导性施工组织设计。

一、组织管理机构及人员的配备

施工组织管理机构是为完成桥梁施工任务负责施工现场指挥和管理工作而设置的机构,机构组织与人员的配备随施工地区和施工规模的不同而变动。施工组织机构领导班子的建设,关键是要选派好施工企业的现场经理、书记,以及配备好副经理、总工程师或主任工程师等人选。经理和书记分别是行政和党委领导班子的主要负责人,党政领导应相互支持,共同配合管理桥梁施工现场。

1. 建立组织机构的原则

建立桥梁施工组织机构,必须体现统一领导,逐级分工负责管理的原则;适合施工任务的需要,便于指挥,便于管理,分工明确,责权利相结合,有利于发挥职工的积极性、创造性和协作精神;组织机构力求简练、精干,但又能圆满完成施工任务;既要避免机构臃肿、人浮于事,又要防止职责不明或多头指挥;做到指挥统一及时,分工协作配合,有利于企业的生产管理和经营管理。

2. 组织机构的形式

组织机构的形式应适应现代桥梁施工项目和现场管理要求,一般采用下列三种形式:直线制组织机构形式,职能制组织机构形式,直线和职能组合制组织机构形式。第三种形式是在吸收了上述组织结构的优点和克服了它们的缺点后形成的一种组织结构。它把组织机构人员分为两类,一类是直线指挥机构和人员,在其职责范围内有一定的决定权,对其下属单位有指挥权,并对本部门工作负全部责任;另一类是职能机构和人员,是直线指挥人员的参谋,只能对下属部门提供建议和业务指导而没有指挥权。这种机构组织能较好地体现统一领导、分级管理等组织机构原则,因此,它是桥梁施工现场采用最多的形式,其组织机构如图3-1所示。

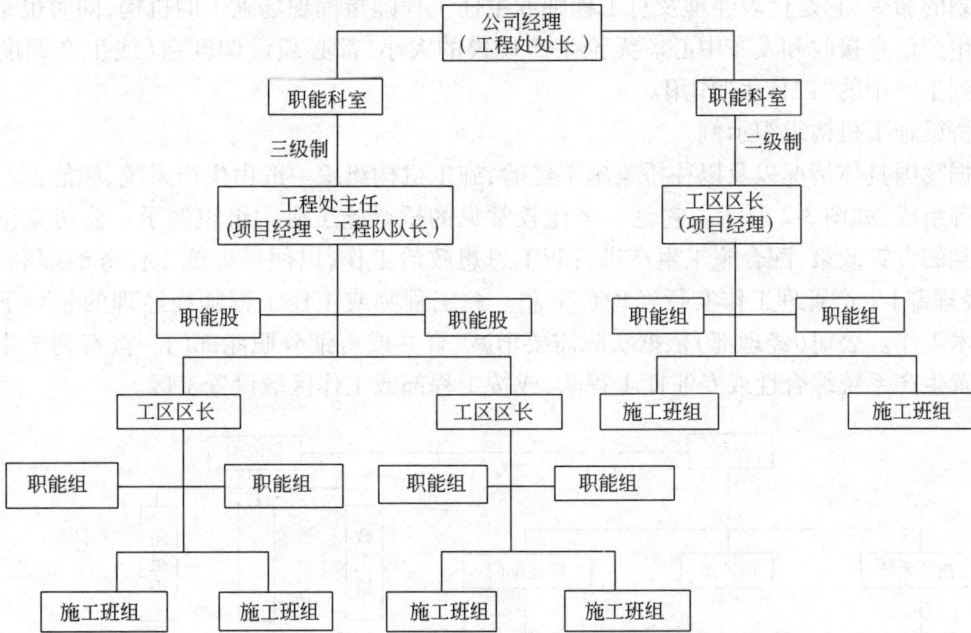

图 3-1　直线和职能组合制组织机构

直线和职能组合制组织机构,是按照一定的专业分工,担负着计划、生产、技术、财务等方面的职能管理任务,它对生产施工起着业务指导和技术保证作用。

3. 组织机构的权责

党群系统是监督和保证施工任务完成的思想政治工作机构。桥梁施工条件比较艰苦,需要有健康的身体和坚强的意志,工作在野外流动,生活没有规律,要调动职工的积极性,圆满完成施工任务,必须重视和发挥党群系统的作用,要对广大职工进行深入细致的思想政治工作。这些工作要依靠党、团员和工会骨干大家来做。

公司的职能科室是完成施工任务所需进行的一系列管理工作的办事机构。它按桥梁施工计划及公司(处)领导的意图和指示进行工作,有明确的责任、权限和分工,而且各部门应密切协作。各个科室下面的组织设置和人员配备,完全根据工作需要决定,不可能编制固定不变。某项工作不需要设单独科室时,可以将其合并到与之关系密切的其他科室中去。例如,有时计划工作可以与调度工作合并组成生产调度科,机电工作可以与材料合并组成材料设备科等。

生产系统是直接从事施工的组织机构。需要有实际施工经验和管理才能的干部领导。根据工程规模大小,在工程处主任(工程队队长)或工区区长之下可设置计划、材料、劳资、统计、安全、质量等小组或工作人员,负责办理各项具体业务工作。

施工班组是直接参加施工的劳动组织,一般不设脱产管理人员,而是依据工程需要由生产人员分工担任记工、领料、保管、质量检查、安全检查等工作,这些人员都是不脱产的管理人员。施工班组的工作性质和人员,应根据工程和管理的实际需要,在桥梁施工组织设计中确定。

工程规模特别大时,可设立几个公司共同完成,各个公司可按桥梁项目分工,各公司(处)之上设统一指挥调度机构——施工指挥部或总经理部,以便协调密切配合;工程规模比较小时,不需要由公司承担,可以由公司所属的工程队独立承担,但施工投标、签订承包合同及工程结算等一般仍由公司(处)负责办理。

调度室负责监督施工计划的进行,根据桥梁施工进展情况,随时进行计划平衡工作,发布调整计划的命令,它是代表经理及总工程师或主任工程师指挥现场施工的机构,同时也是施工现场的生产信息接收和发布中心。无论生产规模的大小,都必须设调度室(或生产调度科),使它起到生产中的"二传手"作用。

4.桥梁施工机构组织示例

根据我国具体情况以及以往桥梁施工经验,施工机构组织一般由生产系统、职能部门和党群系统等组成,如图3-2所示。它是一个比较常见的桥梁施工机构组织例子。公司党组织负责贯彻党的方针政策,配合施工生产进行职工思想政治工作,以便保证施工任务的顺利完成。公司(经理部)生产管理工作实行经理负责制。总工程师或主任工程师在经理的领导下负责全面技术工作。公司(经理部)依据实际需要增减、合并或再细分职能部门。按有利于生产的原则设置生产系统综合性或专业性工程队,或按工程部或工作区域设置工区。

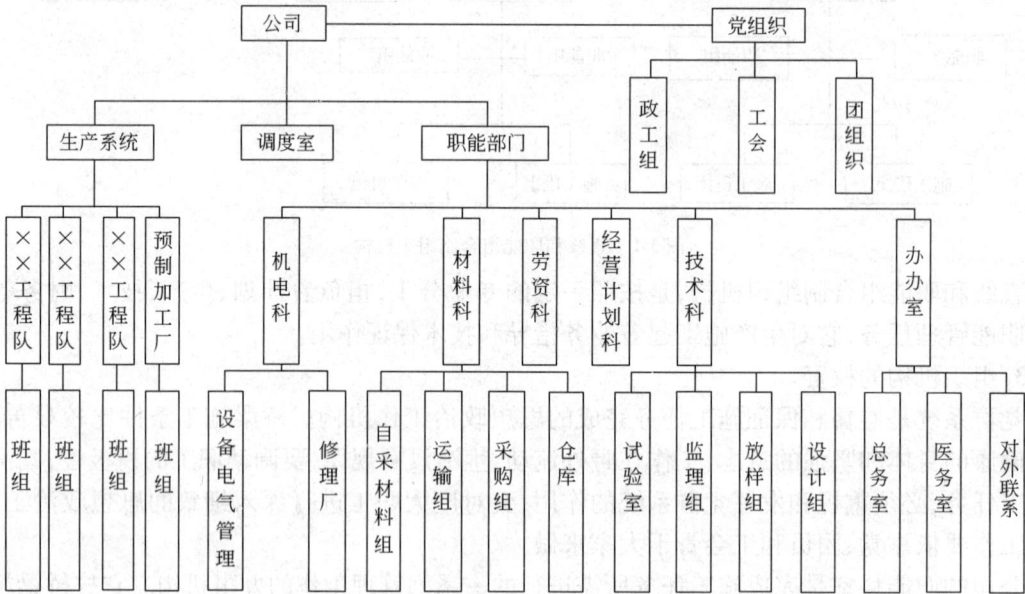

图3-2 桥梁施工机构组织配备

二、进一步了解和研究设计文件

桥梁施工的根本依据是设计文件,在招标过程中或者上级主管部门下达施工任务时,虽然施工单位对设计文件的内容及要求有所了解和研究,但是中标及签约或者直接承担施工任务后,为了确定切实可行的桥梁施工方案和施工计划,开工前还要组织参加施工的技术人员和生产管理人员以及老工人一起深入了解和研究设计文件。其内容有以下几个方面。

1. 施工现场的地质、水文和气象资料

施工现场的地质、水文和气象资料是桥梁设计的主要依据,也是桥梁施工重点了解和研究的资料,它与施工方法和技术措施的最佳选择、施工程序和施工进度计划的合理安排等有着密切的关系,此外还要适当了解当地的风土人情。

在桥梁初步设计时所依据的地质资料往往不能满足施工时的要求。特别时桥梁需要补充钻探,提供出每个墩台位置的钻孔柱状图,据此了解每个墩台的基岩埋深、基岩状态、岩土性质等情况。在靠近城市、港口或原有旧桥附近修建桥梁时,还应摸清墩位处有无妨碍基础施工的沉船、掉入或抛入水中的钢铁器具、大块石头及机具等障碍物,如果发现有此类障碍物时,应在基础施工之前清除,防止基础施工中发生意外困难。

桥梁施工对水文资料则须详细了解一年中水位的变化情况、最低最高水位高程及持续时间,可施工基础和墩台的水位高程及持续时间,洪峰时期及水位、流速和漂浮物的情况。若在冰冻地区修桥时,还要了解河流封冻时间、融冰时间、流冰水位、冰块大小等情况。如果在受海潮影响的河流或水域建桥时,则还要了解潮水的涨落时间、潮水位的变化规律和潮流等情况。

气象资料是桥梁工程露天施工作业的主要依据。施工现场的气象资料对施工期间可作业的天数及恶劣气候下的防护措施产生直接影响,应对当地的气象条件进行认真的调查。调查的内容一般包括:降雨降雪、气温、冰冻、风速、风向等变化规律的历年记录。可采取向当地气象观测预报部门了解,也可到实地考察或向当地居民详细询问等综合方式进行调查,施工期间,应与当地气象部门经常保持联系。

2. 设计标准和结构细节及质量要求

施工单位必须深入透彻地了解桥梁的设计标准和结构细节及质量要求。特别是对桥梁结构的形状、构造、尺寸等应详细地了解,以便施工操作,假如发现按设计要求进行施工在现行的技术条件下确实存在难以克服的困难时,必须尽早提出,以便与设计单位协商解决。只有这样做才能按设计要求圆满完成施工任务。

3. 设计采用的施工方法

现代桥梁的设计计算,大都与拟采用的施工方法密切相关,即使是同一种类型,采用不同的施工方案,则需采取不同的设计计算方法。施工单位应严格按照设计要求施工,施工中不得任意选用违背设计意图的施工方法。然而有的设计中提出的施工方法并非都与结构计算有关,有的施工方法单是为了满足编制初步设计概算时计算人工工日、材料和机械台班数量等的需要而拟订的。对此情况施工就没有必要完全按设计提出的施工方法进行,而应在了解和研究设计文件后,尽可能地应用自己以往施工中积累的有关经验,学习和引用其他单位的先进施工技术,改进或改变原来设计文件中考虑采用的施工方法,以达到工期更短,经济性更佳的施工效果。

4. 设计文件中其他有关资料的核对

施工人员通过进一步了解和研究设计文件,了解施工现场的地质、水文、气象资料,明确设计者的设计意图,熟悉设计图纸的细部构造和质量要求,掌握设计采用的施工方法以后,还要对设计文件中其他有关资料进行现场核对,其主要内容有:各项计划安排是否符合国家方针政策;对水土流失、环境影响的处理措施是否可靠;桥涵结构形式是否合理,相互之间是否存在错误和矛盾;桥涵与农田、水利、航道、公路、铁路、电信、管道及其他建筑物的互相干扰情况及解决办法是否恰当,干扰能否避免;对地质不良地带采取的处理措施是否合理;劳动力、主要材料、机械台班等的计算是否正确;工程预算以及采用的定额是否合理等。核对设计文件如发现设计不合理或错误之处,应提出修改意见报上级机关审批,再根据批复的修改设计意见进行施工测量,补充施工图纸、修改施工预算等工作。

三、调查与复核施工现场及施工测量

由于不同桥梁的施工现场存在很大差异,所以调查和复核施工现场及施工测量是十分必要的。施工单位在招标阶段尽管对施工现场进行过调查了解,但远远不能满足施工要求,故施工任务确定后,施工单位还应进一步详细地调查和复核施工现场,并组织人力进行有关的施工测量。

1. 施工现场的调查

施工现场及其附近的地形地物,对施工方案的选择和施工场地的布置会产生直接影响,开工以前必须调查清楚。设计文件中的地形图可供参考,更重要的是实地查看,以便合理地选择场地、估算占地面积,查清植物及其他设施的拆迁情况。

调查施工现场附近有无可利用的现成房屋及其数量、租金、离场地的距离等,对租房与新建临时房屋进行经济比较,根据过去的桥梁施工经验,利用当地现成房屋一般比修建临时房屋经济。

桥梁施工需要大量的水,在有水河流处修建桥梁,水源一般不成问题,仅作取水样化验,检验水质是否符合生活和工程用水的要求。施工现场位于干涸地区时,要调查附近可利用的水源、水质、水量和较经济的供水方式,还要了解能否就近掘井取水,并与从附近水源引水或水车运水进行经济比较。在有自来水的区域施工时,饮用水最好用自来水,工程及其他用水如果没有合适的天然水源利用时,也可使用自来水,但要调查供水单位是否满足供水要求,而且要签订供水协议。

桥梁施工用电量很大,生活和施工用电最好利用当地电源,但要调查供电部门能否满足工地用电要求,并与供电单位签订供电及安装输电线路和电力设施的协议。如果当地供电单位经常定期停电,供电量不能满足施工要求或根本就没有可利用的电源时,施工单位应筹划自行发电。

施工现场工作人员的生活物资供应在人员进场之前调查清楚,落到实处,必要时可通过有关部门协商解决。另外还要搞清是否有必要在雨季或冰冻季节储备一定数量的生活物资。

充分利用当地劳动力资源是降低桥梁施工费用的重要途径之一。要详细调查当地可利用劳动力的工种、人数、技术水平、过去施工经验、工资标准、居住位置距现场的距离等,如果能大量地利用当地劳动力,不仅可节省从外地调用劳动力的调遣费,而且可以节省生活临时用房建筑费、生活物资运输费以及相应的管理费用。由于当地劳动力的调集和遣返都不会花费太大的费用,甚至不增加额外费用,所以在安排施工计划时不仅劳动力调配方便,而且可不必过分地顾虑劳动力的突增突减或时增时减等问题。部分工程也可分包给当地有资格的施工单位,可减少施工单位的管理人员和相应的管理费用。

桥梁工程材料如砂、石等很大一部分是从当地采购或自采加工的,其费用往往在材料总费用中占较大的比重,因此必须对自采材料和当地采购材料的产地、品质、数量、运输和价格等作详细地调查。对开采加工的材料,还要了解是否可发包给当地生产供应部门,并与自采加工进行经济比较。尤为重要的是能否在设计文件提供的材料产地以外,找到符合材料品质要求、运输路线更近的产地,以便降低工程造价。

桥梁工程用的材料、设备以及生活物资等运输,最好利用当地已有的运输力量,因此必须对当地运输工具的类型、数量、运输能力和运价等进行详细调查。如果当地运输能力不能满足要求或经比较不经济时,施工单位可自行组织运输,并且要了解是否需要修整运输线路或另辟道路、修建临时桥涵或码头等。

随着我国桥梁事业的发展,施工机械化程度日益提高,施工单位所拥有的固定资产设备越来越多。然而,由于桥梁施工具有单件性的生产特点,致使部分机械设备具有较大的局限性,如果每次都购置新型机械设备,势必造成有些施工机械设备利用率太低,给施工企业背上很大的包袱。据此我国已成立了许多施工设备租赁公司,有些施工单位也办理设备租赁业务。为此必须进行设备租赁调查,了解租赁设备的型号、功能、数量等是否满足施工要求,并对自购与租赁作经济比较,以便择优选用。

2. 施工现场的复核

桥梁开工前,除进一步了解和研究设计文件、对施工现场进行各项详细调查外,还要核对路线中线、主要控制点、转角点、水准点、三角点、基线等是否准确无误,重要的桥涵等主要构造物的位置、尺寸大小、孔径是否恰当,能否选用更先进的施工技术或使用新型的建筑材料,桥位两端接线的中线桩、测量河宽所设置的基线桩、水准点以及重要桩志的保护桩等,施工单位应在点交过程中进行复核;施工方法、料场布置、运输工具、道路条件等是否符合实际情况,临时便桥、便道、房屋、电力、电信设备、桥梁吊装方案、设备临时供水、场地布置等是否恰当。发现上述问题时要及时提出处理意见,然后据此办理设计变更、补充施工预算等手续。

建设单位应将勘测设计过程中与有关单位签订的并与施工活动有关的协议副本递交施工单位,施工单位应调查与复核施工现场向有关单位查对,并了解执行情况,如果发现协议文件不全面或不完善,致使不能按协议要求执行,或者拖延执行影响施工进度时,要催促签订协议的双方及时解决。

3. 施工测量放样

施工单位通过调查与复核施工现场以后,可按构造物的总体布置和桥涵结构的布置等进行施工测量放样。测量放样的主要工作有:补充需要的中线桩;测量桥涵墩、台中线和基础轴线位置;测量桥梁锥坡、翼墙和导流构造物的位置;补充桥梁施工需要的水准点;测定并检查修建结构物的中线和高程。

四、设计内容变更和改进建议及协商

桥梁是一种人工构筑物,通过设计进行施工。在设计阶段施工单位是不确定的,设计单位在设计过程中所考虑的一些问题不一定完全符合施工单位的技术、设备条件及施工经验,而且设计单位在作设计时,以及施工单位在投标中所掌握的现场资料,不像施工单位进一步调查、复核和测量施工现场后所掌握的资料那么详细、具体。所以施工单位很可能从设计文件中发现一些考虑不周甚至出现错误等问题,这时施工单位应根据新掌握的详细资料,结合本单位的施工经验、施工技术和机械设备条件,对设计和施工问题提出修改意见,并与建设单位及设计单位共同协商解决,然后根据修改意见补充施工预算,由此引起的费用增减,则按合同或有关规定处理。

由于桥梁施工具有线性分布性质,作业面狭长,临时工程多,容易受自然条件和其他工程以及外界的干扰,并受施工季节影响,加上集中土石方和大中桥的工程数量分布不均匀,致使任何设计都难做到十全十美,故施工中变更设计是司空见惯的事。因此施工单位一方面在开工前作好补充调查研究工作,并办理好设计变更手续;另一方面施工过程中要加强与建设单位和设计单位的联系,从而减少由于设计改变而造成施工困难的被动局面。

五、施工设计和施工组织设计

1. 施工设计

施工设计是施工单位承担施工任务并在施工方法确定之后,为完成工程任务的需要,对所需的临时工程、施工设施和施工设备进行的设计,如临时便道、便桥、预制场地,桥梁吊装设备,施工工作平台,加工厂棚,模板、支架和脚手架,自制起重吊装设备,装卸码头或车站,施工临时房屋,电力、电信设备和临时供水,工棚、仓库等的设计。施工设计的原则是充分利用施工单位已有的材料和设备,做到适用、经济,并保证安全,还要考虑装、拆容易,通用性强,且能重复周转使用。

2. 施工辅助设计

施工过程中还要进行一系列的辅助设计,如各种强度等级混凝土施工配合比设计,钢筋接长和焊接接头位置的设计,采用与原设计不同规格钢筋的代用换算设计等。这些施工辅助设计应根据材料规格变化在施工之前进行,而且必须按原设计的结构尺寸和质量要求进行施工。

3. 施工组织设计

施工单位确定施工任务并进行以施工为目的的详细调查以后,应根据对设计文件的进一步研究和了解施工现场的调查、复核及施工测量等具体资料是否需要变更设计,如果有设计变更时,还要根据变更图纸及说明,对投标时拟定的施工方案、施工计划和技术保证措施等进行重新评价和深入研究,重新编制指导性施工组织设计,以便使其更加符合实际情况。

4. 开工报告

施工单位确定施工任务后,对上述准备工作全部就绪,并能满足施工需要时,即可申请提出开工报告。桥梁大、中型建设项目开工之前,必须由施工单位提出开工报告,按投资隶属关系报请交通运输部或省、市、自治区基建主管部门审核备案;小型建设项目由施工单位报省、市、自治区公路主管部门或省、市、自治区交通厅审核备案。开工报告的内容主要包括:施工机械、劳动力安排、材料进场、水电供应、临时设施、征地拆迁、施工方案和施工文件的准备情况等。

第二节　施工组织设计的分类及内容

桥梁施工组织设计是以工程项目、单项工程或单位工程为对象编制的。编制时,要将整个工程项目分解为单项工程,将各单项工程分解为单位工程,将单位工程分解为各分部工程,将分部工程分解为各分项工程并进一步分解为各道工序。施工组织设计就是把这些许许多多道工序用一定的技术作业链(工艺关系和组织关系)连接起来,合理确定各技术作业链之间的关系,即确定各道工序在什么时间、按什么顺序、使用什么材料、安排什么人员、选择什么施工方法和机具设备来完成。最终使整个工程项目以最低的消耗、最短的工期、最优的质量得以实现,达到最佳的技术经济效果。这种计划组织、运筹帷幄的全过程就称为施工组织设计。

施工组织设计根据工程项目本身的规模、特点分别划分为:施工组织总设计,单位工程施工组织设计及分部、分项工程施工方案或技术措施;按招标阶段分为标前或标后施工组织设计;按工程项目实施阶段划分为:规划性施工组织设计,指导性施工组织设计及实施性施工组织设计。下面重点介绍施工组织总设计、单位工程施工组织设计及标后施工组织设计的主要内容。

一、按工程项目本身的规模、特点分类

1. 施工组织总设计

施工组织总设计是以整个工程项目为对象，以初步设计为依据，由总承包单位编制的全局性施工总指导文件。目的是对整个工程项目的施工进行通盘考虑，全面规划，用以指导整个现场的施工准备，有计划地运用施工力量，开展施工活动。其作用是确定拟建工程的施工期限、施工顺序、主要施工方法、各种临时设施的需要量，以及施工现场总平面布置等。

施工组织总设计的主要内容包括：工程概况、施工部署和施工方案、施工准备工作计划、施工总进度计划、各项资源需用量计划、施工总平面图、主要技术组织措施和主要技术经济指标等。

施工组织总设计的编制依据主要有：

（1）计划文件，包括：国家批准的基本计划文件，单位工程项目一览表，分期分批投产的要求，投资指标和设备材料订货指标，建设地点所在地区主管部门的批件，施工单位主管上级下达的施工任务等。

（2）设计文件，包括：批准的初步设计或技术条件，设计说明书，总概算或修正总概算，可行性研究报告。

（3）合同条件，即施工单位与建设签订的工程承包合同。

（4）建设地区的调查资料，包括气象、地形、地质和其他地区性条件等。

（5）定额、规范、建设政策法令、类似工程项目建设的经验资料等。

2. 单位工程施工组织设计

单位工程施工组织设计是由施工企业编制的，用以指导施工全过程中的技术、组织、经济活动的综合性文件。其任务是从编制施工组织设计的基本原则和工程对象的施工全局出发，根据施工组织总设计和有关原始资料，结合施工实际条件，进行施工方案的合理选择，确定分部分项工程间的科学搭接与配合关系，设计出符合施工现场实际情况的施工平面布置图，从而达到工期短、质量好、成本低的目标。

1）单位工程施工组织设计的内容

根据工程的性质、规模、结构特点、技术复杂程度和施工条件，单位工程施工组织设计的内容一般包括下述各项内容。

（1）工程概况

主要包括工程特点、地点特征和施工条件等内容。

（2）施工方案和施工方法

主要包括施工方案的确定、施工方法的选择和技术组织措施的制订等内容。

（3）施工进度计划

主要包括各施工项目的工程量、劳动量或机械台班量、工作延续时间、施工班组人数及施工进度等内容。

（4）施工准备工作及各项资源需要量计划

主要包括施工准备工作计划及劳动力、施工机具、主要材料、预制构件等需要量计划。

（5）施工平面图

主要包括起重运输机械位置安排，搅拌站、加工棚、仓库及材料堆场布置，运输道路布置，临时设施及供水、供电管线的布置等内容。

（6）主要技术组织措施

主要包括各项技术措施、质量措施、安全措施、降低成本措施和现场文明施工措施等内容。

（7）主要技术经济指标

主要包括工期指标、质量和安全指标、降低成本和节约材料指标等内容。

2）单位工程施工组织设计的编制程序和依据

（1）单位工程施工组织设计的编制程序

单位工程施工组织设计是施工企业控制和指导施工的文件，必须结合工程实体，内容要科学合理。所谓编制程序，是指单位工程施工组织设计各个组成部分形成的先后次序以及相互之间的制约关系。单位工程施工组织设计的编制程序如图3-3所示。

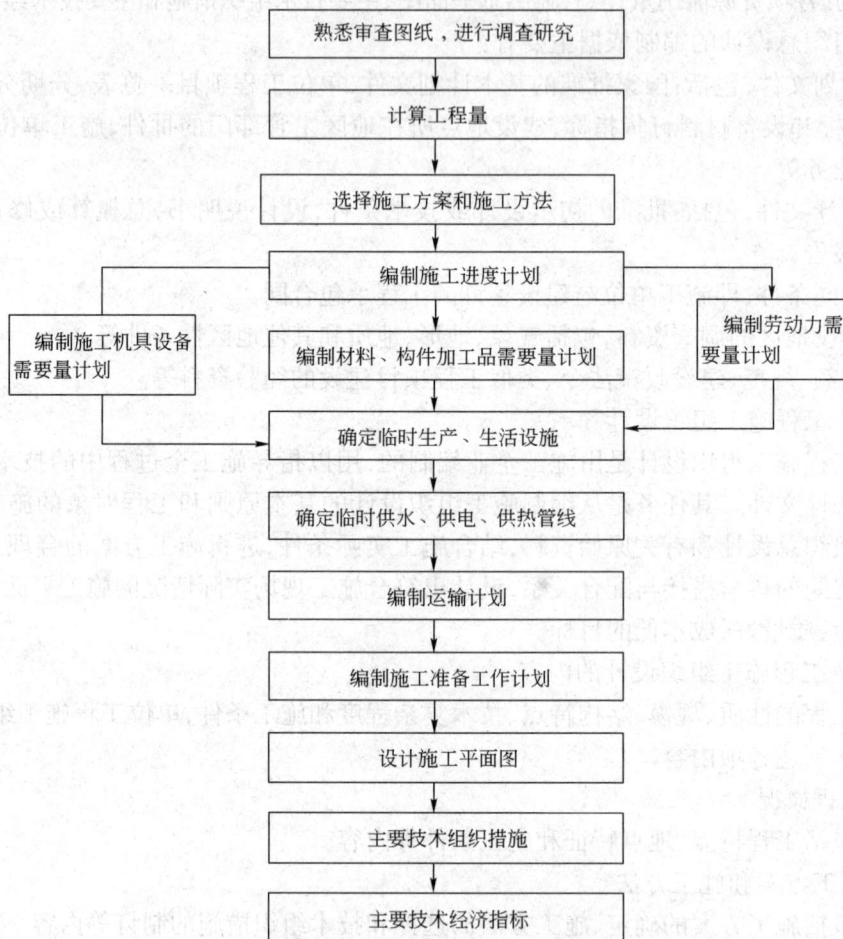

图3-3 单位工程施工组织设计编制程序

（2）单位工程施工组织设计的编制依据

单位工程施工组织设计应以工程对象的类型和性质、建设地区的自然条件和经济技术条件及施工企业收集的其他资料等作为编制依据，主要应包括：

①工程施工合同；

②施工组织总设计对该工程的有关规定和安排；

③施工图纸及设计单位对施工的要求；

④施工企业年度生产计划对该工程的安排和规定的有关指标；

⑤建设单位可能提供的条件和水、电等的供应情况；

⑥各种资源的配备情况；

⑦施工现场的自然条件和经济技术条件资料；

⑧预算或报表文件；

⑨有关现行规范、规程等资料。

3. 分部、分项工程施工方案技术措施

分部、分项工程施工方案或技术措施是以分部、分项工程为对象，以单位工程施工组织设计为依据编制而成的。有了详细而具体的单位工程施工组织设计，为何还要制订分部、分项工程的施工方案或技术措施呢？这是由于单位工程施工组织设计中，对于某些特别重要、复杂、技术难度大而又缺乏施工经验的分部、分项工程不可能在施工方案中提得很具体、详尽，而这部分工程的施工带有一定程度的科研性或试验性。因此，把这些分部、分项工程单列出来，通过研究或试验之后再作出的它的施工方案或制订出具体施工措施。例如，深水基础、特大构件安装、高空架设工程及大体积混凝土工程都属于这个范畴。

二、标前、标后施工组织设计

1. 标前施工组织设计

按照现行国内公路工程施工招标文件范本，附篇施工组织设计建议书的要求，标前施工组织设计的主要内容如下。

1）施工组织机构框图（图3-4）

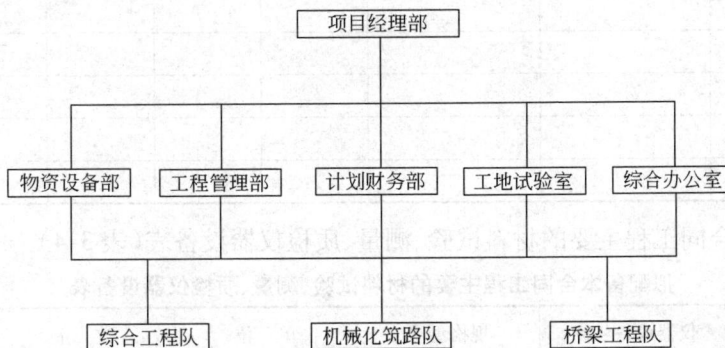

图3-4 施工组织机构框图

2）主要人员简历表（表3-1～表3-2）

拟在本合同工程任职的主要人员表   表3-1

序　号	姓　名	拟任职务	现任职务	职　称
1		项目经理		
2		项目总工程师		
3		桥梁工程师		
4		机械工程师		
5		质检工程师		
6		试验工程师		
7		财务负责人		
8		计划统计负责人		
……		……		

拟在本合同段任职的主要人员简历表　　表 3-2

姓名		年龄		专业	
职称		职务		拟在本合同段担任职务	
毕业学校				专业	
经历					
起止年限	参加过施工的项目名称			担任职务	备注

3）拟投入本合同工程的主要施工机械表（表 3-3）

拟投入本合同工程的主要施工机械表　　表 3-3

机械名称	规格型号	额定功率(kW)或容量(m³)、吨位(t)	厂牌号及出厂时间	数量(台)				新旧程度(%)
				小计	其中			
					拥有	新购	租赁	

4）拟配备本合同工程主要的材料试验、测量、质检仪器设备表（表 3-4）

拟配备本合同工程主要的材料试验、测量、质检仪器设备表　　表 3-4

序　号	仪器设备名称	规格型号	单　位	数　量	备　注

5）合同用款估算表（表3-5）

合同用款估算表 表3-5

从开工月算起的时间（月）	业主/监理工程师估算				投标单位的估算			
	分期		累计		分期		累计	
	金额（元）	（％）	金额（元）	（％）	金额（元）	（％）	金额（元）	（％）
第一次开工预付款 1～3								
4～6								
7～9								
10～12								
小计								
预备费和意外费 （暂定金额）								

投标价：

说明	1.投标单位可按工程进度估算填写本表，如果投标书中有工期、开工预付款的选择方案，投标单位应按选择方案填写本表。 2.用款额所报单价和总额价估算，不包括价格调整、暂定金额，但应考虑开工预付款的扣回、保留金的扣留和退还以及签发支付证书后到实际支付的时间间隔

6）临时占地计划表（表3-6）

临时占地计划表 表3-6

用　途	面积（m²）				需用时间	用　地　位　置		
	菜地	水田	旱地	果园	年 月至 年 月	桩号	左侧（m）	右侧（m）
一、临时工程								
1.便道								
2.便桥								
……								

用　　途	面积(m²)				需用时间	用 地 位 置		
	菜地	水田	旱地	果园	年 月至 年 月	桩号	左侧(m)	右侧(m)
二、生产及生活临时设施								
1.临时住房								
2.办公等公用房屋								
3.料库								
4.预制场								
……								
租用面积合计								

7)外供电力需求计划表(表3-7)

外供电力需求计划表　　　　　　　　　　　表3-7

用 电 位 置		计划用电数量(kW·h)	用　途	需用时间	备　注
桩号	左或右(m)			年 月至 年 月	
合计					

8)初步的工程进度示意图

9)施工组织设计文字说明

施工组织设计文字说明的主要内容包括:编制依据、工程概况、主要工程量、施工总体布置、机械及试验检测仪器配备、总体施工方案、施工期安排、质量保证体系、安全保证体系等。

2.标后施工组织设计

标后施工组织设计是施工单位承包工程后,根据对设计文件的进一步研究和了解,调查和复核施工现场,与建设单位、设计单位协商解决设计变更之后编制的桥梁施工总计划。

标后施工组织设计的主要内容有:对设计中拟定的施工方案决定付诸实施的具体措施,还应研究是否需要改进,甚至改变的地方;对设计中未确定的施工方案,落实合适的施工方法;施工中所需的劳动力、工种人数及进场、退场时间,所用机具的种类、规格、数量及进场、退场时间,所消耗材料的品种、规格、数量及分期供应计划;工地运输组织、附属企业、加工厂的设置;

预制场、工地临时房屋的规划及布置；工地供水、供电计划；施工财务计划及降低成本的措施；施工现场的平面布置等。

标后施工组织设计的主要任务是：确定最合理的施工方法和施工程序，保证在承包合同规定的工期内完成或提前完成施工任务；周密而且及时地做好施工准备工作、服务工作和供应工作；合理地组织劳动力和施工机具，避免或防止骤增或骤减的现象发生，并尽量使其发挥最大工作效率；在施工现场内统筹考虑生产、生活和交通等一切设施的合理布置，最大限度地节约临时用地，节省生产时间，而且方便职工生活；按月详细安排施工进度计划和劳动力、机具、材料供应计划，便于具体进行组织供应工作。

标后施工组织设计是桥梁施工组织的总计划，其编制当然应尽可能符合实际，但是桥梁施工受自然条件影响特别大，施工时很难完全按施工前制订的计划执行。例如劳动力、机具、材料供应的脱节，气候、气象、水文等任何一个对计划控制作用的因素的改变，都可能使施工难以按原计划实施，故施工中应随时根据意外客观情况的变化，不断地修改和调整原计划。开工前绝不可因为计划常被修改和调整，而变成无计划或盲目施工，也不可因编制好的计划，在实施中常被打乱，而嫌麻烦不去调整与修改，这样势必引起现场管理紊乱，施工工期拖延，工程成本增加。桥梁施工企业管理改革的一个重要方面，就是要完全改变过去那种习惯于无计划施工或计划与实施相互脱离的混乱局面。

施工准备阶段的施工组织设计是编制施工预算的主要依据，只有编制好标后施工组织设计，才能着手编制施工预算，而施工预算又是施工财务计划的编制依据，也是施工过程中进行成本活动分析的依据。

三、按工程项目实施阶段分类

1. 规划性施工组织设计

这是设计单位在设计阶段编制的施工组织设计，也称初步施工组织设计。编制规划性施工组织设计必须结合结构设计计算和编制概、预算的需要，因为工程项目的结构设计与施工方法密切相关，不同的施工方法导致结构内力具有很大的差异；同时，施工方法不同，选择的施工机械也就不同，施工荷载也就不同。施工方法、施工机械构成了结构设计的内力计算的基本条件，它也是编制概预算的重要依据。

初步施工组织设计只能制订桥梁施工的轮廓计划，初步拟订施工方法、施工程序及施工的时间安排。虽然初步施工组织设计不详细、具体，但它是把桥梁设计计算付诸实施的战略性决策，应当力求切合实际。

2. 指导性施工组织设计

中标以后开工以前，施工单位还必须进一步依据规划性施工组织设计对报价文件进行修订或重新编制施工组织设计，这个阶段编制的施工组织设计称为指导性施工组织设计。

指导性施工组织设计是施工单位在深入了解和研究了设计文件，以及调查复核了现场情况之后着手编制的。因此，指导性施工组织设计比规划性施工组织设计更详细、具体、完善，更具有全面指导施工全过程的作用。

在指导性施工组织设计中，确定了施工顺序，选择了施工方法和施工机械，编制了工程项目的进度计划、各种资源（劳力、机具、材料、资金）需要量计划，制订了采购、运输计划，安排了施工准备工作计划，作了部分施工设计（例如，供水、供电设计，各种临时房屋的设计等），进行了施工现场总平面布置图设计和规划，最后提出了保证工程质量、缩短工期、降低成本的措施。

桥梁施工前编制的指导性施工组织设计,是组织桥梁施工的总计划。整个施工过程中所有工作都必须依据这个计划进行,项目经理是执行这个计划的核心人物,应该按照这个计划指挥整个施工系统。职能部门是关键,必须围绕这个计划开展工作。就像军队打仗、乐团演奏一样,一支军队要有好的素质,每战必胜,就需要有一个好的指挥员;一个交响乐团要奏出和谐美妙的乐曲,就需要有一个好的乐队指挥。

3. 实施性施工组织设计

施工过程中基层施工单位还要根据各分部工程(如基础工程、墩台工程、上部构造预制、安装工程)的具体情况,及分工负责施工的队或班组的人力、机具等配备情况,编制分部工程的施工方案或技术措施,称为实施性施工组织设计。

实施性施工组织设计是以指导性施工组织设计为依据,把指导性施工组织设计按年度、季度、月或将单位工程施工组织设计按各分部、分项工程分割后编制的。实施性施工组织设计基本上不改变指导性施工组织设计中所规定的施工方法、施工程序、施工工期及物资供应指标。但当执行后的实际情况与原计划产生偏离时,不应再机械地执行原计划,应对原计划作适当的调整,并采取某些必要的措施,制订出新计划交付下一阶段贯彻执行。编制实施性施工组织设计的目的是:将工程项目的总目标分解为许多子目标,总目标是管理的核心,子目标是管理的基础,时刻抓住目标这个基础不放,把所有的管理工作重心移到这个子目标上。只要所有的子目标实现了,那么总目标也就实现了。实践中,将项目的总计划分解为年度、季度、月、旬计划,重点抓旬计划,以旬保月、以月保季、以季保年、以年保项目总计划的实现,就是这个道理。

第四章　桥梁施工组织设计

桥梁施工组织设计是桥梁施工准备工作的核心内容,是指导桥梁施工的基本技术经济文件,也是对施工实行科学管理的重要手段。编制桥梁施工组织设计必须统筹规划,科学地确定施工顺序、选择施工方法和施工机械,科学地组织人力和物资调配,建立正常的施工秩序,充分利用空间、争取时间,推广、采用先进的施工技术,用最少的人力、物力和财力取得最佳的经济效益。

实践证明,只要工程项目的施工组织设计能正确反映客观实际和施工规律,并能得到认真贯彻地执行,施工就可以有条不紊地进行,否则就会出现盲目施工的混乱局面,导致工程质量事故和其他安全事故,造成不必要的损失。

指导性桥梁施工组织设计主要内容包括:工程概况及施工部署,施工进度及资源调配计划,施工运输组织计划,施工现场规划与设计,施工现场平面图设计,质量、安全及文明施工等。

第一节　工程概况及施工部署

一、工 程 概 况

工程概况的内容包括:工程项目特点、工程所处地区的特征及当地的施工条件。这些概况是选择施工方案、编制施工进度计划、设计施工总平面图的前提条件。

1.工程项目特点

工程项目特点就是工程项目的概况,主要从以下几个方面来说明。

(1)建设地点、时间。

(2)工程性质:即所建工程是新建、改建项目还是续建项目。

(3)工程规模:包括桥长、桥宽、工程数量、投资规模、占地面积等内容。

(4)工程期限:包括开、竣工日期,重点工程项目完成时间等。

(5)结构概况及复杂程度:

结构概况介绍时除了用结构体系(梁、拱、刚架、吊桥和组合式桥)说明外,还需按所用建筑材料(钢、混凝土、钢筋混凝土、预应力混凝土等)来描述。同时,也要介绍桥长、桥宽、桥高、跨径、孔数,是否采用了新结构、使用了新材料、引进了新工艺。

至于复杂程度,可按有关标准区分该工程的等级范围。对于一般的桥梁工程,其划分等级标准为:

一级桥梁工程:单跨100m以上,总长1 000m以上;

二级桥梁工程:单跨40m以上,总长200m以上;

三级桥梁工程:单跨40m以下,总长200m以下。

而对于立交桥,还应补充层数、平曲线半径、长度、缓和曲线长度、加宽值、超高值及竖曲线半径、长度等资料。

2. 工程所处地区特征

工程所处地区特征包括：

（1）桥位附近地形情况；

（2）桥位附近水文地质情况；

（3）桥位附近工程地质情况；

（4）工程所处地区气象条件；

（5）工程所处地区的地震烈度。

3. 施工条件

施工条件包括：

（1）当地劳动力供应情况；

（2）当地水、电来源及交通状况；

（3）当地建筑工业及施工企业情况；

（4）地方材料的生产供应情况；

（5）地方施工企业的等级、机械装备、技术力量、管理水平等。

通过对工程特点、地区特征和施工条件等内容的分析，找出施工中的关键工程项目（估计影响工期的工程项目、技术复杂的工程项目、施工难度大而又缺乏施工经验的工程项目及采用新结构、新材料、新工艺、新技术的工程项目），以便在选择施工方案、组织物资供应和技术力量配备以及施工准备工作上采取措施。

二、施　工　部　署

施工部署与选择、制订施工方案是编制施工组织设计首先要遇到的问题，是施工组织设计的核心内容。施工方案选择的合理与否，在很大程度上决定了施工组织设计本身质量的好坏，也直接影响到工程的成本、工期和施工质量，所以必须予以重视。

选择和确定施工方案，首先要考虑是否切实可行；其次要做到技术先进、经济合理、施工安全。所谓切实可行是指施工方案能从实际出发，符合当前实际情况，有实现的可能性。技术先进是指能有效地采用新技术、新方法、新工艺、新材料，从而提高工效、缩短工期、保证质量。经济合理是指能尽量采用降低施工费用的一切正当、有效的措施，挖掘节约的潜力，严防浪费，使施工费用降低至最低限度。施工安全则是指施工方案符合安全规程，有保证安全的技术组织措施。

施工方案的内容包括：施工流向和施工顺序的确定，施工方法的选择，施工机械的选择，施工段组织和流水作业的安排，施工力量的部署等。

1. 确定施工流向和施工顺序

1）确定施工流向

施工流向是解决桥梁构件在空间上能否合理施工的顺序问题。合理的施工流向既涉及最佳排序问题，也涉及工程所处地区的地形、地质水文、气候等因素，还涉及经济问题。

桥梁的施工流向常常受河水水位的影响，而水位又随气候、季节而变。在旱季，基础施工流向可安排从一岸到另一岸或从河中心分别向两岸延伸施工，桥墩升高一般随基础施工流向；在雨季河水上涨，河床中间施工难度增大，一般安排施工流向为从两岸向河中间靠拢。但这样做的缺点是：两岸都必须安排施工单位，修建临时设施，调动施工机械设备、进行物资供应……其结果是使得临时设施、非生产人员数量相对增多，工程成本增高。对于城市立交工程，不仅存在平面上的施工流向，而且还涉及立面上的施工流向。

66

施工流向决定着一系列施工活动的开展和进程,影响着工程的施工质量和施工安全,也影响施工企业的经济效益。因此,施工流向是组织施工的重要一环,在编制施工组织设计时要全面权衡、通盘考虑、合理确定施工流向。

2)确定施工顺序

施工顺序是指单位工程中各分部、分项工程施工的先后次序,它既是一种客观规律的反映,也包含了人为的制约关系。换句话说,也就是确定施工顺序时要考虑工艺顺序和组织关系。工艺顺序是客观规律的反映,无法改变。组织关系则是人为的制约关系,可以调整优化。因此,确定施工顺序时,在保证工程质量和施工安全的前提下,力求做到充分、合理利用空间,争取时间,实现缩短工期、降低成本、提高施工的经济效益。

安排施工顺序时,要考虑以下因素:

(1)施工工艺的要求

各施工过程之间客观上存在着一定的工艺顺序关系,它随着结构构造、施工方法与施工机械的不同而不同,在确定施工顺序时,不能违背,而必须遵循这种关系。

(2)施工方法和施工机械的要求

施工顺序应与采用的施工方法和施工机械协调一致。例如,连续梁按顶推的施工方法和按先简支后连续的施工方法施工时,在施工顺序方面就有很大的差异,这种差异不仅表现在梁的预制、预应力束的张拉顺序、梁体安装方面,而且连基础、墩台、桥头引道的施工顺序安排也不完全相同。

(3)施工组织的要求

有时施工顺序可能有几种方案,应从施工组织的角度进行分析、比较,选择最经济合理、有利于施工和开展工作的方案。

(4)施工质量的要求

在安排施工顺序时,要以能确保工程质量为前提。当影响施工质量时,要重新安排施工顺序或采取必要的技术措施,技术措施本身就改变了原来的顺序。

(5)当地气候条件的要求

雨季和旱季,河中基础施工顺序差异很大,进而影响到桥墩升高顺序的改变,有时甚至影响到梁体安装的顺序。在南方,应当考虑雨季的特点;在北方,应当考虑冬季的施工特点。在安排施工顺序时,要将某些项目安排在冬季或雨季,而在冬季或雨季到来之前,有些项目必须完成,因此这些项目在冬季或雨季不能施工。由此可见,气候条件会对施工顺序有很大的影响。

(6)安全技术的要求

合理的施工顺序,必须使各施工过程的搭接不致引起安全事故。

安排施工顺序的经验总结:

①先地下、后地上;先主体、后附属;先结构、后装修。

②地下由深到浅;地下尽量平行、交叉进行。

③在保证工人连续工作的前提下,充分、合理利用工作面。

④在组织流水作业时,合理确定流水组中的施工段数目,保证各组流水工期之和最小,即求 $\min \sum\limits_{i=1}^{L} T_i$。按此方法确定施工段顺序是最佳顺序。

实践证明:不同的施工顺序会导致不同的工期、劳动力消耗量和工程成本,具有不同的经济效益。

因此,在确定施工顺序时,要拟订多种方案,对这些方案进行技术、经济比较,从中选择最佳方案作为推荐方案。

2.选择施工方法

施工方法是施工方案的核心内容,它对工程的实施具有决定作用。它是根据施工方案的基本要求,为桥梁各分部、分项工程在具体施工条件下拟订的战术措施。例如,明挖基础采用何种围堰,是采用人工开挖还是机械开挖;钻孔桩施工采用哪种成孔方式;水上施工采用哪种平台;混凝土工程采用集中拌和还是就地拌和;上部结构安装采用缆索吊装还是导梁架设等。总之,各分部、分项工程可以采用多种不同的施工方法,使用多种不同的施工机械进行施工,每一种方法都适用一定条件,具有各自的优缺点,完成同一工程项目需要的工期和成本均不相同。因此,我们的任务在于从若干个可以实现的施工方法中,选择适合本项目的较先进合理而又最经济的施工方法,以达到成本低、效率高、工期短的目的。当不同施工方法进行技术经济比较时,成本与工期之间不协调,应该首先选择成本低而工期较长的施工方法,符合经济原则;对于工期紧的工程项目,也可选择工期短而成本略高的施工方法。所以,在选择施工方法时,要坚持以经济原则为主结合具体情况灵活处理。

确定施工方法应重点突出,凡是采用新技术、新工艺和对本工程质量起关键作用的项目,以及工人在操作上不够熟练的项目,应详细而具体;对于常规施工方法和工人熟练的项目,则可适当简化,但要提出这些项目在工程中的一些特殊要求。

3.施工机械设备的选择

施工方法的选择必然要涉及施工机械的选择。特别是在今天,机械化施工作为实现建筑工业化的重要因素,那么施工机械的选择,就成为施工方法选择的中心环节。

随着施工机械化程度的提高,机械化施工将逐步代替繁重的体力劳动,施工中采用的机械设备的数量、种类、型号必将增多。这样,众多的机械设备中选择适合于本工程的施工机械设备将是制订施工方案时需要解决的又一重要问题。

1)选择施工机械的方法

(1)选择施工机械时,首先应选择主导工程的机械,要结合工程特点和其他条件确定其最合适的类型。

主导机械就是从事主要工序作业的机械。选择主导机械要注意以下几个方面。

①主导机械的施工单价

主导机械的施工单价可按下式计算:

$$C_u = \frac{R + P \cdot X}{q \cdot X} \tag{4-1}$$

式中:C_u——主导机械施工单价;

　　R——使用本单位机械时,为损耗费;租赁机械时为租金;

　　X——机械实际作业时间;

　　P——单位时间内机械运行费;

　　q——单位时间内机械施工量。

②工程规模的大小

规模小的工程,选择大型施工机械就不一定经济,因为大型施工机械会相应增大运输、安装和支承基座或支架等的费用,从而相应地提高了施工单价。

③机械运行的可靠性

如果机械的可靠性差,即使施工单价比较低,也不宜选用,因为机械发生故障往往影响一系列有关作业的进展。相对而言,机械的购置费或租金与可靠性相比是次要的。

④其他因素

另外,还有一些难以用货币价值来表现的因素也必须考虑。例如,机械的通用性,该机械是否可作其他用途或适合将来使用;安装场地能否满足所需要的空间;从车站或码头到工地的运输道路能否满足需要;机械的噪声、振动是否超出施工现场环境的限制等。

(2)选择与主导机械配套的各种辅助机械或运输工具时,应注意使它们的生产能力互相协调一致,使主导机械的生产能力得以充分发挥。例如,桥头引道的土方工程中或基础工程的开挖中,主导机械是挖土机,辅助机械是汽车,汽车容量是挖土机斗容量的整数倍,汽车数量应保证挖土机连续工作。又如在结构安装施工中,运输机械的数量及每次运输量,应保证起重机械连续工作。

(3)在一个桥梁工地上,如果机械的类型很多,会使机械修理工作复杂化。为此,在工程量较大,适宜专业化大生产的情况下,应该采用专业机械;工程量小而分散的情况下,尽量采用多用途的机械,使一种机械能适应不同分项工程的施工需要,即一机多用。例如,挖土机既可用于挖土,又可用于装卸、起重和打桩。这样便于工地上的管理,又可以减少机械转移时的工时消耗。同时还应考虑充分发挥施工单位现有机械的能力,争取实现综合配套。

一般情况下,标准机械是能满足一机多用这个要求的。使用标准机械有许多优点:

①标准机械容易买到;

②标准机械可以用于许多工程,它的折旧费低,因此施工单价也相应低;

③标准机械的配件容易买到,而且廉价;

④标准机械的维修、保养工作方便,时间短,因此机械故障排除快,停机时间短,可靠性大幅度提高;

⑤不需要继续使用的标准机械,能比较容易地变卖处理。

因此,凡能用标准机械完成的工程,应尽可能选用标准机械。

2)选择机械的原则

对于一些工程,可能多种施工机械都能承担并完成,而每种机械都有相应的施工方案,这时应从这几种备选的方案中,通过技术经济比较,提出推荐方案。方案比较的原则是:组织上可行、机械获得上可能、技术上先进、经济上合理。

4.尽量组织平行、流水作业,缩短工期

流水作业是现代工业生产的先进作业方法,它的特点是:

(1)流水作业是建立在专业化、紧密协作和大批生产的基础之上,工人重复工作、技术熟练,工作效率高、质量有保证、施工安全可靠,施工现场有条不紊,呈现出连续、均衡、有节奏的施工;

(2)工期合理;

(3)工人连续施工,无窝工现象;

(4)工作面得到充分、合理的利用;

(5)资源需要量连续、均衡,产品完成有节奏,消除了顺序施工中时断时续、平行施工中过分集中的现象。

流水作业是一种科学的施工组织和管理方法。对于规模大的桥梁工程,一般都尽可能采用流水作业法。

在桥头引道工程中,对于成批的小桥、桥涵工程可各自组织流水作业,对于路基、路面工程可组织流水线作业法;在桥梁结构施工中,基础、墩台升高,梁体预制、大梁安装等也均可组织流水作业。

桥梁工程施工中,组织流水作业既可缩短工程工期、降低工程成本,还可提高工程的质量,从而提高桥梁建设的经济效益。

虽然平行施工法有许多缺点,但它却具有两条突出的优点:一是工期最短,二是工作面得到充分利用。正因为如此,平行作业法仍具有强大生命力。因此,桥梁施工中可利用平行作业法原理,组织多组流水作业,使这些组的流水平行,以大大缩短工程工期。

至于顺序施工法,缺点远多于优点,一般不可取。因此,在桥梁施工中,应尽量采用流水施工法。

5. 施工力量部署

施工力量部署是进一步完善施工方案的战略举措,是为实现桥梁工程施工目标所做的具体安排。通过施工力量的部署,为估算施工速度和进一步制订工程进度计划、资源需要量计划、物资的采购和运输计划、施工总平面图的设计等提供物质条件。这里应该指出:施工力量的部署与施工速度估算是反复比较进行的,要满足合同规定的工期指标或上级的指令工期。

施工力量包括以下内容:劳动力的数量及劳动能力、劳动生产率的大小;施工机械设备的数量、施工能力、机械效率;技术人员、管理人员的素质;技工的种类及素质等。

施工力量部署时,应注意以下几点:

(1)施工力量部署与选择的施工方法和施工机械有关;

(2)施工力量的部署与工程数量有关;

(3)施工力量的部署与工作面大小有关;

(4)施工力量的部署也与施工段的划分、施工过程的多少等有关;

(5)事前安排好施工力量的调转工作方式和调转计划;

(6)部署施工力量要具体到各分部、分项工程上,同时不要忽视安排料场、构件预制场及附属加工企业的人员、机械配备问题。

施工力量部署是一项严密、细致的工作,它涉及战略的成败、工程项目特别是工期目标能否实现,是决战前的准备工作,因而,对这项工作要慎之又慎,反复进行。

第二节　施工进度及资源调配计划

一、施工进度计划

单位工程的施工进度计划是以施工流向、施工顺序、施工方法与机械选择、施工作业的方式、施工力量的部署为基础,根据规定工期和技术物资的供应条件,遵循各施工过程合理的工艺顺序,统筹安排各项施工活动进行编制的。它的任务是为各施工过程指明一个确定的施工日期,即时间计划,并以此为依据确定所必须的劳动力和各种技术物资供应计划。它又是劳动力组织、资源调配以及施工现场平面布置的主要依据。

1. 施工速度的估算

制订施工进度计划时,一个关键的问题就是如何确定施工速度,即如何确定一组机械或一班工人在单位时间内完成的工程数量。

1）计算施工量的基本公式

工地上配备的施工机械，并不是每台都能正常运行。由于故障、修理、保养及转移施工地点等原因，有些机械都会有一定的停止作业时间，各种机械的实际作业时间也分别不同，而且各种机械的作业效率（容量效率）也不一样。

考虑上述因素，则一台施工机械完成工程量的基本计算公式可用下式表示：

$$Q_u = E_n \cdot E_t \cdot E_q \cdot q_R \cdot t \tag{4-2}$$

式中：Q_u——一台施工机械完成的工程量；

q_R——该种施工机械的作业能力；

t——作业时间；

E_n——该种机械的运行率；

E_t——该种机械的作业时间效率；

E_q——该种机械的作业效率。

上式表明：一台施工机械完成的工程量是五个因素的函数，且成正比例。经验表明：延长作业时间或采用大型施工机械，虽可增加完成的工程量，但有时会提高工程成本，而提高运行率和作业时间效率的任何一项，不仅能增加完成的工程量而且可降低工程成本。

一个工人在一个工作日内所能完成的工程量，一般不按公式计算，而采用在操作时进行查定所确定的平均定额，这样比较切合实际。为了不断提高劳动生产率，必要时可以根据查定资料采取强化措施，在计划中采用平均先进、经过努力可以达到的定额。

2）施工机械的施工速度

施工机械在单位时间内完成的工程量称为施工速度。

一台实际运行的施工机械的施工速度，可将上式中的 $E_n = 1$，再以作业时间 t 除以等式两端求得，即：

$$q = E_t \cdot E_q \cdot q_R \tag{4-3}$$

式中：q——施工机械的施工速度；

q_R、E_t、E_q 的意义同前。

在许多情况下，机械的施工都是循环作业，其施工速度可按下式计算：

$$q = \frac{E_t \cdot E_q \cdot Q_R}{C_m} \tag{4-4}$$

式中：Q_R——机械的标准容量；

C_m——循环一次需要的时间；

q、E_t、E_q 的意义同前。

（1）最大施工速度

通常在良好的环境条件下，施工机械在单位时间内所能完成的最大工程量称为最大施工速度。此时机械充分发挥其作业时间效率，即式（4-3）中的作业时间效率 $E_t = 1$，其最大施工速度可按下式计算：

$$q_p = E_q \cdot q_R \tag{4-5}$$

式中：q_p——最大施工速度；

q_R、E_q 意义同前。

机械作业效率与机械的技术状况有关。新投入使用的机械及维修保养良好的机械，一般可达到 $E_q = 1$；比较陈旧的机械或保养不良的机械，则应根据实际情况确定 E_q。

施工机械的最大施工速度，可以根据标定计算求出，通常相当于施工机械制造厂表明的公称能力。

（2）正常施工速度

在一班或一天的作业时间内，由于调整机械、补充燃料、小修、故障、上班初的准备、下班前的清理、气候不良、待料停机以及非机械本身原因（作业故障、质量检验）等，施工机械不可能完全不停地运行。在这些时间损失中，如机械故障、待料停机及作业故障等，可以通过加强管理来避免，但其余时间的损失都是无法排除的。如在一定时间内测得某种机械的正常损失时间为 t_R，实际作业时间为 t_N，则正常作业时间效率 E_w 为：

$$E_w = \frac{t_N}{t_N + t_R} \tag{4-6}$$

正常施工速度 q_n 为：

$$q_n = E_w \cdot q_p \tag{4-7}$$

一般正常作业时间效率 $E_w = 0.8$。

在制订短期施工计划时，如能采取措施保证作业不致产生上述情况以外的时间损失，则计划完成时间可以用正常施工速度来计算。

（3）平均施工速度

在非常好的条件下，按照正常施工速度进行施工，也许能持续若干天。但在较长的施工期内，常常会出现不可避免的拖延工期、机械故障、施工准备不足、材料供应脱节以及由于地质、水文、气象等的意外变化、意外事故和涉及变更等偶发事故引起的时间损失。考虑正常损失时间和偶发损失时间的施工速度，称为平均施工速度 q_a。

$$q_a = E_w \cdot E_c \cdot q_p = E_a \cdot q_p \tag{4-8}$$

式中：E_c——偶发作业时间效率；

E_a——平均作业时间效率；

其余符号意义同前。

考虑偶发时间损失的作业时间效率 E_a 一般为 $0.6 \sim 0.8$。在制订长期施工计划时，一般采用平均施工速度。

3）制订施工进度计划时，如何确定施工速度

上面介绍了施工机械的不同施工速度，即最大施工速度、正常施工速度和平均施工速度。在编制施工进度计划时，应确定采用哪种施工速度较为合适，这是施工人员必须慎重研究的一个问题。

一般情况下，在编制施工机械组合计划和平衡各项工程的施工机械的作业能力时，应使用最大或正常施工速度，使计划具有一定的先进性，以推动施工管理工作的不断提高。在编制长期的施工进度计划或对施工费用进行估价时，一般采用平均施工速度，使计划及估价建立在可靠的基础上。

4）施工速度的统计计算方法

施工机械的施工速度，是随机械的作业时间效率而变化的。以上介绍的机械作业时间效率，都是经验的估算数据。采用本单位以往实际统计数据的平均值，作为编制计划的标准值是比较可靠的。

由于桥梁工程受自然条件的影响特别大，也受社会协作因素、政治因素、人的因素等影响。因此，普遍采用平均值作为标准值，从编制施工计划和管理的角度看，这样处理不是很适宜的。而应该通过长期的、大量的统计数据，进一步对这些数据进行科学处理，处理后的结果作为使用依据才是适宜的。

用数据统计方法处理数据正符合我们的要求。它根据许多条件比较类似的资料，以作业时间效率的频数分布平均值作为中心来绘制分布直方图。这种频数分布图具有近似正态分布的特性。

令平均值为 $\bar{x}$，标准偏差为 S，观察或统计数据为：$x_1, x_2, x_3, \cdots, x_i, \cdots, x_n$。$\bar{x}$ 和 S 的计算可按下式进行：

$$\bar{x} = \frac{x_1 + x_2 + \cdots + x_n}{n} = \frac{1}{n}\sum_{i=1}^{n} x_i \tag{4-9}$$

$$S = \sqrt{\frac{\sum_{i=1}^{n}(x_i - \bar{x})^2}{n-1}} \tag{4-10}$$

各种施工机械以统计方法计算出的作业时间效率标准值，在编制施工进度计划时，可以根据施工管理水平及施工现场条件对作业时间效率的影响，来确定作业时间效率。

2. 施工进度计划的编制

单位工程施工进度计划以前述施工方案为基础，根据规定的工期和技术物资的供应条件遵循各施工过程合理的工艺顺序，统筹安排各项施工活动进行编制。

它的任务是：以最少的劳动力和技术物资资源，保证在规定的工期内完成质量合格的产品；为各施工过程指明一个确定的施工日期，即时间计划；确定各施工过程所需的劳动力和各种技术物资的供应计划，进而确定采购和运输计划；同时也为施工总平面设计中，计算临时设施的数量、面积等提供数据。

1）施工进度计划的表现形式

（1）横道图法

横道图形式简单、醒目、易绘、易懂。

用横道图表达单位工程施工进度计划，有以下两种设计方法。

①根据施工经验直接安排、检查调整的方法

这种方法的特点是：首先根据已经确定的各个施工过程的持续时间和施工顺序，直接在施工进度计划图表的右边部分画出所有施工过程的进度线，使各主要施工过程能够分别进行流水作业。然后根据列出的进度表对工期、劳动力均衡程度、机械负荷等情况进行检查。如果工期不能满足要求，劳动力有窝工或赶工以及机械没有充分利用等情况，则对各个施工过程的进度适当加以调整，调整以后再检查，反复进行，直到上述各项条件都能够满足为止。

这种逐次检查、逐次调整修正的方法是我国目前广泛采用的一种设计方法。但是按这种方法设计施工进度计划，花费时间既多，又不一定能得到最优秀的方案，特别是当施工过程数目很多时更是这样。

②按工艺组合,组织流水施工的设计方法

为了简化设计工作,可将某些在工艺和组织上有紧密联系的施工过程归并成为一个工艺组合。一个工艺组合的几个施工过程在时间和空间上能够最大限度地搭接起来,而不同的工艺组合一般不能进行平行施工,必须待一个工艺组合中的大部分施工过程或全部施工过程完成之后,另一个工艺组合才能开始。例如,平整场地、临时供电供水管线、临时便道、临时设施修建等,可归并为一个临设工程的工艺组合;开挖基坑、修建基础、回填可归并为基础工程的工艺组合;桥墩升高、盖梁浇筑、梁体预制可归并为结构工程的工艺组合;梁体安装、桥面铺装层浇筑、人行道系安装可归并为安装工程的工艺组合等。当然对于基础工程、桥墩升高、梁体预制及梁体安装也可自成体系构成工艺组合。

一座桥梁划分工艺组合的数量和性质,取决于桥梁的类型和结构形式。

在工艺组合确定之后,首先从每个工艺组合中找出一个主导施工过程;其次是确定主导施工过程的施工段数及其持续时间,并使工艺组合中的其他施工过程尽可能采取相同的施工段和持续时间,以便简化计算工作;最后按照节奏流水或非节奏流水的计算方法,求出工艺组合的持续时间。所有工艺组合的持续时间都计算后,把它们相加,就得到整个单位工程的施工工期。如果工期超过原来的规定,则可减少一个或若干个工艺组合的施工段数和持续时间,把工期缩短。如果工期短于原来的规定,则应该增加一个或若干个工艺组合的施工段数和持续时间,把工期适当延长。

主要工艺组合是指对整个单位工程的工期起决定性作用的、基本上不能相互搭接进行的工艺组合。

搭接工艺组合是指对整个单位工程的工期虽然有一定影响,但是不起决定性作用的工艺组合,能够和第一种工艺组合彼此平行或在很大程度上可以搭接进行的工艺组合。

所以,当施工进度计划采用流水施工的设计方法时,不必等进度线画出就能看出工期是否符合规定。

同样,这种设计方法可以保证在进度线画出之前,初步确定不同施工阶段的劳动力均衡程度。如果劳动力过分不均衡,可以采用改变工艺组合流水参数的办法加以调整。

当工期、劳动力均衡程度和机械负荷等都完全符合要求之后,就可以绘制施工进度计划。

从上可知,这种设计方法是把许多施工过程的搭接问题变成少数几个工艺组合的搭接问题,因而可以大大简化施工进度计划的设计工作。

(2)网络计划法

前面所说的横道图计划的优点是:较易编制、简单、明了、直观、易懂。因为有时间坐标,各项工作的施工起讫时间、作业持续时间、工作进度、总工期,以及流水作业的情况等都表示得清楚明确,一目了然。对人力和资源的计算也可据图叠加。但它的缺点是:不能全面地反映出各工序相互之间的关系和影响;不便进行各种时间计算;不能客观地突出工作的重点(影响工期的关键工序);不能从图中看出计划中的潜力及其所在;不能电算及优化。这些缺点的存在,对改进和加强施工管理工作是不利的。

网络计划是一种科学的计划法,又是一种有效的生产管理方法。

网络计划的优点是把施工过程中的各有关工作组成了一个有机的整体,因而能全面而明确地反映出各工序之间的相互制约和相互依赖的逻辑关系;它可以进行各种时间计算;能在工序繁多、错综复杂的计划中找出影响工程进度的关键工序,便于管理人员集中精力抓施工中的主要矛盾,确保按期竣工,避免盲目抢工。通过利用网络计划反映出来的各工序的机动时间,可以更好地运用和调配人力和设备,节约人力、物力,达到降低成本的目的。在计划执行过程中,当某一工序因故提前或拖后,能从计划中预见它对其他工序及总工期的影响程度,便于及早采取措施以充分利用有利的条件或有效地消除不利的因素。此外,它还可以利用现代化的计算工具(电子计算机)对复杂的计划进行计算、调整、优化。它的缺点是从图上很难清晰地看出流水作业的情况,也难以根据一般网络图算出人力及资源需要量的变化情况。

网络计划方法的最大特点就在于它能够提供施工管理所需的许多信息,有利于加强施工管理。所以网络计划方法已不仅仅是一种编制计划的方法,而且还是一种科学的施工管理方法;它有助于管理人员合理地组织生产,使他们做到心中有数,知道管理的重点应放在何处;怎样缩短工期,在哪里挖掘潜力,如何降低成本。因此,推广应用网络计划技术必将进一步提高管理水平。

(3)网络横道法

网络横道法是将网络计划通过时间参数转换为横道图。网络横道图汇集了横道图和网络计划两种方法的优点,删除了二者的缺点。网络横道图与横道图的区别是工序作业时间中给出了该工序总的机动时间。在网络横道图中,没有总的机动时间的工序为关键工序,由关键工序组成的线路为关键线路。关键工序是管理的重点。实际上,网络计划的执行过程,就是向关键工序要时间、向非关键工序要资源的过程。

2)施工进度计划的编制方法

这里介绍如何利用网络计划技术编制施工进度计划,其具体步骤如下。

(1)熟悉图纸,调查研究,分析情况

在编制计划前要全面熟悉和审查图纸,并与设计单位、建设单位联系,了解设计意图和工程主要构造,了解建设目的和要求,摸清与工程有关的自然、技术、经济条件,了解劳动力、材料及机械设备使用和供应情况,了解协作单位的情况等,通过调查研究,分析情况,为制订施工方案打好基础。

(2)制订施工方案,确定施工顺序

制订施工方案包括:施工的流向、施工顺序、各分部分项工程的施工方法和施工机械的选择、流水作业方式的确定和沿线施工力量的部署等。所以施工方案是编制网络计划的基础。

同时也要考虑编制网络计划的基本要求,这些要求是:在工艺上符合技术要求,符合目前的技术水平和工作习惯,质量上能够保证;在组织上切合实际情况,有利于提高施工效率、缩短工期、降低成本。

(3)划分施工工序

施工工序是包括一定工作内容的一个施工过程,它是网络计划的基本组成单元。工序内容的多少,划分的粗细程度,应根据计划的需要来决定。在单位工程网络计划中,工序应明确到分项工程或者更具体,以满足指导施工作业的要求。

通常在划分工序时,应按顺序列成表格,编排序号,查对是否遗漏或重复,以便分析其逻辑关系。顺序的安排一般可按施工的先后来定。

(4)计算工程量、劳动力和机械需要量

根据工序划分的粗细,按照工程量计算规则计算工程量。为使网络计划既先进可靠又留有余地,根据现行施工定额,即施工单位实际的定额水平,定出产量指标,作为计算劳动量和机械需要量的依据。

(5)确定工序的持续时间

工序的持续时间是一个工序从施工开始到完成所需的作业时间。工序持续时间最好是按正常情况确定,它的费用一般是最低的。待编出初始计划并经过计算再结合实际情况作必要的调整,这是避免盲目抢工造成浪费的有效办法。当然按照实际施工条件来估算工序的持续时间是较为简便的办法,现在一般多采用这种办法,具体算法有以下两种:

一是"经验估计法",即根据过去的施工经验进行估计。这种方法多适用于采用新工艺、新方法、新材料等而无定额可循的工程。在经验估计法中,有时为了提高其准确程度,往往采用"三时估计法",即先估计出该工序的最长、最短和最可能的三种持续时间,然后据以求出期望的持续时间作为该工序的持续时间。

二是"定额计算法",这也是最普遍的方法。工序持续时间的计算公式是:

$$t = \frac{Q}{R \cdot S} \tag{4-11}$$

式中:t——工序持续时间,用时、日、周表示;

　　Q——工序的工程量或劳动量,以定额规定单位表示;

　　R——人力或机械的数量,以人或台数表示;

　　S——产量定额,以单位时间内完成的工程量或劳动量表示。

(6)编制网络计划初始方案

根据施工方案、工序划分、工序之间逻辑关系的分析以及工序的持续时间,就可以编制网络计划的初始方案。

编制网络计划初始方案是一项工作量大、费时多的工作,需要反复研究,才能较好地完成。编制单位工程网络计划的初始方案,可以先按分部工程分别编制,然后将各分部工程的网络计划连接起来即可。编制网络计划要求编制人员对工程对象要非常熟悉,掌握网络图的画法。将整个工程用网络图正确地表达出来,填上各工序的持续时间,则完整的网络计划初始方案就形成了。

(7)计算各项时间参数并求出关键线路

网络计划的时间参数一般包括工序的最早最迟开始时间、总工期、总时差、自由时差等。关键线路则必须在图上标明,以利于分析与应用。

计算时间参数的目的,是从时间安排的角度考察网络计划的初始方案是否合乎要求,以便对网络计划进行调整。

(8)对计划审查及调整

对网络计划的初始方案进行审查,是要确定它是否符合工期要求与资源限制条件。

首先要分析网络计划的总工期是否超过规定的要求。如果超过,就要调整关键工序的持续时间,使总工期符合要求。

其次要对资源需要量进行审查,检查劳动力和物资供应是否能够满足计划的要求,如不符合要求,就要进行调整,以使计划切实可行。

(9)正式绘制可行的单位工程施工网络计划

网络计划初始方案通过调整,就成为一个可行的计划,这样的网络计划还不是最优的网络计划。要得到一个令人满意的网络计划,还必须进行优化。

正式的网络计划必须有必要的说明。

二、资源调配计划

资源调配计划,即资源需要量计划,包括:劳动力、各种材料、各种施工机械设备及资金等需要量计划。

1. 劳动力需要量计划

根据施工准备工作计划、工程进度计划或主要分部分项工程进度计划,套用概预算定额或经验资料计算出所需劳动力人数,并编制劳动力需要量计划——劳动力动态曲线。

前已述及,不论使用横道图法还是网络计划法编制的工程进度计划,都对劳动力的不均衡情况进行了计划调整。因此,只要按照时间的顺序,把施工准备工作计划和工程进度计划中各项工作根据工程量大小套用定额计算出的人数累加即可。

合理的劳动力需要量计划一般应遵循这样的规律:在桥梁施工前准备工作阶段,开始由少量人员进场做准备工作,随着准备工作的进展,进入工地人数逐渐增加,到施工前准备工作将要结束、工程全面开工时,人数增加到计划需要量的最高峰;在全面施工阶段,达到前述的高峰人数保持稳定;直到工程的主体结构全面完成,工程开始进入收尾清理阶段,工人逐步分批分期撤离工地,直到清理工作结束,工人全部撤离工地。

未进行劳动力均衡调整的施工进度计划中可能反复出现骤增骤减情况,这种骤增骤减会增加劳动力进退场费、临时设施费、工具设备费,也增加生活供应工作量和增加施工管理费。在编制施工进度计划时,应尽量避免这种现象出现。一旦出现,应对施工进度计划进行修改、调整,有时修改、调整工作要反复进行,才能求得比较合理的方案。

2. 各种材料需要量计划

桥梁工程的材料费用,一般要占整个工程造价的 50% ~ 75%。做好材料供应计划和材料采购、保管、使用等工作,是保证施工工作顺利进行,严格控制或降低工程成本的关键之一。材料需要量计划,主要作用是掌握备料情况、组织备料,确定仓库、堆场面积,组织运输之用。

材料需要量计划的编制方法是将进度计划表中各施工项目的工程量结合预算定额中各个施工项目所列材料名称、规格、数量进行汇总,即为计划所需材料数量。

材料供应计划的编制,是在确定计划需求量的基础上,经过综合平衡后,提出申请量和采购量。因此,供应计划的编制过程也是平衡过程,包括数量、时间的平衡。在实际中,首先考虑数量平衡,因为计划期的需用量还不是申请量或采购量,即还不是实际的需用量,还必须扣除库存量,考虑为保证下一期施工必要的储备量。因此,供应计划的数量平衡关系是:期内需用量减去期初库存量加上期末储备量。经过上述平衡出现正值时,是本期的不足,需要补充。反之是负值时,是本期多余,可供外调。一般情况下,储备量可以采用下面公式计算:

$$q_l = r_l(t_{1l} + t_{2l} + t_{3l} + t_{4l}) \tag{4-12}$$

式中:q_l——第 l 种材料的储备量;

r_l——第 l 种材料的日需求量;

t_{1l}——第 l 种材料的供应间隔天数;

t_{2l}——第 l 种材料的运输天数;

t_{3l}——第 l 种材料的入库检验天数;

t_{4l}——第 l 种材料使用前准备天数。

也可按下式计算:

$$q_l = \lambda_l \cdot r_l \tag{4-13}$$

式中:λ_l——第 l 种材料储备定额;

q_l、r_l 意义同前。

工程项目材料的储备量,主要由材料的供应方式和现场条件决定,一般应保持 3 ~ 5 天的用量,在一定条件下,可以多一些,也可以少一些,甚至可以是无储备现场(例如预制构件采用随运随吊),即用多少供多少。

另一个值得注意的问题就是材料过早到场,这个问题看起来似乎不很重要,但实际上也是不利的:一是需要增加仓库;二是当所供应的材料为易腐品时,需要增加仓库的防腐设施费用;三是材料在现场存放太久,由于偷盗、损耗以及二次搬运所造成的损失是很大的;四是由于资金的过早占用而失掉资金利息,使实投资增加。此外,为了有效供应材料,必须认真考虑库存量的问题,如果库存量太大,不仅增加仓库面积,而且可能出现废弃的材料。

至于用量不多的零星材料,或需专门订货或加工的特殊材料和制品,最好在计划使用前全部供应齐全,不必按使用期分期供应。否则,反而会增加采购、运输和管理费用;如果计划不周,会导致停工待料、因小失大。

3.施工机具、设备计划

根据所采用的施工方案和安排的施工进度计划来确定施工机械的类型、数量和进退场时间。确定方法与劳动力、材料确定方法相同。确定之后,应详细列表反映上述内容。

4.资金需要量计划

这里所说的资金是指已完建安工作量的预算价值,考虑中标报价则为工程进度款。

资金需要量计划的计算方法与前述相似,也是按时间顺序,求出施工进度计划中各个施工项目在单位时间内的资金需要量,最后求出不同时间各个施工项目单位时间资金需要量的累计即为资金需要量的计划,或称资金动态曲线。所不同的是:还需再一次累计资金需要量计划,形成资金需要量累计曲线,简称S形曲线。

第三节 施工运输组织计划

在桥梁施工过程中,要调运大量的建筑材料和其他物资(如机具设备、燃料、制品及生活物资)。运输量十分浩大,运输费用占工程造价的比例很大。因此,合理组织运输业务,对节约运费、控制工程进度和降低工程成本具有重大意义。

为了减少或避免货物在运输过程中的损耗,在运输业务组织中应尽量减少倒运环节。

桥梁施工工地的运输分为场外运输和场内运输。场外运输是指材料、物资从产地或交货地点运到工地仓库、料场。场内运输是指在工地范围内,从库房、料场或预制场等地到施工地点的材料、物资搬运。这里只讨论场外运输。

运输工作的组织主要包括:货运量的确定、运输方式的选择、运输工具需要量的计算、运输线路的规划以及装卸方式与设备的选择等。

一、确定货运总量

运输总量应按工程实际测算。

桥梁工地所需运输的主要货物有建筑材料、半成品、构件和机械设备等。此外,还有工艺设备、燃料、废料以及职工生活福利用的物资,可利用下式计算每日货运量:

$$q = \frac{\sum\limits_{L=1}^{n_1} R_L \cdot L_L}{T} \cdot K \tag{4-14}$$

式中:q——日货运量,$t \cdot km$;

L_L——第 L 种货物从发货地点到储货地点的距离,km;

n_1——需运输的货物种类数;

R_L——需运输的第 L 种货物用量;

T——工程年度运输工作日数;

K——运输工作不均衡系数,汽车运输可取 1.2,铁路运输可取 1.5。

二、运输方式的选择及运输工具需要量的计算

运输方式包括使用不同的运输工具和装卸方法、堆集方法等。在施工中,主要有水路运输、公路汽车运输、铁路运输和公路马车运输等。

运输方式的确定,必须考虑到各种因素的影响,例如材料的性质,货物量的大小,超重、超高、超长、超宽的机械设备和构件以及外露加工件的形状及大小,运输距离及期限,现有运输设备条件,利用永久性道路的可能性,当地的地形和工地的情况等。

水路运输是最经济的一种运输方式,在可能条件下,应尽量利用水路运输,采用时应注意与工地内部运输配合,码头上是否有转运仓库和卸货设备。同时,还需考虑洪水、枯水和每年正常通航期。

铁路运输的优点是运输量大、运距长、不受气候条件限制。如有大量物资需要从铁路运来的话,可以采用这种运输方式。

汽车运输在目前是应用最广泛的一种运输方式,特别是采用各种自卸式或专用汽车,可以缩短装卸时间。汽车运输的优点是:机动性好、操纵灵活、行驶速度快、转弯半径小、运输成本低。汽车运输特别适用于货运量不大、货源分散或地区地形比较复杂的情况。但应注意,在货运量大及运距较远的情况下,最好采用载质量较大的汽车,运距一般在 7km 左右最经济。在同一工地上,所选用的汽车类型不宜过多,以便于管理和维修。

马车运输适宜于较短距离(3~6km)运送大量货物,其使用灵活,对道路的要求较低,运费也比较低。

特征运输包括皮带运输机、架空索道、缆车等。这些运输方式只适用于特定的环境、特定的条件,但也是备选方案之一。

在分析了运输距离、货流量、所运货物性质、特点及运输距离内的地形条件之后,再通过不同运输方式的成本比较,来选择经济合理的运输方式。

运输方式选定后,即可计算运输工具的需要量。每一工作班内所需的运输工具数量可用下式计算:

$$n = \frac{Q \cdot K_1}{S \cdot T_2 \cdot C \cdot K_2} \tag{4-15}$$

式中:n——运输工具所需台数;

Q——最大年(季)度运输量;

K_1——货物运输不均衡系数;

S——运输工具的台班产量;

T_2——全年(季)的工作天数;

C——日工作班数;

K_2——车辆供应系数。

场外运输如果发包给运输单位,可用招投标办法进行经济比较,选择最低运价授标。

第四节 施工现场规划与设计

一、设计原则

（1）从施工现场实际条件出发，遵循施工方案和施工进度计划的要求，确定合理的规划和设计方案，有利于施工和现场管理，不占或少占农田。

（2）在保证工程顺利进行的前提下，充分挖掘施工现场潜力，尽可能利用已有的建筑物、构筑物、各种管道及道路，最大限度地减少临时工程的工程量，节约施工费用，降低工程成本。

（3）最大限度地缩短工地内部的运输距离，方便运输，节省运输费用。特别是尽可能避免场内二次搬运，以减少场内运转的材料损耗，节约劳动力。

（4）临时生产、生活设施及施工地点的布置应便于工人的生产和生活，这些设施尽可能采用装拆式，以利重复使用，降低临时设施费用。

（5）要符合劳动保护、安全技术和防火的规定。

为了保证施工的顺利进行，应注意施工现场的道路畅通，机械设备的钢丝绳、电缆、缆风等不得妨碍交通，对人体健康有害的设施（如沥青炉、石灰池及石灰消解场等）应布置在下风向。在建设工地内应布置消防设施。在山区的工程还必须考虑防洪设施等特殊要求。

一般情况下，中小桥施工场地应布置在交通方便的一岸；大桥一般为减少场内搬运，可在一岸（交通方便）设置主要场地，在对岸设置辅助场地；特大桥梁一般都是两岸设置施工场地，各有独立的施工指挥系统；城市桥梁，一般只能沿街布置场地，在桥头工地只宜设置必需的仓库、工场，占地较大的预制、加工场地宜设于与交通线衔接的空旷地区；桥梁分段施工时，也可根据各阶段工程内容及其特点，采取各阶段不同的场地布置方案。

桥梁的施工方法对桥梁施工场地的布置起着主导作用。例如，连续梁顶推法和先简支后连续或悬臂拼装法；预制安装和就地现浇的简支梁等，在施工现场平面设计上差别很大。同时，上部结构预制、架设方案又是施工平面布置的主龙头。

二、施工现场规划与设计内容

施工现场规划与设计是在施工方案确定之后，为完成施工所需的临时工程、临时设施、必须的自制设备、支架、模板、工艺过程等所做的设计以及许多技术性设计（砂浆、混凝土配合比、配料等）。施工设计的具体内容如下：

（1）临时工程。包括临时便道、便桥、临时轨道铺设、临时电力线路和临时电信线路等。

（2）辅助工程、施工设备的设计。包括模板、支架、吊篮、拱架、扒杆、自制吊装设备、导梁或架桥机等。

（3）现场设施的设计。包括临时职工宿舍、仓库、水塔、供水管路、供电线路、预制场等。

（4）施工工艺过程的设计。

（5）技术性设计。包括砂浆和混凝土配合比设计、钢筋配料设计、钢筋的代换设计、分部分项工程验收方案设计（抽样检验方案）以及标准试验等。

施工设计的内容中，一部分要在施工前的准备阶段完成，而另一部分则在施工过程中完成。因此，有人认为施工设计是施工前准备工作的组成部分，故应列入施工前的准备工作中。由于施工设计的内容相当一部分要在施工过程中完成，更为重要的是施工设计的内容技术性强、责任重大、对施工起关键作用，因此，列入施工组织设计内容更为合适。施工设计的好坏，直接影响到工程质量、工期、成本及施工安全，故应引起足够重视，将此项工作做好。

1. 临时工程设计

1）临时工程概念

临时工程只是起着参与永久性工程形成的作用，公路建成交付使用后，必须拆除恢复其原状。它与辅助工程具有相同的性质，但不同点在于临时工程一般不单作专一的服务对象，现行概预算定额规定临时工程有汽车便道、临时便桥、临时码头、轨道铺设、输电和通信线路六项。例如，汽车便道既可运输生产物资，又可运输生活物资品；又如输电线路，既可为生产机械供电，又可为生活照明供电。因此在实际中难以将其综合到哪个费用项目内，为了便于工程造价计算，将其归纳为临时工程，单独列项反映。

2）临时工程内容及其规定

（1）汽车便道，是指各种砂石料场与工地用料点或堆料场连接的道路，现有公路与拟建项目上路的联络线路，预制场、拌和场与建设项目之间的连接便道。即新修或利用农村道路进行整修供汽车行驶的方可列为汽车便道。

凡预制场、拌和场及生活区内部通行的汽车便道，均不能计入汽车便道的数量内，其项目属于现场经费中的临时设施内容，修建施工现场已包括场内道路，不能再重复计算。

汽车便道的道路标准，应根据运输量的大小合理确定，只要求晴天通行或运输量不大的路段，不必考虑铺筑路面。选定路线时，要注意利用地形，尽量不占或少占农田。

（2）临时便桥、修建汽车便道时，跨沟、跨河所必修的便桥，为大型桥梁水上施工需要搭设可供汽车行驶的便桥，应根据现场的实际情况确定。

（3）临时码头，当拟建项目可利用水运材料或大型桥梁施工配有水上混凝土工厂及泥浆循环系统时，为装卸运输材料而必须修建的码头，应结合现场实际情况取定。

（4）轨道铺设，一般大型混凝土构件预制时才列入此项，它包括龙门架行走轨道、预制点至堆放点轨道、堆放点到吊装处的运输轨道，多孔简支梁桥采用桥上导梁或架桥机安装时，桥上必须铺设的轨道等。

（5）输电线路，当利用地方工业电源才能计算，接高压线路或变电站接线处至工地变压器之间的距离作为输电线路计算长度。变压器或自备发电机房至现场用电点的距离不得计入输电线路内。

（6）通信线路。根据工程实际情况按修建的公路长度计算。

上述临时工程在项目竣工时，不需办理工程验收和工程点交手续，只需将费用纳入竣工决算，但其必须予以拆除，恢复生态环境。

值得注意的是，为生产、生活而修建的现场临时设施，如办公室、宿舍、仓库、加工房、机械工棚等临时房屋，生活区内的汽车便道、便桥，变压器或发电房到施工现场的生活用电线路，施工和生活用的输水线路，架子车和机动翻斗车行驶的便道，施工机械搁置场地，以及临时围墙等，按现行公路工程造价编制办法规定，综合为现场经费中的临时设施费，按费率计算，所以不得将上述内容归入临时工程。

2. 辅助工程设计

1）辅助工程含义及其规定

辅助工程不构成永久性工程的实体，只是辅助其形成，又有它的具体要求和一定的适用范围及其施工技术规定。例如，在水中建造桥梁基础工程时，必须修筑围堰辅助工程，其结构形式因水深而异,没有围堰基础工程主体就无法施工,主体工程完成后辅助工程应及时予以拆除。辅助工程无统一计算工程数量的标准,必须根据工程项目实际情况,逐项分析研究才能确定其工程量。

在公路工程造价编制中,有些临时工程设施,如混凝土的模板、砌石工作的脚手架等,就其性质而言,也属于辅助工程范畴,但它与圬工体积直接相关,为了简化工程造价的编制工作,将其综合在相应的定额中,不单独计算这些临时工程设施所需的费用。

2)辅助工程的工程量

根据公路工程计划定额和设计文件的规定及要求,编制施工组织设计时,应合理地确定辅助工程的工程量。

(1)路基工程有以下几项应予增加的数量,并计入填方内计算。清除表土或零填方地段的基底压实,耕地填前夯实,回填至原地面高程的土石方数量;路基沉陷需要增加的土石方数量,或进行路堤预压需增加的填料数量;为保证路基边缘的压实度需加宽填筑时,需要增加的土石方数量,其填方数量计价不计量,即将所需数量发生的填方费用摊入填方单价内,为保证路基填方在接近最佳含水量时进行碾压,应结合工程实际情况和计划在最干季节完成的工程量,计算所需的洒水量;对路基土石方的综合利用,作出必要的安排,如改土造田,利用开山石方作为构造物和路面用料等。

(2)路面工程一般对设计有次高级或高级路面的工程项目,才考虑拌和设备的安拆和拌和场地的修建等辅助工程。当路面基层的混合料采用集中拌和时,应计入稳定土拌和设备的安拆,拌和场地可按工程规模大小确定其面积;面层为沥青混凝土或水泥混凝土采用集中拌和时,应计入拌和设备的安拆,拌和场地也按工程量大小确定面积,应注意所选设备的生产能力与设计工程量及计划工期相适应,根据拌和设备设置情况,用加权平均层计算混合料的平均运距;对挖出的路槽废方,提出处理意见,需外运时应确定其平均运距。

(3)桥涵工程由于结构形式多,地形及水文地质情况复杂,施工方法及施工技术也有所不同,所以考虑的辅助工程内容也很多。因此,应根据实际情况逐项计算分析并确定合理的辅助工程数量。例如,水中围堰结构形式,埋设钻孔灌注桩的护筒、墩、台、塔等的模板及施工电梯、支架及拱架形式,预制台座数量,预制场的面积,吊装设备,混凝土场内运距,基础开挖弃方运距,蒸汽养护的建筑面积等工程量的确定,均应按技术先进、安全可靠、经济合理的原则进行分析计算。

(4)隧道工程应根据围岩情况,提出临时钢支撑的数量和用于周转施工的次数。

三、预制场、堆放场的规划与设计

桥梁预制构件的预制和堆放场的规划和布置是桥梁施工现场平面设计的主龙头,它的位置安排合理与否是现场平面图设计能否成功的关键。它的位置直接影响到砂石料堆放场、钢筋制作场、木材加工场、混凝土搅拌站、水泥库的位置,以及道路、水电线路的布置等。因此,应予以优先考虑。

桥梁预制构件、堆放场地,除特殊情况以外,一般宜设在工地,这样可避免大型构件远距离运输。设在工地内的预制场,应尽量靠近桥头,以缩短安装时运输距离和减少相应的临时设施。堆放场地最靠近桥头,堆放场的面积大小不仅与预制梁体的片数有关,也与梁体安装时间安排和梁体预制时间安排有关,还与梁体堆放的有关规定有关。大梁预制的基座在满足工期对预制进度要求的情况下,不宜设置太多,以减少占地面积。

在预制场、堆放场的位置确定之后，上述砂石料堆放场、水泥库、模板和钢筋制作场的位置应尽量靠近预制场地设置，以减少搬运距离，且使用方便。使水泥库位置处于下风向，以防水泥进出库时灰尘飞扬，影响制作场、预制场工人的工作。而钢筋加工场、木材加工场应相应靠近钢筋制作和模板制作场。为了防止钢材切割和钢筋电焊引起火灾，将钢筋加工制作场和木材加工制作场地分开设置，要注意符合安全规定。

这些场地的面积大小要根据预制件进度计划以及墩台、基础的施工进度计划来精确计算，尔后进行布置。水泥库的面积大小要根据水泥材料的需要量计划、供应计划来考虑，并且要符合存储论原理。场地面积过大会增加临时设施费用，过小会影响工程进度，增加现场管理的难度。而水泥库过大、存储水泥过多不但增大临时设施费，而且水泥储存过久会导致受潮结块及强度降低，从而影响工程质量，增加工程成本（材料费）；过小，则会出现停工待料，影响工程进度，推延工期。

四、工地临时房屋的规划与设计

工地临时房屋主要包括：施工人员居住用房、办公用房、食堂和其他生活福利设施用房，以及试验室、动力站和其他仓库等。

在预制场、堆放场及砂石料堆放场和钢材木材的堆放、加工、制作场地确定之后，工地的临时房屋围绕上述场地，且方便生活、生产布置，并要注意安全和防火。

职工生活区及办公室，最好设在工地周围不太受施工噪声干扰的地方，符合安全、卫生条件，且按消防规定相互隔离，每间房都应配备灭火器。但不能远离工地，也要防止洪水淹没。

直接指挥生产的机构及施工现场调度室应该设在工地的中心地区，以使指挥和调度工作方便、及时。桥梁工程的施工，临时房屋的修建是不可缺少的。由于修建临时房屋的费用要占工程总造价的相当比重，同时要耗费大量的劳力和材料，易拖长开工准备时间。因此，应采取措施尽可能减少临时房屋数量，这是降低工程成本、加快施工速度的有效措施之一，在平面设计中应周密计划、精打细算。至于减少临时房屋费用的措施有：提高机械化施工水平，减少劳动力需要量；合理安排施工计划，保持劳力稳定、均衡，使临时房屋得到充分合理利用；尽量招募工地附近的民工，减少这部分人的住房；尽量租用当地的房屋，一般要比新建的房屋费用低；广泛采用重复使用的装配式临时房屋和帐篷，要比修建临时房屋费用低；尽量利用当地材料修建构造简单的房屋等。

五、材料开采、加工场的布置及雷管、炸药库的设置位置

桥梁工程用的砂石材料开采场，一般总是设在材料产地。如有两个或多个产地可供选择时，选择的条件首先是材料的品质要符合设计要求。在保证质量的前提下，一般距工地近的总是比较理想的。但开采的难易程度、成材率的高低、运输和装卸的费用都是比选的条件，要通过综合经济技术比较，作出最终决定。

在山区修建桥梁时，经常要用炸药消除障碍，开凿基坑。因此，就得设置存放炸药和雷管的库房。国家对这一类爆破材料的管理有一套严格的规章和制度。雷管和炸药不得同车装运、同库储存。仓库距住宅区应有一定的安全距离，并严加警卫。

六、工地供电规划与设计

由于施工机械化程度的提高，桥梁施工用电驱动的机械越来越多，用电量越来越大。做好

工地的供电工作,对保证施工的顺利进行有着密切的关系。临时供电工作包括以下内容:用电量的计算;选择电源;确定变压器;布置配电线路和确定电线截面。

1. 用电需要量的确定

桥梁施工工地上临时供电,包括施工用电和照明用电。

1)施工用电

桥梁施工中,每日各个时间的用电量是不均匀的,有时一天内最大用电量与最小用电量相差悬殊。在整个施工过程中,用电量始终是波动的、起伏不定的。因此,精确计算用电量是不可能的,意义也是不大的。我们的目的是估算出施工期间的最大负荷,以便下一步选择电源、确定变压器。

施工用电包括施工机械用电和工程用电。一般按下式计算:

$$P_{施} = K_1 \sum P_{机} + \sum P_{直} \tag{4-16}$$

式中:$P_{施}$——施工用电量,kW;

$\quad P_{机}$——各种机械设备的用电量(kW),它以整个施工阶段内的最大负荷为准,根据施工进度计划计算出同时用电的机械设备和最高数量,乘以相应机械设备电动机的功率而得,一般桥梁施工中项目平行或搭接施工阶段内的电力负荷为最大;

$\quad P_{直}$——直接用于工程中的用电量(如电热混凝土等),它等于该工程的工程量乘以相应的用电功率,kW;

$\quad K_1$——综合用电系数(包括设备效率、工作同时率、设备负荷),通常电动机在 10 台以下,取 0.75;10 ~ 30 台,取 0.70;30 台以上,取 0.60。

2)照明用电

照明用电是指桥梁施工现场和生活福利区的室内外照明用电。

照明用电可按下式计算:

$$Q_{照} = 0.001(K_2 \sum P_{内} + K_3 \sum P_{外}) \tag{4-17}$$

式中:$P_{内}$,$P_{外}$——室内与室外照明用电量,它是根据室内与室外照明面积,乘以相应的用电定额而得,kW;

$\quad K_2$,K_3——综合用电系数,分别采用 0.8 和 1.0。

最大电力负荷量,是按施工用电量与照明用电量之和计算的。当单班工作制时,则不考虑照明用电,此时最大电力负荷量即等于施工用电量。这种单班工作制在桥梁施工中并不多见,特别是基础工程施工阶段,一般由于工艺过程的要求总是日夜连续进行的。有些工程因为特殊原因也要在夜间进行。

2. 选择电源、确定变压器

桥梁施工的电力来源可以利用施工现场附近已有的高压线路、发电站及变电所而得,这是最方便而且最经济的解决方案。如果在偏僻、边远的地区施工,不可能获得现有电力设备时,或者离现有电源较远和能力不足时,就必须设立临时供电设施,临时供电设施可以采用固定式发电站或移动式发电站。

在选择电源时,必须注意到:

(1)现有电源可以利用的容量是否能满足施工期间最高的负荷、电源距离的远近、利用的可能性,以及与采用临时供电设施之间的费用比较;

(2)根据施工现场的大小、用电设备使用期限的长短、使用量的多少和设备布置的情况选择电源的位置,一般应该设在用电设备最集中、负荷最大而输电距离最短的地方。

临时发电站、发电机的电压,根据负荷大小和供电范围确定。当容量小于 500kW、供电半径为 500m 以内时,采用 380/220V 电压的发电机,直接向工地供电;当容量超过 500kW、供电半径超过 500m 时,可采用 2~6kV 电压的发电机,另在负荷中心设计降压变电所,把 3~6kV 电压降到 380/220V 电压供电。

临时变电所的数量和设置地点,取决于负荷中心的位置和工地的大小与形状。当分区设置时,应按区计算用电量。然后根据计算所得容量,可以从变压器产品目录中选用相近的变压器。

3. 布置配电线路、确定导线截面

工地内的临时配电线路布置常用枝式,因为这种布置的输电线路长度最小、需电杆数量少,但此种线路网若在其中某一点发生故障时,则离电源较远的各用电地点无电供应,这对于必须连续供电的桥梁施工工地是不适宜的;从保证不断供电的要求上看,环式配电线网最为可靠,但这种方案布置输电线路最长、需电杆数最多;混合式可以兼有以上两种方案的优点,总输电线路用环式,交输电线路采用枝式,这样就对主要用电地点保证有可靠的供电条件。工地电力网,一般 3~10kV 的高压线路采用环式,380/220V 的低压线采用枝式。

配电线路的计算及导线截面的选择,应满足下列要求:

(1)导线应有足够的力学强度;

(2)导线在正常的温度下,能持续通过最大的负荷电流而本身的温度不超过规定值;

(3)电压损失应在规定的允许范围内,能保证电气设备正常工作。

导线截面是根据负荷电流来选择的,然后再用电压及力学强度进行校核。

为架设方便,并可保存电线的完整,能重复使用,一般可采用架空线路。架空线路电杆之间间距为 25~40m,可用木杆,离路面、地面或建筑物不应小于 6m。临时低压电缆,可埋设于沟中,或吊在电杆支承的钢索上,这种方式比较经济,但使用时应充分考虑到施工安全。

七、工地供水规划与设计

桥梁施工中要耗用大量的水,施工组织设计必须规划工地临时供水问题。

桥梁工程施工工地临时供水的设计,一般包括以下几个内容:决定需水量;选择水源;选择配水管网;水塔及泵站设计。

1. 桥梁施工工地临时需水量计算

施工工地的临时用水包括生产、生活和消防用水三方面。

(1)生产用水(Q_1):是指现场施工用水,施工机械、运输机械和劳力设备用水,以及附属生产企业用水等。需水量可用每昼夜、每班、每小时或每秒需要的 m^3 或 L 计量。

生产用水的需要量可按下式来确定:

$$Q_1 = \frac{1.1}{8 \times 3\,600}(K_1 \sum Q_施 + K_2 \sum Q_附 + K_3 \sum Q_机 + K_4 \sum Q_动) \tag{4-18}$$

式中:Q_1——生产用水需要量,L/s;

1.1——未考虑到的生产用水系数;

$Q_施$——现场施工需水量,L/班,它是根据施工进度计划中最大需水时期的有关工程的工程量,乘以相应工程的施工用水定额获得;

$Q_附$——附属生产企业的需水量,L/班;

$Q_机$——施工机械和运输机械需水量,L/班;

$Q_{动}$——动力设备需水量,L/班。

施工机械、运输机械和动力设备的需水量,是根据工地上所采用的机械和动力设备的数量,乘以每台机械或动力设备的每班或每小时的耗水量求得。K_1、K_2、K_3、K_4 为用水不均匀系数,分别取 1.6、1.25、2.0、1.1。

(2)生活用水(Q_2):施工现场和生活福利区的生活用水需要量应分别计算。

施工现场生活用水需要量按下式计算:

$$Q'_2 = \frac{K}{3\,600} \cdot \frac{N'q'}{8} \tag{4-19}$$

式中:Q'_2——施工现场生活用水需要量,L/s;

　　K——施工现场生活用水不均匀系数,取 2.7;

　　N'——施工现场最高峰的职工人数;

　　q'——每个职工每班的耗水量,通常采用 10L/(人·班)。

生活区的需水量按下式计算:

$$Q''_2 = \frac{K}{3\,600} \cdot \frac{N'' \times q''}{24} \tag{4-20}$$

式中:Q''_2——生活区用水需要量,L/s;

　　K——生活区用水不均衡系数,取 2.0;

　　N''——生活区居民人数;

　　q''——每个居民昼夜的耗水量,通常采用 40L/(人·昼夜)。

生活用水总量为:

$$Q_2 = Q'_2 + Q''_2 \tag{4-21}$$

(3)消防用水(Q_3):桥梁施工工地消防需水量取决于工地的大小和各种房屋的结构性质、防火等级等。

工地面积在 0.25km^2 以下者,一般采用 10L/s 计算。当面积在 0.25km^2 以上时,按每增加 0.2km^2 需水量增加 5L/s 计算。

生活区消防用水量则根据居民人数确定。当人数在 5 000 人以下时,消防用水量取 5L/s;当人数在 10 000 人以下时,取 10~15L/s。灭火的延续时间按 3h 计算。

(4)工地需水量计算(Q):

当 $Q_1 + Q_2 \leqslant Q_3$ 时,

$$Q = \frac{1}{2}(Q_1 + Q_2) + Q_3 \tag{4-22}$$

当 $Q_1 + Q_2 > Q_3$ 时,

$$Q = Q_1 + Q_2 \tag{4-23}$$

但 Q 应大于 $\frac{1}{2}(Q_1 + Q_2) + Q_3$。

当工地面积小于 0.05km^2,且 $Q_1 + Q_2 < Q_3$ 时,

$$Q = Q_3 \tag{4-24}$$

最后计算出的总需水量,还应增加 10%,以补偿管网漏水损失。

2.临时供水水源的选择、管网布置及管径计算

临时供水的水源,可用现成的给水管、地下水(如井水)及地面水(如河水、湖水等)三种。在选择水源时,应该注意:水量能满足最大用水量的需要,生活用水的水质应符合卫生要求。

搅拌混凝土及灰浆用水的水质,对侵蚀性物质的含量应有一定的限制。如二氧化碳含量不得大于 5mg/L,硫酸盐的含量不得大于 800mg/L,且不得含有油脂、糖分及其他杂质,也不应是酸性的。饮用水应不含病菌及对健康有害的物质,须经卫生部门检查化验,还应经过消毒处理。

当选择河水作为水源时,应注意最高水位与最低水位的变化,冰层厚度,上游有无工业区、医院、住宅区等,其排出的污水是否有病菌污物。取水构筑物必须设置在水流通畅之处,应避免容易发生涡流之处,因该处易积污物杂质。

地下水较地面水清洁,可以直接用作生活用水,水面高低差变化较小,因此不必设置复杂的取水构筑物,能就地吸取,不受河流及地形限制,所以选择水源时,应尽量利用地下水。但有时地下水硬度较高,涌水量不多,不能满足大量施工用水的需要。

对不同的水源方案,可从造价、劳动消耗量、物资消耗量、竣工期限和维护费用方面进行技术经济比较,作出最后的选择。

配水管网布置的原则:在保证不间断供水的情况下,管道铺得越短越好,同时还应考虑到,在工程进展期中各段管网应具有移置的可能性。

临时管网的配置有三种形式:环式管网、枝式管网、混合式管网。

临时给水管网的布置常采用枝式管网,因为枝式总长度最小,其缺点是:万一管网中某一点发生局部故障时,有断水之威胁。从保证不断供水的要求上看,环式管网最为可靠,但这种方式所铺设的管网总长度较大。混合式可以兼有二者的优点,一般总管采用环式,支管采用枝式,这样对主要用水地点保证有可靠的供水条件。这一点对消防要求高的地区(例如木材加工区、易燃材料仓库、生活区等地区)尤为重要。

水管管径,根据计算用水量(流量),可按下式确定:

$$D = \sqrt{\frac{4Q \cdot 1\,000}{\pi \cdot v}} \tag{4-25}$$

式中:D——给水管网的内径,mm;

Q——计算用水量,L/s;

v——管网中的水流速度(一般采用 1.2～1.5m/s,个别情况下可采用 2m/s),m/s。

临时水管的铺设,可用明管或暗管,但以暗管最为合适,因它既不妨碍施工,又不影响运输工作。过冬的水管,为防止冰冻,应埋设在冰冻线以下,否则应设法包扎以防冻结。工期短时,可用明管。

3. 水塔及泵站的设计

工地临时水塔可用木支架或装配式常备钢支架。储水箱用钢桶或钢箱。

水塔一般设在靠近水源且距地面较高处,其高度按下式计算:

$$H_t = H_1 + \sum h - \Delta H_1 \tag{4-26}$$

式中:H_t——水塔高度;

H_1——供水系统内最不利用水地点必须的自由水头;

$\sum h$——水塔至最不利用水地点的水头损失;

ΔH_1——水塔处地面与最不利用水地点的高差。

水泵的选择不仅要有足够的抽水能力,而且还要具有足够的扬高。为了保证不断地供应工地用水,必须有备用水泵。这样,当某个水泵发生故障时,也能保证供水。

水泵必须的扬高,按以下公式计算:

1）有水塔者

$$H_p = \Delta H_2 + H_t + d + h_e + h_s \tag{4-27}$$

式中：H_p——水泵必须的扬高；

ΔH_2——水塔地面与泵中心间高差；

d——储水箱高度；

h_e——泵站至水塔间的水头损失；

h_s——水泵吸高（计入吸管水头损失）。

2）无水塔者

$$H_p = \Delta H_3 + \sum h' + h_s \tag{4-28}$$

式中：ΔH_3——供水系统内最不利用水地点与泵中心间高差；

$\sum h'$——水泵至最不利用水地点的水头损失。

第五节　施工现场平面图设计

施工现场的临时工程和辅助工程以及现场临时设施等设计成果，应逐项绘制在施工平面图上，也称为施工现场平面图设计。施工现场平面图设计是施工组织设计的基本内容之一，它涉及的问题多、面广，但却很具体，是一项实践性、综合性很强的工作。合理的施工平面布置对于顺利执行施工进度计划、维持正常施工秩序、实现文明施工、保证桥梁工程实施目标的完成都是非常重要的。反之，如果施工平面图设计不周或管理不当，将导致施工现场的混乱，直接影响施工进度计划的执行、劳动生产率和工程成本及施工安全。因此，编制施工组织设计时，对施工现场平面布置图的设计应予以极大的重视。

在施工过程中，随着工程的进展，工地现场的平面布置情况随时在变动。为此，必须对施工的平面布置进行动态管理。在平面图的设计阶段，就要按不同的施工阶段预先设计几张能满足各阶段施工的平面布置图，以便能把不同阶段施工现场的合理布局生动具体地反映出来。施工平面图是指导生产行动的依据，有施工总平面图和单位工程施工平面图两种，当施工中需要编制某单位工程施工组织设计时，而总平面图又不能满足需要时，应绘制单位工程施工平面图。

一、施工总平面图的设计

1. 大宗材料、成品、半成品的进场

大宗材料、成品、半成品等进入工地的方式有铁路、公路和水运。当大宗材料、成品、半成品等由铁路引入时，应将建筑总平面图中的永久性铁路专用线提前修建为工程施工服务，引入时应注意铁路的转弯半径和竖向设计；当大宗材料、成品、半成品等由水路引入时，应考虑码头的吞吐能力，码头数量一般不少于两个，码头宽度应大于 2.5m；当大宗材料、成品、半成品等均由公路引入时，则应先布置场内仓库和加工厂，然后再布置场内外交通道路。这样做，是因为汽车路线可以灵活布置之故。

2. 仓库的布置

若用铁路引入现场，仓库位置可沿铁路线布置，但应有足够的卸货前线。否则，宜设转运站。汽车运输时，仓库布置较灵活。通常在布置仓库时，应考虑尽量利用永久性仓库，仓库和材料堆场应接近使用地点；仓库位于平坦、宽敞、交通便利之处，且应遵守安全技术和防火规定。

3. 加工厂的布置

由于桥梁工程的性质、规模、施工方法的不同，桥梁工地需设的临时加工厂亦不相同。但一般工程都设有混凝土、木材、钢筋、金属结构等加工厂。决定它们的位置的主要要求是，使零件及半成品由生产企业运往需要地点所需运输费用最少，同时照顾到生产企业有最好的工作条件，生产与桥梁施工不致互相干扰，此外，还需考虑今后的扩建和发展。通常是把生产企业集中布置在工地边缘。这样，既便于管理，又能降低铺设道路、动力管线及给排水管道的费用。

4. 工地内部运输道路的布置

应根据各生产企业、仓库以及各施工对象的相对位置布置道路，并研究货物周转运行图，以明确各段道路上的运输负担，区别主要道路与次要道路。规划时应注意满足运输车辆的安全行驶，不会产生交通断绝或阻塞现象，道路应有足够的宽度和转弯半径，主要道路应避免出现盲肠道。

5. 临时房屋的布置

应尽量利用已有和拟建的永久性房屋。布置时，生产区和生活区应分开布置，管理用房靠近出口，生活福利用房应该在干燥地区，工人较集中之处。布置时还应注意尽量缩短工人上下班的路程。

6. 临时用水设施的布置

水池、水塔应设在地势较高处，临时给、排水主干管道和输电主干线路应沿主要干道布置，最好形成环形路线，消防水站一般应设在工地入口附近，沿道路设置消防水栓。消防水栓间距不应大于100m，消防水栓距道路边缘不应大于2m。

7. 施工总平面图的评价指标

上述各项内容并不是截然分开的，而应该互相结合起来，统一考虑，反复修正，最后可以得出圆满的设计方案。如何评价施工总平面图的设计质量呢？通常用一些技术经济指标说明。这些指标有：

（1）施工用地面积：包括征用土地和租用土地在内。它是评价施工总平面图的重要指标，反映了平面布置的紧凑性、合理性。

（2）施工场地利用率：是施工场地的有效面积（总面积－空间面积）与总面积之比。它也是衡量施工场地布置是否紧凑的主要指标。

（3）场内主要运输工作量：是反映场地布置是否合理的一个重要标志。布置得不合理，必然会增加各种材料和制品的运距。为简化计算，零星物资和20m以内的小搬运可不予计算。

主要运输工作量的计算方法如下：

$$Q = \sum W_1 \cdot D_1 + \sum W_2 \cdot D_2 + \sum W_3 \cdot D_3 + \sum W_4 \cdot D_4 \tag{4-29}$$

式中：Q——总运量，t·km；

W_1——各种材料的质量，t；

D_1——各种材料各自的平均运距，km；

W_2——各项设备质量，t；

D_2——各项设备的平均运距，km；

W_3——各类预制品的质量，t；

D_3——各类预制品的各自平均运距，km；

W_4——组合件的质量，t；

D_4——组合件的平均运距，km。

二、单位工程施工现场平面布置图

单位工程施工现场平面布置图，是施工组织设计的重要组成部分，它是对建筑物或构筑物的施工现场的平面规划，是施工方案在施工现场空间上的体现，它反映了已建工程和拟建工程之间，以及各种临时建筑、设施相互之间的空间关系。施工现场的合理布置和科学管理是进行文明施工的前提，同时，对加快施工进度、降低工程成本、提高工程质量和保证施工安全有着非常重要的意义。

1. 施工现场平面图设计的内容

（1）已建及拟建的桥梁、建筑物、构筑物及地下管道。

（2）材料仓库、堆场、预制构件堆场，现场预制构件制作场地布置，钢筋加工棚、木工房、混凝土搅拌站、砂浆搅拌站、化灰池、沥青锅，生活及行政用房。

（3）临时道路、可利用的永久性或原有道路。

（4）临时水、电管网，变压站，加压泵房，消防设施，临时排水沟管，围墙，传达室。

（5）起重机开行路线及轨道铺设，固定垂直运输工具或井架位置，起重机回转半径。

（6）测量轴线及定位线标志，永久性水准点位置，土方取弃场地。

2. 施工现场平面图设计的依据与原则

施工图纸、现场地形图、水源、电源情况、施工场地情况、可利用的房屋及设施情况，施工组织总设计（如施工总平面图等），本单位工程的施工方案与施工方法、施工进度计划及各项资源需要量计划，有关安全、消防、环境保护等方面的文件及法规。施工现场平面图设计应遵循以下原则：

（1）在满足现场施工条件下，布置紧凑，便于管理，尽可能减少施工用地。

（2）在满足施工顺利进行的条件下，尽可能减少临时设施，减少施工用的管线。尽可能利用施工现场附近的原有建筑物作为施工临时用房，并利用永久性道路供施工使用。

（3）最大限度地减少场内运输，减少场内材料、构件的二次搬运。各种材料按计划分期分批进场，可充分利用场地。各种材料堆放的位置，根据使用时间的要求，尽量靠近使用地点，节约搬运劳动力和减少材料多次转运中的损耗。

（4）临时设施的布置，应便利于施工管理及工人生产和生活。办公用房应靠近施工现场，福利设施应在生活区范围内，做到生活区与施工区要有明显的划分。

（5）施工现场平面图要根据工程特点，按不同的施工阶段分别设计。

（6）施工现场平面图的布置要符合安全、消防及环保的要求。

3. 施工现场平面图设计的步骤

1）熟悉、了解和分析有关资料

熟悉、了解设计图纸、施工方案和施工进度计划的要求，通过对有关资料的调查、研究及分析，掌握现场四周地形、工程地质、水文地质等实际情况。

2）确定垂直运输机械的位置

垂直运输机械的位置直接影响到仓库、材料堆场、砂浆和混凝土搅拌站的位置，以及场内道路和水电管网的位置等。因此，应首先予以考虑。

（1）固定式垂直运输机械

固定式垂直运输机械（如井架、桅杆、固定式塔式起重机等）的布置，主要应根据机械性能、建筑物平面形状和大小、施工段划分情况、起重高度、材料和构件重量和运输道路等情况而定,做到使用方便、安全,便于组织流水施工和运输。

（2）移动式垂直运输机械

有轨道式塔式起重机布置时应考虑建筑物的平面形状、大小和周围场地的具体情况。应尽量使起重机在工作幅度内能将建筑材料和构件运送到操作地点,避免出现死角。

履带式起重机布置时,应考虑开行路线、建筑物的平面形状、起重高度、构件重量、回转半径和吊装方法等。

（3）外用施工电梯

外用施工电梯又称人货两用电梯,是一种安装在建筑物外部,施工期间用于运送施工人员及建筑材料的垂直提升机械。在施工时应根据建筑体形、建筑面积、运输量、工期及电梯价格、供货条件等选择外用电梯。其布置的位置,应方便人员上下和物料集散,由电梯口至各施工处的平均距离应最近等。

（4）混凝土泵

混凝土泵是在压力推动下沿管道输送混凝土的一种设备,它能一次连续完成水平运输和垂直运输,配以布料杆或布料机还可有效地进行布料和浇筑。选择混凝土泵时,应根据工程结构特点、施工组织设计要求、泵的主要参数及技术经济比较等进行选择。在使用中,混凝土泵设置处,应场地平整、道路畅通,供料方便,距离浇筑地点近,便于配管,排水、供水、供电方便,在混凝土泵作用范围内不得有高压线等。

3）选择搅拌站的位置

砂浆及混凝土搅拌站的位置,要根据桥梁类型、现场施工条件、起重运输机械和运输道路的位置等来确定。布置搅拌站时应考虑尽量靠近使用地点,并考虑运输、卸料方便。或布置在塔式起重机服务半径内,使水平运输距离最短。

4）确定材料及半成品的堆放位置

材料和半成品是指水泥、砂、石及预制构件等。这些材料和半成品堆放位置在施工平面图上很重要,应根据施工现场条件、工棚、施工方法、施工阶段、运输道路、垂直运输机械和搅拌站的位置以及材料储备量综合考虑。其堆场和库房的面积可按下式计算:

$$F = \frac{q}{P} \tag{4-30}$$

式中:F——堆场或仓库面积,包括通道面积,m^2;

P——每 m^2 堆场或仓库面积上存放材料数量;

q——材料储备量,按下式计算:

$$q = \frac{nQ}{T} \tag{4-31}$$

n——储备天数;

Q——计划期内材料需要的数量;

T——需用该项材料的施工天数,大于 n。

搅拌站所用的砂、石堆场和水泥库房应尽量靠近搅拌站布置;若用袋装水泥,应设专门的干燥、防潮水泥库房;若用散装水泥,则需用水泥罐储存。砂、石堆场应与运输道路连通或布置在道路边,以便卸车。沥青堆放场及熬制锅的位置应离开易燃品仓库或堆放场,并宜布置在下风向。

5）运输道路的布置

现场运输道路应尽可能利用永久性道路,或先修好永久性道路的路基,在桥梁工程结束之前再铺路面。现场道路布置时,应保证行驶畅通并有足够的转弯半径。单车道路宽不小于3.5m;双车道路宽不小于6m。道路两侧一般应结合地形设置排水沟,深度不小于0.4m,底宽不小于0.3m。

6)临时设施的布置

临时设施分为生产性临时设施和生活性临时设施。生产性临时设施有钢筋加工棚、木工房、水泵房等;生活性临时设施有办公室、工人休息室、开水房、食堂、厕所等。临时设施的布置原则是有利生产,方便生活,安全防火。

(1)生产性临时设施如钢筋加工棚和木工棚的位置,宜布置在建筑物四周稍远位置,且有一定的材料、成品堆放场地。

(2)一般情况下,办公室应靠近施工现场,设于工地入口处,亦可根据实际情况选择合适的地点设置;工人休息室应设在工作作业区;宿舍应布置在安全的上风向一侧;收发室宜布置在入口处等。

7)水、电管网的布置

(1)施工现场临时供水的布置

现场临时供水包括生产、生活、消防等用水。通常施工现场临时用水应尽量利用工程永久性供水系统,减少临时供水费用。因此在做施工准备工作时,应先修永久性给水系统的干线,至少把干线修至施工工地入口处。

临时供水管的铺设最好采用暗铺法,即埋置在地面以下,防止机械在其上行走时将其压坏。临时管线不应布置在将要修建的建筑物或室外管沟处,以免这些项目开工时切断水源,影响施工用水。施工用水龙头位置,通常由用水地点的位置来确定。

工地排水沟管最好与永久性排水系统结合,应特别注意防洪,防止暴雨季节其他地区的地面水涌入现场的可能。有这种可能时,在工地四周要设置排水沟。

(2)施工现场临时供电的布置

在临时供电方面,应先进行用电量、导线等计算,然后进行布置。单位工程的临时供电一般采用三级配电两级保护。

①变压器应布置在现场边缘高压线接入处,离地应大于3m,四周设有高度大于1.7m的铁丝网防护栏,并设有明显的标志。不要把变压器布置在交通道口处。

②总配电箱应设在靠近电源的地区,分配电箱应装设在用电设备或负荷相对集中的地区。分配电箱与开关箱的距离不得超过30m。开关箱与其控制的固定式用电设备的水平距离不宜超过3m。

③线路应架设在道路的一侧,距建筑物应大于1.5m,垂直距离应在2m以上,木杆间距一般为25~40m,分支线及引入线均应由杆上横担处连接。

④线路应布置在起重机械的回转半径之外,否则应搭设防护栏,其高度要超过线路2m,机械运转时还应采取相应的措施,以确保安全。现场机械较多时,可采用埋地电缆代替架空线,以减少互相干扰。

⑤供电线路跨过材料、构件堆场时,应有足够的安全架空距离。

⑥各种用电设备的闸刀开关应单机单闸,不允许一闸多机使用,闸刀开关的安装位置应便于操作。

⑦配电箱等在室外时,应有防雨措施,严防漏电、短路及触电事故。

8) 施工现场平面图的绘制

施工现场平面图图幅大小和绘图比例要根据施工现场大小及布置内容多少来确定。图幅一般采用 2 号或 3 号图纸,尺寸为 420mm×594mm 或 297mm×420mm,比例一般采用 1:200 ~ 1:500。

施工平面图,除了要反映现场的布置内容外,还要反映周围环境和面貌(如已有建筑物、场外道路、河流等)。故绘图时,应合理规划和设计图面,并应留出一定的空余图面绘制指北针、图例及文字说明等。如文字说明较多时,可在平面图外单独说明。

绘制施工平面图时,按比例首先绘制拟建工程,并通常把它放在平面图的中心,然后依次绘制起重运输机械、搅拌站、加工棚、仓库、材料及构件堆场,运输道路,临时设施,水电管线及安全消防设施等。绘制施工平面图时,一般小型工程只要绘制主体结构施工阶段的平面布置图即可。大中型工程或受场地限制的小型工程,则应分阶段绘制施工平面图。

三、施工平面图绘制依据与原则

1. 施工平面图绘制依据

绘制施工平面图的依据有:路线平面缩图;工程项目用地范围;施工方案及施工进度计划;材料供应计划及运输方案;生产与生活临时设施性质、规格标准、数量;各种场地规模及设备的数量等。

2. 施工平面图绘制原则

(1) 保证施工进度的前提下,尽量少占农田;

(2) 要合理利用场地,各临时建筑防止与永久性工程发生干扰,造成不必要的搬迁费;

(3) 各种临时生产设施尽量靠近使用地点布置,减少场内运输;

(4) 临时房屋应合理规划以减少其费用;

(5) 尽量减少职工生产和生活上下班往返时间,但要注意安全生产、方便生活;

(6) 严格遵守劳动保护和安全技术规程,确保生产安全。

四、施工平面图的内容与绘制步骤

1. 施工平面图绘制内容

无论是施工总平面图还是单位工程施工平面图,其绘制内容均应包括:施工用地种类和范围;生产和生活用临时房屋;水、电、通信线路;交通运输道路及为运输服务的建筑物;混凝土预制场和混合料拌和场的规模;施工机械设备停放场;一切安全、防火设施;砂石材料开采和大型弃土场地点等。

2. 施工平面图绘制步骤

(1) 收集整理必需的图表资料,掌握施工现场的客观情况,如地形、砂石材料开采地点,水、电及原有道路状况和可利用的建筑物等;

(2) 合理确定大量材料和施工机械设备等的上路地点,尽量利用原有道路,以减少临时便桥便道的修建;

(3) 办公、生活房屋的修建位置应避免洪水和山崩的影响,且方便生活,有利生产;

(4) 根据用料进场和场内使用位置,布置场内便道、仓库、预制场、拌和场、堆料场的地点;

(5) 布置水、电、通信线路;

(6) 生活区及预制、拌和场四周的围墙设置。

以上内容按一常用的图例,逐项绘制在平面上,要求简单明了,一目了然。

第六节 质量、安全及文明施工

一、质量保证措施

特殊工程及采取新结构、新工艺的工程,须根据国家施工及验收规范,针对工程特点,编制质量保证措施。在审查工程图纸和编制施工方案时就应考虑保证工程质量的办法。一般来说,桥梁工程的质量保证措施内容主要包括:

(1)确保中线定位正确无误的措施;

(2)确保地基基础,特别是软弱地基、坑穴上的基础及复杂基础施工质量的技术措施;

(3)确保主体结构中关键部位施工质量的措施;

(4)保证质量的组织措施,如人员培训、编制操作工艺卡及行之有效的质量检查制度等。

二、安全生产及文明施工管理

1. 保证施工安全的技术措施

安全技术,就是为实现安全生产,在防护上、技术上和管理上采取的措施。

1)有关施工安全技术措施的相关规定

(1)所有建筑工程的施工组织设计(施工方案),都必须有安全技术措施;爆破、吊装、水下、深坑、支模、拆除等大型特殊工程,都要编制单项安全技术方案,否则不得开工。

(2)采用各种安全技术和工业卫生的革新和科研成果,都要经过试验、鉴定和制订相应的安全技术措施,方能使用。

(3)采用新的技术、新的工艺、新的设备时,必须制订相应的安全技术措施。

(4)安全技术措施要有针对性,要根据工程特点、施工方法、劳动组织和作业环境等情况提出,防止一般化。

(5)要实行安全技术措施逐级交底制度。

2)安全技术措施编制要求和主要内容

(1)安全技术措施的编制要求

①及时性。工程施工前要编好安全技术措施,如有特殊情况来不及编制完整的,亦必须编制单项的安全施工要求。

②针对性。要针对不同工程的结构特点和不同的施工方法,针对施工场地及周围环境等,从防护上、技术上和管理上提出相应的安全措施。

③具体化。所有安全技术措施都必须明确、具体,能指导施工。

(2)安全技术措施的主要内容

①根据基坑、基槽挖土方的深度和土壤种类,选择土方开挖方法,同时确定设置边坡的坡度或采用固壁支撑的方法,以防止土方塌方;

②脚手架、吊篮、吊架、桥架的强度设计及上下道路主要安全技术措施;

③安全平网、立网、封闭网的架设要求,架设层次和段落;

④外用电梯的设置及井架、门式架等垂直运输设备拉结要求及防护技术措施;

⑤"四口、五临边"的防护和立体交叉施工作业场的隔离防护措施;

⑥施工工程包括外架与高压输电线路的间距,当电压为 10kV,间距小于 5m 时,必须搭设

绝缘隔离防护棚或防护网架;

⑦凡高于周围避雷设施的施工工程、暂设工程、井架、龙门架等金属构筑物,所采取的防雷措施;

⑧易燃、易爆、有毒作业及其场所采取的防火、防爆、防毒措施;

⑨季节性施工,如雨季施工防雨、防洪;冬季施工防冻、防滑、防火、防中毒等所采取的措施;

⑩施工工程与周围通行道路及民房防护隔离措施;

⑪施工人员在施工过程中个人的安全防护措施。

2. 消防保卫措施方案

1)消防措施方案

建筑施工中除了人身伤害外,另一大害就是火灾。在整个施工过程中,现场易燃物很多,而且用明火处也很多,并且分散。再加上管理不严,有些现场内的工人、干部不分场所到处吸烟,极易发生施工现场的火灾事故,造成重大的生命财产损失。

由于施工中的火灾危险性大,起火因素多,所以组织施工时,一定要落实安全用火的要求,认真实施防火措施。

(1)各施工单位必须严格执行《中华人民共和国消防条例》和公安部关于建筑工地防火的基本措施。加强消防工作的领导,建立义务消防组织,现场设消防值班人员,对进场职工进行消防知识教育,建立安全用火制度。

(2)现场应划分用火作业区、易燃易爆材料区、生活区,按规定保持防火间距。如果条件所限,防火间距达不到标准时,应采取相应的防火措施,适当减小防火距离,这种做法要征求当地消防部门意见。另外,还要注意防火间距中不准堆放易燃物。

(3)现场应有车辆循环通道,通道宽度不小于3.5m。严禁占用场内通道堆放材料。

(4)现场应设专用消防用水管网,配备消火栓,较大工程要分区设消火栓,较高工程要设消防竖管,随施工进度接高,保证水枪射程遍及高大建筑物的各部位。

(5)现场临建设施、仓库、易燃料场和用火处要有足够的灭火工具和设备,对消防器材要有专人管理并定期检查。

(6)安装使用电气设备应注意以下防火要求:

①各类电气设备、线路不准超负荷使用,线路接头要接实接牢,防止设备线路过热或打火短路。发现问题要立即修理。

②存放易燃液体、可燃气瓶的库房内,照明线要穿管保护,库内要采用防爆灯具,开关应设在库外。

③穿墙电线或靠近易燃物的电线要穿管保护,灯具与易燃物要保持安全距离。

④在高压线下不准搭设临时建筑,不准堆放可燃材料。

(7)使用明火时应注意的问题:

①现场生产、生活用火均应经主管消防的领导批准,任何人不准擅自用明火。使用明火时,要远离易燃物,并准备消防器材。

②现场的锅炉房要用非燃烧材料建造。烟囱临近锅炉房顶的易燃材料处要采取隔离措施。锅炉房设在远离易燃材料的地方。如果锅炉房下风方向有易燃料场、易燃设施,应在烟囱上装防火帽。

③使用木材烧火时,要随时有人看管,不准用易燃油料点火。用火完毕要认真熄火。

④冬季施工室内取暖或建筑物室内保温用的炉火,都要经消防人员检查,办理用火手续,发现无用火证的火炉要立即熄火,并追查责任。

⑤现场应设吸烟室,场内严禁吸烟。

⑥现场内从事电焊、气焊工作的人员均应受过消防知识教育,持有操作合格证。在作业前要办理用火手续,并应配备适当的看火人员,看火人员随身应有灭火器具,在焊接过程中不准擅自离开岗位。

(8)现场材料堆放的防火要求:

①木材堆放不宜过多,垛之间保持一定的防火间距。木材加工的废料要及时清理,以防自燃。

②现场生石灰应单独存放,不准与易燃、可燃材料放在一起,并应注意防水。

③易燃、易爆物品的仓库应设在地势低处。

(9)现场中用易燃材料搭设工棚在使用时应遵守以下规定:

①工棚设置处要有足够的灭火器材,设蓄水池或蓄水桶。

②每幢工棚的防火间距:城区不小于5m,农村不小于7m。工棚不得过于集中。每一组工棚不准超过12幢。组与组防火间距不小于10m。

③不准在高压线下搭设工棚,在高压线一侧搭工棚时,距高压线水平距离不小于6m。工棚距铁路和易燃物库房的距离不小于30m,距危险性较大的用火生产区不小于30m。锅炉房、厨房用明火的设施应设在工棚区的长年下风方向。

④工棚内的高度一般不低于2.5m,棚内应留有通道,合理设门窗,门窗均应向外开。

⑤工棚内冬季用火炉取暖时,要办用火证,有专人负责用火安全。炉子距室内易燃物不小于1.5m,烟囱出室处要用不燃材料隔挡。火炉旁不准堆放易燃点火物,室内不准存放渣土。

⑥工棚内的灯具、电线都应采用妥善的绝缘保护,灯具与易燃物一般应保持30cm间距,使用大灯泡时要加大距离,工棚内不准使用碘钨灯照明。

(10)施工现场不同施工阶段的防火要点如下。

在基础、主体结构、装饰等不同施工阶段防火要点各有不同。

①在基础施工时,主要应注意保温、养护用的易燃材料的存放。注意工地上风方向是否有烟囱落火种的可能,注意焊接钢筋时易燃材料应及时清理。

②在主体机构施工时,焊接量比较大,要加强看火人员。在焊点垂直下方,尽量清理易燃物。冬季在结构施工用易燃材料保温时,要特别注意明火管理,电焊火花落点要及时清理,消灭火种。电焊线接头要卡实,焊线绝缘要良好,与脚手架或建筑物钢筋接触时要采取保护措施,防止漏电打火。对大面积结构保温时,要设专人巡视。结构施工用的碘钨灯要架设牢固,距保温易燃物要保持1m以上的距离。照明和动力用胶皮线应按规定架设,不准在易燃保温材料上乱堆乱放。

(11)现场发生火灾事故后的急救要领:

①现场出现火灾时,要立即组织现场人员进行补救。救火方法要得当。油料起火不宜用水扑救,可用泡沫灭火器或采用隔离法压灭火源。电气设备起火时,应尽快切断电源,用二氧化碳灭火器灭火,千万不要盲目向电器设备上泼水,这样容易造成触电、短路爆炸等并发性事故。如果化学材料起火,更要慎重,要根据起火物质选择灭火方法,同时要注意救火人员的安全,防止中毒。

②现场出现火险时,工长要判断准确,当即不能救的要及时报警,请消防部门协助灭火。

③在消防队到现场后,工长要及时而准确地向消防人员提供供电器、易燃、易爆物的情况。火灾区如有人时,要尽快组织力量,设法先将人救出,然后再全面组织灭火。

④灭火以后,要保护火灾现场,并设专人巡视,以防死灰复燃。保护火灾现场也是查找火灾原因的重要措施。

2)保卫措施方案

(1)施工现场治安保卫组织系统

①治安保卫组织管理网络

成立保卫工作领导小组,以项目经理(单位工程负责人)为组长,安全负责人为副组长,其他成员若干人。

②职责与任务

定期分析施工人员的思想状况,做到心中有数。

定期对职工进行保卫教育,提高思想认识,一旦发生灾害事故,做到招之即来,团结奋斗。

(2)保卫工作措施

为了加强施工现场的保卫工作,确保建设工程的顺利进行,根据建设工程施工现场保卫工作基本标准的要求,结合工程的实际情况,为预防各类盗窃、破坏案件的发生,特制订本工程的保卫工作方案。

①单位工程设立由10人组成的保卫领导小组,由单位工程负责人任组长,负责全面领导工作,安全负责人任副组长,其他成员共8人。

②工地设门卫值班室,由3人昼夜轮流值班,白天对外来人和进出车辆及所有物资进行登记,夜间值班巡逻护场。重点是仓库、木工棚、办公室、塔吊及成品、半成品保卫。

③加强对外地民工的管理,摸清人员底数,掌握每个人的思想动态,及时进行教育,把事故消灭在萌芽状态。非施工人员不得住在施工现场,特殊情况要经保卫工作负责人批准。

④每月对职工进行一次治安教育,每季度召开一次治保会,定期组织保卫检查,并将会议检查整改记录存入内业资料内备查。

⑤对易燃、易爆、有毒物品设专库、专管,非经单位工程负责人批准,任何人都不得动用。不按此执行,造成后果追究当事人的刑事责任。

⑥施工现场必须按照"谁主管,谁负责"的原则,确定党政主要领导干部负责保卫工作。有总、分包单位的工程,实行总承包单位负责的保卫工作责任制,建立保卫工作领导小组,与分包单位签订保卫工作责任书。各分包单位应接受总承包单位的统一领导和监督检查。

⑦施工现场要建立门卫和巡逻护场制度,护场守卫人员要佩戴执勤标志。

⑧更衣室、财会室及职工宿舍等易发案部位要指定专人管理,制订防范措施,防止发生盗窃案。严禁赌博、酗酒、传播淫秽物品和打架斗殴。

⑨锅炉房、变电室、泵房、大型机械设备及工程的关键部位和关键工序,是现场的要害部位,要制订保卫措施,确保安全。

⑩做好成品保卫工作,制订具体措施,严防被盗、破坏和治安灾害事故的发生。

⑪施工现场发生各类案件和灾害事故,要立即报告并保护好现场,配合公安机关侦破。

3.施工现场文明施工管理

为创造良好的工作环境,养成良好的文明施工作风,增进职工身体健康,施工区域和生活区域应有明确划分,把施工区和生活区分成若干片,分片包干,建立责任区,使道路交通、消防器材、材料堆放、垃圾、厕所、厨房、宿舍、火炉、吸烟都有专人负责,使文明施工保持经常化。

第五章　施工过程组织及流水施工原理

第一节　施工过程组织方法

施工过程组织,是研究如何在施工生产过程中,以经济有效的方式生产产品,也就是要实现施工工期短,占用资金少,生产效率高,以及产品质量好、产量高、成本低。因此,施工过程组织是桥梁施工管理的主要内容。

一、施工过程组织的原则

1.施工过程

施工过程,就是生产建筑产品的过程,它是由一系列相联系的施工活动所组成的。

1)施工过程的基本内容

为了更有效地组织施工生产,必须首先研究施工过程的内容。

施工过程的基本内容主要是劳动过程,劳动过程是一切生产过程存在的基础。在某些情况下,施工过程还包括自然过程,即施工过程的进行,还需要借助于自然的作用,如水泥混凝土硬化过程的养生、预应力钢筋的时效等。此时,施工过程就是劳动过程与自然过程的结合,是相互联系的劳动过程和自然过程的全部生产活动的总和。

2)施工过程的分解

根据各种劳动在性质上以及对产品所起的作用上的不同特点,可将施工过程划分为施工准备过程、基本施工过程、辅助施工过程和服务施工过程。

(1)施工过程的分解

①施工准备过程,是指产品在投入生产前所进行的全部生产技术准备工作,如恢复定线、进行现场施工准备等。

②基本施工过程,是指直接为完成产品而进行的生产活动,如挖基、砌基础等。

③辅助施工过程,是指为保证基本施工过程的正常进行所必需的各种辅助生产活动,如动力(电、压缩空气等)的生产、机械设备维修、材料加工等。

④服务施工过程,是指为基本施工过程和辅助施工过程服务的各种服务过程,如原材料、半成品、工具、燃料的供应与运输等。

(2)基本施工过程的分解

现行的公路工程设计概预算文件编制办法,将公路基本建设项目划分为九项,即临时工程,路基工程,路面工程,桥梁涵洞工程,交叉工程,隧道工程,公路设施及预埋管线工程,绿化及环境保护工程,管理、养护及服务房屋。相应于各个分项,又划分为若干目,例如桥梁涵洞工程分项中,按工程性质与结构的不同,分为漫水工程、涵洞工程、小桥工程、中桥工程、大桥工程、特大桥工程六个目。

施工组织与管理工作,按上述项、目可以作总体安排,但更多情况下还要进一步划分。从生产工艺的特点和施工组织的需要出发,基本施工过程可划分为综合过程、操作过程、工序、操作、动作五个程序。

①综合过程

综合过程是若干个在产品结构上密切联系的、能最终获得一种产品的施工过程的总和。如路基工程、路面工程、桥梁工程、隧道工程等。

综合过程由若干个操作过程组成。

②操作过程

操作过程是可以相对独立完成的某一种细部工程或分部分项工程。例如，某特大桥工程包括基础、下部构造、上部构造、桥梁支座、桥梁伸缩缝、桥面铺装、人行道系等操作过程。

操作过程由若干个在技术上相互关联的工序所组成。

③工序

工序是指施工技术相同、在劳动组织上不可分割的施工过程。从施工工艺流程看，工序在工人编制、工作地点、施工工具和材料等方面均不发生变化。如果上述因素中某个因素改变，就意味着从一道工序转入另一道工序。

例如"预制钢筋混凝土构件"这个操作过程就包括安装模板、安放钢筋、浇筑混凝土、拆除模板、养生等工序。

从技术操作和施工组织的观点来看，工序是最基本的施工生产过程，常常由若干个操作所组成。

④操作

操作是指工人为完成工序产品的组成部分所进行的生产活动。例如"安装模板"这道工序是由取运模板、拼装模板等操作所组成。

操作由一系列相互关联的动作所组成。

⑤动作

动作是指工人在劳动时一次能完成的最基本的生产活动。例如"取运模板"这个操作由取部分模板、走到安装处、将模板放在安装位置等相关的动作所组成。

显然，动作和操作并不能完成产品，在技术上亦不能独立存在。但是完成一个动作所耗用的时间长短和占用的空间大小等，却是制定劳动定额的重要原始资料。

必须指出，就具体的施工对象而言，由于产品或工程项目的复杂程度不同，并不一定都要划分成上述各种层次，要以是否有利于科学地进行施工组织与管理而定。一般来说，操作过程得到半成品，综合过程得到产品。但对于一些复杂的工程，还需要经历几个综合过程才能得到最终的产品。

划分和研究生产过程的基本目的是要将复杂的实际施工生产活动条理化和系统化，以有利于科学地进行施工生产组织和施工管理工作。

2. 施工生产类型

生产类型是把企业或生产单位的生产方式划分成不同类型的一种标志。在这里，我们研究生产类型的目的不在于区别企业的类型，而在于对不同生产类型的生产过程，采用相应的、有效的施工组织和管理方法。

公路工程施工生产过程具有其自身的特点，与工业生产有许多不同之处，其生产类型划分有如下几种。

1) 按产品特点和工艺特点划分

(1) 建筑施工型生产，也叫固定型产品生产，即各种工程构造物均在固定现场完成，而劳动力(人、机械)却按一定的次序相对于劳动对象进行移动性施工生产活动,如桥墩、桥台等的施工,即属此类。

(2)加工装配型生产,也叫移动型产品生产,即劳动对象在施工生产中,在工作地之间移动加工,而劳动力则固定在某一场地进行加工装配性生产活动,如构件预制厂中的构件预制等。

2)按产品生产的重复性划分

(1)大量生产,是指经常不断地重复生产同样的产品。特点是:产品品种少而又相对稳定,每种产品的产量大,工地专业化技术程度较高,可以连续地大量生产一种或少数几种产品。

(2)成批生产,是指经常成批地轮换生产几种产品。特点是:产品品种较多,产量较大,工作地可以轮番地执行几道不同工序,周期性地重复批量生产。

(3)单件生产,是指每种产品只做一件或少数几件,做完以后一般不再重复的生产。特点是:产品品种多,每一件产品的数量较少,工地施工生产需要较多的工种或工序,专业化生产程度较低。

由于公路工程产品的多样性特点及各种客观条件的影响,每一项工程的施工生产过程都有各种不同的特征。大多数公路工程施工都属于固定性产品生产,但在一个建设项目中,也可能同时存在加工装配性生产的施工单位,如桥梁工程中的构件预制厂等。从生产产品的重复性来看,公路工程施工主要是单件生产或少量的成批生产。

3.施工过程的组织原则

影响施工过程组织的因素很多,如施工性质、施工生产类型、建筑产品结构、自然条件、材料及半成品性质、机械设备条件等,使施工过程的组织变化较多,困难较大,因此,科学地、合理地组织施工过程则更为重要。一般在符合国家现行法令、法规、政策以及满足质量和安全的前提下,施工过程的组织原则可归纳如下。

1)施工过程的连续性

连续性是指产品生产过程各阶段、各工序的进行在时间上是紧密衔接的,不发生各种不合理的中断现象。即在施工过程中,表现为劳动对象始终处于被加工状态,或者在进行检验,或者处于自然过程中。保持和提高施工过程的连续性,可以缩短施工周期,节省流动资金,提高劳动生产率。

2)施工过程的协调性

施工过程的协调性也称比例性,它是指产品施工各阶段、各工序之间,在施工生产能力上要保持一定的比例关系,各施工环节的工人数、生产效率、设备数量等都必须相互协调,不发生脱节和比例失调现象。协调性是保证施工顺利进行的前提,可使施工过程中人力和设备得到充分利用,避免产品在各个施工阶段和工序之间的停顿和等待,从而缩短施工周期。

3)施工过程的均衡性

施工过程的均衡性又称节奏性,是指生产过程的各个环节,都按照生产计划的要求,工作负荷保持相对稳定,不发生时松时紧、前松后紧等现象。均衡施工能充分利用设备和工时,避免突击赶工造成的各种损失,有利于保证施工质量、降低成本,有利于劳动力和机械设备的调配。

4)施工过程的经济性

施工过程组织除满足技术要求外,还应讲求经济效益。要以最小的工程成本消耗取得最大的施工生产效果。

施工组织的根本目的是降低工程成本,但同时又不能影响工程进度和质量,所以经济性是施工过程组织的出发点亦是归宿点,施工过程中的连续性、协调性和均衡性,最终都要通过经济效果集中反映出来。

上述合理组织施工过程的四个原则,是相互制约、互为条件的。在进行施工组织时,必须保证全面符合上述四个方面的要求,不能偏颇一方。

二、施工过程的空间组织

公路工程项目的施工过程组织,包括空间组织和时间组织两个方面的问题。施工过程的空间组织主要是解决生产作业单位的设置问题和具体工程项目的各种生产、生活、运输、行政等临时设施的空间分布问题,亦即施工平面设计问题。

一个建设项目的施工作业单位如施工队(项目经理部)、工段(工区)、班组等的设置,通常按以下原则办理。

1. 工艺专业化形式

工艺专业化形式,也叫工艺原则,它是按照生产工艺性质的不同来设置施工作业单位的。在工艺专业化的生产作业单位里,集中着同工种的工人和同工种所需的工具、机械和设备,对工程项目的各组成部分或其他有关工程项目,进行同类工艺的施工。如木工班、钢筋班、混凝土作业队、汽车队、爆破组等,都是按工艺专业化形式建立的生产作业单位。

按工艺原则设置的生产作业单位的特点是:能充分发挥技术、机具、设备的潜力,设备投资较少,便于进行专业化的技术管理,在一定程度上能适应多品种多规格生产的要求。但是,由于在工艺专业化的生产作业单位里不能独立地生产产品,所以增加了生产作业单位之间协作配合关系的难度,组织与管理工作也比较复杂。

2. 产品专业化形式

产品专业化形式,也叫对象原则,它是按照产品(如分项工程、结构构件、分部工程等)的不同而分别设置的生产作业单位。在产品专业化单位里,集中着为生产某种产品所需的各种工具、机具和设备,对相同产品进行不同工艺的施工生产,其工艺过程基本上是封闭的,能够独立地生产出产品或半成品。如大桥施工中的基础工段、上部构造工段,构件预制厂中的主梁车间、涵管车间等,都是按产品专业化形式设置的生产作业单位。

按产品专业化形式设置生产作业单位,简化了作业单位之间的协作配合关系,也便于施工现场管理。但是这种形式需要较多的设备投资,技术工人和机械设备由于分散使用,有时不能充分发挥工人和设备的生产潜力,对于产品品种的变化适应能力差。

3. 混合原则

通常在一个建设项目中,上述两种形式的生产作业单位都有,即根据工程特点,混合建立生产作业单位。

在生产实践中,究竟按哪一种原则来组建生产作业单位,要从实际需要出发,通过全面分析比较,择优而定。

三、施工过程的时间组织

施工过程组织,不仅要求在空间上合理地设置生产作业单位,并进行施工现场平面的合理布设,而且要在时间方面进行合理、科学的组织。进行施工过程时间组织的目的,就是要求在时间上,使各生产作业单位之间,按设计和施工工艺顺序,紧密衔接,在符合工艺要求、充分利用工时和设备的条件下，尽量缩短生产周期。

1.时间组织的任务、类型和表示方法

1)时间组织的主要任务

(1)对于建筑施工性生产类型，主要是解决具体工程项目施工的时间组织方式问题，其中包括各工程项目(各工段)之间施工次序的排序问题。

(2)对于加工装配性生产类型，一方面要解决劳动对象在工序之间的移动方式问题，另一方面要解决加工任务在关键设备上的排序问题。

对于公路工程施工生产过程，主要是研究建筑施工性生产类型的时间组织。

2)建筑施工性生产的时间组织类型

建筑施工性生产的时间组织类型主要有以下三种：

(1)单段多工序型：是指施工任务不能划分或不需要划分为若干施工段而只有一个施工段，而且在这单一的施工段中包含有若干道工序的施工生产过程。这种类型的施工生产过程时间组织比较简单，一般只需解决各工序生产力的配置，并按工艺顺序确定施工工期即可。

(2)多段多工序型：是指施工任务包含或可以划分为多个施工段，而且每一个施工段又包含多道工序的施工生产过程。这种类型的施工生产过程时间组织较复杂，可以采用多种方法进行组织。

(3)混合型：是指在一项施工任务中，既包含有单段多工序型又包含有多段多工序型的生产过程。这种类型实质上是立体交叉作业。

3)施工过程时间组织的表示方法

由于公路工程施工生产活动自身特点及其复杂性的原因，在施工过程时间组织成果的表示方法上，为达到便于指导实际工程项目施工，满足简捷实用、直观方便的要求，常用一种含有大量相关数据、各种时间信息的图表方式表示，这就是通常所讲的工程施工计划进度图。目前，公路工程施工生产过程时间组织所采用的工程施工计划进度图，主要有以下几种形式：

(1)横道式工程施工进度图，也叫横道图或甘特图。

(2)斜线式工程施工进度图，也叫斜线图或垂直图。

(3)网络图形式的工程施工进度图。

2.时间组织的基本作业方法

对于多工段多工序型的建筑施工性生产过程，其时间组织是通过生产作业单位(施工班组)在施工对象间进行作业的运动方式来表现的。

根据作业单位在各施工段间施工顺序的不同，可分为三种基本作业方法：顺序作业法、平行作业法、流水作业法。在进行生产过程时间组织时，这三种基本作业方式可以单独运用，也可以组合运用。

为了说明这三种施工组织方式的概念和特点，现举例进行分析和比较。

[例5-1] 有五座结构和规格尺寸都完全相同的涵洞，完成每座涵洞工程(每个施工段)必须经过四道工序，每道工序按3天完成相关工作配备劳动力和机具设备，挖基坑6人，砌基础5人，砌涵台12人，安盖板3人。以该涵洞工程的施工为例，说明三种施工组织方法。

1)顺序作业法

顺序作业法是指当有若干个施工任务(或施工段)时，完成一个任务后，再去接着完成另一个任务，依次按顺序进行，直至完成全部任务的作业方法。如路面一段一段地铺、涵洞一座一座地修建等，这是最基本的、最原始的施工组织方法。

由于施工按顺序进行，因而可按产品专业化形式设置一个施工班组进行施工。若完成一项工程（或一个施工段）需经过 n 道工序，每一工序的施工持续时间为 t_i，则该项工程的施工期限 t 可用式(5-1)计算：

$$t = t_1 + t_2 + \cdots + t_n = \sum_{i=1}^{n} t_i \tag{5-1}$$

若总共有 m 项工程（m 个施工段），则完成全部施工任务的总工期 T 等于各项工程施工期限值和，如式(5-2)所示：

$$T = \sum_{i=1}^{n_1} t_{i,1} + \sum_{i=1}^{n_2} t_{i,2} + \cdots + \sum_{i=1}^{n_m} t_{i,m} = \sum_{j=1}^{m} \sum_{i=1}^{n_j} t_{i,j} \tag{5-2}$$

式中：$t_{i,j}$——第 j 项工程的第 i 道工序的施工持续时间。

显然，当 m 项工程都完全相同时，式(5-2)可用式(5-3)表示，即：

$$T = m \sum_{i=1}^{n} t_i \tag{5-3}$$

当每道工序的施工持续时间都相等时，式(5-3)可用式(5-4)表示，即：

$$T = mnt_i \tag{5-4}$$

例如，上述[例 5-1]涵洞工程施工，$m = 5$，$n = 4$，$t_i = 3$，总工期由式(5-4)计算得：

$$T = 5 \times 4 \times 3 = 60（天）$$

其顺序作业法施工进度安排，用横道图形式表示，如图 5-1 所示。

由图 5-1 可以看出，顺序作业法具有以下特点：

(1)不能充分利用工作面进行施工，工期较长；

(2)若按工艺专业化原则成立施工班组，则各专业队不能连续施工，有间歇时间，劳动力和材料的使用也不均衡；

(3)单位时间内需要投入施工的资源数量较少，有利于资源供应的组织工作；

(4)施工现场的组织、管理工作比较简单。

由此可见，在大规模的现代化施工条件下，顺序作业法只能作为一种辅助的施工组织方法。对于规模较小，施工技术单一的工程，或对工期要求不严格的小型工程，才可以考虑采用顺序作业法组织施工。

2)平行作业法

平行作业法是指当有若干个施工任务（或施工段）时，各个任务同时开工，平行生产的一种作业方法。工程被划分成多少段（或施工项目），就相应地组织多少个施工队。

由于各施工队都同时在作业，因此，完成全部任务的总工期 T 就由施工期限最长的那个施工项目决定，如式(5-5)所示：

$$T = \max\{t_j\} \tag{5-5}$$

当各项任务都相同时，式(5-5)可用式(5-6)表示，即：

$$T = t = \sum_{i=1}^{n} t_i \tag{5-6}$$

当各项任务的几道工序的施工持续时间 t_i 都相等时，式(5-6)可用式(5-7)表示，即：

$$T = nt_i \tag{5-7}$$

上述涵洞工程施工，其平行作业法施工进度安排如图 5-1 所示。显然，总工期应按式(5-7)计算：

$$T = 4 \times 3 = 12（天）$$

由图 5-1 可以看出，平行作业法具有以下特点：

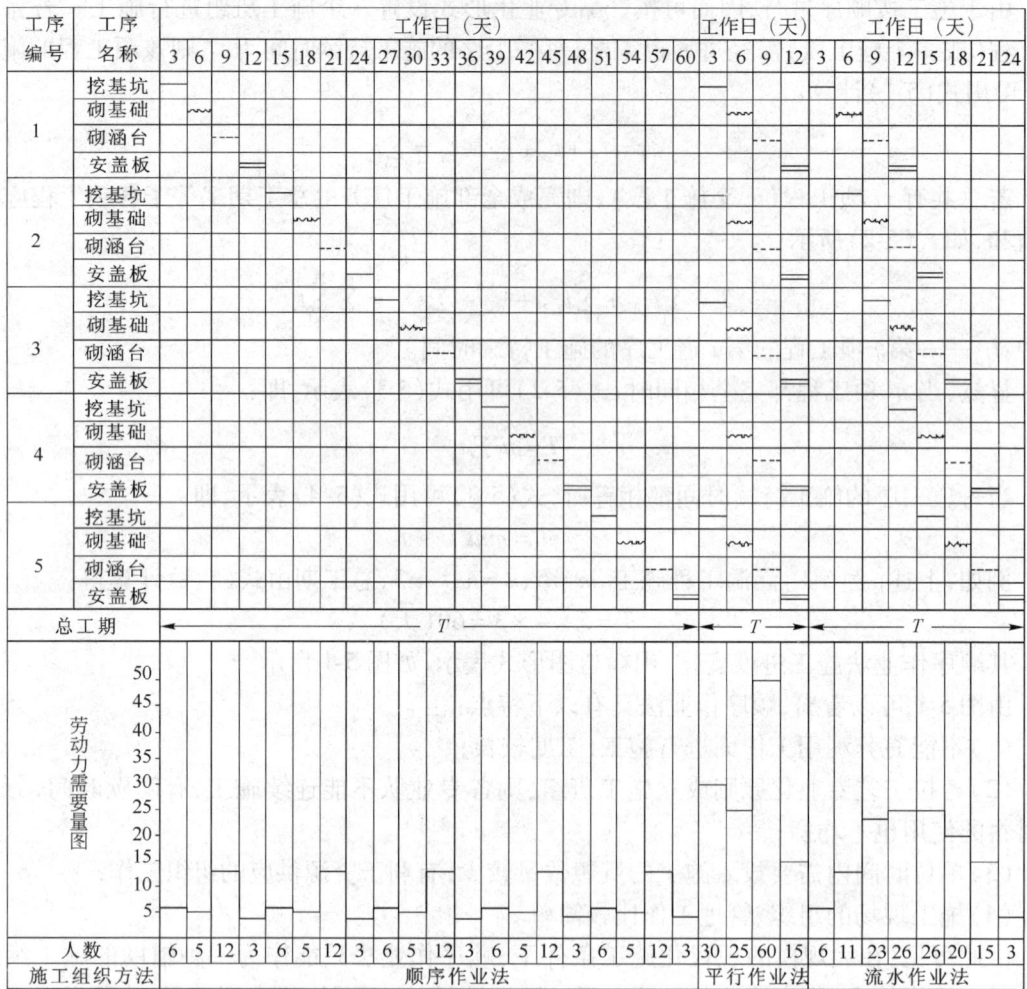

图 5-1 施工组织方法示意图

（1）充分利用了工作面,争取了施工时间,工期较短;

（2）若按工艺专业化原则成立施工班组,则各专业队不能连续施工,劳动力和材料的使用也不均衡;

（3）单位时间需要投入施工的资源数量成倍地增加,不利于资源供应的组织工作;

（4）施工现场的组织、管理工作比较复杂。

由此可见,只有当施工任务十分紧迫、抢工期突击施工、工作面允许及资源充分保证供应的条件下,才能用平行作业法组织施工。

3）流水作业法

流水作业法是指当有若干个施工任务（或施工段）时,各项任务相隔一定时间依次投入生产,相同的工序依次进行,不同的工序则平行进行的一种作业方法。

以上例涵洞工程施工为例,流水作业法施工进度安排如图 5-1 所示。

若 m 个施工段的工程数量和施工内容相同,每个施工段都有同样的 n 道工序,各道工序的作业持续时间都为 t_i,则流水作业的总工期 T 按式(5-8)计算:

$$T = (m + n - 1)t_i \tag{5-8}$$

104

关于式(5-8)的来源及流水作业法组织施工的详细内容,将在本章第二节式(5-14)中叙述。

上例涵洞工程的流水作业总工期,由式(5-8)计算:

$$T = (5 + 4 - 1) \times 3 = 24(\text{天})$$

流水作业是比较先进的一种作业方法,它是以施工专业化为基础,将不同工程对象的同一施工工序交给专业施工队(组)执行,各专业队(组)在统一计划安排下,依次在各个作业面上完成指定的操作。前一操作结束后转移至另一作业面,执行同样操作,后一操作则由其他专业队继续执行。各专业队按大致相同的时间(流水节拍)和速度(流水速度),协调而紧凑地相继完成全部施工任务。

由图5-1可以看出,与顺序作业法和平行作业法相比,流水作业法具有以下特点:

(1)科学地利用了工作面进行施工,工期比较合理;

(2)按工艺专业化原则成立的施工班组能保持连续作业,体现了生产的连续性;

(3)单位时间需要投入施工的资源量较为均衡,有利于资源供应的组织工作;

(4)施工有节奏,为文明施工和进行施工现场的科学管理创造了有利条件。

采用流水作业法组织施工,应该是工程量大、技术复杂的大型工程。因为,施工段的数量和工作面的大小必须满足一定的要求,流水作业法才能更好地发挥它的优越性,这一点只有大型工程项目才有条件做到。

从上面的例子可以看出,三种施工组织方法各具特点,对于同一项工程的施工,采用顺序作业法需要60工作日,工期较长,劳动力需要量较少。采用平行作业法时,施工总工期缩短为12工作日,但劳动力需要量相应增加4倍,在短期内集中4套人力和设备,往往是不可能的,也是不合理的;同时在人力上突然出现高峰现象,会增加生活福利设施的支出。采用流水作业法施工,总工期比平行作业法有所延长,但劳动力得到了充分合理地利用,在整个施工期内需要量较均衡;如果再考虑机具和材料的供应与使用,附属企业生产的稳定等因素,则流水作业法施工的优点更为明显。

以上是假定施工条件、技术配备、工程数量等完全相同的条件下,仅就三种施工方法的施工期限和资源需要量进行比较,而实际工程中的情况却要复杂得多。之所以进行上述比较,主要是为了说明三种施工组织方法的基本概念,同时也是因为任何工程的工程数量和施工方法确定之后,其施工组织的任务就是正确地解决施工期限和资源(包括人力、机具和材料等)需要量之间的相互关系。

3.基本作业方法的综合运用

顺序作业法、平行作业法、流水作业法在生产过程中不仅可以单独使用,而且可以根据具体条件,将三种基本作业方式加以综合运用,从而形成平行流水作业法、平行顺序作业法以及立体交叉平行流水作业法。这些生产过程时间组织的综合形式,一般均能取得较明显的经济效果。

1)平行流水作业法

在平行作业法的基础上,按照流水作业法的原理组织施工,以达到适当缩短工期,而又使劳动力、材料、机械设备需要量保持均衡的目的。

[例5-2] 某桥共有五个工程量相等的墩台钻孔灌注桩基础工程,经计算:准备工作需5人工作2天,钻孔需10人工作4天,灌注水下混凝土需20人工作1天,清理现场需5人工作2天。按平行作业法、流水作业法及平行流水作业法绘制的施工进度图如图5-2所示。

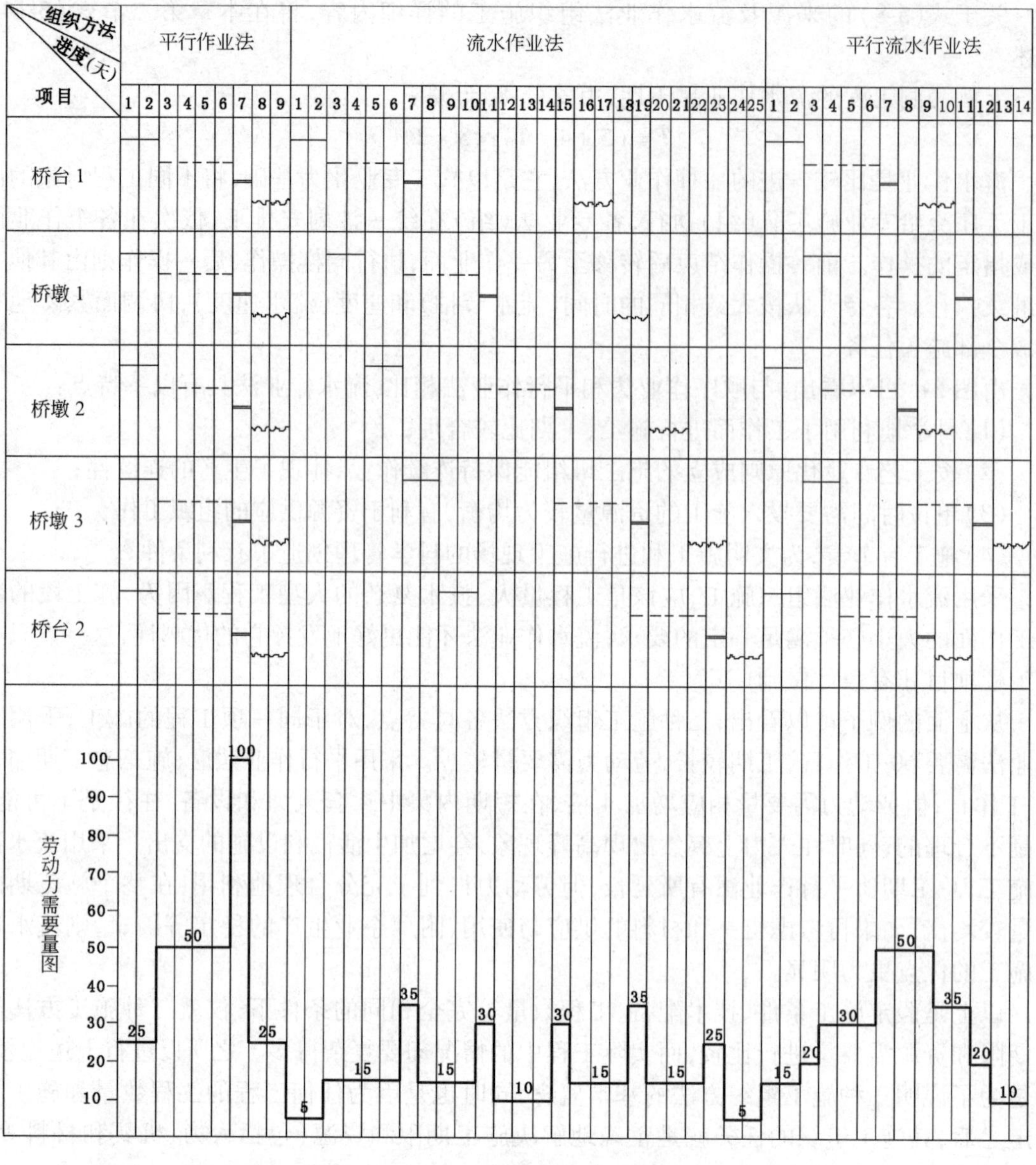

图 5-2　平行作业法、流水作业法及平行流水作业法施工进度图

——— 准备工作；--------- 钻孔；——— 灌注水下混凝土；∿∿∿ 清理现场

从图 5-2 可以看出：

（1）平行作业法，总工期虽最短，但资源的需要量集中，劳动力需求出现高峰，钻孔和灌注混凝土施工机具需要五套。

（2）流水作业法，劳动力需要量的峰值最低，钻孔和灌注混凝土施工机具只需一套，但工期相对来说较长，劳动力需要量曲线均衡性不够理想。

（3）平行流水作业法，系按三组平行流水作业组织的，其中桥台 1 和桥墩 1 为第一组，桥墩 2 和桥墩 3 为第二组，桥台 2 自成一组作为第三组，本法总工期及劳动力需要量峰值介于前两种方法之间。劳动力需要量曲线及材料供应在三种方法中最理想。钻孔机械需三套，为减少混凝土灌注机具的需要量，桥墩 2 的钻孔工作晚开工一天，这样只需一套混凝土灌注机具即可。第三组桥台 2 的开工时间较机动，它既不缩短也不延长总工期，可以通过合理安排起到平

106

衡资源的作用。

2）平行顺序作业法

这种方法的实质是用增加施工力量的方法来达到缩短工期的目的,它使顺序作业法和平行作业法之缺点更加突出,故仅适用于突击性施工情况。

3）立体交叉平行流水作业法

它是在平行流水作业法的原则上,采用上、下、左、右全面施工的方法。它可以充分利用工作面和有效地缩短工期,一般适用于工序繁多、工程量大而又集中的大型构造物的施工,如大桥、立体交叉、隧道等工程的施工。

第二节　流水施工组织原理

一、流水作业法的组织

组织流水作业的基本方法如下:

（1）把劳动对象的施工过程,划分为若干工序或操作过程,每个工序或操作过程分别由按工艺原则建立的专业班组来完成;

（2）把一个劳动对象尽可能地划分为劳动量大致相等的若干施工段;

（3）各个作业班组按照一定的施工顺序,依次地、连续地由一个施工段转移到另一个施工段,反复完成同类工作;

（4）不同工种或同种作业班组进行工作的时间尽可能地相互衔接起来。

[例5-3]　某桥梁工程,有六个刚性扩大基础工程,完成每个刚性扩大基础需要四道工序,即挖基坑、支模板、浇筑混凝土和回填土。则采用流水作业法进行施工组织时,可将每个基础作为一个施工段,四道工序即建立 4 个专业班组,假定完成每个施工段上的每道工序所需时间均为一个工作日,则该桥基础工程施工进度横道图如图5-3 所示。图中,①、②、③、④、⑤、⑥分别表示六个基础(施工段)。

一般情况下,流水作业可划分为三个时期:从第一个专业队进入施工段工作到最后一个专

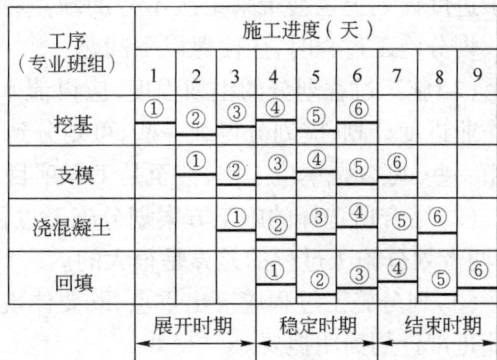

图5-3　流水作业进度图

业队也进入施工段开始工作止,这一时间段称为流水作业的展开时期,如图5-3 中的第 1 ~ 3 天;所有专业队都在不同的施工段上依次连续的工作,这一时间段称为流水作业的稳定时期,如图5-3 中的第 4 ~ 6 天,一般情况下,这一时期应该持续适当长的时间,即安排流水作业的施工段较多为好,以充分发挥流水作业的经济效果;从流水作业的第一个施工段的最后一道工序完成至全部流水施工工程竣工,即专业队开始退出施工现场至全部专业队撤离现场,这一段时间称为流水作业的结束时期,如图5-3 中的第 7 ~9 天。

从资源供应方面来说,流水作业的展开时期,资源需要量逐渐增加;流水作业的稳定时期,资源需要量保持稳定;流水作业的结束时期,资源需要量则逐渐减少。从资源供应方面看,也是流水作业的稳定时期,应该适当长些为好。

二、流水作业法的主要参数

流水作业必须准确表达各个施工过程在工艺流程、空间布置和时间安排等方面的开展状况和相互关系。用以反映这些状况和关系的参数称为流水作业参数,通常简称流水参数。按其参数的性质,可以分为工艺参数、空间参数和时间参数三种。

1. 工艺参数

任何一项工程的施工,都由若干不同种类和特性的施工过程组成,每一施工过程都有其特定的施工工艺。在组织流水作业时,用施工过程数和流水强度这两个参数来表达流水作业施工工艺开展顺序及特征,这些参数即称为工艺参数。

1)施工过程数

施工过程数也叫工序数,通常用 n 表示。一般情况下,流水作业需要建立的专业施工队数目等于施工过程的数目,若施工过程为工序,即为工序数目。

根据施工方法和工艺性质的不同,可把一个综合的施工过程划分为若干具有独自工艺特点的个别施工过程,一个施工过程所包括的范围可以是分项工程、分部工程,也可以是单项工程、单位工程,随流水作业的等级而异。根据施工过程在工程中的作用,一般分为制造建筑产品而进行的制备类施工过程、把材料和制品运到工地仓库或再转运到施工现场的运输类施工过程,以及在施工中占主要地位的安装砌筑类施工过程。由于砌筑安装类施工过程要占用施工对象的空间,影响着工期,因此必须列入流水作业的进度计划。制备类和运输类施工过程为砌筑安装类施工过程创造作业条件,不占用施工对象的空间,一般不列入进度计划。

施工过程数要根据构造物的复杂程度和施工方法来确定,太多、太细,给计算增添麻烦,在施工进度计划上也会带来主次不分的缺点;太少则会使计划过于笼统,而失去指导施工的作用。划分施工过程时,应注意以下问题:

(1)施工过程划分的粗细程度,应以流水作业进度计划的性质为依据。对于实施性的流水作业进度计划,应划分得细一些,可划分到分项工程、工序。对于控制性的进度计划,应划分得粗一些,可以是单位工程,甚至是工程项目。

(2)结合所选择的施工方案划分施工过程。如钢筋混凝土结构的现场浇筑与预制吊装施工,两者划分施工过程的差异是很大的。

(3)划分施工过程应突出重点,既要体现出专业化分工,又不宜过细、过繁琐,即应使流水作业进度计划简明扼要。

(4)一个流水作业进度计划内的所有施工过程应大致按施工先后顺序排列,所采用的施工过程名称宜与现行定额的项目名称一致。

2)流水强度

流水强度又称流水能力、生产能力,一个施工过程在单位时间内所完成的工程数量,称为该施工过程的流水强度,一般用 V 表示。流水强度越大,专业队应配备的机械、需用的人工及材料也越多,工作面相应增大,施工期限将会缩短。流水强度由下列公式计算。

(1)机械施工过程的流水强度

$$V = \sum_{i=1}^{x} R_i \cdot C_i \tag{5-9}$$

式中: R_i ——施工过程中需要的某种施工机械的台数;

C_i ——该种施工机械的台班产量;

x——投入同一施工过程的主要施工机械种数。

（2）人工操作过程的流水强度

$$V = R \cdot C \tag{5-10}$$

式中：R——投入施工过程的专业施工队人数（R 应小于工作面上允许容纳的最多人数）；

C——每一工人的每班产量。

2. 空间参数

执行任何一项施工任务，都要占用一定范围的空间。在组织流水作业时，用工作面和施工段这两个参数表达流水作业在空间布置上所处的状态，这些参数称为空间参数。

1）工作面

某一专业工种的工人或某种型号的机械在进行施工操作时所必须具备的活动空间称为工作面。工作面的大小可表明施工对象上能安置工人和机械的数量，也就是反映施工过程在空间上布置的可能性。

工作面的大小，直接影响到施工操作的效率和施工安全。确定工作面时，应考虑前一施工过程为这个施工过程可能提供的工作面大小，并遵守施工或机械操作规程和有关安全规程的具体规定。

2）施工段

为了合理地组织流水作业，通常把施工对象在平面上划分成若干段落，在一定时间内，只有一个专业施工队在一个段落上完成一定的施工过程，这些段落称为施工段。施工段也即是专业队在平面上的施工作业空间范围，它保证了各专业队在不同的空间范围同时施工而又互不干扰。施工段的数目通常用 m 表示。

施工段是组织流水作业的基础条件，施工段划分，一种是自然形成的，如几座桥，几个构件等；一种是人为地将一个庞大的施工对象划分成若干段落，如一条公路的路面可分为若干段等。划分施工段时，应考虑以下几点：

（1）应考虑施工对象的结构整体完整性，大型人工构造物以伸缩缝、沉降缝为界分段，一般的工程结构应在受力最小又不影响结构外观的位置分段；

（2）各施工段上所消耗的劳动量应大致相等；

（3）每个施工段要有足够的工作面，使工人和机械操作方便，并满足合理的劳动组合的要求，既有利于提高工效，又能保证施工安全；

（4）划分施工段的多少，应考虑施工规模、资源供应、工人的劳动组合、机械的使用效能等因素。

3. 时间参数

每一施工过程的完成，都要消耗时间。在组织流水作业时，用流水节拍和流水步距这两个参数表达流水作业在时间排列上所处的状态，这些参数称为时间参数。

1）流水节拍

流水节拍是指承担某一工序施工的专业队在一个施工段上完成相应的施工任务所需要的作业持续时间，常用 t_i 表示。流水节拍的大小，直接关系到投入的劳动力、材料和机具等资源消耗量的多少，决定着施工的速度和施工的节奏性。

影响流水节拍数值大小的因素有：施工方案、施工段的工程数量、专业施工队的人数或机械台数、每天的作业班次等。为避免专业队转移时浪费工时并有利于施工管理，流水节拍在数值上应该是工日的整数倍，特殊情况下可取半个工日的整数倍。流水节拍 t_i 的计算有以下几种方法：

（1）定额计算法

当能够投入施工的资源数量已确定，定额或专业队的实际生产能力已知时，用式(5-11)进行计算：

$$t_i = \frac{Q}{C \cdot R \cdot n} \tag{5-11}$$

式中：Q——一个施工段上某施工过程应完成的工程数量；

C——产量定额或每工日、每台班的实际产量；

R——专业施工队的人数或机械台数；

n——作业班数，即单班、双班或三班。

（2）经验估算法

当施工采用新工艺、新材料、新技术、新方法时，常常无定额可循，可根据以往的施工经验，对某一施工过程在某一施工段上的作业时间估计出三个数值，即最短时间、最长时间和正常时间，然后给这三个时间一定的权数，再求加权平均值，将这一加权平均值作为流水节拍。计算公式如式(5-12)所示：

$$t = \frac{a + 4c + b}{6} \tag{5-12}$$

式中：t——某施工过程在某施工段上的流水节拍；

a——某施工过程在某施工段上的最短估计时间；

b——某施工过程在某施工段上的最长估计时间；

c——某施工过程在某施工段上的正常估计时间。

（3）工期反算法

若施工任务紧迫，必须在规定日期内完成施工任务，可采用倒排进度的方法求流水节拍。其方法是首先将一个工程对象划分为几个施工阶段，估计出每一阶段所需要的时间，然后将每一施工阶段划分为若干个施工过程和若干个施工段，再确定某一施工过程的施工总持续时间T_i，根据施工段数m反求流水节拍t_i，即：

$$t_i = \frac{T_i}{m} \tag{5-13}$$

然后检查反求的流水节拍t_i是否大于最小流水节拍$t_{\min}$。$t_{\min}$可用式(5-14)计算，即：

$$t_{\min} = \frac{A_{\min} \cdot Q_i}{A \cdot C \cdot \alpha} \tag{5-14}$$

式中：$A_{\min}$——每个技工或每台机械所需的最小工作面，可参考有关资料和施工技术规范来确定；

Q_i——某施工段上第i道工序的工程量；

A——某作业工序所在施工段上的实际工作面；

C——产量定额或每工日、每台班的实际产量；

α——某施工段上投入作业工序的工人数与技工数的比值，当机械化作业时，$\alpha = 1$。

当施工段数确定后，流水节拍越大，工期就相应延长。从理论上讲，希望流水节拍越小越好，但由于施工作业时受工作面的限制，流水节拍过小将使施工无法进行。因此，根据工期反算的流水节拍，必须大于最小流水节拍，如不满足，可通过调整施工段数目和专业队人数，在综

110

合考虑其他因素后重新确定。

2）流水步距

流水步距是指相邻两个专业施工队相继投入施工现场进行流水施工的时间间隔，即开始时间之差，通常用 K 表示。流水步距的大小，对工期也有重要影响。因为流水步距决定各专业队投入施工的迟早，各施工专业队投入施工时间愈早，工期也就愈短，否则，则相反。

流水步距的数目取决于参加流水作业的施工过程数（或工序数），如工序数为 n 时，则流水步距的总数为 $(n-1)$ 个。

流水步距是根据流水节拍计算的。确定流水步距时，一般应遵循以下原则：

（1）要能满足相邻两个专业施工队在施工顺序上相互制约的关系；

（2）保证各专业施工队都能连续、均衡而有节奏的工作；

（3）确保相邻两个专业施工队，在开工时间上最大限度地、合理地搭接；

（4）确定流水步距要保证工程质量，满足安全施工的要求，例如钻孔灌注桩工程，其钻孔和浇筑混凝土两道工序在时间上必须紧密衔接（防止塌孔）。

三、流水作业的分类及其工期计算

由于工程构造物的复杂程度和具体的施工条件，以及工程性质等因素的影响，在流水作业中，导致流水节拍的规律不同，从而使流水步距、施工工期的特征及计算方法等也不同。因此，按流水节拍等流水作业参数的特性区分流水作业的种类，将流水作业分为有节拍流水和无节拍流水两大类。其中有节拍流水又分为全等节拍流水和分别流水两类。

1. 全等节拍流水

全等节拍流水是指所有专业队在各个不同的施工段上的流水节拍完全相等的流水施工。在不同行业的施工组织中，全等节拍流水也称为固定节拍流水、同步距流水或等节拍流水。

[例5-4] 某桥梁四个双柱式桥墩施工拟组织流水作业。每个桥墩作为一个施工段，完成每个施工段的施工需 A（轧钢筋）、B（支模板）和 C（浇筑混凝土）三道工序。各施工段的工程量完全相同，但各道工序的劳动量却不相同。根据工作面的大小、劳动量的多少适当配备人员和机具，使其流水节拍 $t=2$ 天，其施工进度安排如图5-4所示。

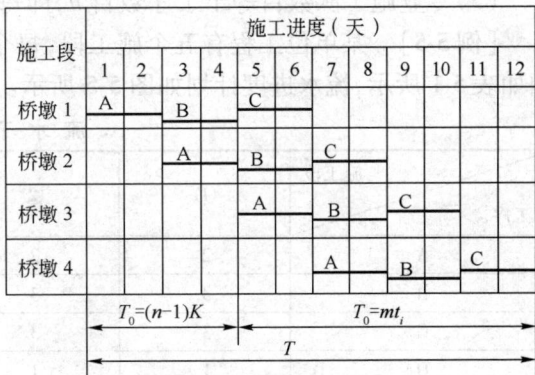

图5-4　全等节拍流水作业图

1）基本特点

图5-4是全等节拍流水的一个例子，该图反映出全等节拍流水有以下特点：

（1）流水节拍彼此相等，流水步距彼此相等，而且两者的数值也相等，即 t_i、K 均为常数，同时 $t_i = K$。这也是组织全等节拍流水作业的条件。

（2）每一道工序各组织一个专业施工队，即专业队的数目等于工序数 n。

（3）每个专业施工队都能连续作业，施工段没有空闲，实现了连续、均衡而紧凑的施工。因此，全等节拍流水是流水作业施工组织最理想的状态。

2）总工期计算

全等节拍流水作业的施工总工期可按公式（5-15）计算：

$$T = T_0 + T_n = (n-1)K + mt_i$$

或

$$T = (m+n-1)K = (m+n-1)t_i \tag{5-15}$$

式中：T——流水总工期；

T_0——流水开展期，即从开始至全部工序投入操作的时间间隔；

T_n——末道工序完成各施工段操作所需时间；

其余符号意义同前。

式(5-15)即是本章第一节中的式(5-8)，也就是该公式的来历。

从图5-4可知，施工段数 $m=4$，工序数 $n=3$，流水步距 $K=2$，流水节拍 $t_i=2$，由式(5-15)计算的总工期为：$T=(4+3-1)\times 2 = 12$（天），与图5-4中的 T 值完全吻合。

2. 分别流水

全等节拍流水在实现施工的连续性、均衡性和节奏性方面的优点是十分明显的。但由于施工过程的性质和复杂程度不同，有时可能会出现某些施工过程所需的人数和机械台数超出了施工段上工作面所能容纳的最大限量，从而使施工无法进行。这时，只能减少施工人数和机械台数，这又必然导致这些施工过程的流水节拍增长，其结果无法按全等节拍流水组织施工。此时便可采用分别流水施工的组织形式来组织施工。

分别流水是指各工序的流水节拍各自保持不变，而不同工序的流水节拍不完全相等，流水步距也是一个变数的流水作业。

1）分别流水的一般情况

(1)同一工序在各个施工段上的流水节拍均相等；

(2)不同工序的流水节拍部分或全部不相等；

(3)专业施工队数目等于工序数目 n，即每一施工过程（工序）组织一个专业施工队。

[例5-5]　某单位工程有五个施工段，每个施工段均包含A、B、C、D四道工序，其流水节拍如表5-1所示，流水进度计划如图5-5所示。

流 水 节 拍 t_i 值

表5-1

工序＼施工段	①	②	③	④	⑤
A	2	2	2	2	2
B	3	3	3	3	3
C	3	3	3	3	3
D	1	1	1	1	1

由图5-5可知，一般情况下的分别流水，其首道工序和末道工序，可以根据工艺要求或有关条件，设计成在施工段间连续施工的方式[如图5-5a)所示]或间歇施工的方式[如图5-5b)所示]。

关于总工期的确定，当设计为间歇施工方式时，由于首道工序和末道工序有时连续，有时可能不连续，机动性较大，导致 T_0 和 T_n 不能用公式加以表达，所以其总工期以作图法确定较为直观、简捷。如图5-5b)所示，绘制完作业图的同时，即可知其总工期为21天。

当设计为连续施工方式时，还可以按照下列方法确定出流水步距，采用公式计算出施工总工期。

112

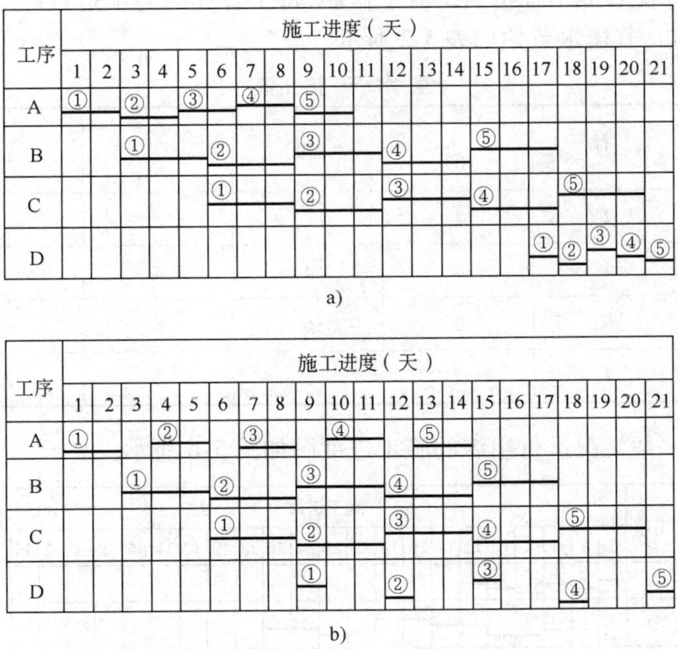

图5-5 一般情况分别流水作业图

（1）当后一道工序的作业持续时间（t_{i+1}）等于或大于前道工序的作业持续时间（t_i）时，流水步距根据后一道工序所要求的时间间隔（或足够的作业面）决定。即：

当 $t_{i+1} \geq t_i$ 时，第 i 专业队与第 $i+1$ 专业队之间的流水步距（$K_{i,i+1}$）用式（5-16）计算：

$$K_{i,i+1} = t_i \tag{5-16}$$

（2）当 $t_{i+1} < t_i$ 时，流水步距（$K_{i,i+1}$）用式（5-17）计算：

$$K_{i,i+1} = mt_i - (m-1)t_{i+1} \tag{5-17}$$

则分别流水各工序连续施工时的总工期 T 可用式（5-18）计算：

$$T = \sum_{i=1}^{n-1} K_{i,i+1} + mt_n \tag{5-18}$$

式中：t_n——末道工序的流水节拍；

其余符号意义同前。

例如，在图5-5a)中：

因为 $t_B = 3 > t_A = 2$，所以 $K_{A,B} = t_A = 2$；

因为 $t_C = 3 = t_B$，所以 $K_{B,C} = t_B = 3$；

因为 $t_D = 1 < t_C = 3$，所以 $K_{C,D} = 5 \times 3 - (5-1) \times 1 = 11$。

总工期：

$$T = (2 + 3 + 11) + 5 \times 1 = 21（天）$$

2）成倍节拍流水

成倍节拍流水是指各施工过程的流水节拍互为大于1的整数倍关系时的分别流水。

在分别流水中，当各工序的流水节拍全部或部分不相等但互为大于1的整数倍关系时，可组织为成倍节拍流水作业。显然，成倍节拍流水是分别流水的一种特殊情况。

[**例5-6**]　某6座管涵工程拟组织流水作业,每个管涵的施工过程(工序)为:挖槽、砌基础、安装涵管、砌洞口,其流水节拍如表5-2所示。

流　水　节　拍　t_i 值　　　　　　　　　　　表5-2

工序＼施工段	①	②	③	④	⑤	⑥
挖槽	2	2	2	2	2	2
砌基础	4	4	4	4	4	4
安装涵管	6	6	6	6	6	6
砌洞口	2	2	2	2	2	2

按分别流水的一般情况进行组织的施工进度图如图5-6所示。

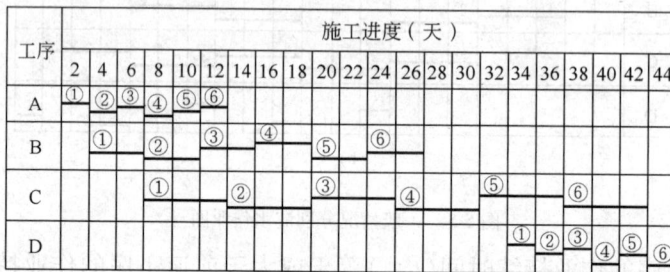

图5-6　施工进度图

通过对图5-6的研究,我们会提出这样的问题:能否再增加施工过程B(砌基础)和C(安装涵管)的资源投入,使其生产能力增加,流水节拍分别由4天和6天缩短到2天,以便缩短总工期。当然这要根据现场具体情况来确定,若工期要求较紧且现场条件(如工作面满足要求,不致降低生产效率)允许的情况下,可增加人工和机械等投入,但在施工组织安排上应将这些机械或专业班组以交叉的方式安排在不同的施工段上。这种组织方式称为成倍节拍流水。

组织成倍节拍流水的步骤:

(1)求各流水节拍的最大公约数K_K,它相当于各道工序都共同遵守的"公共流水步距"。

(2)求各道工序的专业施工队数目b_i。每道工序的流水节拍t_i是K_K的几倍,就应相应安排几个施工队,才能保证均衡施工。同一施工项目的各个施工队依次相隔K_K个时间单位投入流水施工,因此,施工队数目b_i按式(5-19)计算:

$$b_i = \frac{t_i}{K_K} \tag{5-19}$$

(3)将专业施工队数目的总和$\sum b_i$看成是工序数n,将K_K看成是流水步距后,按全等节拍流水的方法安排施工进度。

(4)计算总工期T。由于$n = \sum b_i$,因此可以按式(5-15)计算总工期,得式(5-20),即:

$$T = (m + \sum b_i - 1)K_K \tag{5-20}$$

对上述[例5-6]的管涵工程:

(1)确定流水节拍的最大公约数K_K。2、4、6、2的最大公约数为2,则:$K_K = 2$。

(2)求各施工过程的专业施工队数目b_i。由式(5-19)计算,b_i依次为:1、2、3、1。

114

（3）专业施工队数目 $\sum b_i = 1 + 2 + 3 + 1 = 7$。

（4）总工期由式（5-20）计算：$T = (6 + 7 - 1) \times 2 = 24$（天）。

（5）绘制成倍节拍流水作业施工进度图，如图5-7所示。

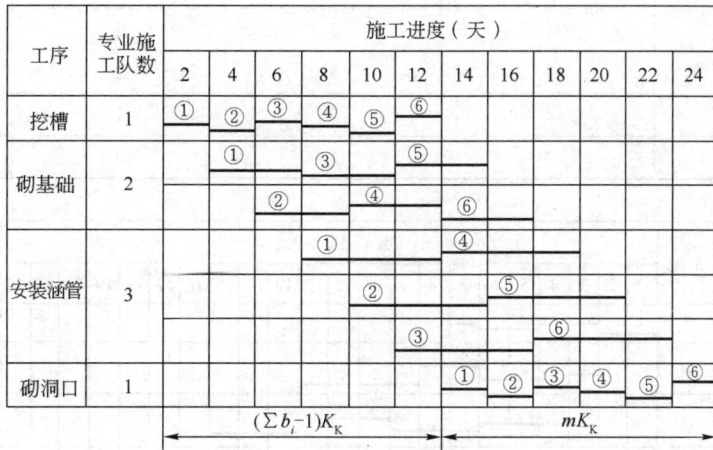

工序	专业施工队数	施工进度（天）											
		2	4	6	8	10	12	14	16	18	20	22	24
挖槽	1	①	②	③	④	⑤	⑥						
砌基础	2		①		③		⑤						
			②		④		⑥						
安装涵管	3				①		④						
					②		⑤						
					③		⑥						
砌洞口	1							①	②	③	④	⑤	⑥

图5-7　成倍节拍流水作业图

从图5-7可知，成倍节拍流水的基本特点有：

（1）同一工序在各个施工段上的流水节拍彼此相等，不同工序在同一施工段上的流水节拍彼此不相等，但互为大于1的整数倍关系，这也是组织全等节拍流水作业的条件。

（2）专业施工队的数目 n_1 大于工序数 n，即 $n_1 > n$。

（3）各专业施工队都能保持连续作业，施工段没有空闲，整个施工是连续的、均衡的，各专业队按自己的节奏施工。

值得说明的是，成倍节拍流水的组织方式，与采用"两班制"、"三班制"的组织方式有所不同。"两班制"、"三班制"的组织方式，通常是指同一个专业班组在同一施工段上连续作业16h（"两班制"）或24h（"三班制"）；或安排两个专业班组在同一施工段上各作业8h累计16h（"两班制"）；或安排三个专业班组在同一施工段上各作业8h累计24h（"三班制"）。因而，在进度计划上反映出的流水节拍应为原流水节拍的1/2（"两班制"）或1/3（"三班制"）。而成倍节拍流水的组织方式，是将增加的专业班组与原专业班组分别以交叉的方式安排在不同的施工段上进行作业，因而其流水节拍不发生变化。

3. 无节拍流水

在实际中，由于桥梁工程结构和构造特点，加上施工现场的施工条件又是复杂和多变的，因此，在划分施工段时，要使各施工过程在各施工段上的工程量相等或大致相等是较为困难的。即使是工程量大致相等，但由于各专业班组的劳动生产率的差异，也很难使各施工过程的流水节拍相等或互相成倍数关系，因而也就很难组织全等节拍流水或分别流水。此时，则适宜采用无节拍流水方法组织施工。

无节拍流水是指同类工序的流水节拍在各施工段上不完全相等，而且不同类工序的流水节拍相互也不完全相等时的流水组织方式。

[例5-7]　某项工程施工划分为A、B、C、D、E五道工序，平面上划分成四个施工段。每道工序在各施工段上的流水节拍见表5-3，则其流水进度计划如图5-8所示。

工序＼施工段	①	②	③	④
A	2	2	2	1
B	1	2	2	4
C	3	3	2	3
D	4	3	1	3
E	3	1	2	4

图 5-8　无节拍流水作业图

1）基本特点

（1）同一工序在各个施工段上的流水节拍彼此不相等，不同工序在同一施工段上的流水节拍彼此不相等，这也是无节拍流水作业的条件；

（2）专业施工队数目等于工序数目 n，即按施工过程（工序）组织专业施工队。

从图 5-8 中可看出，上述无节拍流水作业的组织结果是各专业施工队未能实现连续施工，施工段也有空闲的情况。总工期也只能通过作图来确定。

在无节拍流水作业组织中，将各个专业队在各施工段间的作业合理地搭接起来，使各个专业队连续作业，可以取得特定的经济效益。所谓搭接，就是在前一专业队施工时，使后续的下一专业队在适当时间插入施工，平行操作。所谓合理，就是在一般情况下，后一专业队插入施工时，要做到既能保证各队组都能正常操作和连续施工，又能充分地利用工作面而使工期合理缩短。因此，合理地搭接就是要恰当地确定各依次连续施工的相邻专业队的最小的开工时间间隔。这个最小的开工时间间隔就称为最小流水步距，常用 K_{min} 表示。

2）最小流水步距 K_{min} 的确定

确定最小流水步距 K_{min} 常用"累加数列错位相减取大差法"。由于此法是由前苏联专家潘特考夫斯基提出的，所以又称"潘特考夫斯基法"或"潘氏法"，也称"累加数列法"或"最大差法"。其步骤如下：

（1）根据专业施工队在各施工段上完成某施工过程的流水节拍，求累加数列；

（2）根据施工顺序，相邻两施工过程的累加数列错位相减；

（3）相减结果（仅取正值）中的最大差值即为所求的最小流水步距 K_{min}。

3）总工期 T 的确定

总工期可按流水作业的基本概念求得，即总工期等于各流水步距之和加最后一个施工过程在各施工段上作业时间（流水节拍）之和，即用式（5-21）计算：

116

$$T = \sum_{i=1}^{n-1} K_{i,i+1} + \sum_{j=1}^{m} t_n^j \qquad (5\text{-}21)$$

式中：$K_{i,i+1}$——相邻两施工过程间的最小流水步距；

t_n^j——最后一个施工过程在各施工段上的流水节拍。

对于上述[例5-7]：

（1）求各工序在各施工段上的流水节拍的累加数列

工序 A：2,4,6,7。

工序 B：1,3,5,9。

工序 C：3,6,8,11。

工序 D：4,7,8,11。

工序 E：3,4,6,10。

（2）相邻两累加数列错位相减，计算最小流水步距

①求 $K_{A,B}$

$$
\begin{array}{r}
2,4,6,7 \\
-) \quad 1,3,5,9 \\
\hline
2\;3\;3\;2-9
\end{array}
$$

则 $K_{A,B} = \max\{2,3,3,2\} = 3$。

②求 $K_{B,C}$

$$
\begin{array}{r}
1,3,5,9 \\
-) \quad 3,6,8,11 \\
\hline
1\;0-1\;1-11
\end{array}
$$

则 $K_{B,C} = 1$。

③求 $K_{C,D}$

$$
\begin{array}{r}
3,6,8,11 \\
-) \quad 4,7,8,11 \\
\hline
3\;2\;1\;3-11
\end{array}
$$

则 $K_{C,D} = \max\{3,2,1,3\} = 3$。

④求 $K_{D,E}$

$$
\begin{array}{r}
4,7,8,11 \\
-) \quad 3,4,6,10 \\
\hline
4\;4\;4\;5-10
\end{array}
$$

则 $K_{D,E} = \max\{4,4,4,5\} = 5$。

（3）根据式（5-21）计算总工期为：

$$T = \sum_{i=1}^{n-1} K_{i,i+1} + \sum_{j=1}^{m} t_n^j = (3+1+3+5) + (3+1+2+4) = 22（天）$$

（4）流水作业施工进度图如图5-9所示。

（5）图5-8与图5-9的比较

①一般情况下，直接按流水作业原理作图（如图5-8）所得总工期要比计算最小流水步距后作图（如图5-9）所得总工期小，或者相等。

②图5-8中各专业队（工序）不能保证均能连续作业，而图5-9中的各专业队（工序）一旦开工，均可保证连续作业。

值得说明的是，由于"累加数列错位相减取大差法"能保证各专业队连续作业，因此也同样适用于前述分别流水作业的情况。

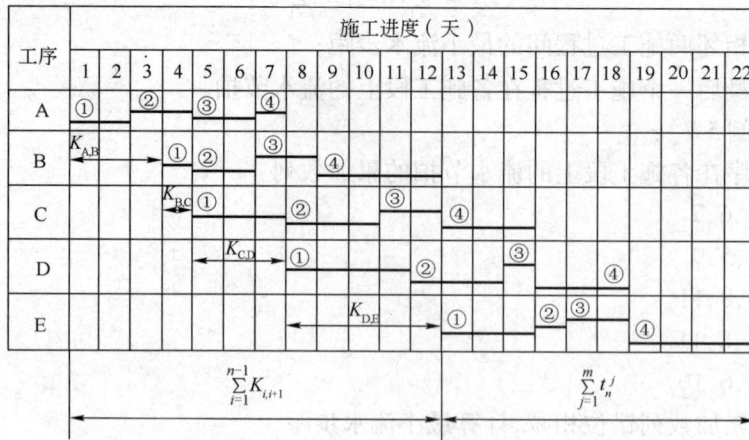

图 5-9　无节拍流水作业图

四、流水作业的作图

1. 流水作业图的形式

流水作业图的形式较多,按流水作业图中线条的形态及其所表达的内容,可分为下列几种形式:

(1)横线工段式,如图 5-3、图 5-5、图 5-6、图 5-7、图 5-8、图 5-9 所示。

(2)横线工序式,如图 5-4 所示。

(3)斜线工段式,如图 5-10 所示,是根据图 5-3 改绘的斜线工段式流水作业图。

图 5-10　斜线工段式流水作业图

(4)斜线工序式,如图 5-11 所示,是根据图 5-4 改绘的斜线工序式流水作业图。

图 5-11　斜线工序式流水作业图

2. 流水作业的作图

流水作业法的施工组织意图和内容,必须通过流水作业图加以表达。作图的过程,也是施工组织的设计过程,要想作出一个较理想的施工进度图,需要综合考虑各种问题。现仅就有关作图的要点作一介绍。

1)开工要素

任何一道工序开工时,必须具备工作面和资源(人工、机械等)两个开工要素,两者缺少任何一个,都不具备工序的开工条件。如图 5-8 中,施工段上②的工序 B 不能在 4 天之前开工,因为在这之前虽有资源条件,但没有工作面;施工段④上的工序 B 不能在 8 天之前开工,因为在这之前虽有工作面,但不具备资源条件。

2)工序衔接原则

(1)工序衔接,以取得最短施工总工期为目的。

(2)必须满足工艺要求和自然过程的需要。

(3)尽量使得同工序在各施工段上能连续作业,并尽可能使得相邻不同工序在同一施工段上能连续作业。

3)工序紧凑原则

为了使流水作业施工组织取得最短总工期,在作图时,各相邻工序之间,应尽量体现紧凑的原则。所谓紧凑原则,就是在保证具备开工条件并符合工序衔接原则的条件下,尽量使所排工序向作业开始方向(一般向图的左端)靠拢。如图 5-8 和图 5-12a)所示,但各工序在各施工段上的工作不连续。

要实现工序连续作业原则,如前所述,对于不同类型的流水作业,均可用"潘特考夫斯基法",如图 5-9 和图 5-12b)所示。

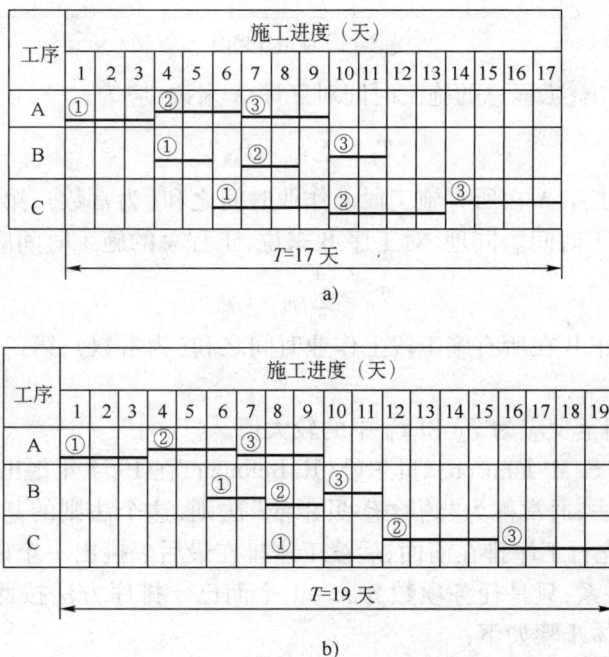

a)

b)

图 5-12　作业紧凑原则比较图

119

第三节　工程项目施工次序的确定

对于无节拍流水作业,如何选择施工段(工程项目)的流水次序,是一个很有意义的问题。由施工工艺决定的工序顺序是不可改变的,但哪个施工段在前哪个施工段在后的流水顺序却是可以改变的,不同的流水顺序总工期不同。例如图5-8,施工段流水顺序为①→②→③→④时,总工期为22天;若按①→④→②→③次序,则总工期为20天;按②→③→④→①时,总工期为23天。

如果预先没有规定特别的施工要求,就可以利用排序方法来预先确定施工段的施工顺序,以求得总工期最短的最优顺序。寻找总工期最短的最优施工次序常用的方法是"约翰逊－贝尔曼"法则。

1. m 个施工段两道工序时的施工次序问题

假定有 m 个工程或施工段,在每个施工段上需要完成 A 和 B 两道工序,A 称为先行工序,B 称为后续工序。设 t_{ij} 为第 i 工作面上完成工序 j 所需的时间,若所有工作面均应先完成工序 A 再完成工序 B,则此任务的横道计划如图5-13所示。

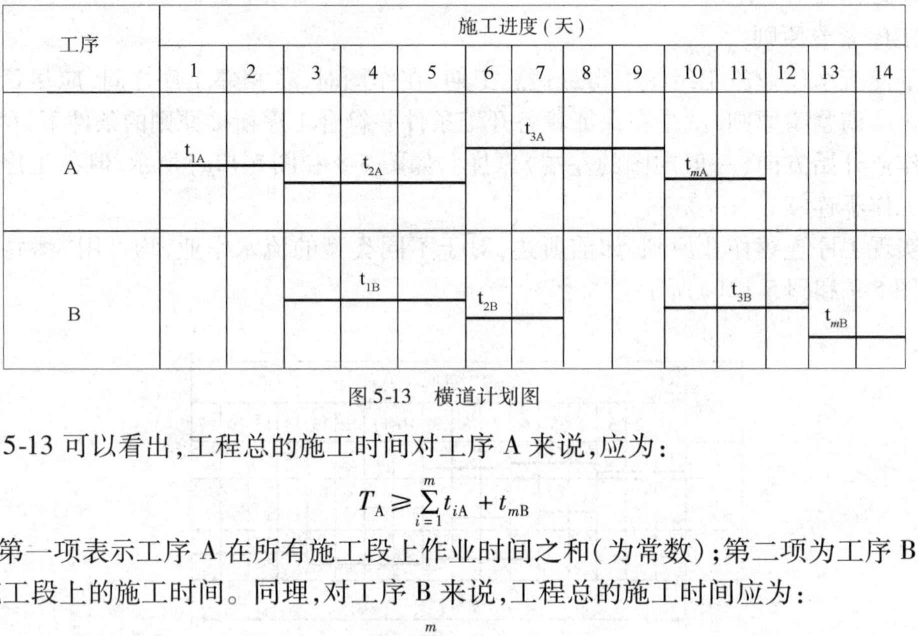

工序	施工进度（天）													
	1	2	3	4	5	6	7	8	9	10	11	12	13	14
A	t_{1A}			t_{2A}			t_{3A}			t_{mA}				
B			t_{1B}			t_{2B}				t_{3B}			t_{mB}	

图5-13　横道计划图

从图5-13可以看出,工程总的施工时间对工序 A 来说,应为:

$$T_A \geq \sum_{i=1}^{m} t_{iA} + t_{mB}$$

其中第一项表示工序 A 在所有施工段上作业时间之和(为常数);第二项为工序 B 在第 m (最后)施工段上的施工时间。同理,对工序 B 来说,工程总的施工时间应为:

$$T_B \geq \sum_{i=1}^{m} t_{iB} + t_{1A}$$

其中第一项为工作 B 在所有施工段上作业时间之和(为常数);第二项为工作 B 开工必须等待时间。

由此可见,总工期至少应为 T_A 和 T_B 中的较大值。

美国学者约翰逊(S. M. Johnson)-贝尔曼(R. Bellman)在1954年提出了一种简单的寻求最短施工时间的排序方法,通常称为"约翰逊-贝尔曼"法则,这个法则的基本原理是:必须在 t_{mB} 和 t_{1A} 中挑其最小值,先行工序排在前面,后续工序排在最后。挑出一个以后,任务数量减少一项,但仍可列出上述关系,只是任务项数为 $m-1$ 个而已。排序方法按此顺序进行,最终可得到最佳施工顺序。具体步骤如下:

(1)在所有 t_{ij} 中找出最小的 t_{iA} 或 t_{iB};

(2)若最小值为 t_{iA},则该施工段优先施工;若最小值为 t_{iB},则将该施工段排在最后施工;若

有几个数值同时达到最小值,可得多个组合安排结果,即存在两个或两个以上工期相等的最佳施工顺序;

(3)将已排好序的施工段除去,余下的施工段再回到步骤(1)和(2)继续判断、排序,直到全部施工段的施工顺序都确定为止。

[例5-8]　某工程队拟对相邻的五座小桥的基础工程进行流水作业法施工,按工程队的机具设备等施工能力,经计算求得各小桥的挖基和砌筑基础两道工序的作业时间(天)如表5-4所示。

表 5-4

施工段 工序	①	②	③	④	⑤
挖基(A)	4	4	8	6	2
砌基础(B)	5	1	4	8	3
顺序	第二	第五	第四	第三	第一

则确定其总工期最短的施工次序的方法为:

第一步,从表5-4的10个数据中找出最小值1,它是②施工段的后续工序,故将②排在最后施工。

第二步,把②排除,考虑余下的①、③、④、⑤四个施工段的8个数据,最小值是2,是⑤施工段的先行工序,故将⑤排在最先施工。

第三步,再把⑤排除,考虑余下的①、③、④三个施工段的6个数据,最小值是4,是①施工段的先行工序和③施工段的后续工序,那么应将①排在第二位,而将③排在倒数第二位。余下④就是第三位了。至此,5个施工段的施工次序为:⑤→①→④→③→②。

本例按⑤→①→④→③→②顺序组织流水施工的总工期为25天。若不按此原则确定施工顺序,一般不能取得最短的施工周期。例如,若按①→②→③→④→⑤的次序施工,总工期需要33天。从数学上可以证明,在五个施工段的120种排序方案中,25天是工期最短的方案。本例最优施工顺序的流水作业图如图5-14所示。

工序	施工进度(天)																								
	1	2	3	4	5	6	7	8	9	10	11	12	13	14	15	16	17	18	19	20	21	22	23	24	25
挖基	⑤		①					④					③								②				
基础			⑤				①						④								③				②

图 5-14　最优施工顺序流水作业图

2. m 个施工段三道工序时的施工次序问题

m 个施工段上完成相同的 A、B、C 三道工序时,当能满足下列条件:

(1)第一道工序 A 在各施工段上持续时间的最小值 $\min\{t_{iA}\}$ 大于或等于第二道工序 B 在各施工段上持续时间的最大值 $\max\{t_{iB}\}$,即:

$$\min\{t_{iA}\} \geqslant \max\{t_{iB}\}$$

(2)第三道工序 C 在各施工段上持续时间的最小值 $\min\{t_{iC}\}$ 大于或等于第二道工序 B 在各施工段上持续时间的最大值 $\max\{t_{iB}\}$,即:

$$\min\{t_{iC}\} \geqslant \max\{t_{iB}\}$$

或者符合上述两个条件之一时,则可将三道工序的施工顺序问题转化成两道工序的施工顺序问题予以解决。具体操作步骤如下:

(1)判断条件 $\min\{t_{iA}\} \geqslant \max\{t_{iB}\}$ 或 $\min\{t_{iC}\} \geqslant \max\{t_{iB}\}$ 是否成立。若成立,则转入(2),否则停止。

(2)将第一道工序和第二道工序在各施工段上的持续时间依次加在一起;将第二道工序和第三道工序在各施工段上的持续时间依次加在一起。

(3)将第二步得到的两个工作持续时间序列看作两道工序的持续时间,按 m 个施工段两道工序时的施工次序排序方法求出最优施工顺序。

(4)施工顺序排定后,再按三道工序在各施工段上的持续时间,计算进度计划施工工期。

[例5-9] 某工程项目有5个施工段,每个施工段均有相同的3个施工过程(工序),各施工段上各工序的作业持续时间如表5-5所示,试排列各施工段的施工顺序,使其施工总工期最短。

表 5-5

施工段 工序	①	②	③	④	⑤
A	3	2	8	10	5
B	5	2	3	3	4
C	5	6	7	9	7
A + B	8	4	11	13	9
B + C	10	8	10	12	11
顺序	第二	第一	第五	第四	第三

由表5-5可知,$\min\{t_{iC}\} = 5 = \max\{t_{iB}\}$,故可按两道工序多施工段的施工顺序排列方法进行。

假想的两道工序(A + B)和(B + C)在各施工段上的施工时间如表5-5所示。按上述方法确定出最优施工次序为:②→①→⑤→④→③,工期为39天,流水作业图如图5-15所示。若按①→②→③→④→⑤顺序施工,则总工期为42天,显然不是最短工期。

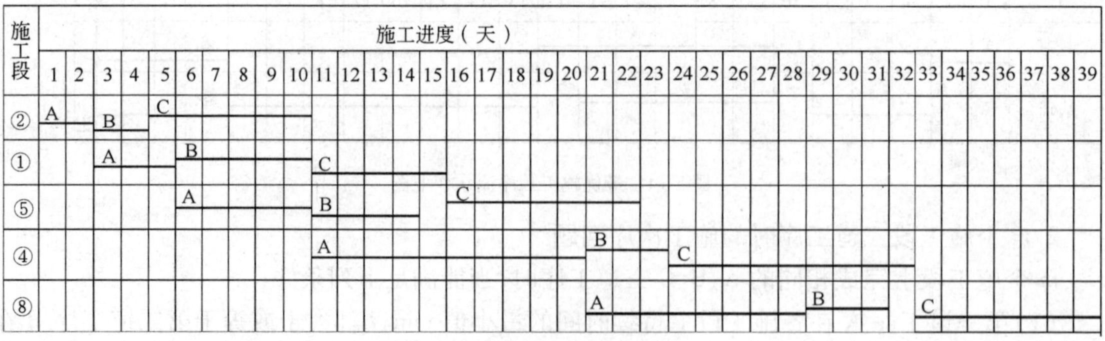

图 5-15 最优施工顺序横道图

对于不符合上述两种特定条件的情况,采用"约翰逊-贝尔曼"法则,虽也可求出最优施工次序,但必须经过反复比较和调整后才能确定。

122

3. m 个施工段多道工序($n > 3$)时的施工次序问题

当 $n > 3$ 时,求解最优排序比较复杂,但原则上仍可采用将工序作业时间按一定方式合并的办法,分别应用"约翰逊-贝尔曼"法则,求出"合并后工序"相应的工期,最后再按选取最小值的方法求得施工次序的较优安排。

"约翰逊-贝尔曼"法则的运用,给我们提供了一个在不增加资源和额外投入的条件下而将工期缩短的经验方法,另一方面也为我们找到了缩短工期的简便方法。但是,由于计算机的出现,采用全排列组合的方法,只要编一段小小的程序即可很快计算出来,所以,"约翰逊-贝尔曼"法则的意义不仅在于简便计算,主要是提供给我们一种思想,利用这一经验法则,可以缩短工期。

施工顺序的安排,除考虑施工速度快外,同时还要考虑施工费用省、施工质量高和保证施工安全。因此必须从实际出发全面加以考虑,使施工顺序的确定能够为好、快、省、安全地完成施工任务创造条件。

第六章　网络计划技术

第一节　网络计划技术及网络图

一、网络计划及含义

1. 网络计划的概念

20 世纪 50 年代中期研究发明了许多计划管理的新方法,其方法名目繁多,但内容大同小异,且都建立在网络模型上,主要用于计划的编制与控制,国外称为网络计划技术,我国著名数学家华罗庚教授称它为统筹方法。

施工网络计划是以加注工序作业持续时间的箭杆和节点组成的网络图来表示施工进度计划。其基本原理是,根据工序先后顺序及其相互关系绘制网络图,通过网络图时间参数计算寻找关键工序及关键线路,并利用时差不断地调整与改善初始网络图,得到最优的施工进度网络图付诸实施,且在实施过程中进行有效的监督与控制,使其达到最佳的施工效果。

网络计划克服了传统的横道间计划、斜条图计划及工程进度曲线图计划的所有缺点,该方法语言严谨、工作要求明确、责任分明、有利于贯彻执行各级岗位责任制、提高计划管理工作质量及工作效率。因此在世界各国得到了广泛应用,并取得了良好的赞评,我国公路工程项目管理中正在大力推广和运用网络计划技术。

2. 网络计划的种类

网络计划技术在 20 世纪几十年的应用和发展中,除最有代表性的关键线路法(CPM)和计划评审技术(PERT)以外,还研究出流水作业网络计划、搭接网络计划、图例评审法等多种网络模型。

(1)CPM 和 PERT 两者虽名称不同,但其主要原理和方法是一致的。不同点在于从时间关系上分为肯定型和非肯定型:CPM 属肯定型,工序持续时间为定值,主要用于工程项目施工进度计划及费用控制;PERT 属非肯定型,工序持续时间为不确定型的随机变量,主要用于项目研究中的进度控制。二者竞争发展,相互渗透及补充,相得益彰,已经没有必要把它们区别了。

(2)流水作业网络计划是我国土建人员于 20 世纪 70 年代末和 80 年代初研制的一种新型网络计划技术,它综合运用了流水施工原理和网络计划技术的特点,即将流水步距加入一般流水作业网络图中,使各专业队连续施工,从而形成符合流水作业要求的网络计划。

(3)搭接网络计划能够反映工序间各种搭接关系的网络计划技术,其搭接关系主要有时距决定,即紧前工序与紧后工序开始或完成之间的时间间隔,具体表现为开始到开始、完成到开始、完成到完成、开始到完成及混合关系时距,通过这些时距可简化网络及其计算工作,从而扩大了应用范围,适用于大型复杂的工程项目进度计划。

(4)图例评审法也称为随机网络计划技术,它是一种广义的随机网络分析方法。

3. 施工网络计划编制步骤

（1）调查研究编制网络计划必需的资料。

（2）确定施工组织及施工方案。

（3）划分施工工序并编制工艺流程。

（4）计算工序持续时间。

肯定型网络计划中工序持续时间，可按有关的计算方法确定；非肯定型网络计划，即采用新工艺、新技术、新材料、新设备时，工序持续时间应采用三时估计法确定，对一道工序估计最短时间（a）、最长时间（b）和最可能的时间（c），再用加权平均算出一个期组值作为工序持续时间（t_e），其计算公式为：

$$t_e = \frac{a + 4c + b}{6} \tag{6-1}$$

（5）编制网络计划初始方案。

（6）网络图时间参数计算及关键线路的确定。

（7）初始网络计划的调整与优化。

（8）编制下达施工的网络计划。

二、网络图及其类型

1. 网络图的分类

网络图是网络计划图的简称，是代表施工进度的网状流程图，根据不同的施工用途，网络图可分为下列类型：

（1）按应用范围分有局部工程项目网络图、单位工程网络图、总体工程网络图。

（2）按工程复杂程度分为简单网络图（工序数在500道以内）和复杂网络图。

（3）按最终控制目标分为单目标网络图和多目标网络图。

（4）按时间表达含义分一般网络图和时间坐标网格图。

（5）按箭线和节点含义的不同分为双代号网络图和单代号网络图。

2. 双代号网络图

双代号网络图中每道工序均由一根箭线和两个节点表示，其中箭杆代表工序，节点表示工序间的逻辑关系，其他工序持续时间、资源需要量及费用等定量参数统称为流。如图6-1所示。

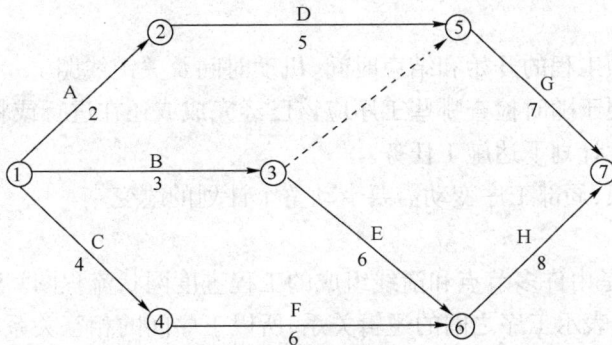

图6-1 双代号网络图

（1）箭线表示广义工序概念。占时间的工作均按工序看待；一般网络图中箭线长度与工序持续时间无关；工序顺序施工时箭线连续画，工序平行作业时箭线平行画；除实箭线外还有

125

虚箭线(无工序名称、不占时间、不耗资源),用于解决工序间的逻辑连接。

虚箭线的引用除解决工序间的连接关系外,还用于解决工序间的逻辑断路问题,即将前后无关系的工序用虚箭断路隔开;两道及其以上工序同时开工同时完成时引用虚箭线,防止发生混乱;不同工程项目之间有管理联系时引用虚箭线表达其关系。

(2)节点是工序之间的交接,既代表紧前工序完成,又代表本工序开始,所以它只是一个瞬间概念。

节点以及编号其规则是从小到大,即箭头节点号应大于箭尾节点号,即节点编号不得重复,但可不连续编号。

(3)线路为网络图起点按箭线方向到终点能通行的路线,所有线路中工序持续时间之和最大的线路为关键线路,关键线路上的各道工序为关键工序,反之关键工序连成关键线路。

(4)双代号网络绘制规则为一张网络图上允许一个起点和一个终点;两个节点之间只允许一根箭线;网络图不允许出现循环线路;不允许使用双向箭线或线段,避免使用反向箭;网络图布局应合理,尽量防止箭线交叉,不得已时采用"暗桥"的方法通过。

3. 时间坐标网格图

双代号时间坐标网络图简称为时标网络图。它以时间为横坐标,绘制各项工序的箭线,使其长度直接反映工序作业持续时间的长短,且在图上显示工序开始和完成时间及工序机动时间与网络计划的关键线路。

例如某工程项目施工进度时标网络图如图 6-2 所示,以此图说明时标网络图的特点。

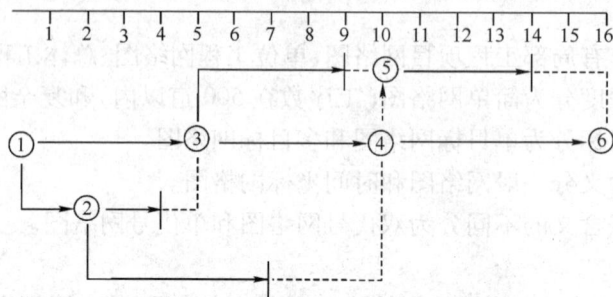

图 6-2　按节点最早时间绘制的时标网络图

(1)时标网格图接近横道图,能够方便地计算资源需要量并绘制其调配图,有利于实施中的施工项目管理。

(2)直接反映各项工程的开始和结束时间、机动时间及关键线路。

(3)计划实施中便于随时检查哪些工序应该已经完成或还在进行或将要开始。

(4)作为施工进度计划下达施工任务。

(5)调整比较麻烦,局部工序变动需要牵动整个计划的改变。

4. 单代号网络图

单代号网络图也是由许多节点和箭线组成的工程进度网状流程图。但是单代号网络图中以节点表示工序,箭线表示工序之间的逻辑关系,所以工序间的相互关系容易表达且不用虚箭线,便于绘图、检查及修改,但不能绘制时标网络图,因此实施中应用较少。

例如将图 6-1 改为单代号网络图见图 6-3。

(1)节点表示广义工序概念,节点代表工序名称、作业持续时间和代号,都标注在圆圈内;

两道及以上工序同时开始或同时结束时应引入虚拟始节点或虚拟终节点。

（2）箭线表示工序之间的逻辑关系，箭头方向表示施工方向，有关箭线前后工序基本关系如图 6-4 所示。

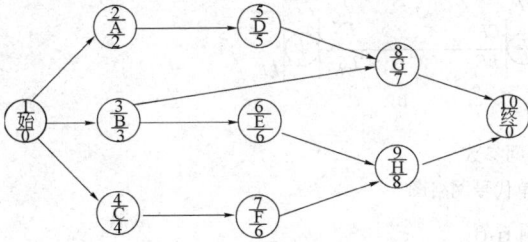

图 6-3　单代号网络图

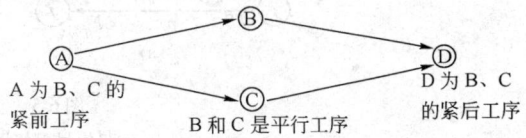

图 6-4　箭线表达的工序关系

（3）节点编号、线路、关键线路、关键工序以及单代号网络的绘制规则等与双代号网络图基本相同。

第二节　网络计划时间参数及其计算

一、时间参数计算

1. 时间参数计算目的

计算网络计划时间参数以便确定关键线路；寻找工序机动时间有利于控制施工计划的潜力；时间参数计算是确定计划工期及进行时间，费用和资源优化的前提条件。

2. 时间参数分类

网络计划时间参数按其特性可分为两大类：第一类为控制性参数，另一类为协调性参数。各类时间参数计算内容如下：

（1）控制性参数
- 最早时间系列参数
  - 工序最早开始时间（ES）
  - 工序最早完成时间（EF）
  - 节点最早时间　　（TE）
- 最迟时间系列参数
  - 工序最迟开始时间（LS）
  - 工序最迟完成时间（LF）
  - 节点最迟时间　　（TL）

（2）协调性参数
- 工序总时差（TF）
- 工序自由时差（FF）

3. 计算假定及计算方法

网络计划计算统一假定工序持续时间是已知的，工序开始时间及完成时间均以单位时间终了时刻为计算标准。

上述各类参数的计算方法，对简单网络图可直接采用图算法或列表计算法，对复杂的网络图必须利用电子计算机计算。

下面将以图算法介绍时间参数计算及其计算公式,图上计算法的图例规定如下:

(1)工序时间参数计算图例规定见图6-5。

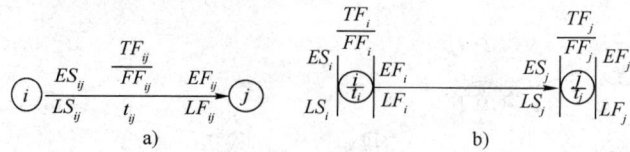

图6-5　工序时间参数

a)双代号网络图;b)单代号网络图

(2)双代号网络图节点参数计算图例规定见图6-6。

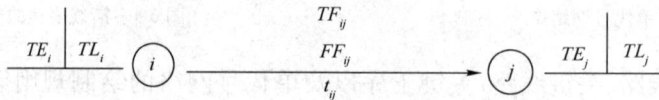

图6-6　节点参数

二、工序时间参数计算

1.计算原理

1)工序最早开始时间和最早完成时间及计划总工期的计算原理

工序最早开始时间是一道工序具备了一定的施工条件和资源条件可以开始施工的最早时间,在施工程序上紧前工序必须完成。因此,计算工序最早开始时间应从网络图的起点开始,按箭线方向逐道工序算到终点,且与起点相连工序的最早开始时间均为零;其他工序最早开始时间等于紧前工序最早开始时间与相应工序持续时间之和的最大值。

工序最早完成时间等于工序最早开始时间加上相应工序的持续时间。

与网络图终点节点相连工序最早完成时间的最大值,就是网络计划的总工期。

2)工序最迟开始时间和最迟完成时间的计算原理

工序最迟开始时间不影响总工期条件下,工序最迟必须开始的时间。因此,工序最迟开始时间的计算顺序应从网络图的终点开始,按箭线逆方向逐道工序算到起点,且与网络图终点相连工序的最迟完成时间必须等于总工期(或者指令工期),所以与网络图终点相连工序的最迟开始时间等于总工期减去该工序的作业持续时间,其他工序最迟开始时间等于紧后工序最迟开始时间的最小值与本工序持续时间之差。

工序最迟完成时间等于本工序最迟开始时间加上相应工序的持续时间。

3)工序机动时间即工序总时差和工序自由时差的计算原理

工序总时差是不影响总工期的条件下,本工序所拥有的极限机动时间,所以它等于本工序最迟开始时间减去该工序最早开始时间。凡总时差为零的工序就是关键工序。

工序自由时差是不影响紧后工序最早开始条件下,本工序所拥有的机动时间,因此它等于紧后工序最早开始时间与本工序最早完成时间之差。工序自由时差是总时差的一部分,总时差为零的工序其自由时差一定为零。

2.计算公式

1)双代号网络图工序时间参数计算公式

$$ES_{1,a} = 0 \tag{6-2}$$

$$ES_{ij} = \max\{ES_{hi} + t_{hi}\}$$

$$EF_{ij} = ES_{ij} + t_{ij} \tag{6-3}$$

$$T = \max EF_{b,n}$$

$$LS_{b,n} = T - t_{b,n}$$

$$LS_{ij} = \min LS_{jk} - t_{ij} \tag{6-4}$$

$$LF_{ij} = LS_{ij} + t_{ij} \tag{6-5}$$

$$TF_{ij} = LS_{ij} - ES_{ij} \tag{6-6}$$

$$FF_{ij} = ES_{jk} - EF_{ij} \tag{6-7}$$

上述各式中：hi 为紧前工序；ij 为本工序；jk 为紧后工序；$1,a$ 为与网络图起点相连的工序；b,n 为与网络图终点相连的工序。

2）单代号网络图工序时间参数计算公式

$$ES_1 = 0$$

$$ES_i = \max\{ES_h + t_h\} \tag{6-8}$$

$$EF_i = ES_i + t_i \tag{6-9}$$

$$T = EF_n = LF_n$$

$$lS_i = \min LS_j - t_i \tag{6-10}$$

$$LF_i = LS_i + t_i \tag{6-11}$$

$$TF_i = LS_i - ES_i \tag{6-12}$$

$$FF_i = \min ES_j - EF_i \tag{6-13}$$

上述各式中：1 为网络图起点；h 为紧前工序；i 为本工序；j 为紧后工序；n 为网络图终点。

式（6-13）中计算单代号网络图工序自由时差时，紧后工序最早开始时间可能不相等，因此应取其最小值作为被减数，但计算原理与双代号网络图相同。

3. 图上计算法计算举例

计算图 6-1 双代号网络图工序时间参数，按公式（6-2）～公式（6-7）分别计算，其结果标注在图 6-7 上。$T = 18$。

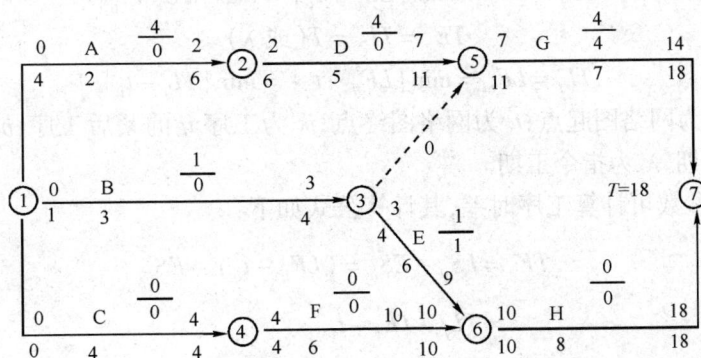

图 6-7　双代号网络图工序时间参数计算结果

计算图 6-3 单代号网络图工序时间参数，按公式（6-8）～公式（6-13）分别计算，其结果标注在图 6-8 上。

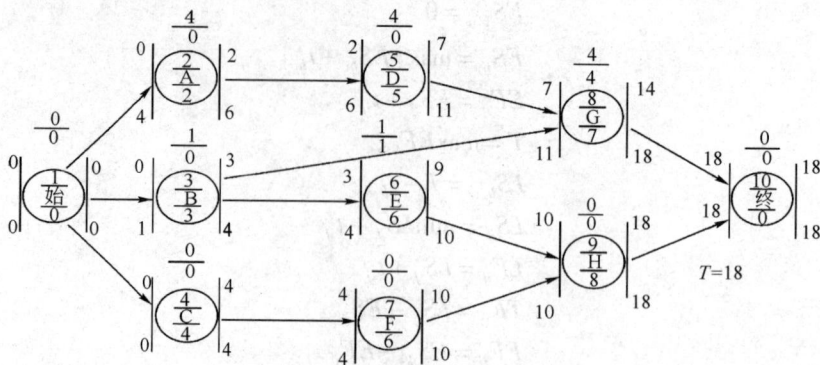

图6-8 单代号网络图工序时间参数计算结果

三、节点时间参数计算

1.节点参数计算原理

在双代号网络图中有两个节点时间参数,即节点最早时间和节点最迟时间。节点最早时间是该节点后所有工序统一的最早开始时间;节点最迟时间则是该节点前所有工序统一的最迟完成时间。

节点最早时间应从网络图的起点开始计算,按箭线方向逐个节点算到终点,且起点节点的最早时间等于零,其他节点最早时间等于紧前各节点最早时间与相应工序持续时间之和的最大值。

计算节点最迟时间时应从网络图的终点开始,按箭线的逆方向逐个节点算到起点,且终点节点最迟时间等于终点节点最早时间,也等于计划总工期(或指令工期),其他节点最迟时间等于各紧后节点最迟时间与相应工序持续时间之差的最小值。

2.节点时间参数计算公式

$$TE_1 = 0$$

$$TE_j = ES_{jk} = \max\{ES_{ij} + t_{ij}\} = \max\{TE_i + t_{ij}\} \tag{6-14}$$

$$TE_n = TL_n = T(\text{或}\lambda)$$

$$TL_i = LF_{hi} = \min\{LF_{ij} - t_{ij}\} = \min\{TL_j - t_{ij}\} \tag{6-15}$$

上述式中:1 为网络图起点;n 为网络图终点;jk 为工序 ij 的紧后工序;hi 为工序 ij 的紧前工序;T 为计划工期,λ 为指令工期。

用节点时间参数可计算工序时差,其计算公式如下:

$$TF_{ij} = LS_{ij} - ES_{ij} = (LF_{ij} - t_{ij}) - ES_{ij}$$

$$= TL_j - TE_i - t_{ij} \tag{6-16}$$

$$FF_{ij} = ES_{jk} - EF_{ij} = ES_{jk} - (ES_{ij} + t_{ij})$$

$$= TE_j - TE_i - t_{ij} \tag{6-17}$$

3.节点时间参数计算举例

以图6-1 双代号网络图为例,计算节点时间参数及工序机动时间,其计算结果见图6-9。

130

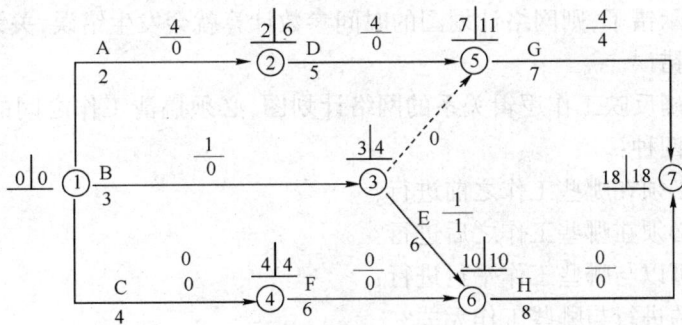

图 6-9　双代号网络图节点时间参数计算结果

四、确定关键线路

关键线路是完成施工任务的关键,网络计划时间参数计算目的之一就是确定出关键线路,其方法有线路枚举法、关键工序法及关键节点法。

1. 线路枚举法

该方法将网络图中所有的线路均列出并寻找总持续时间最长的线路。此法对双代号及单代号网络图都适用。例如,在图 6-1 双代号网络图中线路有四条:1-2-5-7 总持续时间为 14,1-3-5-7 总持续时间为 10,1-3-6-7 总持续时间为 17,1-4-6-7 总持续时间为 18;在图 6-3 单代号网络图中线路也有四条:1-2-5-8-10 总持续时间为 14,1-3-8-10 总持续时间为 10,1-3-6-9-10 总持续时间为 17,1-4-7-9-10 总持续时间为 18。因此图 6-1 的关键线路为 1-4-6-7,图 6-3 关键线路为 1-4-7-9-10,该网络计划的总工期为 18。

2. 关键工序法

关键工序连成关键线路,所以计算网络图协调性参数可找出关键工序,在工序时间参数计算中总时差为零的工序为关键工序。例如图 6-7 中关键工序为 C、F、H,在图 6-8 中关键工序也是 C、F、H,由各关键工序连成的关键线路分别为 1-4-6-7 和 1-4-7-9-10。

3. 关键节点法

在双代号网络图节点时间参数后,可采用关键节点法寻找关键线路。某节点最早时间等于该节点最迟时间时称之为关键节点,两个关键节点构成关键工序的条件为:

箭尾节点时间 + 工序持续时间 = 箭头节点时间

构成关键工序后关键线路也就确定了。例如图 6-9 中关键节点有 1、4、6、7 分别构成关键工序 C、F、H,连成关键线路 1-4-6-7。

第三节　双代号网络图及时标图的绘制

一、双代号网络图的绘制

1. 工作逻辑关系的表示方法

工作逻辑关系是工作进行时客观存在的一种先后顺序关系。在表示工程进度计划的网络图中,工作之间的逻辑关系是由施工组织、施工技术、工艺流程、资源供应、施工场地等决定的。各项工作之间逻辑关系表达正确与否,是网络计划图能否反映工程项目实际情况的关键。如果工作逻辑关系表示错了,则网络计划图的时间参数计算就会发生错误,关键线路和工程计划总工期也跟着发生错误。

要绘制一张正确反映工作逻辑关系的网络计划图,必须搞清工作之间的关系。工作之间基本的逻辑关系有四种:

(1)本项工作必须在哪些工作之前进行?

(2)本项工作必须在哪些工作之后进行?

(3)本项工作可以与哪些工作平行进行?

(4)本项工作的进行与哪些工作无关?

在工程实际的网络计划图中,各项工作之间的逻辑关系是复杂多变的,表6-1所列的是网络计划图中常见的一些工作关系的表示方法。各工作名称以字母表示,供绘双代号网络计划图时参考。

2.虚箭线的应用

在绘制工程进度计划网络图时,根据工作关系的需要增设虚箭线,下面介绍虚箭线在表达工作间逻辑关系的应用。

1)虚箭线用于解决工作间逻辑关系的连接

在表6-1序号4中,工作A的紧后工作为C,工作B的紧后工作为D,但工作D又是工作A的紧后工作,为了把A、D两项工作的前后关系连接起来,需引入虚工作。由于虚工作的持续时间为零,所以A工作完成后D工作才能开始。同理在表6-1序号5、6竖向虚工作,7、8和9(1)表示方法中,虚箭线都是在工作关系连接方面的应用。

常见工作逻辑关系的表示方法 表6-1

序号	工作之间的逻辑关系	网络图中的表示方法
1	A完成后同时进行B和C	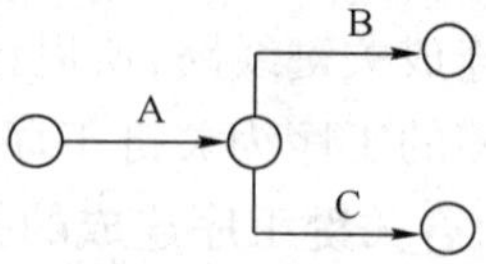
2	A、B均完成后进行C	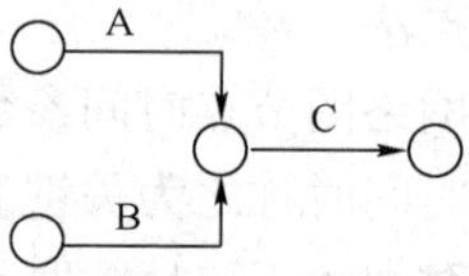
3	A、B均完成后同时进行C和D	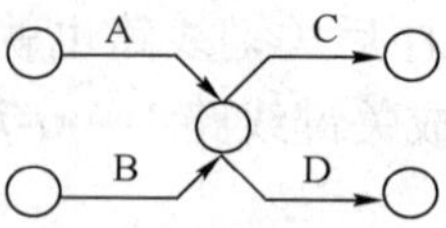
4	A完成后进行C,A、B均完成后进行D	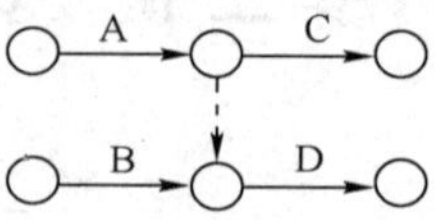
5	A、B均完成后进行D,A、B、C均完成后进行E,D、E均完成后进行F	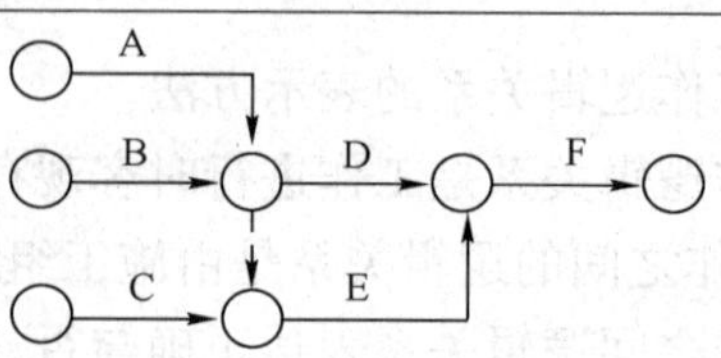

序号	工作之间的逻辑关系	网络图中的表示方法
6	A、B 均完成后进行 C，B、D 均完成后进行 E	
7	A、B、C 均完成后同时进行 D，B、C 均完成后进行 E	
8	A 完成后进行 C，A、B 均完成后进行 D，B 完成后进行 E	
9	A、B 两项工作分成 3 个施工段，分段流水施工：A_1 完成后进行 A_2、B_1，A_2 完成后进行 A_3，A_2、B_1 均完成后进行 B_2，A_3、B_2 都完成后进行 B_3	

2) 虚箭线用于解决工作关系的逻辑断路问题

绘制双代号网络计划图时，容易产生错误之处是把不该发生的工作逻辑关系连接起来，使网络图发生与实际不相符的逻辑错误。这时必须引入虚箭线隔断原来没有的工作联系，这种处理方法称为"断路法"。产生此类错误的地方常在内向箭线和外向箭线的节点处，绘双代号网络图时应特别注意，下面举例说明。

例如，某桥基础工程施工可分解为挖基坑、地基处理、砌基础、回填土四道工序，分两个施工段流水施工。如果绘成图 6-10a) 双代号网络图那就错了，因为第二施工段上的挖基坑（挖 2）与第一个施工段上砌基础（砌 1）不存在逻辑关系，同样砌 1 与处 2 也不存在逻辑关系。正确的绘制方法应把不该发生逻辑关系的工序连接引入虚箭线断开，如图6-10b)所示。此法在流水作业施工进度计划双代号网络图中广泛应用。

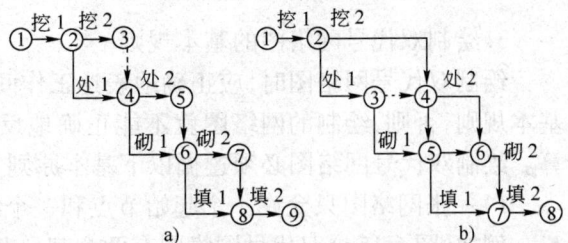

图 6-10 明挖基础施工双代号网络图
a）错误网络图；b）正确网络图

133

3）当两项或两项以上的工作同时开始和同时结束时，必须引入虚箭线，以免造成混乱

图6-11a）中，工作A、B、C三条箭线共用③、④两个节点，则代号（3,4）同时表示工作A、B、C，这样就产生了混乱。如果引入虚箭线，则符合双代号网络图每项工作均由一根箭线和两个节点代号组成的基本含义，如图6-11b）所示。

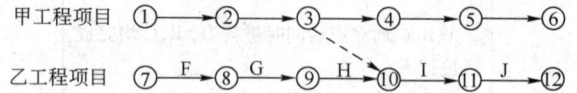

4）虚箭线在不同工程项目之间工作有联系时的应用

例如，甲、乙两项独立的工程项目施工时，应分别绘制双代号网络图；但如果两工程的某些工序需要共用某台施工机械或某个技术班组时，就应引入虚箭线表示这些联系，如图6-12所示。

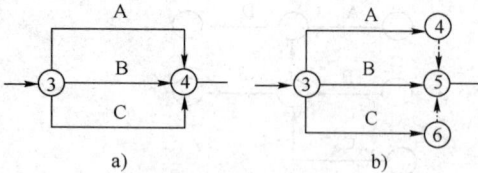

图6-11　虚箭线表示两节点的平行工作　　　　　图6-12　虚箭线在不同工程项目的应用

从图6-12可以看出，乙工程项目的I工序不仅紧前工序H完成而且甲工程项目的B工序也应完成后才能开始。

综上所述，在绘制双代号网络计划图时，引用虚箭线是非常重要的。但是，在什么地方、在什么情况下引用虚箭线的判断比较困难，一般是先增设虚箭线，待网络计划图构成以后，再删除不必要的虚箭线。因为多余的虚箭线会增加绘图工作量和计算工作量，而且没有必要的虚箭线还会使网络图复杂，所以应将其删除。删除多余虚箭线的方法有：

（1）如果虚箭线是进入节点的唯一的箭线，一般应将这条虚箭线删除；但当这条虚箭线是为了区分两个节点间两个或两个以上工作同时开始同时结束时，这条虚箭线不能删除，如图6-13所示。

（2）当一节点有两条虚箭线进入，一般可清除其中一条虚箭线，图6-13中删除了一条虚箭线。在图6-14中节点②的两条外向虚箭线和节点⑤的两条内向虚箭线都不能删除。

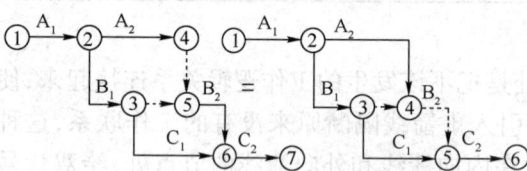

图6-13　删除一条虚箭线　　　　　　　　图6-14　虚箭线不能删除

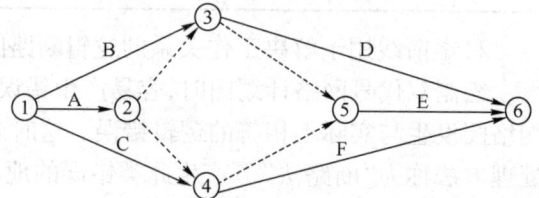

3. 绘制双代号网络图的基本规则

绘制双代号网络图时，应正确地表达工作间的逻辑关系和引用虚工作并遵循有关绘图的基本规则，否则，绘制的网络图就不能正确地反映工程项目的施工流程和进行时间参数的计算。绘制双代号网络图必须遵循以下基本原则。

1）一张网络图只允许一个起始节点和一个终点节点

例如，图6-15a）双代号网络图有两个起始节点①、②，这是不允许的。解决此问题的最简单的方法是用虚箭线把节点①与②连接起来，使网络图变成一个起点，见图6-15b）。

又如在网络图中出现了多个终点节点，图6-16a）中的节点③、④、⑥出现了三个终点，这也是不允许的。此时同样增设虚箭线把节点③、⑥和节点④、⑥连接起来，使之成为一个终节

134

点,如图6-16b)所示。

2)一对节点之间只允许一条箭线

在双代号网络图中,两个代号表示一项唯一的工作,如果一对节点之间有两条甚至更多条箭线同时存在,则无法分清这两个代号究竟代表哪一项工作,这种情况下正确的表达方式是引入虚箭线。

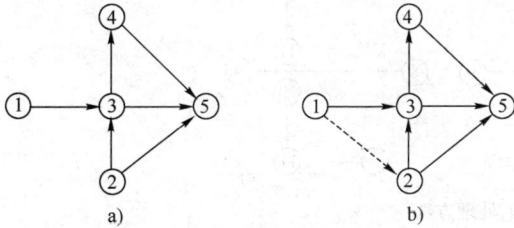

图6-15 网络图只允许一个起点　　　　　图6-16 网络图只允许一个终点

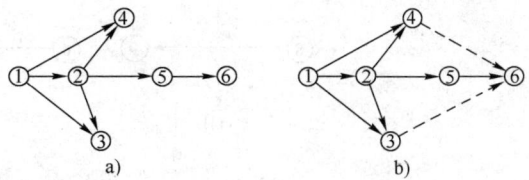

3)网络计划图中不允许出现闭合回路

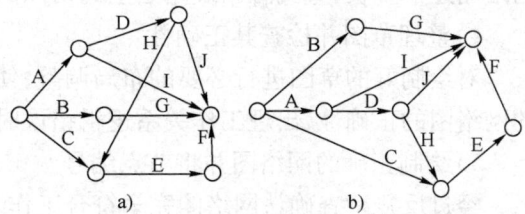

在网络计划图中,如果从一个节点出发沿某一条线路又能回到原出发的节点,称此线路为闭合回路。图6-17a)中节点③、④、⑤就是一条闭合回路,它表示的工作关系是错误的,工艺流程相互矛盾,工作A、B、C的每一项都无法开始,也无法结束,此时若用计算机计算网络图时间参数时只进行循环运行,不能输出计算结果。遇到这种情况的处理办法一般是更改反箭线,消除闭合回路,如图6-17b)所示。

4)网络计划图中不允许出现线段、双向箭头,并应避免使用反向箭线

表示工程进度计划的网络图是一种施工进程方向的网状流程图,有向线段中箭头方向为施工前进方向,所以不允许出现无箭头的线段和双向箭头的箭线。箭线所表达的工作需要占用时间,而时间是不可逆的,应避免使用反向箭线,否则容易引起闭合回路;在时标网络计划图中,更不允许出现反向箭线。

5)网络计划图的布局应合理,尽量避免箭线交叉

网络图布局调整的目的,除避免箭线交叉外,还应尽量使图面整齐美观,如图6-18所示。

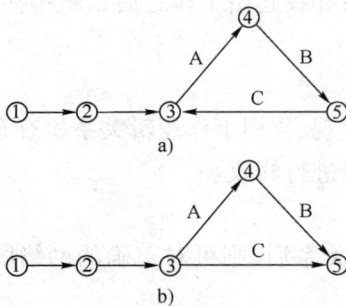

图6-17 网络图不允许出现闭合回路　　　　图6-18 网络图的合理布局
　　　　　　　　　　　　　　　　　　　　　a)调整前;b)调整后

当箭线的交叉不可避免时,应采用"暗桥"、"断线"或"指向"等方法加以处理,如图6-19所示。

4.绘制双代号网络计划图的步骤

1)按施工方案进行工作划分

施工方案决定了工程项目的施工顺序、施工方法、资源供应方式及主要指标的控制量等。

按确定的施工方案编制符合施工工艺及施工组织条件的工艺流程,即按施工方案分解若干单项工作,确定工作项目,接着确定这些工作之间的逻辑关系。既要确定各工作开始之前应完成哪些紧前工作,或者工作之后有哪些紧后工作,又要定出各工作可平行的工作内容,以便找出工作之间的相互关系。

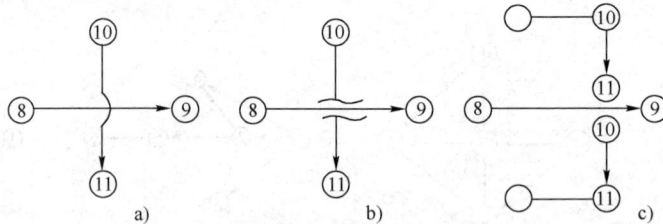

图 6-19 箭线交叉的处理方法
a)暗桥法;b)断线法;c)指向法

2)构成一个工作关系时间表

当各工作之间的逻辑关系确定之后,还应确定各工作的持续时间,工作持续时间的确定或计算方法与第一章第二节"流水节拍"相同。工作持续时间直接影响到网络计划的质量,若时间太短,会造成工作无法完成或者影响工程质量;如果时间太长,又造成时间的浪费。所以应按正常情况合理地确定工作持续时间。

确定项目工作时间相应关系和工作持续时间后,根据情况考虑资源用量和费用消耗等问题,并将这些资料填写到工作关系表中去。一般构成工作关系时间表的基本内容包括:

(1)工作代号:常用英文字母表示。

(2)工作名称:从事工作的具体内容。

(3)紧前工作(或紧后工作)。

(4)持续时间、资源用量、费用消耗等定量数据。

3)逐节生长法绘草图

根据工作关系表首先确定哪些工作为起始工作,然后寻找起始工作之后紧跟哪些工作,使网络图逐节生长,直到各条线路绘至网络图的终点为止。

4)整理草图并检查其正确性

对绘制好的草图进行必要的布局调整,使图面整齐美观,再用工作逻辑关系检查布局合理的网络图的正确性,出现工作关系逻辑错误时引入虚箭线进行修改。

5)绘制正确的网络图并将节点编号

经过反复检查确认网络图完全符合工作之间的逻辑关系后,则可对正确的网络图进行节点编号。

5.双代号网络图的绘制方法

构成工作关系及工作持续时间表后,绘制网络计划图通常采用以下方法。

1)前进法

前进法是从网络图起点开始顺箭线方向逐节生长法绘图,直到各线路均达到网络图的终点为止。一般当工作关系表中列出本工作与紧后工作的关系时,可方便地采用前进法绘网络图。前进法绘图的关键是第一步,要正确而又清楚地确定出哪些工作为开始工作。

2）后退法

后退法是从网络图终点节点开始逆箭线方向逐节后退,直到各条线路均退回到网络图的起点为止。一般当工作关系表中列出本工作与紧前工作关系时,使用后退法较为方便。后退法绘网络图的关键是后退的第一步,也应正确又清楚地确定出哪些工作为结束工作。

3）先粗后细法

在工程进度计划实际网络图绘制中,可先粗略划分工程项目,然后逐步细分,先绘制分项或分部工程的子网络图,再拼成单位工程或单项工程总网络图。因此,工程实际绘制网络计划图时广泛采用先粗后细法。

6. 工程应用实例及示例

1）某段城市道路更新工程应用实例

某一段城市道路更新工程,工作项目划分与工作相互关系及工作持续时间见表6-2,试绘制其施工进度双代号网络计划图。

根据表6-2所列工作关系,如果采用前进法绘网络图,关键是确定A为开始工作,然后从表6-2中找出紧前工作与本工作的前后关系,逐节生长绘图直至网络图的终点;若采用后退法绘网络图,关键是确定H为结束工作,再从表6-2中寻找本工作与紧前工作后前关系,逐节后退绘图直到网络图的起点。绘制的双代号网络计划图如图6-20所示。

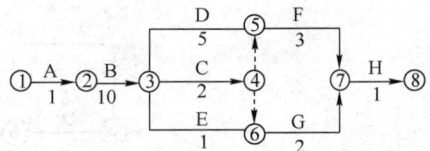

图6-20　道路更新工程施工进度双代号网络计划图

工作项目划分明细表　表6-2

工 作 代 号	A	B	C	E	E	F	G	H
工作名称	测量	土方工程	路基施工	安装排水设施	清理杂物	路面施工	路肩施工	清理场地
紧前工作	—	A	B	B	B	C、D	C、E	F、G
持续时间(天)	1	10	2	5	1	3	2	1

2）某立交桥工程应用实例

某合同段立交桥工程施工工期直接影响主线路基和四条匝道路基填筑,据此确定工程项目的工作组成和工作间的逻辑关系及工作持续时间,如表6-3所示。绘制其施工进度双代号网络图。

工 作 关 系 表　表6-3

工 作 代 号	工 作 内 容	紧 前 工 作	持续时间(周)
A	临建工程	—	5
B	施工组织设计	A	3
C	平整场地	A	1
D	材料进场	B	3
E	主桥施工放样	B	1
F	材质及配合比试验	C	1
G	基础工程施工	D	4

工作代号	工作内容	紧前工作	持续时间(周)
H	桥墩施工	G	3
I	修筑预制场	E	1
J	主梁预制	I	6
K	施工盖梁	H	4
L	预制场吊装设备安装	F	1
M	吊装准备工作	L	1
N	主梁安装	J、K、M	3
P	桥面系统施工	N	2

根据表 6-3 工作逻辑关系,利用后退法或前进法绘制某立交桥施工进度的双代号网络图,见图 6-21。

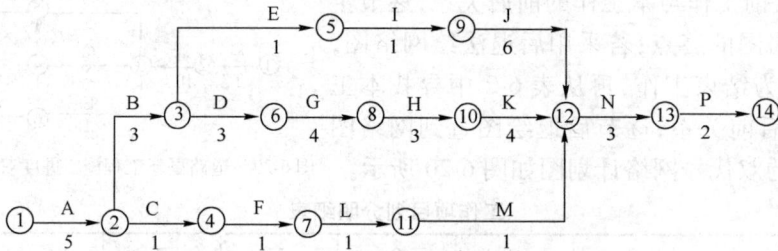

图 6-21　某立交桥施工进度双代号网络图

3)根据表 6-4 绘制双代号网络图

工 作 关 系 表　　　　　　　　　　　　　　　表 6-4

工作名称	A	B	C	D	E	F	G	H	I	J
紧后工作	D	G	E、F	G、H	H、I	—	J	J	—	—

第一步,根据工作关系表 6-4 用前进法绘草图,关键是确定 A、B、C 工作同时开始,见图 6-22。

第二步,调整网络图的布局,避免箭线交叉,见图 6-23。

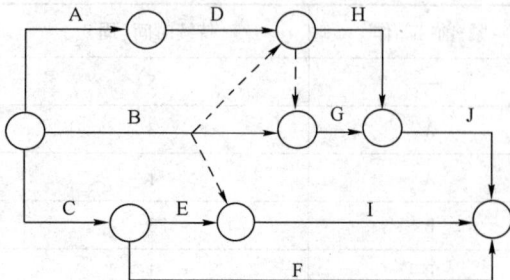

图　6-22

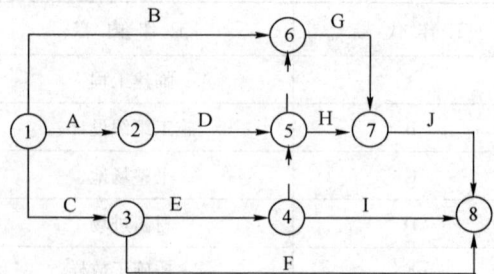

图　6-23

第三步,用后退法检查图 6-23 中的工作相互关系是否全部符合表 6-4。检查发现节点⑤处前面有虚工作(4,5),后面还有虚工作(5,6)使工作 E 和工作 G 产生前后关系,此关系在表 6-4 中不存在,应引入虚箭线断路以隔断工作 E 和工作 G 的前后关系,见图 6-24。

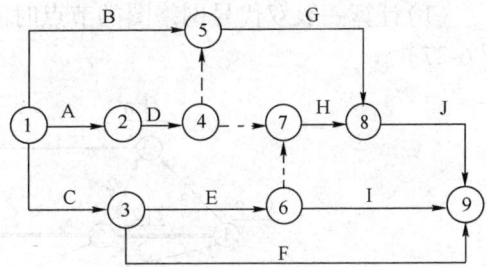

图 6-24

第四步,对工作关系正确的网络图进行节点编号,如图 6-24 所示。

4)根据表 6-5 绘双代号网络图

工 作 关 系 表　　　　　　表 6-5

工作名称	A	B	C	D	E	F	G	K	H
紧前工作	H	D	—	C、F	—	—	B	D、E	G、K

第一步,依据表 6-5 用后退法绘草图,关键是确定 A 为结束工作,见图 6-25。

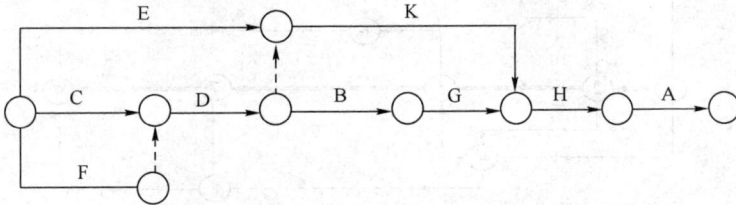

图 6-25

第二步,用前进法检查图 6-25 中的工作关系是否全部符合表 6-5,将网络图排列整齐并进行编号,见图 6-26。

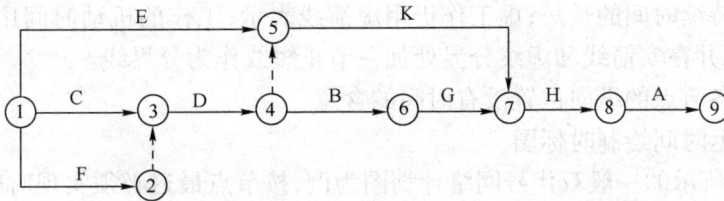

图 6-26

二、时标图的绘制方法

时间坐标网络计划图的绘制方法有三种,即按节点最早可能实现时间(节点最早时间)、节点最迟必须实现时间(节点最迟时间)、优化时间直接绘制。前两种方法主要用于网络计划分析和资源优化,所以应用较广;后一种方法只适用于工程项目中工作数目较少、工艺过程较简单的进度网络计划,因此实际应用较少。下面主要介绍按节点最早时间和节点最迟时间绘时标图的方法与步骤。

1. 按节点最早时间绘制时标图

图 6-27 为一般双代号网络计划图,试按节点最早时间(ET)将其绘成时间坐标网络计划图。

按节点最早时间绘制时标图的步骤如下:

（1）计算一般双代号网络图的节点时间参数并确定关键线路，作为绘制时标图的依据，见图6-27。

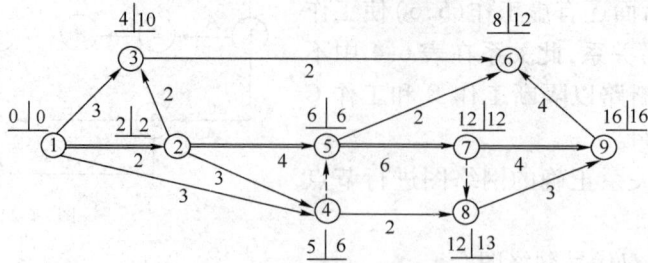

图 6-27　一般双代号网络图

（2）以计算出的计划工期为横轴，作出时间坐标，并把网络图中的关键线路放在时标图中的适当位置。

（3）按节点最早时间绘制非关键线路，见图6-28。

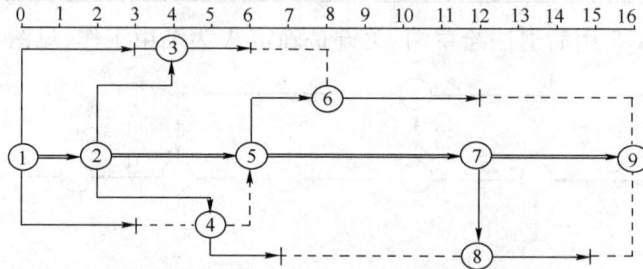

图 6-28　按节点最早时间绘出的时标图

①图中所有节点的位置，应按节点的最早可能实现时间标画在相应的时间坐标上。

②从网络图起点开始按箭线方向逐项工作绘至网络图的终点，工作用实箭线表示，实箭线的长度表示工作持续时间的长短；虚工作仍用虚箭线表示；工作的机动时间用虚线表示，虚线补在实线的右边，并在实箭线和虚线分界处加一节止短线作为分界线。

③时标图中各节点的纵向位置没有时间的含意。

2. 按节点最迟时间绘制时标图

仍以图6-27所示的一般双代号网络计划图为例，按节点最迟必须实现时间绘制时标网络计划图，其绘制步骤为：

（1）、（2）两个步骤与按节点最早时间绘制时标网络图完全相同。

（3）按节点最迟时间绘制非关键线路。

①图中所有节点的位置，应按节点的最迟必须实现时间标画在相应的时间坐标上。

②从网络图终点开始逆着箭线方向逐项工作绘至网络图的起点，实箭线表示工作，其长度代表工作持续时间长短；虚箭线仍为虚工作；工作的机动时间用虚线表示，虚线补在实线的左边，并在实线和虚线连接处用一节止线作为分界线。

③时标图中各节点的纵向位置无时间含意。

以上步骤绘出的时标图如图6-29所示。

从图6-28可以看到，按节点最早时间绘制时标图的特点是"紧前松后"，工作的机动时间分布在后面，此时图中所表示的机动时间为各工作的局部时差；而图6-29中按节点最迟时间绘制时标图的特点则为"紧后松前"，工作的机动时间分布在前面，此时图中所表达的机动时

140

间没有此类时差概念。因此,在工程项目实际中主要采用节点最早时间绘制时标图,并应注意下列问题:

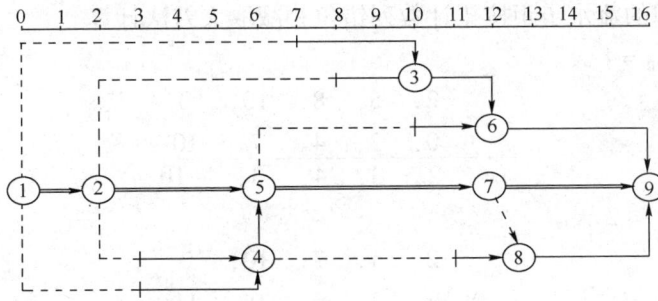

图 6-29 按节点最迟时间绘制的时标图

(1)先确定关键节点位置,再定非关键节点位置。

(2)每项工作的实线长度,必须严格按其持续时间长短绘制,两节点之间箭线长度不足时,要用虚线加以连接。

(3)绘时标图时最好与原一般双代号网络图的形状相似,以便检查和核对。

(4)时标图绘成后,应与日历时间进程相对应,以便作为进度计划直接下达给承包人。

第四节 流水作业网络计划

流水作业网络计划方法是 20 世纪 70 年代末与 80 年代初由我国土建施工组织管理人员研究出的一种新型网络计划方法。它针对我国建筑业多年应用推广网络计划方法中遇到的流水作业网络计划问题,结合计划管理的实际情况和施工条件,综合运用流水施工原理和网络计划技术,从而形成一种新的施工组织方法。

一、流水施工网络图

一般网络计划方法应于流水施工时,尽可能使工作连续,以加快施工进度,缩短工期,而在施工组织上考虑各专业队能否连续施工。如果采用双代号来表示流水施工进度计划时,则必须把一道工序分割成为几个完全独立的工序,因而使计划变得相当复杂,计算工作量加大,使用不便。而施工组织上保证专业化和机械连续作业又是流水施工的核心。

下面举例说明如何利用网络计划满足流水施工组织的要求,并充分发挥两者的优点。

例如,某项工程分为四个施工段,该工程工序分解为 A、B、C 三道,分别组织三个专业队进行流水施工,各道工序在每个施工段的作业持续时间如表 6-6 所示。

各工序在各个施工段上的持续时间   表 6-6

工　序	各施工段的作业时间(天)			
	I	II	III	IV
A	2	3	3	2
B	2	2	3	3
C	3	3	3	2

1. 组织流水施工

1）计算流水步距 K

相邻两工序之间的流水步距按累计数列错位相减取大差法计算。

$K_{A,B}$ 如下，即 $K_{A,B}=4$ 天。

$$
\begin{array}{rrrrrr}
 & 2, & 5, & 8, & 10, & 0 \\
-) & 0, & 2, & 4, & 7, & 10 \\
\hline
 & 2, & 3, & 4, & 3, & -10
\end{array}
$$

$K_{B,C}$ 如下，即 $K_{B,C}=2$ 天。

$$
\begin{array}{rrrrrr}
 & 2, & 4, & 7, & 10, & 0 \\
-) & 0, & 3, & 6, & 9, & 11 \\
\hline
 & 2, & 1, & 1, & 1, & -11
\end{array}
$$

2）计算总工期 T

$$
T = \sum K + T_n = K_{A,B} + K_{B,C} + (3+3+3+2) = 17（天）
$$

3）绘制无节拍流水施工进度横道图（图6-30）

工序或专业队	施工进度计划（天）																
	1	2	3	4	5	6	7	8	9	10	11	12	13	14	15	16	17
A	I		II			III			IV								
B						I		II		III		IV					
C							I				II		III			IV	

图6-30　流水作业水平横道图

2. 流水作业双代号网络及时间参数计算

根据表6-6可绘出一般双代号网络图并计算时间参数，如图6-31所示，总工期为16天。

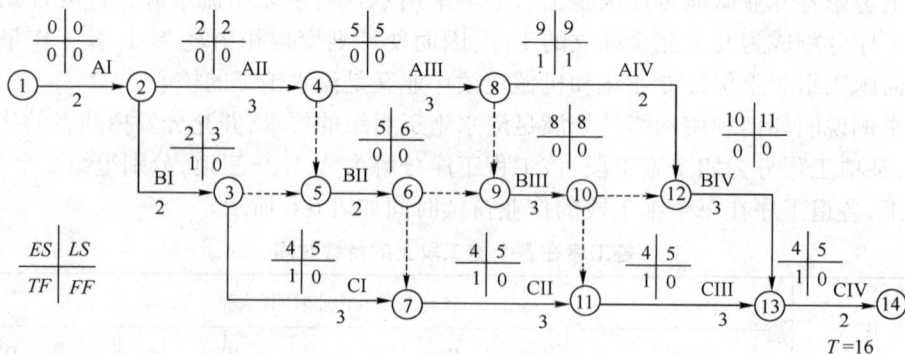

图6-31　流水作业双代号网络图

由图6-31可以看出，专业队A只有按最早时间在各施工上开始工作才能做到连续施工；专业队C必须按最迟开始时间工作才可不间断地进行；而B专业队不管按最早或最迟开始时间进行工作，均不能实现连续施工。

3. 表达流水施工组织的双代号网络图

目前使用的网格计划方法不能表达流水作业计划,其唯一的原因是没有反映流水施工组织的要求,两相邻工序的最早开始时间不是按流水步距计算确定的。如果把流水步距这个因素加入到一般双代号网络图中,那么,只要所有的工序均按最早开始时间施工,则所有专业队都能连续作业,从而形成表达流水施工组织的双代号网络图,见图6-32所示,其计划工期为17天。

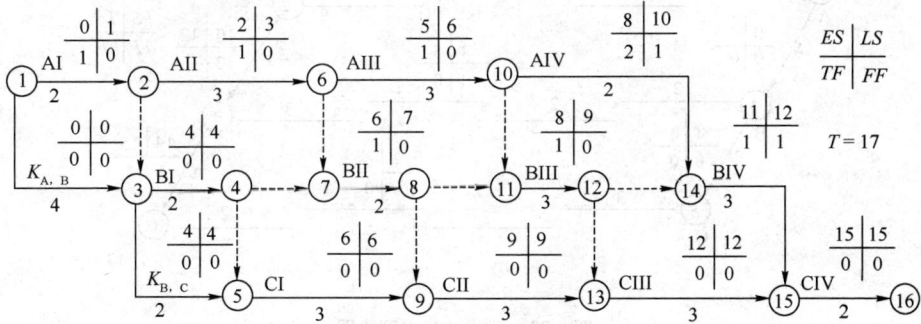

图6-32　引入流水步距的双代号流水网络图

由此可见,要使网络计划满足流水作业的要求,只要把流水步距的概念引入网络计划方法中,使流水作业和网络计划的优点兼而备之。

二、流水箭杆网络图

双代号网络图表达流水作业施工进度计划十分繁琐,为了简化网络图,取消其虚箭杆,可采用流水箭杆网络图。

1. 流水箭杆和时距箭杆

用一根箭杆表示一道工序在各个施工段上连续施工,称此作业箭杆为流水箭杆。

流水箭杆的图形如图6-33所示。

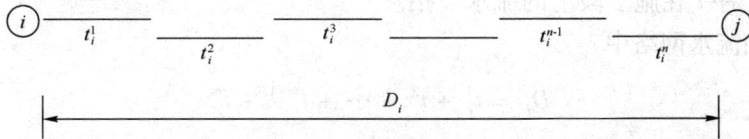

图6-33　流水箭杆示意图

在两根流水箭杆之间,画时距箭杆进行逻辑联系,以取代被取消的虚箭杆的功能。时距箭杆如图6-34所示。

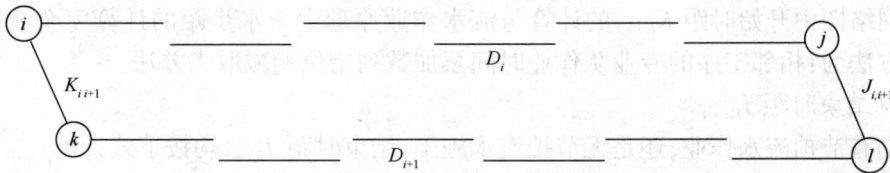

图6-34　时距箭杆示意图

$K_{i,i+1}$-开始时距箭杆,表示本工序流水箭杆 i 开始多少时间后才能进行紧后工序流水箭杆 $i+1$;$J_{i,i+1}$-结束时距箭杆,表示本工序流水箭杆 i 完成多少时间后才能进行紧后工序流水箭杆 $i+1$;i-本工序的编号;$i+1$-紧后工序的编号

2.流水网络简化图

根据流水作业双代号网络图的一般形式,引入流水箭杆和时距箭杆后,可对流水作业网络图进行简化,形成简化的流水网络计划图。流水作业网络图6-32可简化成图6-35。

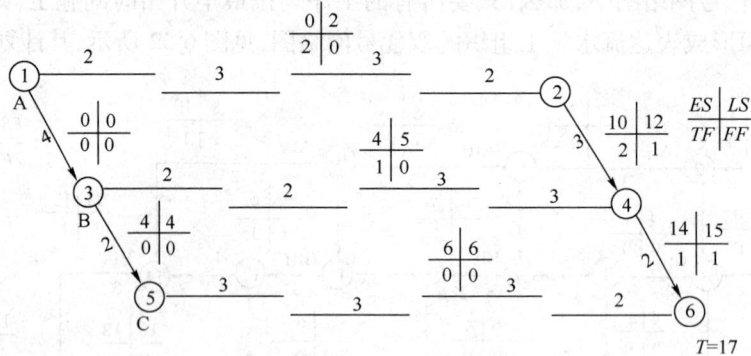

图6-35 简化的流水网络图

三、流水网络图时间参数的计算

流水作业双代号网络图,引用流水箭杆和时距箭杆形成简化的流水网络图后,可按下列原则和顺序计算各项时间参数。

1.计算流水箭杆的施工持续时间 D_i

流水箭杆的施工持续时间,相当于流水施工中工序专业队的持续时间。

1)在有节拍流水网络中

$$D_i = mt_i \tag{6-18}$$

式中:m——流水作业的施工段数;

t_i——某工序 i 在施工段上的流水节拍。

2)在无节拍流水网络中

$$D_i = t_i^1 + t_i^2 + \cdots + t_i^{m-1} + t_i^m \tag{6-19}$$

式中:t_i^{m-1}——某工序 i 在第 $m-1$ 施工段上的持续时间;

其他符号意义同上。

2.计算时距箭杆

1)计算开始时距 $K_{i,i+1}$

流水网络图中开始时距 $K_{i,i+1}$ 的计算与流水作业原理中流水步距的计算完全相同。最简单的计算方法为:相邻工序的专业队作业时间累加数列错位相减取大差法。

2)计算结束时距 $J_{i,i+1}$

无论是有节拍流水作业,还是无节拍流水施工,结束时距 $J_{i,i+1}$ 均按下式计算:

$$J_{i,i+1} = t_{i+1}^m + t_g \tag{6-20}$$

式中:t_{i+1}^m——工序 $i+1$ 在第 m 施工段上的持续时间;

t_g——工序 i 与工序 $i+1$ 之间的工艺间歇时间。

144

3. 计算时间参数

在流水箭杆网络图中,流水箭杆的最早开始时间、最早完成时间、最迟开始时间、最迟完成时间、总时差和自由时差的计算,其计算方法和计算步骤与一般双代号网络图完全一样,列成算式为:

$$
\begin{cases}
ES_i = \max\{ES_{i-1} + D_{i-1}\} \\
EF_i = ES_i + D_i \\
LS_i = \min LS_{i+1} - D_i \\
LF_i = LS_i + D_i \\
TF_i = LS_i - ES_i = LF_i - EF_i \\
FF_i = ES_{i+1} - ES_i - D_i
\end{cases}
\tag{6-21}
$$

式中:i——本工序;

$i-1$——紧前工序;

$i+1$——紧后工序。

4. 计算示例

现以图 6-35 为例,进行流水网络图时间参数计算如下。

1)计算流水箭杆的持续时间 D_i

由公式(6-19)计算 D_i 如下:

$$D_A = 2 + 3 + 3 + 2 = 10(天)$$
$$D_B = 2 + 2 + 3 + 3 = 10(天)$$
$$D_C = 3 + 3 + 3 + 2 = 11(天)$$

2)计算开始时距 $K_{i,i+1}$

开始时距 $K_{A,B}$ 和 $K_{B,C}$ 见以上计算结果,即 $K_{A,B} = 4$ 天,$K_{B,C} = 2$ 天。

3)计算结束时距 $J_{i,i+1}$

$$J_{A,B} = t_B^m + t_g = 3 + 0 = 3(天)$$
$$J_{B,C} = t_C^m + t_g = 2 + 0 = 2(天)$$

4)计算各项工作时间参数

$$ES_A = 0 \quad ES_B = ES_A + K_{A,B} = 0 + 4 = 4$$
$$ES_C = ES_B + K_{B,C} = 4 + 2 = 6$$
$$ES_{(1,2)} = 0 \quad ES_{(2,4)} = ES_{(1,2)} + D_A = 0 + 10 = 10$$
$$ES_{(3,5)} = ES_A + K_{A,13} = 0 + 4 = 4$$

$$ES_{(4,6)} = \max \begin{cases} ES_{(2,4)} + J_{A,13} = 10 + 3 = 13 \\ ES_B + D_B = 4 + 10 = 14 \end{cases} = 14$$

$$T = \max \begin{cases} ES_{(4,6)} + J_{B,C} = 14 + 2 = 16 \\ ES_C + D_C = 6 + 11 = 17 \end{cases} = 17$$

$$LS_C = T - D_C = 17 - 11 = 6$$
$$LS_{(4,6)} = T - J_{B,C} = 17 - 2 = 15$$
$$LS_{(3,5)} = LS_C - K_{B,C} = 6 - 2 = 4$$
$$LS_B = LS_{(4,6)} - D_B = 15 - 10 = 5$$

$$LS_{(2,4)} = LS_{(4,6)} - J_{A,B} = 15 - 3 = 12$$
$$LS_A = LS_{(2,4)} - D_A = 12 - 10 = 2$$
$$LS_{(1,3)} = \min\begin{Bmatrix} LS_B \\ LS_{(3,5)} \end{Bmatrix} - K_{A,13}$$
$$= \min\begin{Bmatrix} 5 \\ 4 \end{Bmatrix} - 4 = 0$$
$$TF_A = LS_A - ES_A = 2 - 1 = 2 \quad \cdots$$
$$TF_C = LS_C - ES_C = 6 - 6 = 0$$
$$TF_{(4,6)} = LS_{(4,6)} - ES_{(4,6)} = 15 - 14 = 1$$
$$FF_A = ES_{(2,4)} - ES_A - D_A = 10 - 0 - 10 = 0 \quad \cdots$$
$$FF_C = T - ES_C - D_C = 17 - 6 - 11 = 0$$
$$FF_{(4,6)} = T - ES_{(4,6)} - J_{B,C} = 17 - 14 - 2 = 1$$

以上计算结果标注在图 6-35 中的"＋"栏内。

第五节　单代号网络图及搭接网络计划

一、单代号网络计划图的绘制

单代号网络计划图与双代号网络计划图所表达的进度计划内容是一致的,两者的本质区别是网络的基本符号箭线和节点所表示的意义不同。因此,单代号网络计划图绘制过程和双代号网络计划图一样,首先将工程项目划分为具体的工作,然后确定这些工作之间的逻辑关系,并确定或计算各项工作所需的持续时间,再采用逐节生长法绘制网络图,进行合理布局调整和网络图的正确性检查,最后绘出正确的网络图并予以节点编号。

1. 工作逻辑关系的表示方法

表 6-7 所列是单代号网络图与双代号网络图工作逻辑关系表达方法的比较。

从表 6-7 可以看出,在不同的情况下,单代号网络图和双代号网络图的复杂程度是不相同的。一般多项工作在多个施工段上流水作业时,用单代号网络图比较简单,表 6-7 中序号 9 若用双代号网络图则要引入一些虚工作。而在多项工作相互交叉衔接时,即在多条箭线多出多进的情况下,用双代号网络图表达比较简单,例如表 6-7 中序号 10 若用单代号网络图时,则节点之间的箭线将会出现许多不可避免的交叉。

单代号与双代号网络图工作逻辑关系表达方法的比较　　　　表 6-7

序号	工序逻辑		双代号网络图	单代号网络图
	紧前	紧后		
1	A B	B C		
2	A	C B		

序号	工序逻辑 紧前	工序逻辑 紧后	双代号网络图	单代号网络图
3	B A	C		
4	A B	C、D		
5	A B	C、D D		
6	A B、C	B、C D		
7	A、B	C、D		
8	A B C D、E	B、C D、E E F		
9	A B C D E F G、H	B、C E、F D、E G G、H H I		
10	A、B、C	D、E、F		

2. 绘制单代号网络图的基本原则

由于单代号网络图与双代号网络图的区别仅在于图形表达符号不同,而表达进度计划的内容是相同的,所以绘制双代号网络图的基本规则,在单代号网络图绘制中都应遵守。即一张单代号网络图也只能允许一个起点和一个终点,且除网络图始节点和终节点外,其他中间节点,其前面至少必须有一个紧前工作结点,其后面至少必须有一个紧后工作节点,并以箭线相连接。如图 6-36 所示的单代号网络计划图,它的始节点和终结点都是虚设的,也不存在独立的中间节点。

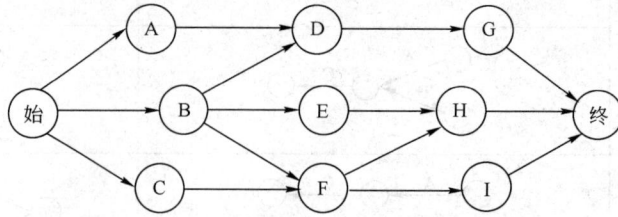

图 6-36　虚拟始节点和终节点的单代号网络图

此外,单代号网络计划图中,一个代号只能代表唯一的某项工作,不允许出现闭合回路和不允许出现双向箭线或线段,避免使用反向箭线,以及网络图布局应合理等,与双代号网络图绘制规则完全相同。

3. 单代号网络图的绘图方法

绘制单代号网络计划图的方法,也可采用前进法、后退法和先粗后细法。项目工程进度计划实际应用中,主要采用先粗后细法绘制单代号网络图;确定工作之间的相互关系表后,多数采用前进法或后退法绘制单代号网络图。

根据表 6-2、表 6-3、表 6-4 和表 6-5 所表达的工作相互关系,运用前进法或后退法也可绘制单代号网络计划图,如图 6-37、图 6-38、图 6-39 和图 6-40 所示。

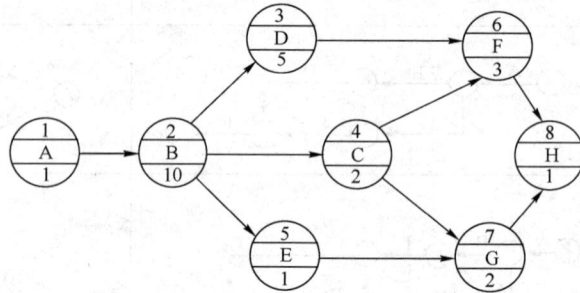

图　6-37

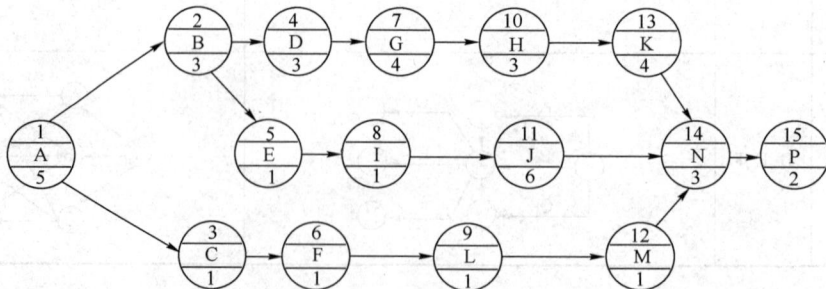

图　6-38

4. 单代号网络图的特点

通过单代号网络图与双代号网络图的比较可以看出,单代号网络图的绘制方法比较简单,图中各项工作的相互关系容易表达,不存在虚工作,使得单代号网络图便于检查与修改。但是

148

单代号网络图不能绘制成时标网络图,而双代号网络图可绘成时标图,特别是双代号网络图按节点最早时间绘制时标图时,可以清楚地反映出工作的局部时差,所以进行进度计划下达和对网络计划优化时,经常采用双代号网络计划图。由于双代号网络图和单代号网络图各有优缺点,因此两种形式的网络计划图的应用都很普通。

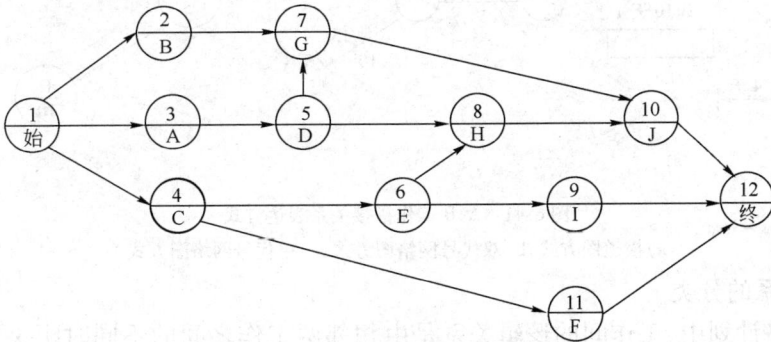

图　6-39

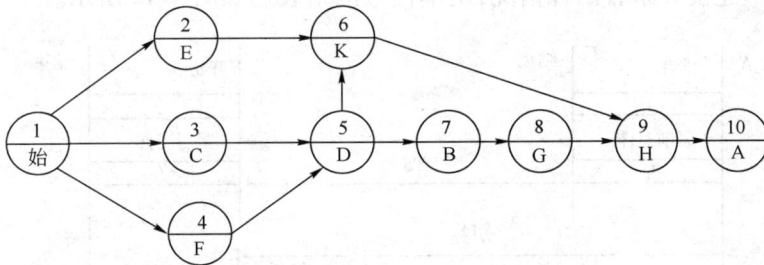

图　6-40

二、搭接关系的表示方法

在关键线路法中,无论是双代号网络计划还是单代号网络计划,网络计划方法中的工作关系是一种固定的衔接关系,即一项工作必须在紧前工作结束后才能开始,或者必须在其紧后工作开始之前完成。但在实际工程项目的网络计划中,工作之间的逻辑关系并非只有衔接关系,在多数情况下都存在着搭接关系。

1. 搭接关系与搭接网络计划

在项目进度网络计划的许多情况下,紧后工作的开始并不以紧前工作的完成为条件,而只要紧前工作开始一段时间以后,能为紧后工作提供一定的开始工作条件,紧后工作就可以开始且与紧前工作平行作业。工作之间的这种关系称为搭接关系。

例如,相邻的两项工作 A 和 B,它们的持续时间分别为 15 天和 10 天,A 工作开始 5 天后 B 工作即可开始,而不必等 A 工作结束。此时用横道图表示如图 6-41a)所示,若用前述的衔接关系网络图表示,则必须把 A 工作分为两部分 A_1 和 A_2,双代号网络图表示见图 6-41b),单代号网络图表示则为图 6-41c)。这样表达虽然关系清楚、严格,但增加绘图工作量,也相应增加了计算工作量。

为了使搭接关系简单直接地表达,以利于网络计划编制工作的简化,于是开发应用了多种搭接网络计划方法,即考虑工作间搭接关系的网络计划方法称为搭接网络计划。搭接网络计划的模型一般用单代号网络图表达,即用节点表示工作,节点之间的箭线表示工作之间的搭接

149

关系。

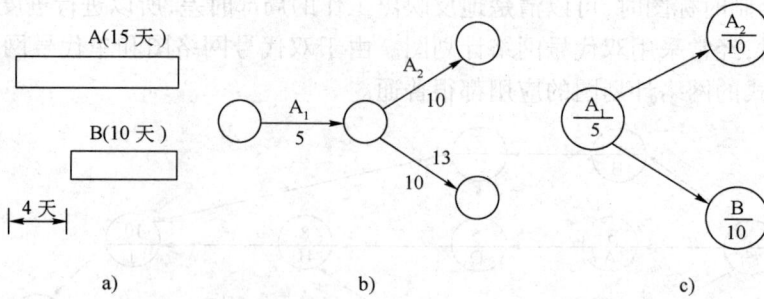

图 6-41　A、B 工作搭接关系表达方式
a)横道图方式;b)双代号网络图方式;c)单代号网络图方式

　　2.搭接关系的分类

　　在搭接网络计划中,工作间的逻辑关系是由相邻两工作之间的不同时距决定的。时距就是紧前工作与紧后工作的先后开始或结束之间的时间间隔。由于相邻两项工作各有开始和结束时间,所以基本连接关系有四种情况,用单代号网络表达如图 6-42 所示。

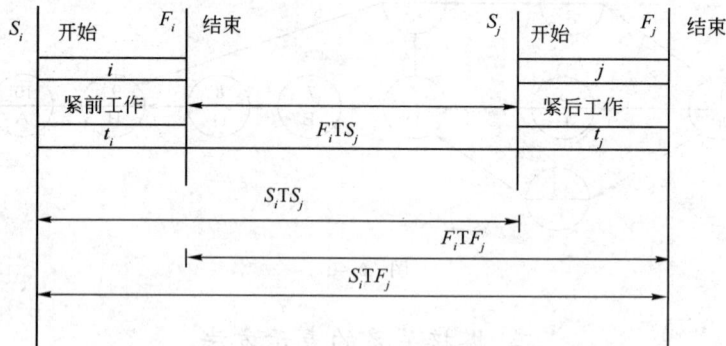

图 6-42　单代号网络表达基本时距

　　1)结束到开始关系($F_i TS_j$)

　　时距 $F_i TS_j$ 表示工作 i 结束后,工作 j 在规定的时距内开始,如图 6-43 所示。

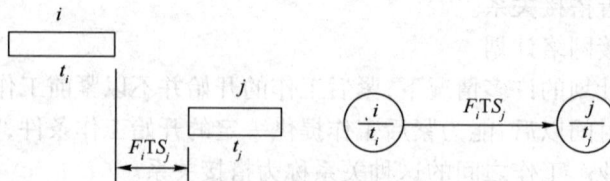

图 6-43　工作间 FTS 关系

　　例如,修筑路堤护坡时,应等路堤自然沉降后才能浆砌护坡;又如,采用无支架施工的拱桥,主拱圈混凝土或砂浆的强度达到设计强度的 70% 后,即要经过一定养护时间方可进行拱上建筑施工。这些等待的时间就是 $F_i TS_j$ 时距关系。当 $F_i TS_j = 0$ 时表示工作 i 结束后工作 j 立即就可以开始;而 $F_i TS_j = 6$ 天则说明工作 i 结束 6 天后工作 j 才能开始。

　　2)开始到开始关系($S_i TS_j$)

　　时距 $S_i TS_j$ 表示工作 i 开始一定的时距后,工作 j 就可开始。如图 6-44 所示。

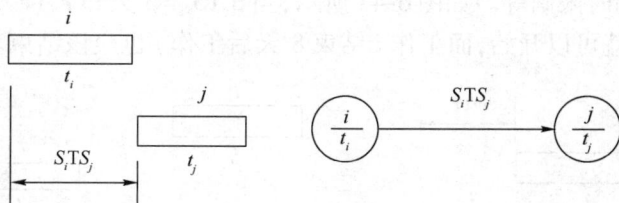

图 6-44 工作间 STS 关系

例如,公路工程路基和路面施工中,路基修筑一定时间后,能为路面铺设创造了一定的工作条件,路面施工就可以开始。这种开始工作之间的时间间隔就是 S_iTS_j 关系,若 $S_iTS_j = 3$ 月,则表示路基施工开始 3 个月后,路面施工就可以开始。

3)结束到结束关系(F_iTF_j)

时距 F_iTF_j 表示工作 i 结束后,经过一定的时距工作 j 也应该结束。如图 6-45 所示。

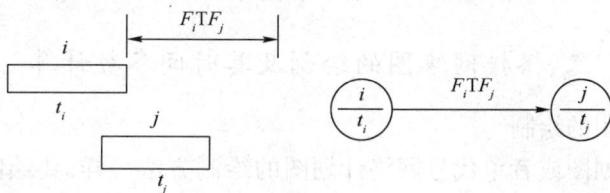

图 6-45 工作间 FTF 关系

如上例中路基施工结束后,路面施工还需要一事实上的时间才能结束。这种工作结束之间的时间间隔就是 F_iTF_j 时距,当 $F_iTF_j = 2$ 月时,表示路基施工结束后 2 个月,路面施工也应该结束。

4)开始到结束关系(S_iTF_j)

时距 S_iTF_j 表示工作 i 开始后一定的时距内,工作 j 就应当结束。如图 6-46 所示。

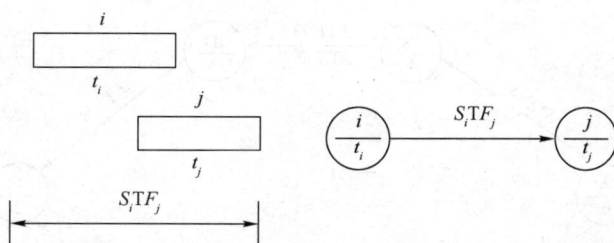

图 6-46 工作间 STF 关系

例如,桥梁工程明挖基础施工中,地下水位高程高出基底高程的部分开挖基坑,必须待降低地下水位以后才能开始,即基坑开挖时地下水位降低必须完成;又如在混凝土施工中,搅拌混凝土工作开始后,在混凝土初凝之前这段时间内,混凝土的振捣成型工作必须结束。这些时距关系称为 S_iTF_j 时间间隔,即 $S_iTF_j = 4h$ 时,表示工作 i 工作后 4h,工作 j 就应该结束。

5)混合时距关系

当出现上述两种以上的时距关系时称为混合关系。搭接网络计划中除上述四种基本时距关系外,还可能同时出现多种工作间的连接关系,如两项工作同时受 S_iTS_j 和 F_iTF_j 所限制,或

151

者由 F_iTS_j 和 S_iTF_j 同时限制等。如图 6-47 所示，当 S_iTS_j = 5 天和 F_iTF_j = 8 天时，则表示工作 i 开始 5 天后，工作 j 就可以开始，而工作 i 结束 8 天后工作 j 也应该结束。

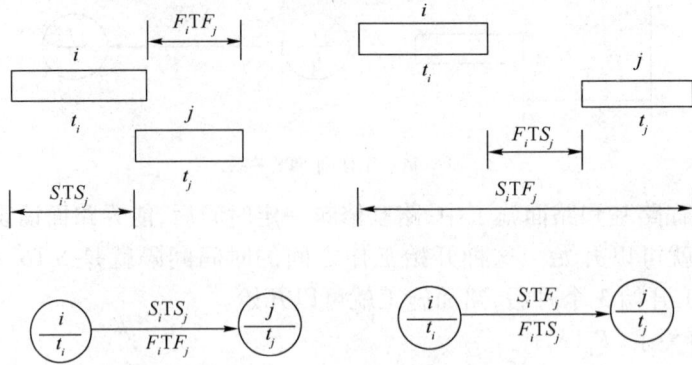

图 6-47　工作间混合时距关系

三、搭接网络图的绘制及其时间参数计算

1. 搭接网络计划图的绘制

与双代号网络计划图或者单代号网络计划图的绘制方法一样，要绘制一个项目进度的搭接网络计划图，首先必须分解这个工程项目，即将项目分解成若干项工作；然后确定出各项工作之间的搭接关系，并依据实际情况计算出各种关系所需要的时距大小；最后根据搭接关系及其时距，按照一般网络计划图的绘制方法，画出搭接网络计划图。

由此可见，绘制搭接网络计划图的关键是确定各项工作之间的搭接关系及其时距，而这些关系及时距大小是由工程项目的实际情况决定，只要知道了工作间的各种搭接关系及其时距，就不难绘制搭接网络计划图。搭接网络一般用单代号网络计划图表达，即确定的搭接关系及其时距用箭线表示，工作用节点表示，如图 6-48 所示。

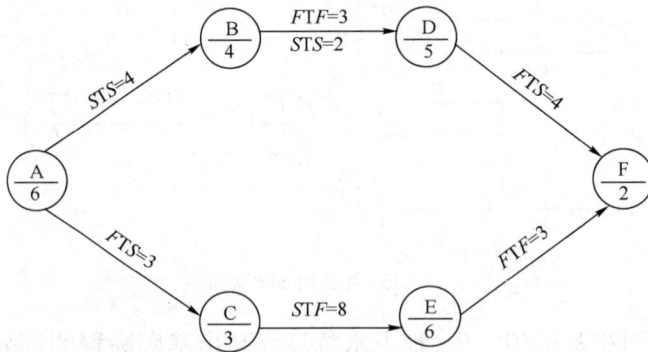

图 6-48　单代号搭接网络计划图

2. 搭接网络计划时间参数计算

同单代号网络计划一样，搭接网络计划的时间参数只有工作时间参数，包括控制时间参数（ES、EF、LS、LF）和协调性时间参数（TF、FF）。由于搭接网络计划中，各项工作往往受多种连接关系的约束，所以在其时间参数计算时，应依不同的连续关系分别考虑。其基本关系如图 6-49 所示。

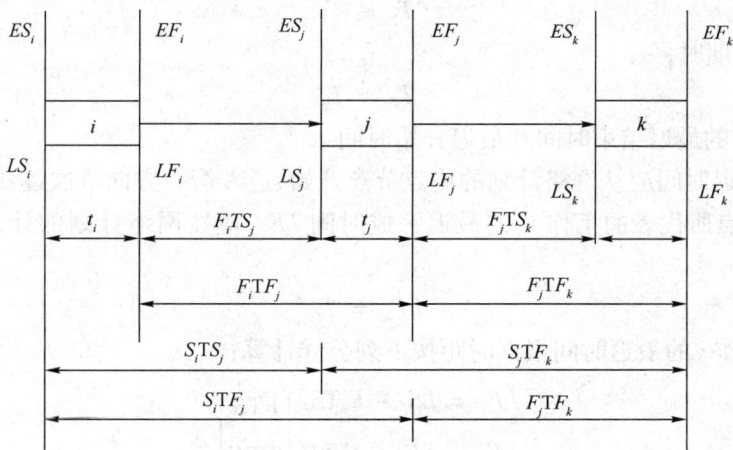

图 6-49　工作间基本连接关系

由图 6-49 所示的工作间基本连接关系,根据单代号网络图工作时间参数计算原理,以及搭接关系及其时距类型,可方便地列出搭接网络计划时参数的计算公式。

1)计算工作的最早开始时间和最早完成时间

一项工作 j 的最早开始时间 ES_j 和最早完成时间 EF_j 取决于其紧前工作 i(一项或多项)的最早开始和完成时间以及它们之间的搭接关系和时距。因此,工作最早时间的计算必须从起点节点开始,沿箭线方向向终点进行。只有紧前工作全部计算完毕,才能计算本工作。

(1)凡与起点节点相连的工作最早开始时间均为零,即:

$$ES_1 = 0 \qquad (1 \text{ 为单代号搭接网络图的起点})$$

(2)其他工作 j 的最早开始时间根据时距按下列公式计算:

$$\left. \begin{aligned} ES_j &= ES_i + S_iTS_j \,\Big| \, STS \\ ES_j &= EF_i + F_iTS_j \,\Big| \, FTS \\ EF_j &= EF_i + F_iTF_j \,\Big| \, FTF \\ EF_j &= ES_i + S_iTF_j \,\Big| \, STF \end{aligned} \right\} \qquad (6\text{-}22)$$

(3)工作 j 的最早开始时间 ES_j 与最早完成时间 EF_j 的关系为:

$$EF_j = ES_j + t_j \qquad (6\text{-}23)$$

(4)当有两种以上的时距(或有两项或两项以上紧前工作)限制工作间的逻辑关系时,应分别计算最早时间,取其最大值。

(5)当出现最早开始时间为负值时,应该将工作与起点节点用虚箭线相连接,并确定其时距为:

$$STS = 0$$

(6)最早完成时间最大值的中间工作应与终点节点用虚箭线相连接,并确定其时距为:

$$FTF = 0$$

2)确定计划工期 T_P

搭接网络计划的计算工期 T_c 由与终点节点相联系的工作的最早完成时间的最大值决定,即:

$$T_c = EF_n \qquad (n \text{ 为网络图的终点})$$

当已规定了要求工期 T_r 时,

153

$$T_P \leqslant T_r$$

当未规定工期时，

$$T_P = T_c$$

3）计算工作的最迟结束时间和最迟开始时间

工作 i 的最迟时间应从网络计划的终点节点开始，逆着箭线方向依次逐项计算。

（1）终点节点所代表的工作 n 的最迟完成时间 LF_n，应按网络计划的计划工期 T_P 确定，即：

$$LF_n = T_P$$

（2）其他工作 i 的最迟时间根据时距按下列公式计算：

$$\left. \begin{array}{l} LF_i = LS_j - F_i TS_j \quad \left| FTS \right. \\ LF_i = LF_j - F_i TF_j \quad \left| FTF \right. \\ LS_i = LS_j - S_i TS_j \quad \left| STS \right. \\ LS_i = LF_j - S_i TF_j \quad \left| STF \right. \end{array} \right\} \tag{6-24}$$

（3）当有两种以上的时距（或有两项或两项以上紧后工作）限制工作间的逻辑关系时，应分别计算最迟时间，取其最小值。

（4）工作 i 的最迟开始时间 LS_i 与最迟完成时间 LF_i 的关系为：

$$LS_i = LF_i - t_i \tag{6-25}$$

4）计算工作的总时差

工作总时差的计算公式与一般单代号网络计划图相同，即

$$TF_i = LS_i - ES_i \tag{6-26}$$

当 $TF_i = 0$ 时，i 为关键工作，关键工作连成关键线路。

5）计算工作的局部时差

$$FF_i = \min \left\{ \begin{array}{l} ES_j - EF_i - F_i TS_j \quad \left| FTS \right. \\ ES_j - ES_i - S_i TS_j \quad \left| STS \right. \\ EF_j - EF_i - F_i TF_j \quad \left| FTF \right. \\ EF_j - ES_i - S_i TF_j \quad \left| STF \right. \end{array} \right\} \tag{6-27}$$

当 $TF_i = 0$ 时，FF_i 一定为零，即 $FF_i = 0$。

3. 时间参数计算举例分析

某工程项目搭接网络计划图如图 6-50 所示。

1）计算工作的最早开始和最早完成时间

计算工作的最早时间系列参数，必须从网络图的起点按箭线方向逐项工作依次算到终点，且与起点相连工作的最早开始时间均为零，即 $ES_A = 0$，而 $EF_A = ES_A + t_A = 0 + 8 = 8$，其他各项工作的最早开始时间和最早完成时间按公式（6-22）与公式（6-23）分别计算如下：

（1）$\begin{cases} ES_B = ES_A + S_A TS_B = 0 + 4 = 4 \\ EF_B = ES_B + t_B = 4 + 6 = 10 \end{cases}$

（2）$\begin{cases} EF_C = EF_A + F_A TF_C = 8 + 2 = 10 \\ ES_C = EF_C + t_C = 10 - 12 = -2 \end{cases}$

154

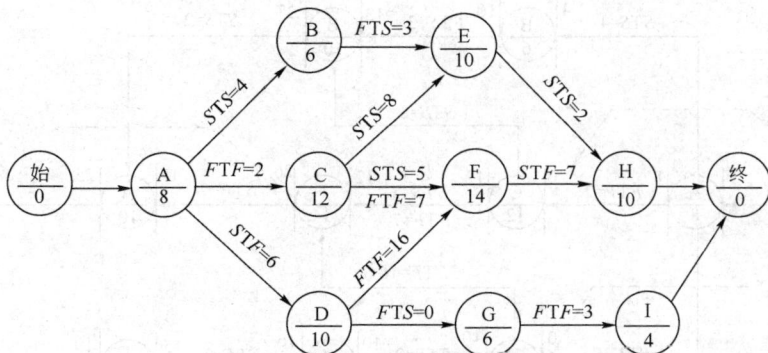

图 6-50　某项目单代号搭接网络计划

在单代号搭接网络计划图中,虚设的起点应与没有内向箭线的工作相联系。当某项中间工作的 ES_i 为负值时,应把该项工作(如 C)用虚线与起点联系起来,如图 6-51 所示。

这时工作 C 的最早开始时间由起点决定,即 $ES_C = 0$,工作 C 的最早完成时间也要重新计算:

$$EF_C = ES_C + t_C = 0 + 12 = 12$$

$$(3) \begin{cases} EF_D = ES_A + S_A TF_D = 0 + 6 = 6 \\ ES_D = EF_D - t_D = 6 - 10 = -4 \end{cases}$$

工作 D 的 $ES_D < 0$ 处理方法同工作 C,将工作 D 用虚线与起点连接,如图 6-51 所示,则 $ES_D = 0$, $EF_D = ES_D + t_D = 0 + 10 = 10$。

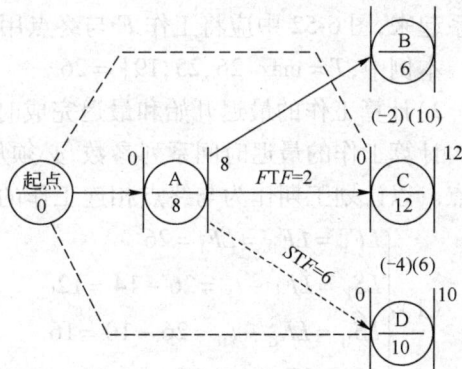

图 6-51　ES 负值的处理方法

$$(4) \begin{cases} ES_E = \max \begin{Bmatrix} EF_B + F_B TS_C = 10 + 3 = 13 \\ ES_C + S_C TS_E = 0 + 8 = 8 \end{Bmatrix} = 13 \\ EF_E = ES_E + t_E = 13 + 10 = 23 \end{cases}$$

$$(5) \begin{cases} EF_F = \max \begin{Bmatrix} ES_C + S_C TS_F + t_F = 0 + 5 + 14 = 19 \\ EF_C + F_C TF_F = 12 + 7 = 19 \end{Bmatrix} = 26 \\ ES_F = EF_F - t_F = 26 - 14 = 12 \end{cases}$$

$$(6) \begin{cases} ES_G = EF_D + F_D TS_G = 10 + 0 = 10 \\ EF_G = ES_G + t_G = 10 + 6 = 16 \end{cases}$$

$$(7) \begin{cases} EF_H = \max \begin{Bmatrix} ES_E + S_E TS_H + t_H = 13 + 2 + 10 = 25 \\ ES_F + S_F TF_H = 12 + 7 = 19 \end{Bmatrix} = 25 \\ ES_H = EF_H - t_H = 25 - 10 = 15 \end{cases}$$

$$(8) \begin{cases} EF_I = EF_G + F_G TF_I = 16 + 3 = 19 \\ ES_I = EF_I - t_I = 19 - 4 = 15 \end{cases}$$

$(9) EF_{终} = \max \{ EF_H, EF_I \} = \max \{ 25, 19 \} = 25$

在一般情况下,$EF_{终} = 25$ 就是网络计划的总工期。然而在本例中,如图 6-52 所示,决定该项目工期的工作都不是 H、I 这两项工作,而是中间工作 F,此时应按以下方法处理。

终点一般是虚设的,只与无外向箭线的工作相连接。但是当中间工作的最早完成时间大

155

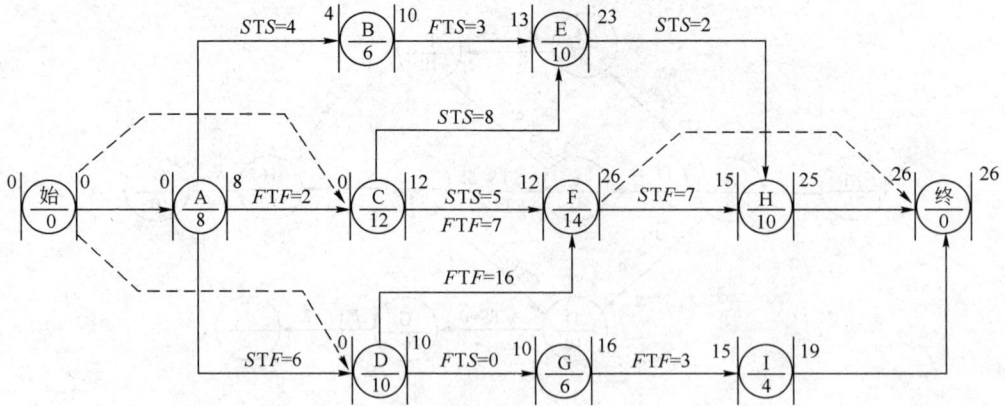

图 6-52 搭接网络图 *ES* 和 *EF* 的计算

于最后工作的最早完成时间时,为了决定工程项目的总工期,必须把该工作与终点节点用虚线联系起来,图 6-52 中应将工作 *F* 与终点用虚线连接,然后再计算项目计划的总工期 *T*。

本例中,$T = \max\{26,25,19\} = 26$。

2) 计算工作的最迟开始和最迟完成时间

计算工作的最迟时间系列参数,必须从网络图的终点开始逆箭线方向逐项工作依次算到起点。以计划工期作为与终点相连工作的最迟完成时间开始计算。即

$$(1)\begin{cases} LF_F = LF_H = LF_I = 26 \\ LS_F = LF_F - t_F = 26 - 14 = 12 \\ LS_H = LF_H - t_H = 26 - 10 = 16 \\ LS_I = LF_I - t_I = 26 - 4 = 22 \end{cases}$$

其他各项工作的最迟完成时间和最迟开始时间分别按公式(6-24)和公式(6-25)计算如下:

$$(2)\begin{cases} LS_E = LS_H - S_E TS_H = 16 - 2 = 14 \\ LF_E = LS_E + t_E = 14 + 10 = 24 \end{cases}$$

$$(3)\begin{cases} LF_G = LF_I - F_G TF_I = 26 - 3 = 23 \\ LS_G = LF_G - t_G = 23 - 6 = 17 \end{cases}$$

$$(4)\begin{cases} LF_D = \min\begin{Bmatrix} LF_F - F_D TF_F = 26 - 16 = 10 \\ LS_G - F_D TS_G = 17 - 0 = 17 \end{Bmatrix} = 10 \\ LS_D = LF_D - t_D = 10 - 10 = 0 \end{cases}$$

$$(5)\begin{cases} LS_C = \min\begin{Bmatrix} LS_E - S_C TS_E = 14 - 8 = 6 \\ LS_F - S_C TS_F = 12 - 5 = 7 \\ LF_F - F_C TF_F - t_C = 26 - 7 - 12 = 7 \end{Bmatrix} = 6 \\ LF_C = LS_C + t_C = 6 + 12 = 18 \end{cases}$$

$$(6)\begin{cases} LF_B = LS_E - F_B TS_E = 14 - 3 = 11 \\ LS_B = LF_B - t_B = 11 - 6 = 5 \end{cases}$$

156

$$(7)\begin{cases} LS_A = \min\begin{cases} LS_B - S_A TS_B = 5 - 4 = 1 \\ LF_C - F_A TF_C - t_A = 18 - 2 - 8 = 8 \\ LF_D - S_A TF_D = 10 - 6 = 4 \end{cases} = 1 \\ LF_A = LS_A + t_A = 1 + 8 = 9 \end{cases}$$

$(8) ES_{起点} = 0, EF_{起点} = 0$

3) 计算工作的时差

(1) 工作的总时差计算

由公式(6-26)得,各项工作的总时差 TF 分别为:

$$TF_{起点} = 0 \qquad TF_A = 1 \qquad TF_B = 1 \qquad TF_C = 6$$
$$TF_D = 0 \qquad TF_E = 1 \qquad TF_F = 0 \qquad TF_G = 7$$
$$TF_H = 1 \qquad TF_I = 7 \qquad TF_{终点} = 0$$

(2) 工作的局部时差计算

由公式(6-27)分别计算各项工作的局部时差如下:

$$FF_{起点} = \min\{ES_A, ES_C, ES_D\} - ES_{起点} = 0$$

$$FF_A = \min\begin{cases} ES_B - ES_A - S_A TS_B = 4 - 0 - 4 = 0 \\ EF_C - EF_A - E_A TF_C = 12 - 8 - 2 = 2 \\ EF_D - ES_A - S_A TF_D = 10 - 0 - 6 = 4 \end{cases} = 0$$

$$FF_B = ES_E - EF_B - F_B TS_E = 13 - 10 - 3 = 0$$

$$FF_C = \min\begin{cases} ES_E - ES_C - S_C TS_E = 13 - 0 - 8 = 5 \\ ES_F - ES_C - S_C TS_F = 12 - 0 - 5 = 7 \\ EF_F - EF_C - F_C TF_F = 26 - 18 - 7 = 1 \end{cases} = 1$$

$$FF_D = \min\begin{cases} EF_F - EF_D - F_D TF_F = 26 - 10 - 16 = 0 \\ ES_G - EF_D - F_D TS_G = 10 - 10 - 0 = 0 \end{cases} = 0$$

$$FF_E = ES_H - ES_E - S_E TS_H = 15 - 13 - 2 = 0$$

$$FF_F = \min\begin{cases} ES_{终} - EF_F = 26 - 26 = 0 \\ EF_H - ES_F - S_F TF_H = 25 - 12 - 7 = 6 \end{cases} = 0$$

$$FF_G = EF_I - EF_G - F_G TF_I = 19 - 16 - 3 = 0$$

$$FF_H = ES_{终} - EF_H = 26 - 25 = 1$$

$$FF_I = ES_{终} - EF_I = 26 - 19 = 7$$

某工程项目单代号搭接网络计划所有工作的时间参数计算结果如图6-53所示。

4) 确定关键线路

搭接网络计划同样由多条线路组成,而且各条线路的长度也不一定相同,其中线路持续时间最长的线路决定着计划的总工期,称之为关键线路。需要注意的是,搭接网络计划各工作之间存在着多种连接关系,这与一般网络计划中仅有衔接关系不同。所以,搭接网络计划中线路的长度并不等于该线路上所有工作持续时间之和,例如,线路始—A—C—F—H—终,其各工作持续时间之和为 0 + 8 + 12 + 14 + 10 + 0 = 44,但计划的总工期却为26。因此,当搭接网络计划中线路有多条时,不能用线路枚举法确定关键线路,必须通过工作的总时差为零来判别关键工作,关键工作连成关键线路,在图6-53中关键工作为 D、F,关键线路为始—D—F—终点。

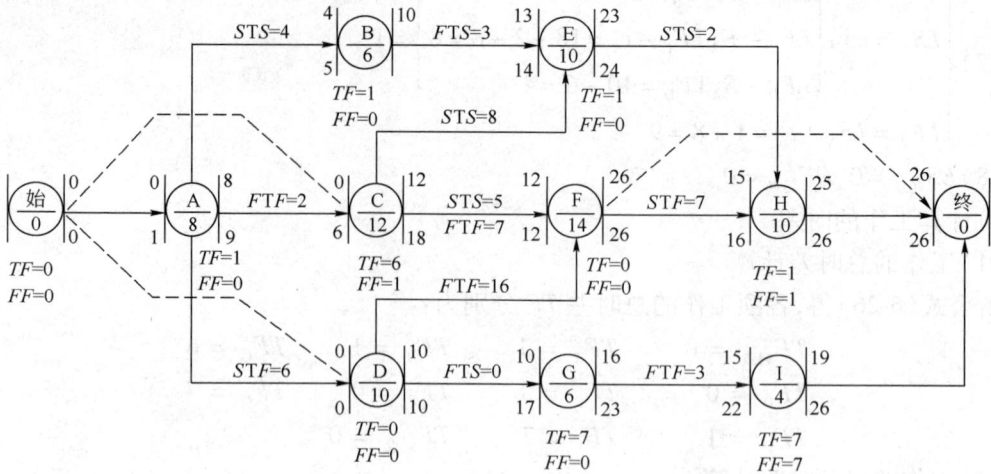

图 6-53　某工程单代号搭接网络计划时间参数计算

第六节　计划评审方法

网络计划关键线路法,在分析计算中,工作之间的关系是确定的,工作的持续时间也都是确定的,因此称之为肯定型网络计划方法(CPM)。但是,在大型的公路工程项目和技术复杂的桥梁项目中,或者在新技术、新工艺、新材料、新方法和新设备等"五新"工程项目中,尽管其中各项工作之间的关系是确定的,而各项工作的持续时间则是非确定的,或者因为工作的影响因素太多而不便确定。此时可采用网络计划的计划评审方法,也称为非肯定型网络计划方法,简称为 PERT,用于编制工程项目进度计划。

PERT 网络图画法、时间计算以及优化方法基本上与 CPM 相同。但 PERT 网络计划有它独自的特点,就是在时间上要考虑随机因素。首先要对作业持续时间进行估计,然后针对估计的作业持续时间计算出期望工期,利用概率计算出按指令工期完成的可能性大小,从而可找出完成可能性最大的工期,以提高计划的可靠性。

一、工作持续时间的估计

计划评审方法是一种概率型网络计划方法,在网络计划阶段一个事件的实现到另一个事件的实现要持续多少时间是难以确定的。而公路工程项目的施工阶段,其进度计划的时间确定一般为非肯定型,原因是工程基本是在野外进行,受气候的影响很大;另外施工现场呈线性分布,材料运输供应及管理都较困难,所以各项工作的持续时间,需要计划管理人员根据类似工程性质的施工经验进行合理估计,把工作的持续时间作为随机变量,应用概率理论进行科学处理。

1. 工作持续时间的三个估计值

工作持续时间通常采用三个估计方法,即:

(1)最乐观时间 a——在最有利的工作条件下,完成该项工作最短所需的时间。

(2)最可能时间 c——在正常工作条件下所需要的时间,它是在同样条件下,多次进行某一工序时,完成机会最多的估计时间。

（3）最悲观时间 b——在最不利的工作条件下所需时间，一般认为，这些时间包括施工开始阶段由于配合不好造成的进度拖延以及其他窝工现象所浪费的时间，但不包括非常事件造成的停工时间，非常事件主要包括自然灾害、政治事件等不可抗力的影响。

以上三个时间估计值存在着这样的关系：

$0 \leqslant a \leqslant c \leqslant b$。它们是某一随机过程出现频率分布的三个有代表性的数据，如图 6-54 所示。

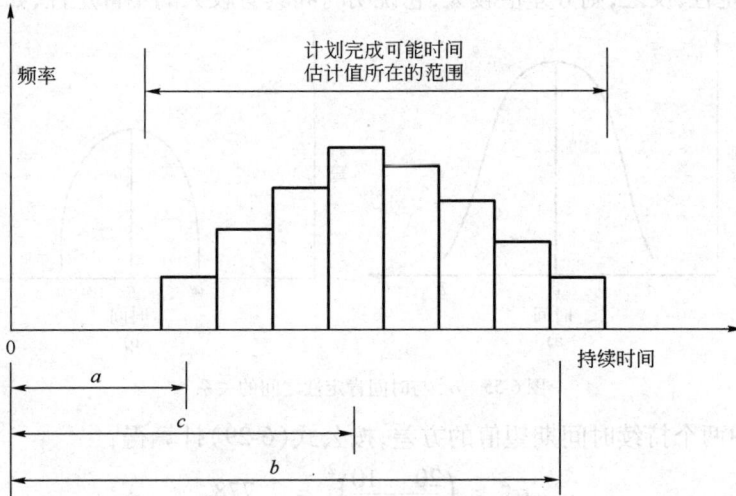

图 6-54　时间估计值的频率分布

图 6-54 的主要特点是：其他所有的可能估计值均位于 a 和 b 两边界之间，如果将此过程进行若干次，可以观察到以不同频率出现的各种估计值位于以 a 和 b 为界的区间内。

2. 工作持续时间的期望值和方差

期望值描述了持续时间随机变量的取值中心，有了期望值就可以进行非肯定型网络计划的时间参数计算。在最乐观时间和最悲观时间的概率最小，而在最可能时间的概率最大，如果把 a、b、c"等权"地加以平均是不恰当的，所以应采用加权平均法来求工作持续时间的期望值。我国著名数学家华罗庚教授假定 c 发生的可能性两倍于乐观估计时间 a，也两倍于悲观估计时间 b，用加权平均法求出在(a,c)之间(c,b)之间的平均值分别为：$(a+2c)/3$ 和$(2c+b)/3$。这两点各以 1/2 可能性分布来代表它，则两点的平均值为：

$$t_e = \frac{1}{2}\left(\frac{a+2c}{3} + \frac{2c+b}{3}\right) = \frac{a+4c+b}{6} \tag{6-28}$$

式中：t_e——工作作业持续时间的期望值，a、c、b 的权数为 1、4、1。

例如，有一持续时间 B_1 的估计值为 $a_1=10$ 天，$c_1=18$ 天，$b_1=20$ 天，则其持续时间的期望值为：

$$t_{e1} = \frac{10+4\times18+20}{6} = 17（天）$$

另有一持续时间 t_2 的估计值为 $a_2=5$ 天，$c_2=18$ 天，$b_2=25$ 天，则由式（6-28）得

$$t_{e2} = \frac{5\times4\times18+25}{6} = 17（天）$$

这样两个持续时间的期望值都是 17 天，但 a、b、c 各不相同，此时需用方差来衡量这种差异。方差是衡量估计偏差的特征数，求出期望时间的方差即可衡量持续时间期望值的肯定型。

期望值的方差用 σ^2 表示,其计算公式如下:

$$\sigma^2 = \frac{1}{2}\left[\left(\frac{a+4c+b}{6} - \frac{a+2c}{3}\right)^2 + \left(\frac{a+4c+b}{6} - \frac{2c+b}{3}\right)^2\right]$$

$$= \left(\frac{b-a}{6}\right)^2 \tag{6-29}$$

当方差数值较小时,随机变量的可能值密集在数学期望值附近,如图 6-55a)所示,它说明时间具有较大的肯定性;反之,则方差值较大,它说明时间具有较大的不肯定性,如图 6-55b)所示。

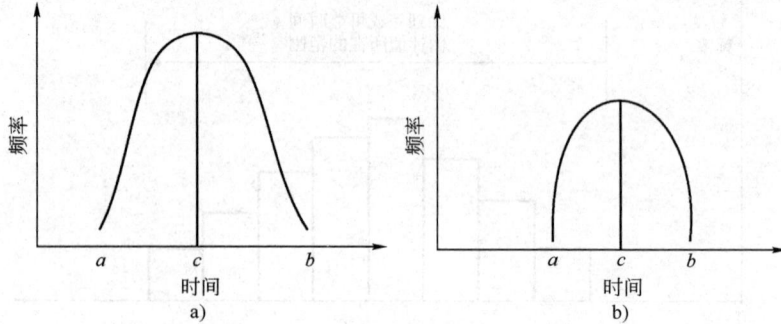

图 6-55　σ^2 与时间肯定性之间的关系

上面例子中两个持续时间期望值的方差,按公式(6-29)计算得:

$$\sigma_1^2 = \left(\frac{20-10}{6}\right)^2 = 2.778$$

$$\sigma_2^2 = \left(\frac{25-5}{6}\right)^2 = 11.111$$

由此可见,尽管持续时间 t_1、t_2 的期望值相同,但是持续时间 t_1 比 t_2 的肯定性要大。

有时也用均方差 σ 或标准离差来衡量工作持续时间的肯定性,它是方差的正平方根,即

$$\sigma = +\sqrt{\sigma^2} = \frac{b-a}{6} \tag{6-30}$$

二、期望工期与方差及计划完成的概率

1. 计划的期望工期与方差

求出网络计划各项工作持续时间的期望值和方差后,就可以求出整个计划的期望工期及其方差,并求出计划按期完成的概率。

计算计划的期望工期与一般肯定型网络计划求总工期的方法一样。即网格计划关键线路上所有持续时间的期望值 t_e 和方差 σ^2 的总和为计划的期望工期 T_E 与期望工期的方差 σ_P^2,即

$$T_E = \sum_{cp} t_e \tag{6-31}$$

$$\sigma_P^2 = \sum_{cp} \sigma^2 \tag{6-32}$$

式中:cp——关键线路。

由于计划的期望工期 T_E 是通过各项工作的持续时间期望值求得的,所以 T_E 亦为随机变量,为了判别它的肯定程度,还需计算期望工期的方差 σ_P^2。值得注意的是,当网络计划存在两条以上关键线路时,计划期望工期的方差,应在多条关键线路中的方差取最大值。

例如,某项目网络计划各工作的三个持续时间估计值如图 6-56a)所示。按公式(6-28)和公式(6-29)分别计算工作持续时间的期望值 t_e 和方差 σ^2,见图 6-56b)。

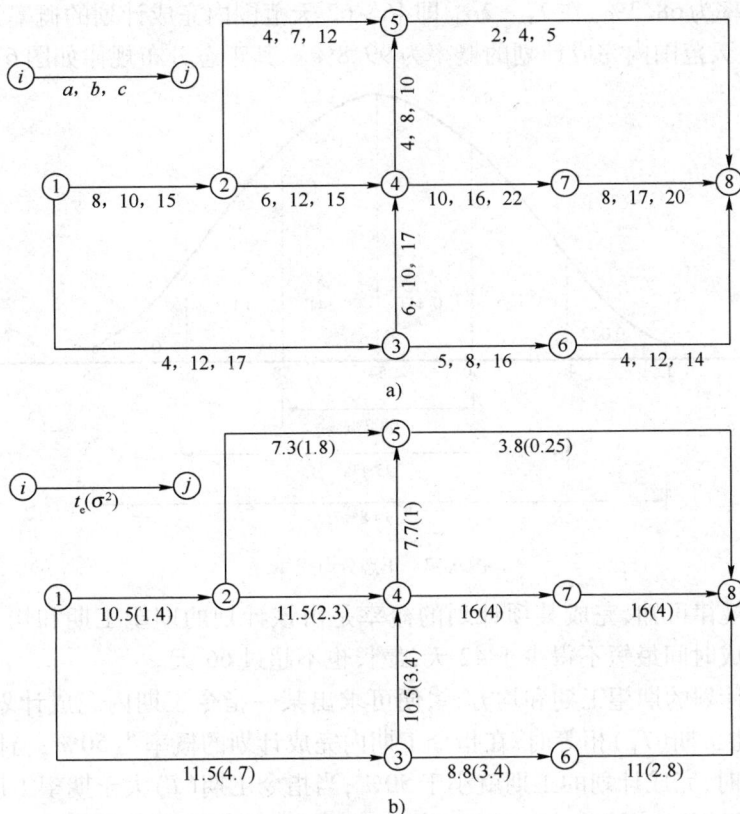

图6-56 计划评审法计算示例

a)三个持续时间估计值的网络计划;b)工作持续时间期望值与方差计算结果

由图6-56b)知,该网络计划有两条关键线路,I①→②→④→⑦→⑧和II①→③→④→⑦→⑧。根据公式(6-31)和公式(6-32)分别计算期望工期 T_E 和方差 σ_P^2 为:

关键线路I:

$$T_E = \sum_{cp} t_e = 10.5 + 11.5 + 16 + 16 = 54(天)$$

$$\sigma_P^2 = \sum_{cp} \sigma^2 = 1.4 + 2.3 + 4 + 4 = 11.7$$

关键线路II:

$$T_E = 11.5 + 10.5 + 16 + 16 = 54(天)$$

$$\sigma_P^2 = 4.7 + 3.4 + 4 + 4 = 16.1$$

关键线路I和II虽然长度相等,但它们的肯定程度却不相同,因此该网络计划期望工期的方差应为16.1。

2. 计划按期完成的概率

计算出计划工期的期望值和方差后,运用概率论的基本原理,便可以求出一个重要参数,即计划按期完成的概率。

当一个网络计划存在多项工作事件,而且每项工作持续时间的期望值对计划的期望工期影响又不大时,计划的期望工期随机变量就能较好地服从概率论中的正态分布。于是可以采用正态分布的原理计算计划按期完成的概率。

由上述的计算示例知,$T_E = 54$ 天,$\sigma_P = \sqrt{\sigma_P^2} = \sqrt{16.1} = 4$ 天,则在 $T_E \pm \sigma_P$ 即 $50 \sim 58$ 天范围

161

内完成计划的概率为 68.2% ,在 $T_E \pm 2\sigma_P$ 即 46 ~ 62 天范围内完成计划的概率为 95.4% ,在 $T_E \pm 3\sigma_P$ 即 42 ~ 66 天范围内完成计划的概率为 99.8% 。其正态分布规律如图 6-57 所示。

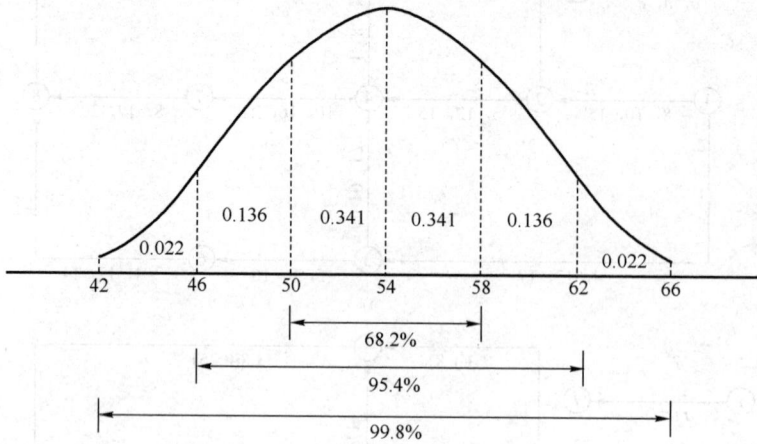

图 6-57　正态分布规律

由正态分布规律可知,完成某项计划的概率是由该计划的期望工期和均方差确定的,图 6-57 中该计划完成时间最短不得少于 42 天,最长也不超过 66 天。

可见知道了计划的期望工期和均方差,便可求出某一指令工期内完成计划的概率。当指令工期(T)与期望工期(T_E)相等时,在指令工期内完成计划的概率为 50% ;当指令工期(T)小于期望工期(T_E)时,完成计划的工期就小于 50% ;当指令工期(T)大于期望工期(T_E)时,完成计划的概率将大于 50% 。因此,求出概率系数(Z)之后,再依据正态分布表,见表 6-8,查表得概率 $P(Z)$ 。概率系数 Z 的计算公式如下:

$$Z = \frac{T - T_E}{\sigma_P}$$

(6-33)

概　率　表（摘录）   表 6-8

Z	P	Z	P	Z	P	Z	P
-3.0	0.001 4	-1.5	0.066 8	+0.1	0.539 8	+1.7	0.955 4
-2.9	0.001 9	-1.4	0.080 8	+0.2	0.579 3	+1.8	0.964 1
-2.8	0.002 6	-1.3	0.096 8	+0.3	0.617 9	+1.9	0.971 3
-2.7	0.003 5	-1.2	0.115 1	+0.4	0.655 4	+2.0	0.977 0
-2.6	0.004 7	-1.1	0.135 7	+0.5	0.691 5	+2.1	0.982 1
-2.5	0.006 2	-1.0	0.158 7	+0.6	0.725 7	+2.2	0.986 1
-2.4	0.008 2	-0.9	0.184 1	+0.7	0.758 0	+2.3	0.989 3
-2.3	0.010 7	-0.8	0.211 9	+0.8	0.788 1	+2.4	0.991 8
-2.2	0.013 9	-0.7	0.242 0	+0.9	0.815 9	+2.5	0.993 8
-2.1	0.017 9	-0.6	0.274 3	+1.0	0.841 3	+2.6	0.995 3
-2.0	0.022 8	-0.5	0.308 5	+1.1	0.864 3	+2.7	0.996 5
-1.9	0.028 7	-0.4	0.344 6	+1.2	0.884 9	+2.8	0.997 4
-1.8	0.035 9	-0.5	0.382 1	+1.3	0.903 2	+2.9	0.988 1
-1.7	0.044 6	-0.2	0.420 7	+1.4	0.919 2	+3.0	0.998 7
-1.6	0.054 8	-0.1	0.460 2	+1.5	0.933 2		
		0.0	0.500 0	+1.6	0.945 2		

现仍以图 6-56 所示网络计划为例,已知 $T_E = 54$ 天,$\sigma_P = 4$ 天,分别计算在 50 天和 60 天内完成计划的概率。

当 $T = 50$ 天时,$Z = \dfrac{50 - 54}{4} = -1$。

当 $T = 60$ 天时,$Z = \dfrac{60 - 54}{4} = 1.5$。

查表 6-8 得 50 天内完成计划的概率为 15.87%,60 天内完成计划的概率为 93.32%。可见该例 50 天内完成计划的可能性很小,而 60 天内完成计划的可能性很大,可以认为很有把握完成。

反之,如果预先给定了概率 $P(Z)$,由表 6-8 可查出概率系数 Z,从而可以计算出所需的指令工期 T,由公式(6-33)得:

$$T = T_E + Z \cdot \sigma_P \tag{6-34}$$

若上例要求该项计划完成的概率为 90%,则查表 6-8 得对应的 Z 值为 1.28,代入式(6-34)得:

$$T = 54 + 1.28 \times 4 = 59(天)$$

此时指令工期 T 应不少于 59 天。

三、PERT 时间参数计算

求出了 PERT 的期望工期及其方差,以及计划按指令工期完成的概率以后,则对整个计划的最终工期目标进行了合理的控制,但是,计划实施阶段某一时刻,实际完成情况及其实现的概率,还需计算网络图节点时间参数。

1. 计算节点最早时间及方差

因 PERT 网络与 CPM 网络图计算原理相同,则节点最早时间(ET)和方差 $\sigma^2(ET)$ 计算公式为:

设 $ET_1 = 0$ $\qquad \sigma^2(ET_1) = 0$

$$\begin{cases} ET_j = \max\{ET_i + t_e\} \\ \sigma^2(ET_j) = \max\{\sigma^2(ET_i) + \sigma^2(t_e)\} \end{cases} \tag{6-35}$$

式(6-35)由网络图起点开始沿箭线方向逐个节点计算到终点为止。

2. 计算节点最迟时间及方差

设 $LT_n = ET_n$(n 为网络图的终点节点)

且指令工期 T 时 $LT_n = T$,无指令工期时,计划的期望工期为 T_E,则 $LT_n = ET_n = T_E$,$\sigma^2(LT_n) = 0$

$$\begin{cases} LT_i = \min\{LT_j - t_e\} \\ \sigma^2(LT_i) = \max\{\sigma^2(LT_j) + \sigma^2(t_e)\} \end{cases} \tag{6-36}$$

式(6-36)由网络图终点开始逆箭线方向逐个节点计算到起点为止。

3. 计算节点时差及实现概率

PERT 网络计划分析及计算均以节点为基准。节点时间变动范围称为节点的时差(松弛时间)。

$$\begin{cases} TF_i = LT_i - ET_i \\ \sigma^2(TE_i) = \sigma^2(LT_i) + \sigma^2(ET_i) \end{cases} \tag{6-37}$$

在 PERT 网络计划中 $TF=0$ 的节点称为关键节点,关键节点及其顺序关系箭杆组成关键线路,这一点与 CPM 网络计划类似。不同之处在于 PERT 网络计划中时差是一个正态分布的随机变量,计算所得的 TF 值是一个期望值,因此可以根据 TF 及其方差 $\sigma^2(TF)$ 估计节点完成的概率。

节点工期完成的概率可根据下式求出正态分布偏离值 Z 后,查表 6-8 得出概率 $P(Z)$。

$$Z = \frac{TF_i}{\sigma} = \frac{LT_i - ET_i}{\sqrt{\sigma^2(LT_i) + \sigma^2(ET_i)}} \tag{6-38}$$

4. 保证节点在规定期限完成的概率

有时某一节点的完成期限在网络计划编制以前已有规定,如桥梁工程施工中,基础工程必须在汛期到来以前完成,以便继续进行其他部分施工。对于这种情况,必须求出该节点完成的最早时间 ET 与规定期限 PT 之间的关系。当 $PT > ET$ 时,自然易于保证按期或提前完成;如 $PT < ET$,则需要估计保证该节点在规定期限完成的概率 P。

为求保证节点 i 在 PT_i 期限内完成的概率,可先按下式求出 Z_i:

$$Z_i = \frac{PT_i - ET_i}{\sigma(ET_i)} \tag{6-39}$$

然后根据 Z_i 由表 6-8 查出 P 值。

同理,若工程最终限期已事先确定,则可按式(6-38)计算保证规定最终期限完成的概率;或根据规定的概率寻求可能性最大的工期。

由公式(6-39)得:

$$PT_i = ET_i + Z_i \cdot \sigma(ET_i) \tag{6-40}$$

5. 计算举例

已知某项目的网络计划如图 6-58 所示,试计算网络图节点时间参数及其实现的概率,并分析指令工期等于期望情况下和指令工期为 28 天和 34 天情况下计划完成的概率,若要求计划完成概率达 95%,则指令工期应不少于多少天?

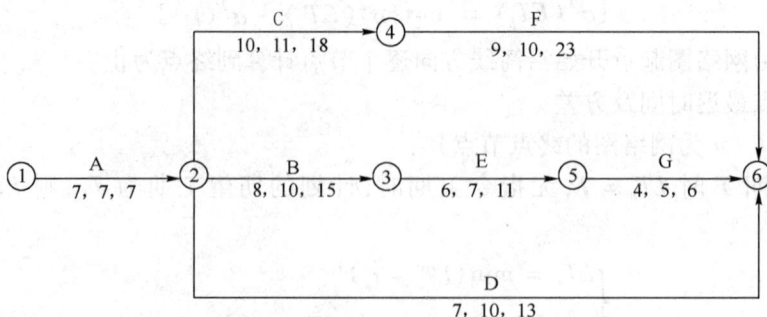

图 6-58 某项目 PERT 网络图

1)根据网络图上所注的数据,计算各项工作的 t_e 及 $\sigma^2(t_e)$,按公式(6-28)和公式(6-29)计算

结果如表 6-9。

工序 $i \to j$	估计时间(天)			工作持续时间期望值 t_e	方差 $\sigma^2(t_e)$
	a	c	b		
①→②	7	7	7	7	0
②→③	8	10	15	10.5	1.36
②→④	10	11	18	12	1.78
②→⑥	7	10	13	10	1
③→⑤	6	7	11	7.5	0.69
④→⑥	9	10	23	12	5.44
⑤→⑥	4	5	6	5	0.11

t_e 和 $\sigma^2(t_e)$ 计算结果标注在图6-59箭线下方。

2)计算节点最早时间及方差

由公式(6-35)得:

$ET_1 = 0, \sigma^2(ET_1) = 0;$

$ET_2 = 0 + 7 = 7, \sigma^2(ET_2) = 0 + 0 = 0;$

$ET_3 = 7 + 10.5 = 17.5, \sigma^2(ET_3) = 0 + 1.36 = 1.36;$

$ET_4 = 7 + 12 = 19, \sigma^2(ET_4) = 0 + 1.78 = 1.78;$

$ET_5 = 17.5 + 7.5 = 25, \sigma^2(ET_5) = 1.36 + 0.69 = 2.05;$

$ET_6 = \max\{25 + 5, 19 + 12, 7 + 10\} = 31,$

$\sigma^2(ET_6) = \max\{0 + 1, 1.78 + 5.44, 2.05 + 0.11\} = 7.22。$

ET_i 计算结果标注在图6-59"⊥"形的左边。

3)计算节点最迟时间及方差

由公式(6-36)得:

$LT_6 = ET_6 = 31, \sigma^2(LT_6) = 0;$

$LT_5 = 31 - 5 = 26, \sigma^2(LT_5) = 0 + 0.11 = 0.11;$

$LT_4 = 31 - 12 = 19, \sigma^2(LT_4) = 0 + 5.44 = 5.44;$

$LT_3 = 26 - 7.5 = 18.5, \sigma^2(LT_3) = 0.11 + 0.69 = 0.8;$

$LT_2 = \min\{31 - 10, 18.5 - 10.5, 19 - 12\} = 7,$

$\sigma^2(LT_2) = \max\{0 + 1, 5.44 + 1.78, 0.8 + 1.36\} = 7.22;$

$LT_1 = 7 - 7 = 0, \sigma^2(LT_1) = 7.22 + 0 = 7.22。$

LT_i 计算结果标注在图6-59"⊥"形的右边。

4)计算节点时差及实现的概率

由公式(6-37)得:

$TF_1 = 0 - 0 = 0, \sigma^2(TF_1) = 0 + 7.22 = 7.22;$

$TF_2 = 7 - 7 = 0, \sigma^2(TF_2) = 0 + 7.22 = 7.22;$

$TF_3 = 18.5 - 17.5 = 1, \sigma^2(TF_3) = 1.36 + 0.8 = 2.16;$

$TF_4 = 19 - 19 = 0, \sigma^2(TF_4) = 1.78 + 5.44 = 7.22;$

$TF_5 = 26 - 25 = 1, \sigma^2(TF_5) = 2.05 + 0.11 = 2.16;$

$TF_6 = 31 - 31 = 0, \sigma^2(TF_6) = 7.22 + 0 = 7.22$。

关键节点为①、②、④、⑥,连成关键线路是①→②→④→⑥。

由公式(6-38)得:

$Z_1 = Z_2 = Z_4 = Z_6 = 0$,查表6-8,得 $P_1 = P_2 = P_4 = P_6 = 50\%$。

$Z_3 = Z_5 = \dfrac{1}{2.16} = 0.463$,查表6-8,得 $P_3 = P_5 = 67.8\%$,各个节点的方差及其实现的概率见图6-59。

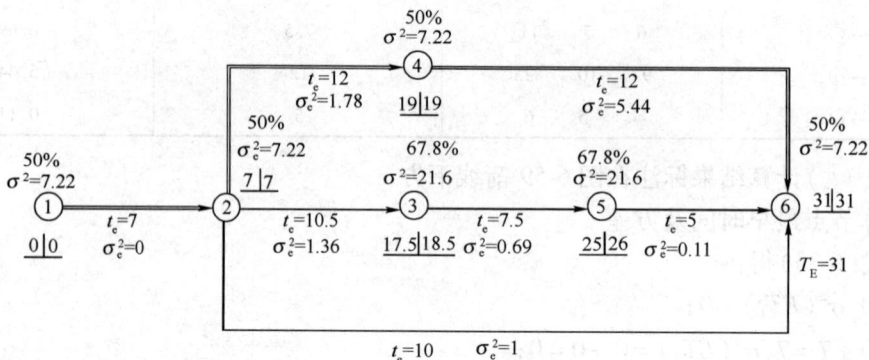

图6-59　网络图举例计算结果

5)求规定工期完成的概率

当指令工期 T 等于期望工期 T_E 时,按期完成计划的概率。由公式(6-31)得:

$$T_E = \sum_{cp} t_e = 7 + 12 + 12 = 31(天)$$

由公式(6-32)得:

$$\sigma_P^2 = \sum_{cp} \sigma_e^2 = 0 + 1.78 + 5.44 = 7.22$$

由公式(6-33)得:

$$Z = \frac{T - T_E}{\sigma_P} = \frac{31 - 31}{7.22} = 0$$

查表6-8 得 $P(Z) = 50\%$,即当 $T = T_E$ 时,按期完成计划的概率为50%。

当 $T = 28$ 天时,

$$Z = \frac{28 - 31}{7.22} = -0.416$$

查表6-8,得 $P(Z) = P(-0.416) = 35.06\%$,即当 $T = 28$ 天时按期完成的概率为35.06%。

当 $T = 34$ 天时,

$$Z = \frac{34 - 31}{7.22} = 0.416$$

查表6-8,得 $P(0.416) = 66.1\%$,即当 $T = 34$ 天时按期完成的概率为66.1%。

如果要求计划完成的概率为95%,查表6-8,$P(Z) = 0.95$,得 $Z = 1.64$,由公式(6-34)计算指令工期 T 为:

$$T = T_E + Z \cdot \sigma_P = 31 + 1.64 \times 7.22 = 42.84(天)$$

若要求完成计划的可能性达95%时,则应规定工期为42.84 天。

第七节　网络计划的优化

通过分解公路工程项目,依据各分项工作之间的逻辑关系,可以绘制网络计划图,并计算各类时间参数和确定关键线路,便得到一个初始的网络计划。但是它可能存在一些尚未解决的问题,比如计划工期超出了上级的规定,资源供不应求,费用消耗太高等。因此还需综合地考虑时间、费用和资源等情况以及它们之间的关系,即网络计划的优化问题。

网络计划的优化,是在既定的条件下,对初步拟定的网络计划方案,利用时差不断调整和改善,使之达到工期最短、成本最低、资源最优的目的。衡量网络计划是否达到最优,应综合评定工期、成本、资源消耗等技术经济指标,但是目前还没有一个能全面反映这些指标的数学模型。因此,只能根据不同的既定条件,按某一期望实现的目标,来衡量是否达到最优计划方案。对某项工程而言,若在技术资源有限的条件下,希望施工时度最快,即资源有限、工期最短的优化;如果既要保证按期完工,又要求投资最省,应寻求工期限定、成本最低的计划方案等。

项目实际工程进度网络计划的优化,只能根据具体条件进行单项指标优化。即时间优化条件是资源有限、工期最短;成本优化条件为工期限定、成本最低;资源优化条件则为工期限定、资源均衡。随着不同的优化目标,存在着不同的网络计划的优化理论和方法。但其共同之处在于:各种优化理论与方法均以初拟网络计划为基础,通过不断调整网络计划的时间参数,寻找最优的网络计划方案。

一、网络计划的时间优化

时间是一种特殊的资源。对工期要求紧迫的施工任务,应千方百计采取措施,调整修改初拟网络计划,以达到时间最短的目的,或者满足指令工期的要求。即使初拟网络计划的工期没有超过指令工期,也要进一步分析讨论初始网络计划,挖掘时间潜力,使计划时间最短,提前完成施工任务。这种以工期为目标,调整初拟网络计划的过程,称为网络计划的时间优化。

1.时间优化的措施与途径

网络计划的工期取决于关键线路上工作持续时间之和。因此,缩短关键工作的持续时间是网络计划时间优化的基本思路之一。它以关键线路为研究对象,选择合理的工期缩短方案,从而避免盲目加快施工进度可能造成的浪费现象,并获得时间最佳的效果。在网络计划的时间优化中,缩短工期主要是通过调整施工组织、压缩关键工作持续时间和计划外增加资源等措施来实现的。

1)将连续施工的工作改为平行作业

工作 A、B、C 原计划安排为顺序作业,为了缩短时间,可以将这三项工作调整为平行作业,如图 6-60 所示。这样网络计划的持续时间就由原来的 15 天缩短为 6 天。

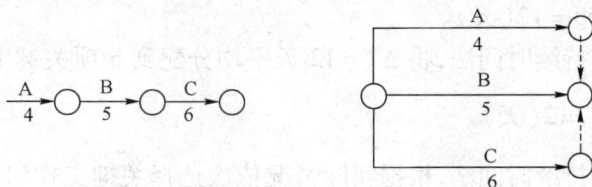

图 6-60　连续施工改为平行作业

2）将顺序作业调整为流水作业

几项顺序作业的总和，若紧前部分完成后其紧后工作就可以开始，则这些工作就可以采用流水作业的方式来完成。例如隧道工程施工中的掘进 A、支模 B、初砌 C 三项工作，若顺序施工需要 60 天，但是将 A、B、C 分别分成 3 个施工段进行流水作业时，就可以使工期缩短到 40 天，如图 6-61 所示。

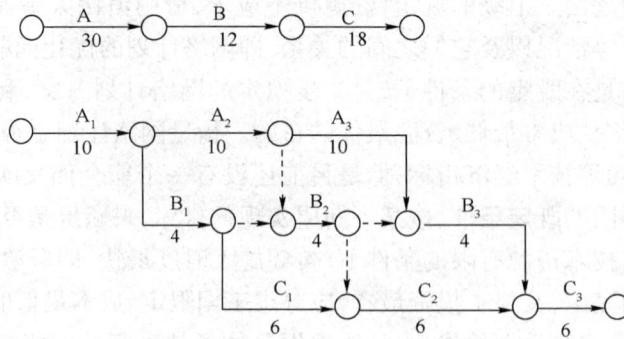

图 6-61　顺序作业改为流水作业

3）加快关键工作的持续时间

在网络计划中，关键线路控制着任务的总工期，其主要措施是加快关键工作的持续时间来达到缩短工期的目的。

4）相应地延长非关键工作的持续时间

有时还可以采用延长非关键工作的持续时间，而将人力、物力调到关键工作上去，以便达到压缩关键工作持续时间、缩短工期的目的。

5）从计划外增加资源

从原计划外增加资源供应，增加机械设备、运输车辆、劳动力、材料供应等的办法来加快关键工作的完成。

时间优化的途径在于缩短网络计划的工期，缩短工期常用方法有平均加快关键工作持续时间、依次加快关键工作持续时间、选择加快关键工作持续时间三种。当初始网络计划的计划工期与指令工期差值不大时，可采用平均加快关键工作持续时间法；当计划工期与指令工期相差较大时，通常按施工工艺要求，并根据技术可行以及合理原则，事先选择若干项关键工作来加快其工作持续时间；选择加快法是在网络计划的关键线路上有的放矢地选择某些工作来加快其作业持续时间。

上述缩短工期的三种方法，现以图 6-62 为例予以说明。图 6-62 中计算网络图节点时间参数、计划工期（T）并确定关键线路，若指令工期 $\lambda = 53$ 天，按以上三种方法计算如下：

计算初始网络计划图的节点时间参数，并确定关键线路，见图 6-62，计划工期 $T = 65$ 天，所以 $\Delta T = T - \lambda = 66 - 53 = 12$（天）。

平均加快关键工作持续时间法，将 $\Delta T = 12$ 天平均分配到 6 项关键工作上，每项关键工作应压缩的时间为 $\Delta t = \dfrac{12}{6} = 2$（天）。

依次加快关键工作持续时间法，根据实际情况依次选择关键工作（1,2）、（2,4）、（4,6）均压 2 天，（6,7）压 1 天，（7,8）压 3 天，（8,9）压 2 天，共计压缩工期 12 天。

选择加快关键工作持续时间法，最简单的情况可选择关键工作（1,2）和（8,9）共压缩工期

168

12 天。

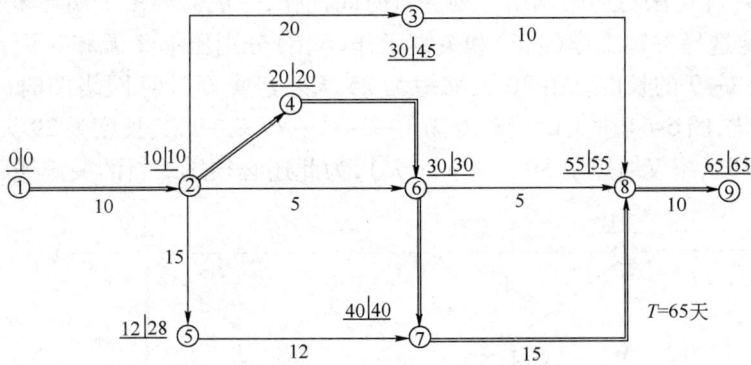

图 6-62　初始网络计划

2. 时间优化的方法

网络计划时间优化的基本方法是循环优化法。缩短工期的着眼点是关键线路,因此必须从关键线路入手,循环优化法的基本原理是:计算初始网络计划图的计划工期并确定关键线路;将计划工期与指令工期比较,求出需要缩短的时间;采取恰当的时间优化途径压缩关键工作持续时间,从而压缩关键线路的长度,并重新确定网络计划图新的关键线路。此时,如果计划工期小于或等于指令工期,时间优化即告完成;否则,按上述同样的步骤,再次压缩关键线路的长度,直到满足指令工期要求为止。

需要指出的是,当网络计划图同时存在多条关键线路时,必须同时压缩各条关键线路的长度,才能达到指令工期的要求。如果需要得到网络计划最短工期,也可按以上方法循环压缩关键线路的长度,直到网络计划中关键线路不能缩短为止,此时得到的计划工期就是网络计划的最短工期。循环优化法的求解步骤举例说明如下。

设某项工程任务的初始网络计划如图 6-63 所示,若指令工期 $\lambda = 25$ 天,试采用循环优化法压缩关键线路长度,满足指令工期的要求。

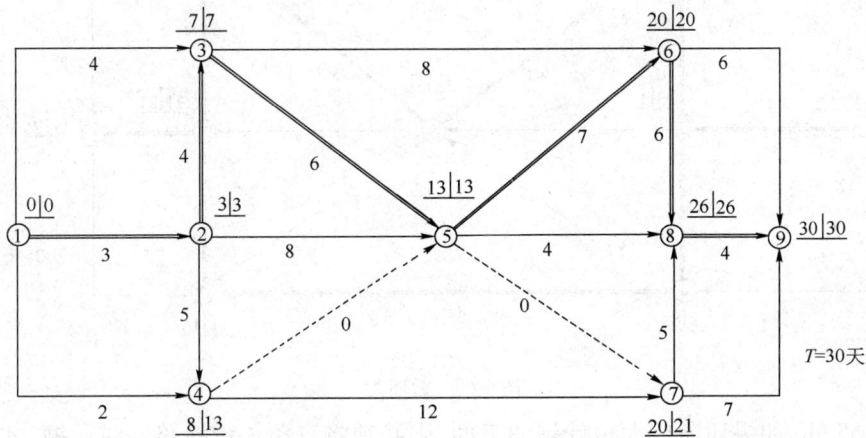

图 6-63　初始网络计划

首先计算初始网络计划图的节点时间参数,得到计划工期 $T = 30$ 天,并计算计划工期与指令工期的差值,即 $\Delta T = T - \lambda = 30 - 25 = 5$(天),所以需要压缩关键工作持续时间 5 天,才能满

169

足指令工期的要求,网络图时间参数计算结果及关键线路见图 6-63。

然后运用循环优化法对初始网络计划进行时间优化,一般需要多个循环步骤才能完成。

循环 1 假定选择关键工作(3,5)和关键工作(5,6)分别压缩 2 天和 3 天,这样关键线路 1—2—3—5—6—8—9 的长度就由 30 天缩短为 25 天。经重新计算网络图时间参数发现,关键线路发生了变化,图 6-64 中关键线路变为 1—2—4—7—8—9,其长度为 29 天。可见计划工期通过第一次循环压缩仅缩短了 30－29＝1(天),为此还必须压缩新的关键线路长度 4 天。

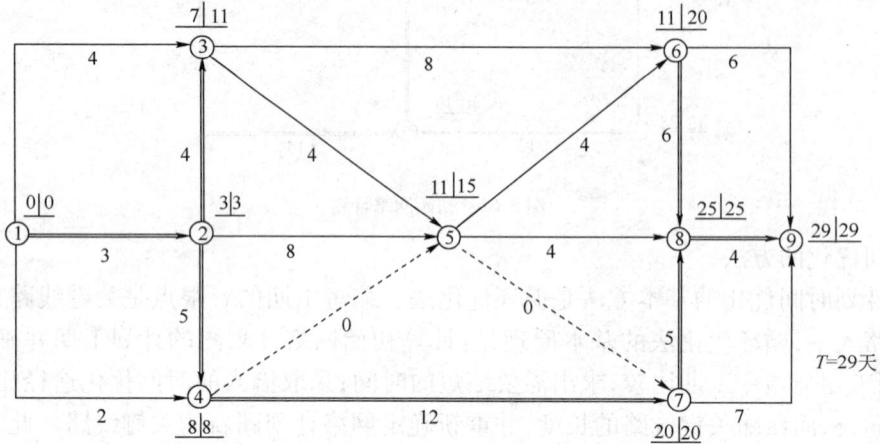

图 6-64 循环 1

循环 2 假定选择压缩新关键线路上的工作(4,7)4 天,这样新关键线路 1—2—4—7—8—9 的长度由 29 天缩短为 25 天。重新计算网络计划的时间参数,其结果表明关键线路又发生了变化,如图 6-65 所示其长度 25 天,此时关键线路有三条,这三条关键线路的长度均为 25 天,等于指令工期时间优化结果。

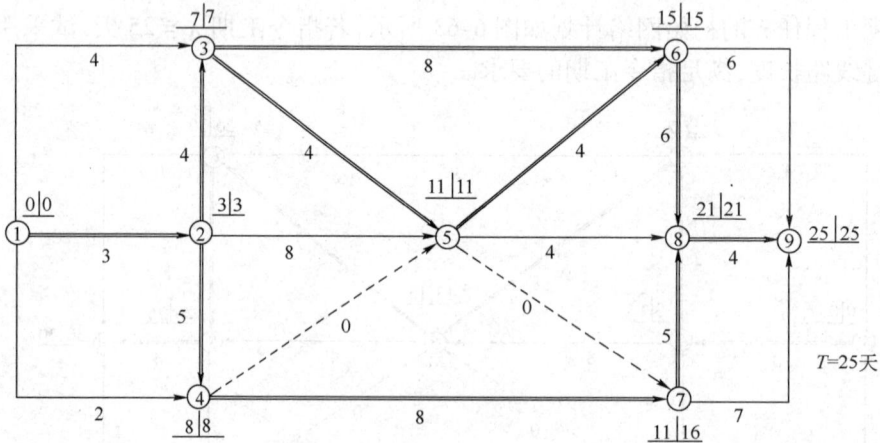

图 6-65 循环 2

由图 6-65 知,如果还需要缩短计划的工期,则必须将三条关键线路同时压缩,才能达到缩短计划工期的目的。

网络计划时间优化的循环优化方法是一种探索性的求解过程,它的优点是思路简单、便于理解和掌握,该方法的缺点为计算工作量大,需要多次重复进行。因此对于大型复杂的网络计划图,手工计算将是很繁杂的,必须采用计算机计算。

二、网络计划工期与成本优化

上面介绍的网络计划时间的优化,是没有考虑工程成本消耗的条件下进行的。在一般项目施工中要加快某项工作,通常都需要增加劳动力、材料供应、机械设备等,而这些增加均会引起成本的加大,因此工程成本与工期有着密切的关系。对某一个项目而言,既不能简单地认为缩短工期就会增加成本,也不能认为延长工期就会降低成本,所以就有一个时间与费用的优化问题,即网络计划工期与成本的优化。

1. 工程成本的组成及其与工期的关系

1)工程费用组成

工程费用一般是指通过施工生产活动的兴工动料而形成建筑安装工程所具备的价值或工程价值的货币表现。工程价值又是以工程成本为基础,由于受公路工程自身特点的影响,其工程成本差异很大。根据我国现行的费用定额规定,工程费用由直接成本、间接成本、技术装备费、利润和税金组成。其中主要组成为工程成本,而装备费、利润和税金等在工程费用中所占比例较小。

2)工程直接成本

工程直接成本是指完成某一建设项目的施工任务而直接消耗在工程上的费用,即直接使生产资料转移而形成工程实体所投入的费用。它包括消耗在施工中的人工费、材料费、机械使用费和其他直接费以及现场经费,而其他直接费有各季施工增加费、雨季施工增加费、夜间施工增加费、高原地区施工增加费、沿海地区工程施工增加费、行车干扰工程施工增加费、施工辅助费七项,现场经费则有临时设施费和现场管理费两项组成。直接成本决定了工程费用乃至工程造价,它本身取决于设计方案、施工方法、定额及费率等因素。

3)间接成本

间接成本是指完成项目施工任务而间接发生的费用,不直接发生在工程项目上,而是间接为工程项目服务所发生的费用。间接成本包括企业管理费和财务费用,其中,企业管理费系指施工企业为组织施工生产经营活动所发生的管理费用;财务费用是指企业为筹集资金而发生的各项费用,包括企业经营期间短期贷款利息净支出、汇兑净损失、调剂外汇手续费、金融机构手续费,以及企业筹集资金发生的其他财务费用。

4)工期与直接成本的关系

一般情况下无论采用什么方法加快施工进度,工程的直接成本都将增加。然而当直接成本增加到某一限值时,再增加直接成本,也不能再缩短工作的持续时间,此时的工期为工程的最短工期,它所对应的费用为最高直接成本。若以纵轴表示工程直接成本,横轴表示时间,则工期与直接成本的关系曲线如图 6-66 所示。

由图 6-66 知,直接成本曲线反映了工程的直接成本随着工期的缩短而增加。一般为了简化计算,假定工程直接成本曲线以成本斜率直线替代,其斜率计算公式为:

$$成本斜率\ K = \frac{最高成本(C_{max}) - 正常成本(C_A)}{正常工期(T_A) - 最短工期(T_{min})}$$

即:

$$K = \frac{C_{max} - C_A}{T_A - T_{mim}} \tag{6-41}$$

K 的意义是每缩短单位时间直接成本的变化率,若时间单位为天,则成本斜率表示每缩短

1 天时间所需增加的直接成本。

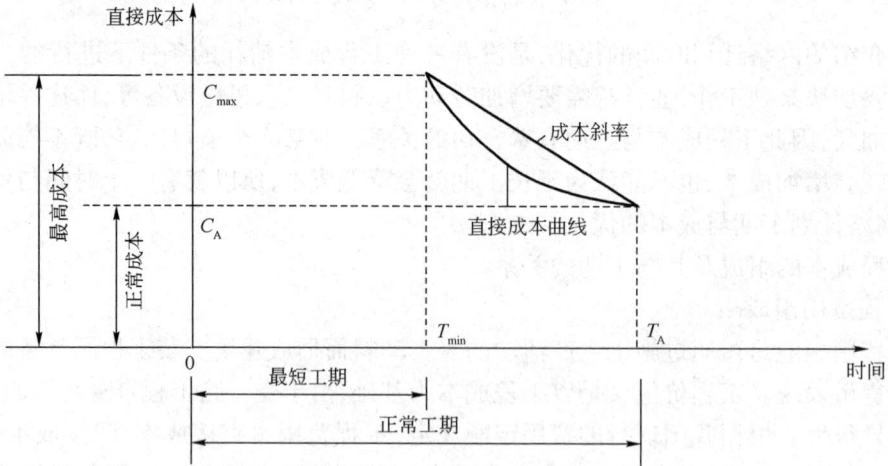

图 6-66　工期与直接成本曲线

2. 工期与成本优化方法

1）工期与成本优化原理

根据确定的工作关系绘制正确的原始网络计划图；分析各项工作在正常工期状态下所需的持续时间和直接成本，以及在最短工期状态下所需的持续时间和直接成本；再按公式（6-41）计算出各项工作的成本斜率；然后对原始网络计划进行时间参数计算，求出计划工期并确定关键线路，从而得到该计划工期时的直接成本；初始网络计划由正常工期到最短工期时直接成本不断变化的过程曲线即为所求的计划工期与直接成本曲线；一般假定间接成本按计划工期比例分摊、经验系数或估算等方法，确定计划工期与间接成本为线性关系，并叠加直接成本和间接成本得到计划工期与工程总成本关系曲线；最后从总成本曲线图上分析，便可得到总成本最低时对应的时间就是网络计划的最优工期。

2）循环压缩工作持续时间的条件

从上述工期与成本优化的原理可知，压缩工期必须缩短关键线路的长度，而关键线路长度的缩短又必须通过压缩关键工作的持续时间来完成，所以被选作压缩的各项工作应满足下列条件：

（1）必须是关键线路上的工作；

（2）该工作的持续时间不短于其最短工期；

（3）它的成本斜率是关键线路上可压缩工作中最低的。

每缩短一次关键工作的持续时间，得到新的计划工期和相应的工程直接成本、间接成本及工程总成本，以此为一个循环，直到关键工作持续时间达到其最短工期再不能压缩为止。

下面根据图 6-67 所示初始网络计划及表 6-10 所列数据，说明网络计划工期与成本的优化方法。

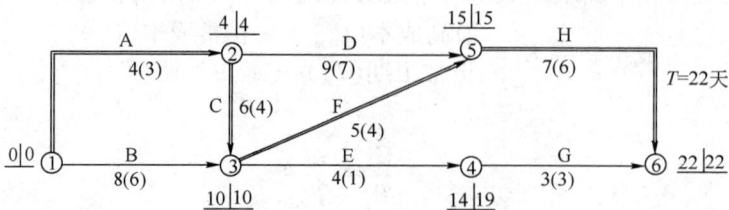

图 6-67　初始网络计划图

工作名称	工作代号	正常工期		最短工期		成本斜率
		时间（天）	成本（千元）	时间（天）	成本（千元）	（千元/天）
A	(1,2)	4	42	3	56	14
B	(1,3)	8	80	6	112	16
C	(2,3)	6	100	4	120	10
D	(2,5)	9	108	7	120	6
E	(3,4)	4	100	1	220	40
F	(3,5)	5	30	4	48	18
G	(4,6)	3	30	3	30	不压缩
H	(5,6)	7	120	6	150	30
总成本			610		856	

图 6-67 中箭线下方及右边的括号处数字为工作正常工期,括号内数字为工作最短工期;工作 G 持续时间不能压缩。

（1）计算计划工期与工程直接成本

计算原始网络计划图节点时间参数,得出计划工期 $T = 22$ 天,并确定其关键线路为 1—2—3—5—6,此时直接成本为 610 千元,见图 6-67 和表 6-10。

从表 6-10 可以看出,在图 6-67 关键线路中,工作 C 代号为(2,3)的成本斜率最小,因此首先压缩关键工作 C1 天,这时直接成本为 $610 + 10 = 620$(千元),关键线路没有变化,而计划工期变为 $T = 21$ 天;而关键工作 C 还可以再压 1 天,计划的直接成本变为 $620 + 10 = 630$(千元),且计划工期都是 $T = 20$ 天。这时称为第一次循环,如图 6-68 所示,关键线路有所变化,除 1—2—3—5—6 外又增加了两条新的关键线路 1—2—5—6 和 1—3—5—6,使其关键线路变成三条,这三条关键线路的成本斜率计算结果见表 6-11。

关键线路上工作成本斜率计算表　　　　　　　　表 6-11

关键线路 I 1—2—3—5—6		关键线路 II 1—2—5—6		关键线路 III 1—3—5—6	
工作(i,j)	成本斜率（千元/天）	工作(i,j)	成本斜率（千元/天）	工作(i,j)	成本斜率（千元/天）
(1,2)	14	(1,2)	14	(1,3)	16
(2,3)	10	(2,3)	6	(3,5)	18
(3,5)	18	(5,6)	30	(5,6)	30
(5,6)	30				

第二循环要进一步缩短工期,必须同时压缩图 6-68 中三条关键线路的长度,此时有两种工期缩短方法。

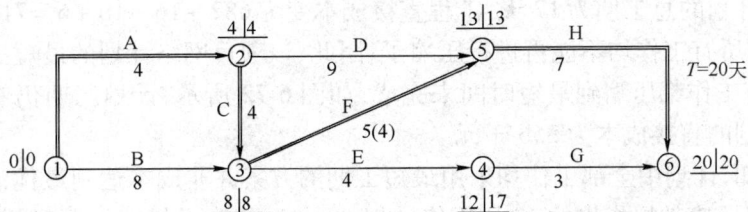

图 6-68　第一循环

第一种方法,因关键工作(2,3)已不能再压缩持续时间,而关键线路 I 中工作(1,2)的成本斜率最小,故将其压缩 1 天,同时关键线路 II 的长度也被缩短了 1 天;关键线路 III 中工作(1,3)的成本斜率最小,因而先压缩 1 天。这时工期 $T = 19$ 天,计划的直接成本变为 630 + 14 + 16 = 660(千元),如图 6-69a)所示。

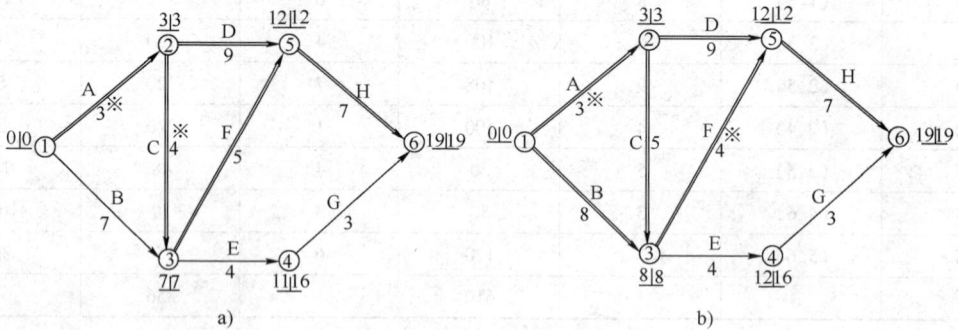

图 6-69　第二循环(※为最短工期)

第二种方法,关键线路 I 和关键线路 II 缩短工期的方法同第一种方法,而关键线路 III 中压缩工作(3,5)1 天,这时关键线路 I 的长度缩短到 18 天,最好将关键工作(2,3)持续时间恢复到 5 天,此时计划工期仍压缩到 19 天,而其直接成本为 620 + 14 + 18 = 652(千元),比第一种方法节省直接成本 660 - 652 = 8(千元),见图 6-69b),所以第二种方法更有利。

第三循环是将工期缩短到 18 天,这时也可以采用两种方法,一种是将图 6-69b)中的关键工作(1,3)、(2,3)、(2,5)分别压缩 1 天,此时计划直接成本为 652 + 16 + 10 + 6 = 684(千元),见图 6-70a);另一种是将图 6-69b)中的关键工作(5,6)压 1 天,这时直接成本为 652 + 30 = 682(千元),见图 6-70b)。所以选择第二种方法,计划工期 $T = 18$ 天,工程直接成本 682 千元,图 6-70 为第三循环。

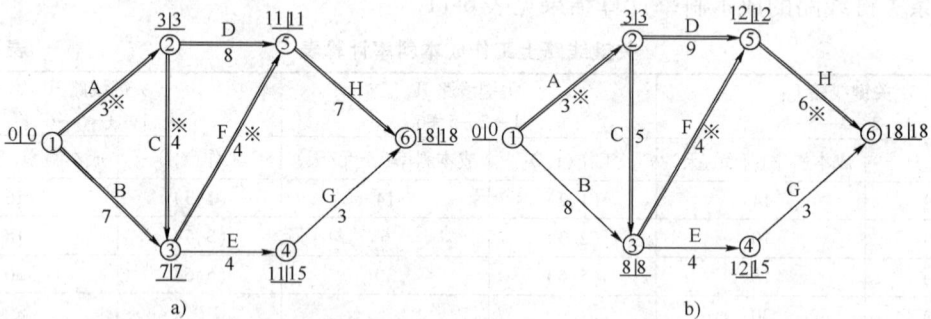

图 6-70　第三循环(※为最短工期)

第四循环是把图 6-70b)中关键工作(1,3)、(2,3)、(2,5)分别压 1 天,这时网络计划图如图 6-71 所示。计划的总工期为 17 天,工程直接成本变为 682 + 16 + 10 + 6 = 714(千元)。它使关键线路 I 上的所有工作均不能再进行压缩了,因此,该项目网络计划的最短工期为 17 天。

如果把所有工作都压缩到最短时间来完成,如图 6-72 所示,计划工期仍然是 17 天,这时由表 6-10 知计划的直接成本为 856 千元。

由图 6-72 知,计划中全部工作均采用最短工期的方案并非成本达到最优消耗。这正是我国著名数学家华罗庚教授指出的,应用网络计划技术时要"向关键线路要时间,向非关键线路要费用"的原因之一。

174

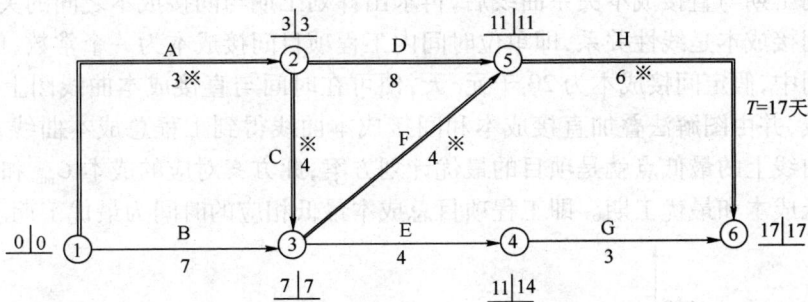

图 6-71　第四循环(※为最短工期)

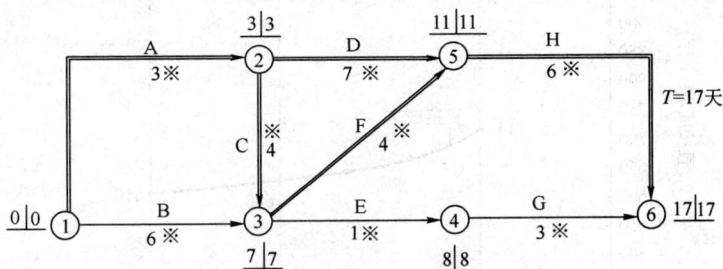

图 6-72　均达最短工期网络图(※为最短工期)

　　由以上各个循环压缩过程,得到计划工期与工程直接成本数据如表 6-12 所示,据此绘制计划工期与直接成本曲线,如图 6-73 所示。

计划工期与直接成本　　　　　　　　　　　　　　　　表 6-12

计划工期(天)	17	18	19	20	21	22
直接成本(千元)	714	682	652	630	620	610

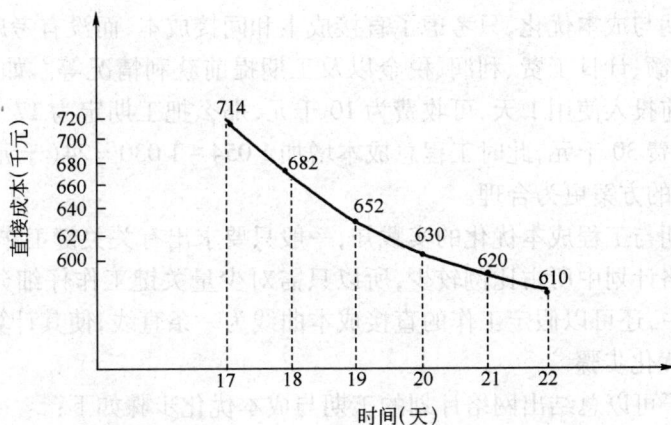

图 6-73　计划工期与直接成本曲线

　　一般情况下,上述各个循环压缩过程的结果可以认为是一条件下的最优解,原因是每次压缩关键工作的持续时间,都是选择其成本斜率最小的工作,即计划的工期缩短后,工程直接成本的增加最少。

　　(2)计划工期与间接成本及总成本的关系

175

得到计划工期与直接成本关系曲线后，再求出计划工期与间接成本之间的关系，通常假设计划工期与间接成本是线性关系，即单位时间内工程项目间接成本为一个常数，例如在图6-67初始网络计划中，假定间接成本为 20 千元/天，便可在时间与直接成本曲线图上，绘出时间与间接成本曲线，并由图解法叠加直接成本和间接成本曲线得到工程总成本曲线，如图 6-74 所示。总成本曲线上的最低点就是项目的最优计划方案，此方案对应的成本 C_{min} 和时间 T_A 分别为计划的最低成本和最优工期。即工程项目总成本最低相应的时间为最优工期。

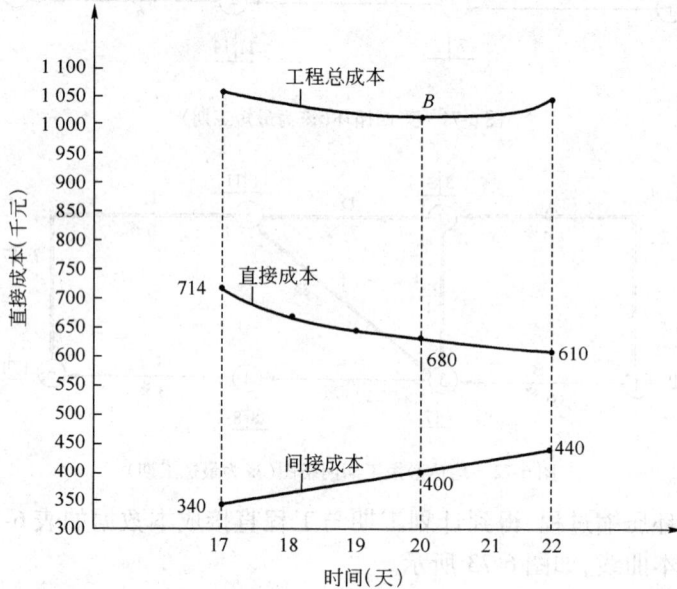

图6-74　工期与成本关系曲线

由图 6-74 知，总成本曲线最低点 B 为 1 030 千元，它所对应的时间为 20 天，所以该工程项目计划的最优工期为 20 天，总成本为 1 030 千元。

上述例题中工期与成本优化，只考虑了直接成本和间接成本，而没有考虑工程费用中的其他因素，例如暂定金额、计日工费、利润、税金以及工期提前获利情况等。如果图 6-67 网络计划中的工程项目提前投入使用 1 天，可收费为 10 千元，那么把工期定为 17 天，比计划工期 20 天提前 3 天，则可收费 30 千元，此时工程总成本增加 1 054 − 1 030 = 24（千元）< 30（千元），因此工期决策为 17 天的方案更为合理。

由网络计划工期与工程成本优化的实践知，一般只要求出有关关键工作的数据即可，由于关键工作在整个网络计划中所占比例较少，所以只需对少量关键工作仔细分析就可以了。而且在实际优化过程中，还可以假定工作的直接成本曲线为一条直线，使其计算更加简便实用。

3）工期与成本优化步骤

通过上面的例子可以总结出网络计划的工期与成本优化步骤如下：

（1）按正常工作时间绘制初始网络计划图，并计算计划工期和完成计划的工程直接成本。

（2）调查研究确定整个计划的各项工作最短工期及其工程直接成本，并按公式（6-41）计算直接成本的斜率。

（3）根据成本最小原则，找出关键线路上直接成本斜率最小的工作优先压缩时间，使其工程直接成本增加最小。

（4）循环计算加快某项关键工作后计划的总工期和直接成本，并重新确定关键线路，直到

176

关键线路上工作均达到最短工期再不能压缩为止。

(5)将工期与直接成本计算结果绘制出直接成本曲线。

(6)假定工期与间接成本呈线性关系并绘制其间接成本曲线,叠加直接成本和间接成本曲线,便可得到计划的总成本曲线。

(7)利用图解法求出总成本曲线上最低点对应的工作时间即为该项目计划的最优工期。

三、网络计划的资源优化

1. 资源优化的含义

项目施工进度网络计划初步编制时,不仅与工作间的逻辑关系、工作作业持续时间有关,而且与劳动力、材料、施工机具设备等资源条件有关。离开了资源供应条件就无计划可言,在计划的编制、调整和修改时均以资源条件为基础,同一项目施工中由于资源条件不同,其计划也不相同。既考虑施工技术组织条件,又考虑资源供应条件的工程进度计划称为资源进度计划(Resource Scheduling)。

初步拟定网络计划以后,其资源进度可能出现以下两种不合理现象:一是在某种时间范围内所消耗的资源数量超过实际提供的资源数量,导致开工不足,工期延误;二是资源进度计划不均衡,出现突高突低的大起大落现象,给施工组织管理带来困难,影响承包人的经济效益。针对以上两方面的问题,最好的解决办法是:一种为资源数量有限时,寻求完成计划的最短工期;另一种为工期限定的条件下,力求使资源均衡利用。网络计划资源优化的目的,就是要合理地安排工程进度,解决资源的供求质量或实现资源的均衡供应。

因此,资源优化通常有两种不同的目标:

(1)工期规定资源均衡:在工期规定的条件下,合理安排项目各项工作进度,实现资源的均衡利用。

(2)资源有限工期最短:在资源供应受限的情况下,安排项目各项工作进度,力求使计划的工期最短。

无论要达到哪一种资源优化目标,都要通过重新安排某些工作,使初始网络计划的工期和资源调配情况得以调整与改善,从而达到预期的目的,对网络计划中某些工作的重新安排,通常是通过调整非关键工作而实现的,一般对非关键工作进行调整的方法有:

(1)利用工作机动时间,推迟或提前某些非关键工作的开始时间。

(2)在项目实际施工条件允许的条件下,可在资源需求量超限的时段内中断某些非关键工作,以便减少资源的需要量。

(3)改变某些非关键工作的作业持续时间,相应减少其资源用量。

下面分别介绍工期规定资源均衡和资源有限工期最短两种资源优化的原理和具体方法。值得注意的是,无论哪种资源优化问题都比较复杂,其计算工作量也很大,只有当网络计划中工作项目较少时,才便于徒手计算。当网络计划中工作项目较多(超过50)时,手算时间和经济条件均不允许,必须借助计算机进行计算。这里所介绍的资源优化方法和原理,可作为进一步使用和编制电子计算机程序进行电算的基础。

2. 工期规定资源均衡

1)资源均衡的评价标准

工期规定资源均衡是在不延长总工期的前提下,调整非关键工作的开始时间达到资源尽可能均衡的目的。根据资源分布函数的均方差、极差和资源需要量变化的频繁程度等指标,来衡量资源是否均衡。上述指标愈小,说明资源愈均衡。在实际工作中,很难使上述指标都达到最小,因此往往根据所需均衡的资源选一种最合适的指标作为衡量标准。因而以资源函数的均方差为例予以说明。

设 T 为项目施工总工期;R 为资源需要的平均强度或称市场资源需要量;$R(t)$ 为 t 时刻资源需要量或称为资源强度;σ^2 为资源分布函数的均方差。则均方差表达式为:

$$\sigma^2 = \frac{1}{T}\int_0^T [R(t) - \overline{R}]^2 \mathrm{d}t = \frac{1}{T}\int_0^T R^2(t)\,\mathrm{d}t - \frac{2\overline{R}}{T}\int_0^T R(t)\,\mathrm{d}t + \overline{R}^2$$

$$= \frac{1}{T}\int_0^T R^2(t)\,\mathrm{d}t - \frac{2\overline{R}}{T}\cdot \overline{R}\cdot T + \overline{R}^2$$

$$= \frac{1}{T}\int_0^T R^2(t)\,\mathrm{d}t - \overline{R}^2 \tag{6-42}$$

要使 σ^2 最小,即使 $\int_0^T R^2(t)\mathrm{d}t$ 最小(因为 T、$\overline{R}$ 为常数)。如图 6-75 是同一工程的三个不同计划相应的资源需要量动态曲线。

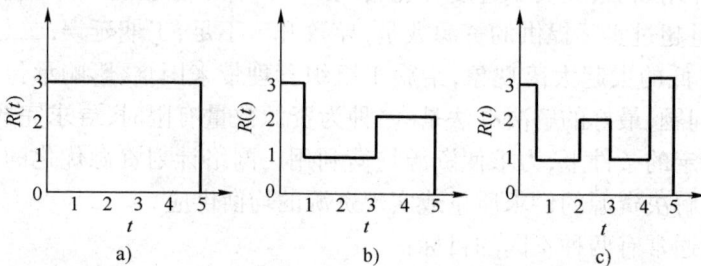

图 6-75　同一工程三种资源需要量动态曲线图

因为资源需要量曲线为柱状分布图,所以

$$\int_0^T R^2(t)\,\mathrm{d}t = R_1^2 + R_2^2 + \cdots + R_T^2 = \sum_{i=1}^T R_i^2 \tag{6-43}$$

要使 σ^2 最小,即使 $\sum_{i=1}^T R_i^2$ 的值为最小。

图 6-75b)中,$\sum_{i=1}^5 R_i^2 = 3^2 + 1^2 + 2^2 + 2^2 + 2^2 = 22$。

图 6-75c)中,$\sum_{i=1}^5 R_i^2 = 3^2 + 1^2 + 2^2 + 1^2 + 3^2 = 24$。

所以图 b)较图 c)均衡。

而图 6-75a)中,$\sum_{i=1}^5 R_1^2 = 2^2 \times 5 = 20$。

显然图 a)的均衡性最好。

2)削峰填谷的优化原理

以上分析得出最理想的资源均衡图是一个矩形图,如图 6-75a)所示,即整个网络计划在每个单位时间内的资源需求量保持不变,当然要得到这种理想的计划是不可能的,但是如果求出每单位时间内资源的平均需要量,将对整个资源的均衡性调整有所帮助。这里所介绍的"削峰填谷法"资源优化原理就是要近似地达到这个平均值,实现工期规定的资源均衡问题。

削峰填谷的基本原理如图 6-76 所示。

首先,计算初始网络计划的节点时间参数,确定关键线路,并按节点最早时间绘出时标图,以及绘制资源逐日需要量调配图;其初始情况如图 6-76a)所示,找出整个计划中的资源最高峰段$(t_a \sim t_b)$,选择位于该高峰时段能推迟到该高峰之后开始的非关键工作,将其推迟到t_b之后某时该开始,这样就使整个计划和资源高峰得到一次削低,该高峰之后的资源低谷相应得到一次填补,见图6-76b)。然后重复循环进行上述步骤,不断地进行"削峰填谷",直到整个计划的资源高峰再也不能削低为止,如图6-76c)所示。

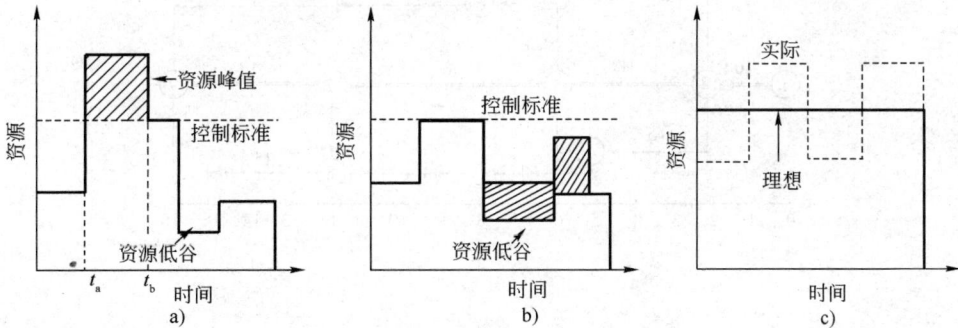

图 6-76　削峰填谷原理

a)初始情况;b)调整情况;c)最终情况

被推迟的非关键工作,其推迟时间必须小于其机动使用时间,以便不影响网络计划的总工期。对这些非关键工作的推迟应按以下两条优先调整规则进行。

(1)优先推迟资源强度小的非关键工作。

(2)当几项工作的资源强度相同时,优先推迟时差大的非关键工作。

3)削峰填谷优化步骤及应用

下面举例说明削峰填谷法资源优化的具体步骤。设某工程项目网络计划如图6-77所示。箭线上方括号内数字为该工作(i,j)的资源强度,箭线下方数字为工作持续时间,试用削峰填谷法求在规定工期16天内,尽可能实现资源均衡的进度安排。

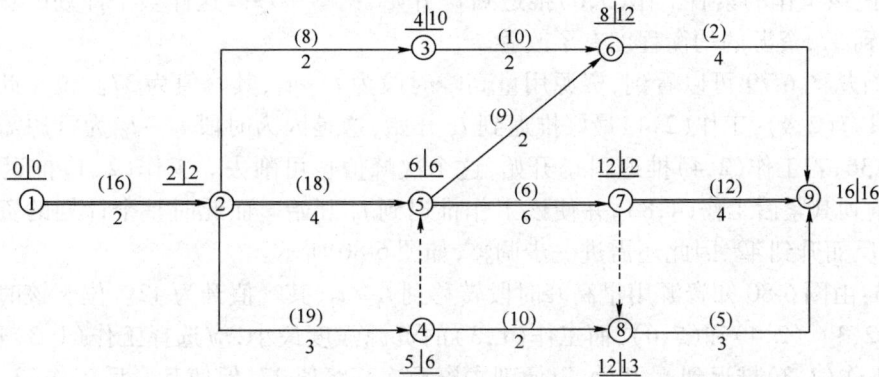

图 6-77　某项目网络计划资源均衡优化

第一步,计算网络计划节点时间参数,确定关键线路,见图6-77。

第二步,按节点最早时间绘时标图,见图6-78a)所示;并作出相应的日资源用量图,见图6-78b)所示。

为了便于累计整个计划的日资源用量,通常在时标图6-78a)中各工作实箭线上方标出该项工作的资源强度。

从图6-78b)可以看出,整个计划的资源需求量是极不均衡的,资源高峰值为45,而资源低谷值仅为8,其差值达37,因此很有必要进行资源均衡供应问题的优化。

第三步,运用削峰填谷法原理,以削低整个计划的资源高峰为目的,调整位于高峰时段的非关键工作,按优先推迟原则循环进行,逐步实现资源均衡。

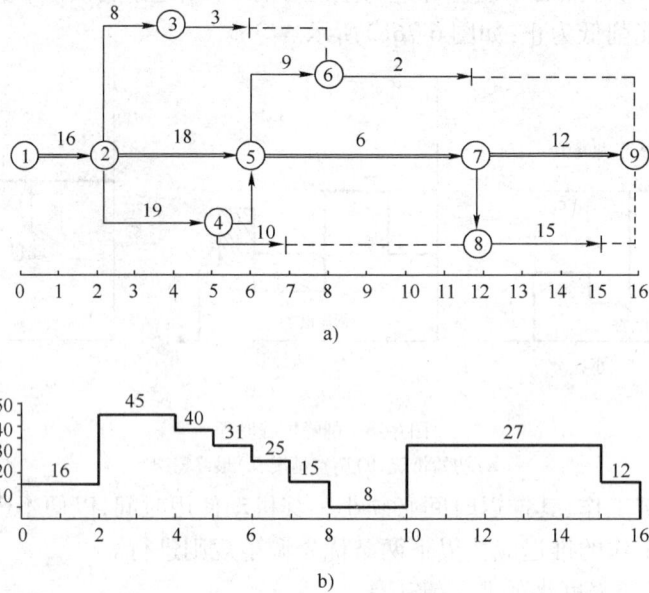

图6-78　优化前资源调配图

循环1:从图6-78可以看出,时段$t_2 \sim t_4$是整个计划的资源用量高峰,其峰值为45。位于该高峰时段的工作有3项,其中工作(2,5)是关键工作,显然不能推迟。其余两项工作分别是(2,3)和(2,4),它们都是非关键工作。根据优先调整规则(1),应优先推迟资源强度小的工作(2,3),而时段$t_4 \sim t_5$为整个计划的资源用量次高峰,该值为40,因此最好将工作(2,3)推迟到t_5开始,但使该工作的紧后工作(3,6)推迟到t_7开始,见图6-79。这样整个计划的资源用量峰值由45削到37,资源的均衡程度有了改善。

循环2:从图6-79可以看到,资源用量高峰时段为$t_2 \sim t_5$,其峰值为37。位于此时段的非关键工作只有(2,4),工作(2,4)最好推迟到t_6开始,这是因为时段$t_5 \sim t_6$为资源需求的次高峰,峰值为36,若工作(2,4)推迟到t_6开始,这个次峰值也可削去。工作(2,4)推迟到t_6开始时直接影响到其紧后工作(4,8),并使该工作推迟到t_9开始。而此时整个计划的资源高峰由循环的37反而升到42,因此还需进一步调整,如图6-80所示。

循环3:由图6-80知资源用量高峰时段转移到$t_6 \sim t_7$,其峰值升为42。位于该时段的非关键工作有(2,3)、(2,4)和(5,6),而工作(1,3)的资源强度最小,应选择工作(1,3)进行调整。同理应将工作(1,3)推迟到t_8开始,以便削去资源次高峰值27,但使其紧后工作(3,6)推迟到t_{10}开始。此时整个计划的资源峰值由循环2的42削低到34,见图6-81。

循环4:由图6-81的循环3知,资源用量高峰时段为$t_6 \sim t_8$,资源次高峰时段为$t_8 \sim t_9$,此时应将非关键工作(5,6)推迟到t_9开始,如图6-82所示。

循环5:由图6-82可以看出,资源需求高峰时段为$t_8 \sim t_{10}$,位于该时段的非关键工作有(2,3)和(2,4),只有工作(2,4)存在机动时间,但工作(2,4)并不能推迟到完全避过资源高峰时段$t_8 \sim t_{10}$。因此,将工作(5,6)推迟到t_{10}开始。此时整个计划的资源需求峰值为33,资源用量低谷为18,其差值变为15,如图6-83所示。通过对整个计划进行资源优化,资源高峰值由原来的45削低到33,资源低谷则由原来的8填至18,整个计划的资源用量得到了较好的均衡利用。

180

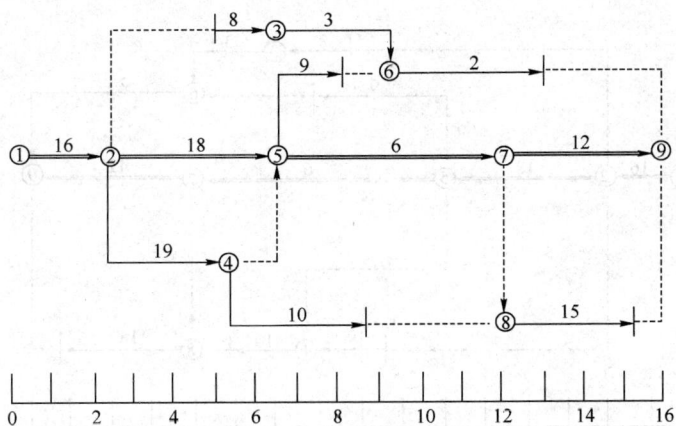

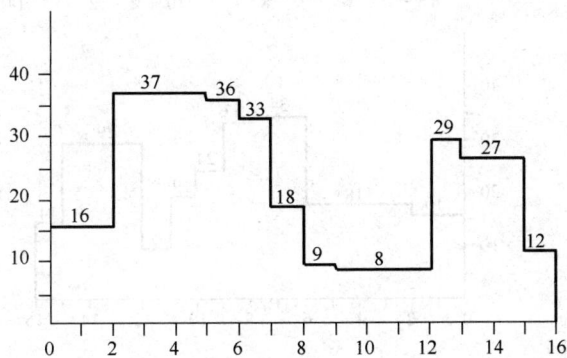

图 6-79　循环 1

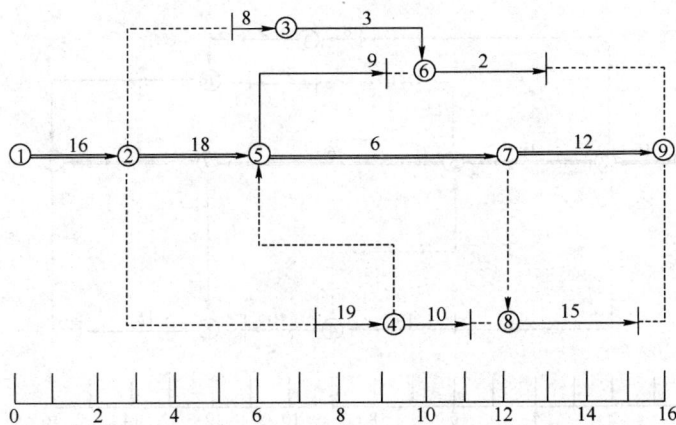

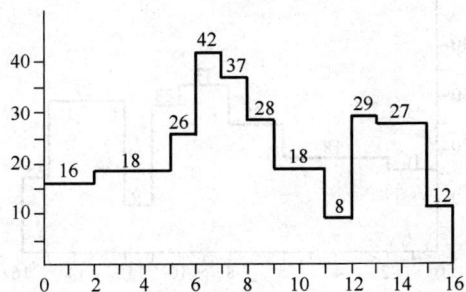

图 6-80　循环 2

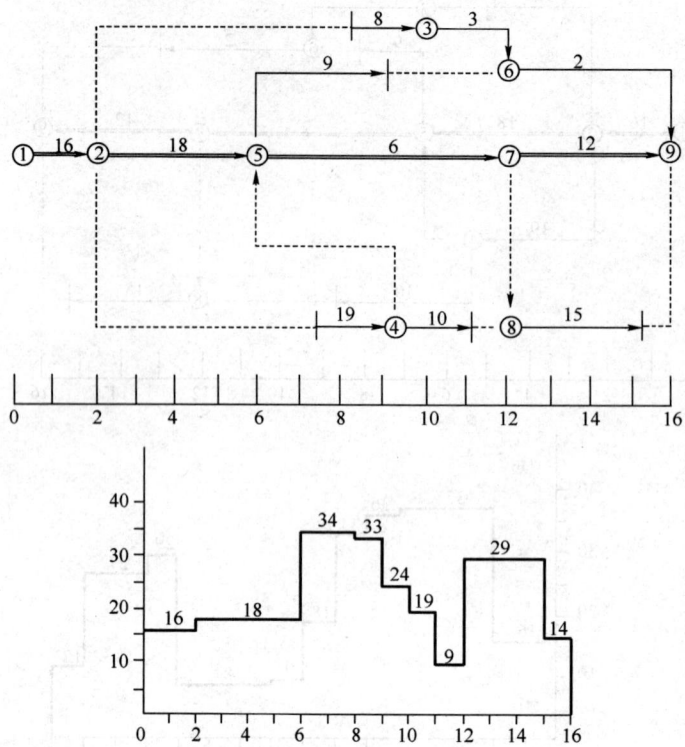

图 6-81　循环 3

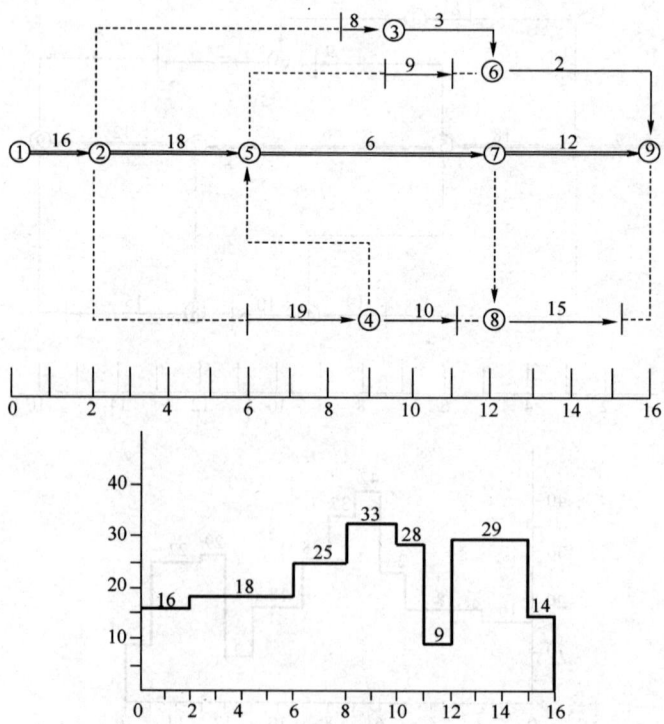

图 6-82　循环 4

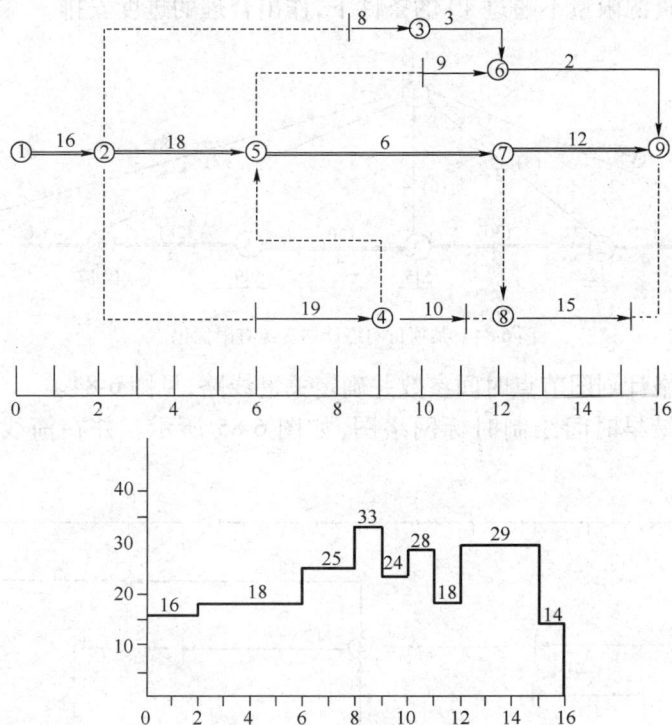

图 6-83　循环 5（优化后）

3. 资源有限工期最短

1）备用库法基本原理

当工程项目网络计划经过资源均衡以后，如果资源供应充足，就可以下达实施了。然而资源供应受限时，执行计划过程中就可能出现资源供不应求的现象，此时就有一个资源的合理分配问题，即根据有限的资源进行工作安排。这里介绍一种有限资源的分配常用方法，称为"备用库法"。

资源有限分配的备用库法基本原理是：假想可供资源分配的数量储存在备用库中，工程任务开始后，从库中取出资源，按上面工作资源分配的优先安排规则给即将开始的工作分配资源，并考虑到尽可能的最优资源组合，分配不到资源的工作就推迟开始。其优先安排规则为：

（1）优先安排机动时间小的工作；

（2）当数项工作的机动时间相等时，优先安排持续时间短的和资源强度小的工作。

随着工程进度的推移和工作的结束，资源陆续返回到备用库中。当库中的资源达到能满足即将开始的一项或数项工作的资源用量要求时，再从备用库中取出资源，按上述工作的优先安排规则进行循环分配，直到网络计划中的所有工作都分配到资源为止。

需要指出的是，应优先保证关键工作的资源需求且力争减少备用库资源库存的积压，提高资源利用率。灵活地运用以上资源分配优先安排规则，并最大限度地工作的最优组合，这样虽然由于有限资源供应迫使工期有可能延长，但是这种延长值是最小的。

2）备用库法的优化步骤及应用

现在通过举例说明备用库法进行资源优化的具体步骤。设某工程项目的网络计划如图 6-84 所示，箭线上方括号内的数字为该工作 (i, j) 的资源强度，箭线下方的数字为工作持续时

183

间,试用备用库法在资源限量不超过 40 的条件下,作出合理的进度安排。

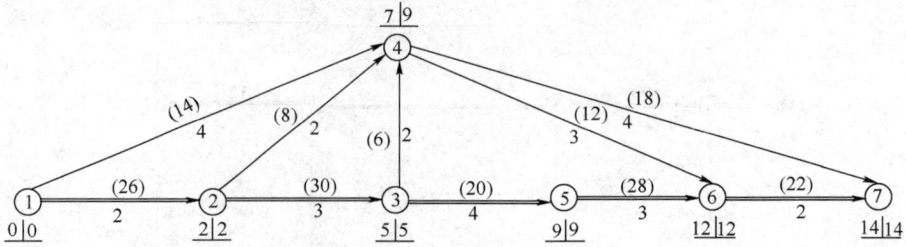

图 6-84　某项目网络计划资源有限优化

第一步,计算网络计划图节点时间参数并确定关键线路,见图 6-84。

第二步,按节点最早时间绘制时标网络图,如图 6-85 所示。并在箭线上方标出日资源用量。

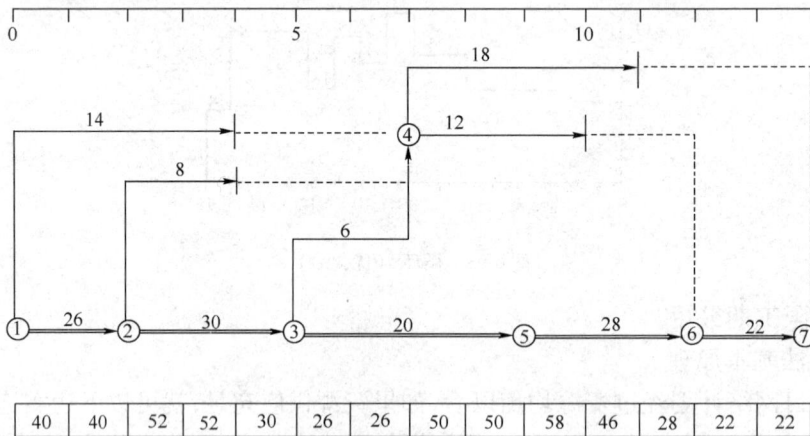

图 6-85　优化前的时标图

第三步,累计整个计划中资源的每日需要量。从图 6-85 可以看出,计划的资源高峰值为 58,超过了资源限量 40,显然无法执行此进度计划,必须重新安排进度。

第四步,逐日检查备用库中的资源,根据库存的资源情况和工作的优先安排规则重新安排某些工作。循环进行这个过程,直到资源的每日需要量均满足资源供应限量为止。

循环 1:由图 6-85 知,在 $t_2 \sim t_4$ 时段资源用量为 52,超过资源限量 40。此时有 3 项工作 $(1,4)$、$(2,4)$ 和 $(2,3)$,根据优先安排规则应先安排关键工作 $(2,3)$,其次安排关键工作 $(2,4)$,此时非关键工作 $(1,4)$ 应推迟到工作 $(2,3)$ 结束后再开始,即推迟到 t_5 开始。如图6-86所示。

从图 6-86 可以看到由于工作 $(1,4)$ 推迟到 t_5 开始后,节点④已推迟到最后必须实现时间,相应的工作 $(4,6)$ 和 $(4,7)$ 分别被迫推迟到关键工作 $(3,5)$ 完成后开始。

循环 2:由图 6-86 知,在 $t_9 \sim t_{12}$ 时段内资源的每日用量为 58,所以计划需进一步调整。由于工作 $(5,6)$ 为关键工作,工作 $(4,6)$ 没有机动时间,此时只有将工作 $(4,7)$ 推迟到 t_{12} 开始,如图 6-87 所示。

图 6-87 所示的计划安排中,可以看出整个计划的资源日需要量都已满足资源供应限量 40 的要求。但由于工作 $(4,7)$ 的推迟超出了其总机动时间,导致总工期延长了 2 天。

184

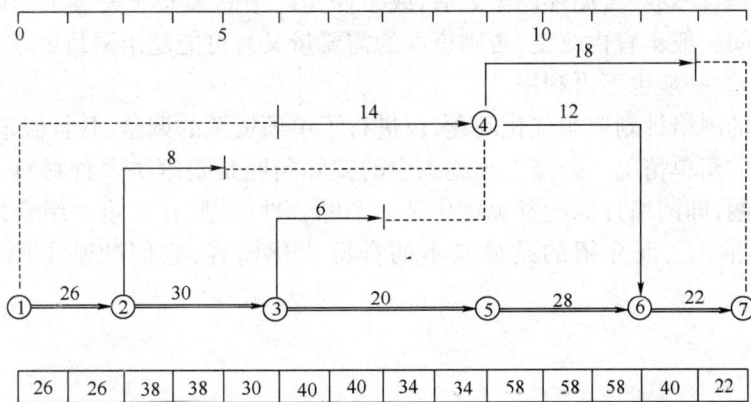

图 6-86　循环 1

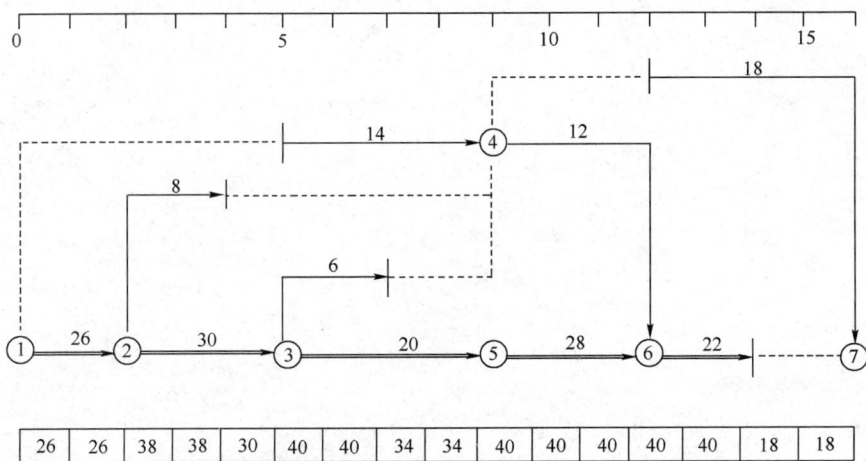

图 6-87　循环 2(优化后时标图)

上述项目网络计划资源有限的优化,还有一种方案是中断某些非关键工作的方法。如果将图 6-85 中工作$(1,4)$在 $t_2 \sim t_5$ 之间中断,同理将工作$(4,7)$在 $t_9 \sim t_{12}$ 时段内中断,就可以得到不延长总工期,同时满足资源限量 40 的最优进度安排,如图 6-88 所示。

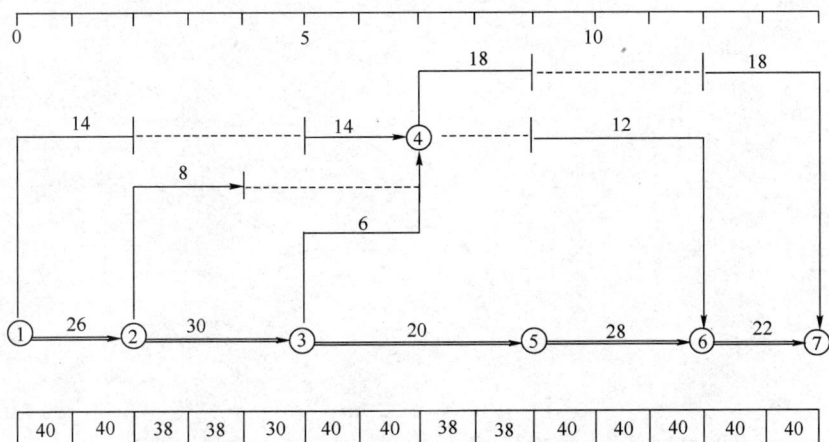

图 6-88　工作允许中断的资源优化

值得注意的是,计划经过循环调整之后,或条件允许中断某些非关键工作以后,各项工作的开始和完成时间一般不宜再改变,否则资源的需要量又有可能超出限量要求,此时尽管一些工作还有部分时差,一般也不再利用。

本节所介绍的网络计划资源优化问题,仅进行了单项资源的调整,并且假定各项工作每日资源用量为常数的简单情况。公路工程施工中的实际问题是要解决多种材料、机械设备等多项资源的优化问题,即网络计划的资源优化是一个综合性问题,在大量的组合情况,每种组合表示一种进度安排。上面介绍的是最基本的资源优化内容,它们的基本原理都是可以利用的。

第七章　桥梁工程概预算及标底、报价编制

第一节　桥梁工程造价概述

一、桥梁工程造价的含义

1. 桥梁工程造价的含义

工程造价有两种含义：一是指建设工程投资费用或称投资额；二是指工程价格或称合同价、承包价。

桥梁工程投资费用是指一个桥梁建设项目从立项开始到建成交付使用前预期开支或实际开支的全部固定资产投资费用，也就是一项工程通过建设形成相应的固定资产、无形资产所需用的一次性费用总和。它包括建筑安装工程费用、设备和工器具购置费用以及工程建设其他费用。

桥梁工程项目承包价格是指施工企业在建筑市场上，通过投标竞争与业主达成的为完成某一建设项目（或单项工程）的合同价。它是以社会主义市场经济为前提，以工程这种特定的商品形式作为交易对象，通过招投标、承发包或其他交易方式，在进行多次性预估的基础上，最终由市场形成的价格。桥梁工程项目承包价格一般只包括施工单位在施工中所必须花费的建筑安装工程费用。

2. 两种不同造价含义的联系与区别

1）对应的管理主体不同

投资额是对投资方、业主、项目法人而言的。为谋求以较低投入获取较高产出，在确保建设要求、工程质量的基础上，建设成本总是要求越低越好，这就必须对建设工程投资额实行全过程的控制和管理。这应属项目法人的自我要求和自主职责。国家也需有必要的政策引导和监督，从国民经济的整体利益需要出发，通过利率、税收、汇率、价格政策（包括承包工程的价格政策）、强制性标准法规（如环保、消防）等左右和影响着建设成本的高低和走向。对国家投资的项目而言，也不排除国家实施必要的行政监管、控制措施。

承包价格是对发包方、承包方双方而言的。双方的利益要求是有矛盾的，在具体工程上，各自通过市场谋求取得有利于自身的合理的承包价，并保证价格的兑现和风险的补偿，因此双方都有对具体工程项目的价格管理问题，这也都属于双方的自主行为。

2）管理范畴和目标不同

建设工程的投资费用管理属于投资管理范畴，更确切地说，它属于工程建设投资管理范畴。工程建设投资管理，就是为了达到预期的效果（效益）对建设工程的投资行为进行计划、预测、组织、指挥和监控等系统活动。但是，工程造价第一种含义的管理侧重于投资费用的管理，而不是侧重工程建设的技术方面。建设工程投资费用管理是指为了实现投资的预期目标，在拟定的规划、设计方案的条件下，预测、计算、确定和监控工程造价及其变动的系统活动。

合同价格管理属于价格管理范畴。在社会主义市场经济条件下，价格管理分为两个层次。

在微观层次上,是生产企业在掌握市场价格信息的基础上,为实现管理目标而进行的成本控制、计价、定价和竞价的系统活动。它反映了微观主体按支配价格运动的经济规律,对商品价格进行能动的计划、预测、监控和调整,并接受价格对生产的调节。在宏观层次上,是政府根据社会经济发展的要求,利用法律手段、经济手段和行政手段对价格进行管理和调控,以及通过市场管理规范市场主体价格行为的系统活动。工程建设关系国计民生,同时政府对公共、公益性项目投资,今后仍然会有相当份额,所以国家对工程造价的管理,不仅承担一般商品价格的调控职能,而且在政府投资项目上也承担着微观主体的管理职能。这种双重角色的双重管理职能,是工程造价管理的一大特色。区分两种管理职能,进而制定不同的管理目标,采用不同的管理方法是必然的发展趋势。

3)对合理性的要求不同

工程投资的合理性主要取决于项目决策的正确与否,建设标准是否适用以及设计方案是否优化,工程价格的合理性在于是否反映其价值,是否符合价格形成机制的要求,是否具有合理的利税率。

4)形成的基础不同

工程投资形成的基础是项目决策、工程设计,然后是材料、设备的采购并进行建筑设备安装,最后形成工程投资。

工程价格的基础是价值,它的形成受市场价值规律、供求规律以及竞争规律的支配和影响。

5)实际中存在的问题不同

工程投资存在的问题主要是工程决策失误,盲目上马、重复建设,设计标准脱离事情等。

工程价格存在的问题主要是价格偏离价值。

二、桥梁工程估价体系

桥梁工程项目投资是一个涉及面广、影响因素众多的动态过程,要对这个过程进行有效的控制,就需要有一个控制的基础与标准,这就是工程项目投资额的预先测算值。控制时,以其为参考物,实际发生的情况应围绕着它上下波动,控制的任务就是尽可能减少这种波动的幅度。桥梁工程投资本身是一个逐步开展和不断深化的过程,因此在其运动的不同阶段便有不同的测算工作,形成不同的测算种类和不同的投资数额。随着投资活动的不断深化,要求对投资额进行不同深度和精度的测算,相应地形成了一个完整反映投资数量变化的标准系列,即从项目决策到竣工交付使用的整个过程中,根据不同阶段投资额测算精度的不同要求,形成了投资估算、设计概算、施工图预算、施工预算、标底、投标报价、工程结算和竣工决算八种测算方式,并由此构成了建设项目的估价体系。下面分别介绍这八种测算方式的意义及作用。

1. 投资估算

投资估算是指在项目投资前期,即在项目建议书及可行性研究阶段,建设单位向国家申请拟定建设项目或国家对拟定建设项目进行决策时,为确定建设项目在项目建议书及可行性研究阶段的相应投资总额而编制的经济文件。是对项目投资额进行的首次测算。

对于任何一个大型的拟建项目,国家都要通过对可行性研究报告的全面评审,然后才能决定是否正式立项。在可行性研究报告中,除考虑国家经济发展上的需要和技术上的可行外,还应考虑经济上的合理性。投资估算为投资决策提供数量依据,也是建设项目经济效益分析中确定成本的主要依据。因此,投资估算是在建设前期论证拟建项目在经济上是否合理的重要文件。

根据建设项目前期工作内容,桥梁工程投资估算可分为项目建议书投资估算和可行性研究投资估算两大类。由申请立项单位根据原交通部颁布的《公路基本建设工程投资估算编制办法》和《公路工程估算指标》编制。可行性研究报告被批准后,其投资估算则是控制设计概算的依据,并可作为资金筹措的依据。

2. 概算

拟建项目批准立项后,即进入工程设计阶段,根据工程结构设计内容深浅程度的不同,概算又分为初步设计概算和技术设计修正概算两种。

初步设计概算是指在初步设计阶段,由设计单位根据设计图纸、《公路工程概算定额》、各类其他费用定额、建设地区的自然条件和技术经济条件等资料,预先计算和确定的建设项目从筹建至竣工验收的全部建设费用的经济文件。

技术设计修正概算是在批准的初步设计概算文件的基础上,对初步设计所定的技术方案和施工方案进一步研究修改,并补充必要的水文和地质钻探资料后,以提出的修正工程量为依据进行编制的。

由于初步设计概算和技术设计修正概算除所处的设计阶段不同外,均采用《公路工程概算定额》、《公路基本建设工程概算、预算编制办法》等定额进行编制,且其作用、编制程序及方法也基本一致,故统称为概算。概算是设计文件的组成部分,是国家确定和控制公路基本建设投资的最高限额。建设项目的总概算一经批准,在其随后的其他阶段是不能随意突破的。

3. 施工图预算

公路基本建设工程无论采用几个阶段设计,设计单位在施工图设计阶段均应编制施工图预算。施工图预算是根据施工图设计提供的工程量和施工方案,按照原交通部颁布的《公路工程预算定额》和《公路基本建设工程概算、预算编制办法》所编制的反映工程造价的经济文件。随着基本建设程序的不断深入,工程项目的工作内容日愈明晰,因此,施工图预算与前述的概算、估算相比,其计算精度更高,更接近工程的实际造价。因此,施工图预算是考核施工图设计经济合理性的依据;对于按施工图预算承包的工程,它又是签订建筑安装工程合同,实行建设单位和施工单位投资包干和办理工程结算的依据;对于进行施工招标的工程,施工图预算也是编制标底的依据。

4. 施工预算

施工预算是指施工阶段,施工单位根据施工图计算的分项工程量、施工定额、施工组织设计及其他有关技术资料,从施工单位自身管理的角度,通过工、料分析,计算和确定完成一个工程项目或一个单位工程或一个分部分项工程所需的人工、材料、机械台班消耗量及其他相应费用的经济文件。

施工预算是施工单位进行成本控制和成本核算的依据,也是施工单位进行劳动组织与安排,以及进行材料和机械管理的依据,对施工组织和施工生产有着极为重要的作用。

5. 标底

实行招标的工程项目,在招标前一般由招标单位对发包工程的投资额,按发包工程的工程内容(通常由工程量清单来明确)、设计文件、合同条件以及技术规范和有关定额等资料,再进行一次测算,其测算值即为标底。标底是一项重要的投资额测算,是评标的一个基本尺度,也是衡量投标人报价水平的基本指标,在招投标工作中起着关键作用。其编制一方面要严格遵守国家的有关规定和要求,另一方面应力求准确。标底一般以设计概算或施工图预算为基础,并以其中的建筑安装工程费为主,且不准超过批准的概算或施工图预算。

6. 报价

报价是由投标单位根据招标文件及有关定额和招标项目所在地区的自然、社会和经济及施工组织方案和投标单位自身条件,计算完成招标工程所需各项费用的经济文件。报价是投标文件最重要的组成部分和主要内容,是投标工作的关键和核心,也是决定能否中标的主要依据。报价过高,中标率就会降低;报价过低,尽管中标率增大,但利润小,甚至会亏本。因此,能否合理确定工程报价,是施工企业在投标竞争中能否获胜的前提条件。中标单位的报价,将直接成为工程承包价的主要依据,并对将来的施工过程起着严格的制约作用。承包单位和业主均不能随意更改报价。

报价是投标单位根据对工程和招标文件的理解程度编制的。报价不仅可按国家的有关规定进行编制,而且还可以根据投标单位的实际情况和建筑市场的竞争状况在预算造价范围内上下浮动。因此,报价比概、预算更复杂、更灵活。

7. 工程结算

工程项目的建设是一个复杂的过程,涉及的单位都是一些相对独立的经济实体,有着各自的经济利益,在项目建设过程中承担着不同的工程内容,因此,无论工程项目采用何种方式进行建设,在建设过程中,各经济实体之间必然会发生货币收支行为。这种在项目建设过程中由于器材采购、劳务供应、施工单位已完工程的移交等经济活动而引起的货币收支行为,称为项目结算。因此,项目的结算过程实质上就是组织基本建设活动,购买机具、材料,及时补偿劳务的投资过程,也是及时掌握项目经济活动的动态及其变化的过程。

项目结算的主要内容包括货物结算、劳务供应结算、工程(费用)结算及其他货币资金的结算等。货物结算是指建设单位同其他经济单位之间,由于物资的采购和转移而发生的结算;劳务供应结算是指建设单位同其他单位之间,由于互相提供劳务而发生的结算;工程(费用)结算是指建设单位同施工单位之间,由于支付各种预付款和支付已完工程等费用而发生的结算;其他货币资金结算是指基本建设各部门、各企业和各单位之间由于资金往来以及他们同银行之间,因存款、放款业务而发生的结算。

工程费用结算习惯上又称为工程价款结算,是项目结算中最重要和最关键的部分,是项目结算的主题内容,占整个项目结算额的75%~80%。工程费用的结算可以根据不同情况采取多种方式:①按月结算;②竣工后一起结算;③分段结算;④约定的其他方式。而实行了 FIDIC条款的合同,则明确规定了计量支付条款,对结算内容、结算方式、结算时间、结算程序给予了明确规定,一般是按月申报,期中支付分段结算,最终结清。结算的依据主要是由驻地监理工程师验收签认的实际已完的工程量和有关合同单价。

8. 竣工决算

竣工决算是指在项目竣工验收阶段,由建设单位编制的从项目申请立项到建成投产或使用的全部实际成本的技术经济文件。是公路竣工验收、交付使用的重要依据。它全面反映了竣工项目从筹建到交付使用全过程各项资金的使用情况和设计概算的执行结果,是公路建设成果和财务情况的总结性文件。

应当指出,施工单位往往也根据工程结算结果,编制单位工程竣工成本决算,核算单位工程的预算成本、实际成本和成本降低额。竣工成本决算作为企业内部成本分析,是反映经营效果、总结经验、提高经营管理水平的手段。

由此可见,估算、概算、预算、标底、报价和结算以及决算都是以价值形态贯穿于整个投资过程之中,构成了一个有机的整体,缺一不可。因此,在一定意义上说,它们是基本建设投资活动血液,也是联结项目建设活动各经济实体的纽带。申报项目要编制投资估算,设计阶段要编制概算和施工图预算,招标要编制标底,投标要编制报价,施工前要编制施工预算,施工过程中要进行结算,竣工后要编制决算,其相互关系一般还要求决算不能超过预算、预算不能超过概算、概算不能超出估算所允许的幅度范围,结算不能突破合同价的允许范围,合同价不能偏离报价与标底太远,而报价则不能超过标底的规定幅度范围,并且标底不允许超概算。总之,这些不同单位从不同角度对同一工程项目进行的种种测算,环环相扣,紧密联系,从而达到共同对投资额进行有效控制的目的。

三、工程估价方法

我国工程估价的方法可以概括为三种:单位估价法,实物量法和综合单价法。

1. 单位估价法

单位估价法是指定额以完成一定计量单位所需的工程费用为表现形式的一种编制方法。

单位估价法具有计算简单、工作量较小和编制速度较快、便于工程造价管理部门集中统一管理的特点。但由于是采用事先编制好的统一的单位估价表,其价格水平只能反映编制年份的价格水平。在市场经济价格波动较大的情况下,单价法的计算结果会偏离实际价格水平,虽然可采用调价,但调价系数和指数从测定到颁布,时间滞后且计算也较繁琐。

2. 实物量法

实物量法是指定额以完成一定计量单位所需消耗的人工、主要材料和主要施工机械的数量为表现形式的一种编制方法。

采用实物量法编制施工图预算时,其中直接工程费的计算公式为:

$$分项工程直接工程费 = \sum_1^n (工程量 \times 人工消耗定额 \times 人工单价) +$$

$$\sum_1^n (工程量 \times 材料消耗定额 \times 材料单价) +$$

$$\sum_1^n (工程量 \times 机械台班消耗定额 \times 机械台班单价)$$

实物量法具有计算准确,不受物价波动的影响,能正确地反映出工程项目在预算编制年的实际造价,便于动态管理等优点。

实物量法与单位估价法之间的最大区别是:实物量法套用的定额是量、价分离的定额,即定额仅给出实物消耗量,人工、材料和机械台班则采用工程所在地当时的实际单价计算;而单位估价法虽然定额的表现形式比较简单,但套用的定额是单位估价表(量、价合一的定额),是用基期的人工、材料、机械台班计算的单位工程的直接工程费,且需要在不同的时期制定一系列的调价系数,工程费用计算相对而言比较麻烦,而且准确度不如实物量法。

在市场经济条件下,人工、材料和机械台班单价是随市场而变化的,而且它们是影响工程造价最活跃、最主要的因素。用实物法编制施工图预算,由于采用工程所在地当时的人工、材料和机械台班价格,较好地反映实际价格水平,工程造价的准确性高。因此,定额实物法是与市场经济体制相适应的预算编制方法。公路工程投资估算、概算、预算的编制均是采用实物量法。

3. 综合单价法

综合单价法是按各分项工程计算出包括人工、材料、机械费以及间接费、利润、税金等在内的"综合单价",然后乘以分项工程的工程数量,计算出各分项工程的费用,最后汇总各分项工程费用,得出工程总费用。

$$分项工程费 = 分项工程综合单价 \times 分项工程工程量$$

$$工程总费用 = \sum^{n}(分项工程综合单价 \times 分项工程工程量)$$

工程量清单中的单价一般是指综合单价,因此综合单价法主要用于投标报价的编制。

四、桥梁工程概、预算定额概述

定额属于计价依据主要内容之一。所谓计价依据是指用以计算工程造价的基础资料的总称,除包括定额、指标、费率、基础单价外,还包括工程数量以及政府主管部门颁发的各种有关经济法规、政策、计价办法等。

定额、指标有两部分:一是工程定额、指标,一是费用定额。公路工程定额、指标是指《公路工程概算定额》、《公路工程预算定额》和《公路工程估算指标》。费用定额是指《公路工程机械台班费用定额》、《公路基本建设工程投资估算编制办法》和《公路基本建设工程概算、预算编制办法》中规定的各项费用定额(或费率)。

1. 定额的基本概念

所谓定额,顾名思义不难理解,"定"是确定的定,"额"是数额的额,综合起来是确定的数额。在现代社会经济生活中,定额几乎无处不在。它们存在于生产、流通分配与消费领域,也存在于技术领域乃至日常的社会生活之中。如生产领域的工时定额,原材料消耗定额,原材料和成品、半成品储备定额,流动资金定额等;分配和消耗领域的工资标准、供给十分短缺情况下生活消费品的配给定额等。这些名目繁多、性质繁杂的定额的存在和发展,从根本上说,是协调现代社会化大生产和现代生活的必需,是发展社会生产力和提高社会经济效益的必需。人们借助它去达到既定的目标。定额不论其表现形式如何,其基本性质是一种规定的额度,是一种对人、对事、对物、对资金、对时间、对空间在质和量上的规定。

桥梁工程造价编制所涉及的定额是工程建设领域内的定额。是在正常施工条件下,完成规定计量单位的符合国家技术标准、技术规范(包括设计、施工、验收等技术规范)和计量评定标准,并反映一定时间施工技术和工艺水平所必需的人工、材料、施工机械台班(时)消耗量的额定标准。

定额是标准,是计划指标,是规定的工作消耗尺度,是计划和组织生产的工具和基础,也是企业技术水平和经营管理水平的集中反映。

2.《公路工程预算定额》及其使用

1)《公路工程预算定额》简介

预算定额是规定消耗在单位工程基本构造要素(分项工程和结构构件)上的人工、材料和机械的数量标准,是计算建筑安装产品价格的基础。

预算定额是一种具有广泛用途的计价定额,编制施工图预算时,需要按照施工图纸和工程量计算规则计算工程量,还需要借助于某些可靠的参数计算人工、材料和机械台班的消耗量,并在此基础上计算出资金的需要量,也就是预计出建筑安装工程的价格。而预算定额则为计算人工、材料、机械台班的耗用量提供统一的可靠的参数,因此,预算定额是编制施工图预算,确定建设项目工程造价,控制项目投资的依据。

概算定额是在预算定额的基础上综合扩大形成的,因此,预算定额也是编制工程概算定额(指标)的基础。此外,预算定额也是对设计方案进行技术经济分析和比较的依据,是编制施工组织设计的依据,是工程结算的依据,是施工企业进行经济活动分析的依据,是合理编制标底和投标报价的基础。

为了计算不同建筑产品的预算价格,首先必须将建筑产品划分为若干个单位工程,然后再划分为若干个分部、分项工程。对一个分项工程来说,影响其造价的因素还很多,因此,预算定额还要根据它的施工方法、所使用的材料等,分为更小的项目,这些项目也称为子目工程或工程细目。把各子项、分项工程汇总起来,形成章、节,编成定额项目表,加上说明并装订成册,即成为预算定额。现行《公路工程预算定额》主要内容包括总说明、各章节说明、定额项目表及表下附注和附录。

(1)说明部分

总说明的内容主要包括预算定额的适用范围、目的、作用、编制原则、主要依据,对各章、节都适用的统一规定,定额采用的标准及允许抽换定额的原则,定额未包括的内容需编制补充定额的规定等。

各章(节)说明则规定各章(节)包括的内容,各章(节)工程项目的统一规定,各章(节)工程项目综合的内容及允许抽换的规定,各章(节)工程项目的工程量计算规则等。

表下附注是针对某一项定额项目表的补充说明或规定,并非所有定额项目表都附注,附注仅在那些需要说明而定额表中又难以表示清楚的定额后才出现。

以上各项说明是为了正确使用定额而做出的规定和解释,是正确运用定额所应遵循的条件和保证。

(2)定额项目表

定额表是定额的主要组成部分,规定完成某一定额单位的合格产品所需的人工消耗量指标、各种材料消耗量指标、各种型号的机械台班消耗量指标,以及根据定额取定的人工、材料、机械台班预算单价计算的该定额单位合格产品的基价等。

定额表按公路建设项目中不同的单位工程划分为路基工程、路面工程、隧道工程、桥涵工程、防护工程、交通工程及沿线设施、临时工程共七章,同时将材料采集及加工和材料运输单列两章,因此,定额项目按九章编排。另将路面材料计算基础数据、基本定额、材料的周转与摊销及定额基价人工、材料单位质量、单价表等作为定额附录列在后面。

如表7-1所示,为《公路工程预算定额》中第四章桥涵工程第五节砌筑工程中浆砌料石的定额项目。

4-5-4　浆砌料石　　　　　　　　　　　　　　　　　　　　　　表7-1

工程内容:1)选、修、洗石料;2)搭、拆脚手架、踏步或井字架;3)配、拌、运砂浆;4)砌筑;5)勾缝;6)养生。

单位:10m³

顺序号	项　目	单位	代号	墩、台、墙粗料石镶面 高度(m) 10以内	墩、台、墙粗料石镶面 高度(m) 20以内	轻型墩台、拱上横墙、墩上横墙	粗料石拱圈 跨径(m) 20以内	粗料石拱圈 跨径(m) 50以内	粗料石帽石、缘石	粗料石栏杆	细料石栏杆	细料石索塔立柱
				1	2	3	4	5	6	7	8	9
1	人工	工日	1	20.1	21.9	21.0	19.7	22.0	24.1	27.1	33.0	34.1
2	M7.5 水泥砂浆	m³	66	(2.00)	(2.00)	(2.00)	(2.00)	(2.00)	(2.00)	(2.00)	(1.30)	—
3	M10 水泥砂浆	m³	67	(0.09)	(0.09)	(0.07)	(0.07)	(0.05)	(0.13)	(0.12)	(0.12)	—

顺序号	项目	单位	代号	墩、台、墙粗料石镶面 高度（m）		轻型墩台、拱上横墙、墩上横墙	粗料石拱圈 跨径（m）		粗料石帽石、缘石	粗料石栏杆	细料石栏杆	细料石索塔立柱
				10以内	20以内		20以内	50以内				
				1	2	3	4	5	6	7	8	9
4	M12.5 水泥砂浆	m³	68	—	—	—	—	—			—	(1.30)
5	M15 水泥砂浆	m³	69	—	—	—	—	—			—	(0.13)
6	原木	m³	101	0.011	0.010	0.015	0.012	0.025				0.304
7	锯材	m³	102	0.049	0.009	0.040	0.016	0.019				0.090
8	钢管	t	191	0.011	0.010	0.006						
9	铁钉	kg	653	0.3	0.1	0.2	0.1	0.1			—	0.5
10	8~12 号铁丝	kg	655	1.8	0.3	2.2	1.5	2.4			—	24.9
11	32.5 级水泥	t	832	0.559	0.559	0.553	0.554	0.548	0.573	0.569	0.383	0.587
12	水	m³	866	11	11	10	15	15	15	15	15	11
13	中（粗）砂	m³	899	2.27	2.27	2.25	2.26	2.23	2.32	2.31	1.54	1.49
14	粗料石	m³	984	9.00	9.00	9.00	9.00	9.00	9.00	9.00		
15	细料石	m³	985	—	—	—	—	—		—	9.20	9.20
16	其他材料费	元	996	5.6	7	4.2	4.5	4.5	11.2	11.2	11.2	2.0
17	30kN 以内单筒慢动卷扬机	台班	1499	—	1.29							0.78
18	小型机具使用费	元	1998	4.2	4.2	4.2	4.2	4.2	4.2	4.2	2.8	—
19	基价	元	1999	2 581	2 712	2 586	2 451	2 585	2 639	2 785	3 424	4 212

预算定额项目表的主要内容包括：

①表号及定额表名称

每张定额表都具有自己的表号和表名。如表 7-1 中，表上方"4-5-4"为表号，其含义是第 4 章第 5 节第 4 表。"浆砌料石"是定额表的名称。

②工程内容

工程内容位于定额表的左上方，主要说明本定额表所包括的主要操作内容。运用定额时，必须将实际发生的操作内容与表中的工程内容相对照，若不一致时，应按照章（节）说明中的规定进行调整。

③定额单位

定额单位位于定额表的右上方，如表 7-1 中的"单位：10m³"。定额单位是合格产品的计量单位，实际的工程数量应是定额单位的倍数。

④顺序号

顺序号是定额表中的第 1 项内容，表征人工、材料、机械及费用的顺序，起简化说明的作用。

⑤项目

项目是本定额表中工程所需的人工、材料、机具、费用的名称和规格。

构成工程建设成品的建筑材料是多种多样的,在制订定额时,不可能将构成每个定额项目的建筑材料全部列出,一方面是从方便定额使用的角度来考虑,另一方面是从定额编制的角度来考虑。在定额中所列出的为构成定额项目的主要建筑材料(一般占材料费的80%以上),一般来讲,指在建设项目中用量较大、单价较高,对整个建设项目的工程造价影响较大的材料,如木材、钢材、水泥、沥青、生石灰及地方材料(砂、石料)等;在建设项目中用量较少、单价较低,对整个建设项目的工程造价影响不大的材料,均归入其他材料费中,在定额中不列其消耗量,以其费用"元"的形式表现。

同样,对于施工机械在定额中也仅列出了主要施工机械的消耗量,小型施工机具均归入小型机具使用费中,在定额中不列其消耗量,以其费用"元"的形式表现。

不以材料数量表示,而以使用时间来进行折旧的吊装等金属设备,以设备摊销费的形式表示。

⑥代号

代号是采用电子计算机编制概、预算计算时,作为对工、料、机械名称识别的代码,一般不应随意改动。

⑦工程细目

工程细目表征本定额表所包括的具体内容,如表7-1中的"墩、台、墙粗料石镶面"、"轻型墩台、拱上横墙、墩上横墙"等。

⑧栏号

栏号指工程细目的编号,如表7-1中"墩、台、墙粗料石镶面"的栏号为1和2,"轻型墩台、拱上横墙、墩上横墙"的栏号为3。

⑨定额值

定额值就是表中各种资源消耗量的数值。其中用"( )"表示的消耗量,一般是不计价的,在定额基价中未包括其价值,是供参考用的数量。

⑩基价

基价是人工费、材料费、机械使用费的合计价值。基价中的人工费、材料费基本上是按北京市2007年的人工、材料预算价格计算的,机械使用费是按2007年原交通部公布的《公路工程机械台班费用定额》计算的。

⑪附注

有些定额表在其下方列有附注。"注"是对定额表中内容的补充说明,使用时必须仔细阅读,以免发生错误。

(3)附录

定额附录是配合定额使用不可缺少的一个组成部分。定额附录的作用包括:

①了解定额编制是采用的各种统一规定,如路面材料计算基础数据,预制构件混凝土与模板的接触面积,每 $10m^3$ 接触面积的模板所需的人工、机械和材料的周转使用量。

②供抽换定额中混凝土强度等级、砂浆强度等级时使用的混凝土、砂浆配合比表。

③编制补充预算定额所需的统一规定,如材料的周转次数、规格、单位质量、代号、基价等。

④便于使用单位经过施工实践核定定额水平,并对定额水平提出意见,作为修订定额的重要资料。

2)预算定额的使用

(1)预算定额的套用

当设计要求、结构形式、施工工艺、施工机械等与定额条件相符合时，可直接套用定额。在应用定额编制预算文件时，绝大多数项目属于直接套用定额的情况。

套用定额时，应根据设计图纸的要求，正确选用相应的套用项目。对工程项目与预算定额项目，必须从工程内容、技术特征和施工方法上一一仔细核对，最后确定预算定额的套用项目，这是正确使用定额的关键。

[例7-1]　等跨径20m石拱桥，采用M7.5水泥砂浆砌筑粗料石拱圈，根据设计图纸计算的拱圈工程数量为310m³，现根据预算定额计算其工、料、机的消耗量。

查《公路工程预算定额》，第四章桥涵工程第五节砌筑工程定额项目表"4-5-4 浆砌料石"中的第4子目为"粗料石拱圈"，即表7-1所示，定额单位为10m³，则该工程项目的工程量为：310/10 = 31个定额单位。

浆砌粗料石拱圈的工、料、机的消耗量为：

人工：19.7×31 = 610.7（工日）。

原木：0.012×31 = 0.372（m³）。

锯材：0.016×31 = 0.496（m³）。

铁钉：0.1×31 = 3.1（kg）。

8~12号铁丝：1.5×31 = 46.5（kg）。

32.5级水泥：0.554×31 = 17.174（t）。

水：15×31 = 465（m³）。

中（粗）砂：2.26×31 = 70.06（m³）。

粗料石：9×31 = 279（m³）。

其他材料费：4.5×31 = 139.5（元）。

小型机具使用费：4.2×31 = 130.2（元）。

另外，当定额表右上方定额单位有两个或两个以上定额单位时，其定额值不能叠加，而应按不同的定额单位分开单列。

[例7-2]　某桥预制立交箱涵，试确定其预算定额。

由预算定额目录知，该项目所用的定额应为第四章桥涵工程第七节预制、安装混凝土及钢筋混凝土构件中的定额表"4-7-7 预制立交箱涵"，如表7-2所示。

4-7-7　预制立交箱涵　　　　　　　　　　　　　　　　表7-2

工程内容：1）组合钢模拼拆及安装、拆除、修理、涂脱模剂、堆放；2）钢筋除锈、制作、成型、焊接、绑扎；
　　　　　3）门式钢支架、临时脚手架、跳板搭拆及摇头扒杆移动；4）混凝土浇筑、捣固及养生。

单位：10m³ 实体及1t钢筋

顺序号	项目	单位	代号	混凝土 10m³	钢筋 1t
				1	2
1	人工	工日	1	18.6	11.3
2	C25 水泥混凝土	m³	19	(10.1)	—
3	原木	m³	101	0.005	—
4	锯材	m³	102	0.014	—
5	带肋钢筋	t	112	—	1.025

顺序号	项 目	单位	代号	混 凝 土 10m³	钢 筋 1t
				1	2
6	型钢	t	182	0.004	—
7	钢管	t	191	0.004	—
8	电焊条	kg	231	—	4.6
9	组合钢模板	t	272	0.009	—
10	门式钢支架	t	273	0.002	—
11	铁件	kg	651	3.2	—
12	铁钉	kg	653	0.1	—
13	8～12号铁丝	kg	655	0.1	—
14	20～22号铁丝	kg	656	—	2.1
15	32.5级水泥	t	832	3.808	—
16	水	m³	866	16	—
17	中(粗)砂	m³	899	4.65	—
18	碎石(4cm)	m³	952	8.38	—
19	其他材料费	元	996	13.7	—
20	5t以内汽车式起重机	台班	1449	—	0.06
21	12t以内汽车式起重机	台班	1451	0.62	—
22	32kVA内交流电弧焊机	台班	1726	—	0.78
23	小型机具使用费	元	1998	12.3	27.5
24	基价	元	1999	3 484	4 209

每10m³实体的定额值为：

人工:18.6工日。

原木:0.005m³。

锯材:0.014m³。

……(略)

每1t钢筋的定额值为：

人工:11.3工日。

带肋钢筋:1.025t。

电焊条:4.6kg。

……(略)

(2)预算定额的换算

当设计要求的内容与定额中的工作内容、子目或与表中某序号所列的规格不相符时,则不可直接套用定额,应根据定额的规定予以替换。换算前应仔细阅读定额的总说明、章说明、节说明及定额表下方的附注,确定是否要抽换,以及怎样抽换。

例如,现行(2007)《公路工程预算定额》总说明第九条规定:"定额中列有的混凝土、砂浆的强度等级和用量,其材料用量已按附录中配合比表规定的数量列入定额,不得重算。如设计采用的混凝土、砂浆强度等级或水泥强度等级与定额所列强度等级不同时,可按配合比表进行换算。但实际施工配合比材料用量与定额配合比表用量不同时,除配合比表说明中允许换算者外,均不得调整。"混凝土、砂浆配合比表的水泥用量,已综合考虑了采用不同品种水泥的因素,实际施工中不论采用何种水泥,不得调整定额用量。"现举例说明换算方法。

[例 7-3] 续上述[例 7-1]资料,如设计采用 M10 水泥砂浆为砌筑用砂浆,现确定其工、料、机消耗量。

预算定额第四章第五节说明第 1 条:"定额中的 M5、M7.5 水泥砂浆为砌筑用砂浆,M10 水泥砂浆为勾缝用砂浆。"从定额项目表"4-5-4 浆砌料石"即表 7-1 可知,第 4 子目"粗料石拱圈"砌筑用砂浆为"M7.5 水泥砂浆",而现设计为 M10 水泥砂浆,根据总说明规定可予以换算。

查预算定额"附录二基本定额"中"(二)砂浆及混凝土材料消耗"之"1. 砂浆配合比表",如表 7-3 所示。

砂浆配合比表　　　　单位:1m³ 砂浆及水泥浆　　　　表 7-3

顺序号	项　目	单位	水泥砂浆					
			砂浆强度等级					
			M5	M7.5	M10	M12.5	M15	M20	……
			1	2	3	4	5	6	
1	32.5 级水泥	kg	218	266	311	345	393	448
2	生石灰	kg	—	—	—	—	—	—
3	中(粗)砂	m³	1.12	1.09	1.07	1.07	1.07	1.06

从表 7-1 中得知,每 10m³ 砌体需砌筑用 M7.5 水泥砂浆为 2.0m³,则:

每 10m³ 砌体调整水泥(32.5 级)用量 = $(311 - 266) \times 2.0 = 90(kg)$

每 10m³ 砌体调整中(粗)砂用量 = $(1.07 - 1.09) \times 2.0 = -0.04(m^3)$

由于砂浆强度等级的改变只对砂浆所用的水泥和中(粗)砂用量有影响,故该例的工、料、机消耗量为:

32.5 级水泥:$(0.554 + 0.090) \times 31 = 19.964(t)$。

中(粗)砂:$(2.26 - 0.04) \times 31 = 68.82(m^3)$。

其他消耗指标不变,同上述[例 7-1]。

(3)预算定额的补充

随着科学技术的发展,新结构、新工艺、新材料、新设备在桥梁工程上的推广使用很快,但是定额的制订必须有一定的周期,在新定额未颁布以前,为了合理正确地反映工程造价,在现行使用定额的基础上,应编制有部颁补充定额和地区补充定额等。所以在查用现行定额时,应注意该定额表左上方"工程内容"所包含的项目与实际工程项目是否完全一致,结构形式、施工工艺是否相同,以便正确选用补充定额,防止重漏。

[例 7-4] 某河中桥墩挖基工程,施工地面水位深1m,人工挖基,摇头扒杆卷扬机调运普通土,现确定其预算定额。

①由预算定额目录知,该项目所用定额应为第四章桥涵工程第一节开挖基坑中的定额表"4-1-2 人工挖卷扬机吊运基坑土、石方",如表 7-4 所示。

4-1-2 人工挖卷扬机吊运基坑土、石方

表 7-4

工程内容:1)人工挖土或人工打眼开炸石方;2)装土、石方卷扬机吊运土、石出坑外;3)清理、整平、夯实土质基底,检平石质基底;4)挖排水沟及集水井;5)搭拆脚手架,移动摇头扒杆及整修运土、石碴便道;6)取土回填、铺平、洒水、夯实。

单位:1 000m³

顺序号	项 目	单位	代号	土 方		石方
				干处	湿处	
				1	2	3
1	人工	工日	1	419.3	593.8	816.0
2	钢钎	kg	211	—	—	34.3
3	硝铵炸药	kg	841	—	—	200.2
4	导火线	m	842	—	—	492
5	普通雷管	个	845	—	—	384
6	煤	t	864	—	—	0.248
7	其他材料费	元	996	—	—	24.5
8	30kN 以内单筒慢动卷扬机	台班	1499	13.28	13.28	51.54
9	基价	元	1999	21 786	30 372	46 782

另由本节说明第 1 条:"干处挖基指开挖无地面水及地下水位以上部分的土壤,湿处挖基指开挖在施工水位以下部分的土壤。挖基坑石方、淤泥、流沙不分干处湿处均采用同一定额。"本例应采用第 2 子目"湿处",即采用的定额号为"4-1-2-2"。完成定额单位工程量(每1 000m³)所需资源消耗量为:

人工:593.8 工日。

30kN 以内单筒慢动卷扬机:13.28 台班。

②由本节说明第 4 条:"电动卷扬机配抓斗及人工开挖配卷扬机吊运基坑土、石方定额中,已包括移动摇头扒杆用工,但摇头扒杆的配置数量应根据工程需要按吊装设备定额另行计算。"因此,应补充扒杆制作、安装、拆除定额。相关定额项目表为"4-7-33 木结构吊装设备",如表 7-5 所示。

4-7-33 木结构吊装设备

表 7-5

工程内容:1)吊装设备制作、安装、拆除;2)埋设地锚,拉缆风索。

单位:1 个

顺序号	项 目	单位	代号	人字扒杆	三角扒杆	摇头扒杆	简易木龙门架	木龙门架(起重量 12t)
				1	2	3	4	5
1	人工	工日	1	10.8	6.7	22.7	5.4	65.1
2	原木	m³	101	1.171	0.530	1.316	0.055	0.517
3	锯材	m³	102	—	—	—	0.163	3.810
4	钢丝绳	t	221	0.032	0.023	0.020	0.007	0.023

顺序号	项　　目	单位	代号	人字扒杆	三角扒杆	摇头扒杆	简易木龙门架	木龙门架（起重量12t）
				1	2	3	4	5
5	铁件	kg	651	1.4	1.4	7.0	4.4	239.9
6	铁钉	kg	653	—	—	—		0.7
7	其他材料费	元	996	40.8	40.9	59.4	78.1	31.3
8	设备摊销费	元	997	—	—	54.0	—	675.4
9	30kN 以内单筒慢动卷扬机	台班	1499	0.92	0.59	2.40	—	3.28
10	小型机具使用费	元	1998	2.1	1.4	5.5	—	7.5
11	基价	元	1999	2 159	1 158	3 067	686	11 120

1 个扒杆：

人工：22.7 工日。

材料定额（略）。

30kN 以内单筒慢动卷扬机：2.40 台班。

③由本节说明第 9 条：“挖基定额中未包括水泵台班，挖基及基础、墩台修筑所需的水泵台班按‘基坑水泵台班消耗’表的规定计算，并计入挖基项目中。”因此，应补充抽水定额。相关定额如表 7-6 所示。

基坑水泵台班消耗　　　　　表 7-6

覆盖层土壤类别		水位高度（m）		河中桥墩			靠岸墩台
				挖基（10m³）	每座墩（台）修筑水泵台班		
					基坑深3m以内	基坑深6m以内	
I	1. 亚黏土 2. 粉砂土 3. 较密实的细砂土（0.10～0.25mm 颗粒含量占多数） 4. 松软的黄土 5. 有透水孔道的黏土	地面水	4 以内	0.19	7.58	10.83	……
			3 以内	0.15	5.96	8.67	
			2 以内	0.12	5.42	7.58	
			1 以内	0.11	4.88	7.04	
		地下水	6 以内	0.08	—	5.42	
			3 以内	0.07	3.79	3.79	
II	1. 中类砂土（0.25～0.50mm 颗粒含量占多数） 2. 紧密的颗粒较细的砂砾石层 3. 有裂缝透水的岩层	地面水	4 以内	0.54	16.12	24.96	
			3 以内	0.44	11.96	18.72	
			2 以内	0.36	8.32	14.04	
			1 以内	0.31	6.24	10.92	
		地下水	6 以内	0.23	—	7.28	
			3 以内	0.19	4.16	4.68	
III		……					

3.《公路工程概算定额》及其使用

1)《公路工程概算定额》简介

概算定额是在预算定额基础上以主要工序为准综合相关分项的扩大定额,是按主要分项工程规定的计量单位及综合相关工序的劳动、材料和机械台班的消耗标准,与预算定额一样,都属于计价定额。不同的是在项目划分和综合扩大程度上的差异,以适用于不同设计阶段计价的需要。它的项目划分粗细应与初步设计的深度相适应。

概算定额是编制初步设计概算和技术设计修正概算时,计算和确定工程概算造价,计算劳动力、机械台班、材料需要量所使用的定额。概算定额是控制项目投资的重要依据,在工程建设的投资管理中有重要作用。概算定额是设计方案经济性比较的依据,可在多种设计方案中选择出经济有效的设计方案,在满足建设项目功能和技术性能要求的条件下,达到降低造价和人工、材料和机械消耗量的作用。同时,概算定额又是编制估算指标的基础。

现行《公路工程概算定额》是由颁发定额的文件、总说明、目录、各章说明、节说明及定额项目表组成的。其中总说明、各章、节说明及定额项目表是概算定额的主要组成部分。

总说明是对使用概算定额的总体规定和解释。章(节)说明则规定各章(节)包括的内容、各章(节)工程项目的统一规定、各章(节)工程项目综合的内容及允许抽换的规定、各章(节)工程项目的工程量计算规则等。上述各项说明是为了正确使用定额而做出的规定和解释,是正确运用定额所应遵循的条件和保证。因此,在查用定额前必须反复阅读,逐条掌握,否则,稍微疏忽将会产生很大的错误。

现行《公路工程概算定额》分为路基工程、路面工程、隧道工程、涵洞工程、桥梁工程、交通工程及沿线设施、临时工程共七章,以定额项目表的形式给出相应部分的工、料、机消耗的额定标准。与预算定额相同,概算定额项目表的主要内容也包括:定额项目表的名称,工作内容,定额单位,完成定额单位工程的人工、材料、机械的名称、单位、代号、数量,定额基价,同样,有些定额项目表下还列有说明中没有包括、仅供本项目使用的附注。

需要说明的是,编制概算时,如需使用材料采集加工、材料运输定额,可采用《公路工程预算定额》中的有关项目。

2)概算定额的使用

桥梁工程结构复杂,类型多,施工方法多样,概算定额第五章桥梁工程是内容最多的一章,共分四节,由基础工程、下部构造、上部构造和钢筋及预应力钢筋、钢丝束、钢绞线组成。

[例7-5]　某桥浇筑实体式混凝土桥墩高15m,由于该工程混凝土总数量较大,需建一座生产能力为 20m^3/h 的混凝土搅拌站,用 1t 以内机动翻斗车运输混凝土,运距350m,试确定该工程的概算定额。

由概算定额目录可知,该项目所用定额应为第五章桥梁工程第二节下部构造中的定额表"5-2-5 混凝土桥墩",如表7-7所示。

同时根据概算定额第五章说明第 5 条规定:"定额中除注明者外,均未包括混凝土的拌和和运输,应根据施工组织设计按第三节的相关定额另行计算。"该章说明第 7 条规定:"定额中混凝土工程均已包括操作范围内的混凝土运输。现浇混凝土工程的混凝土平均运距超过50m时,可根据施工组织设计的混凝土平均运距,按混凝土运输定额增列混凝土运输。"因此,该工程应增列"混凝土拌和及运输"项目,其定额项目表号为"5-3-32 II. 混凝土搅拌站(楼)安拆、III. 混凝土搅拌站拌和、V. 混凝土运输",如表7-8所示。

表 7-7

5-2-5 混凝土桥墩

工程内容:1)提升架的拼装、拆除;2)墩身、墩帽、支座垫石混凝土及片石混凝土的全部工序。

Ⅰ. 梁板桥桥墩　　　　　　　　　　　　　　　　单位:10m³ 实体

顺序号	项　　目	单位	代号	轻型	实　体　式				挑臂式
					混凝土		片石混凝土		
					墩高(m)				
					10 以内	20 以内	10 以内	20 以内	
				1	2	3	4	5	
1	人工	工日	1	21.3	16.1	15.9	15.4	15.3	
2	C15 片石混凝土	m³	12	—	—	—	(9.38)	(9.89)	
3	C25 水泥混凝土	m³	19	(9.59)	(8.52)	(9.18)	—	—	
4	C30 水泥混凝土	m³	20	(0.61)	(1.68)	(1.02)	(0.82)	(0.31)	
5	C30 泵送混凝土	m³	48	—	—	—	—	—	
6	原木	m³	101	0.116	0.023	0.016	0.023	0.014	
7	锯材	m³	102	0.126	0.053	0.033	0.053	0.032	
8	型钢	t	182	0.020	0.047	0.033	0.049	0.034	
9	钢管	t	191	0.016	0.008	0.005	0.008	0.006	
10	钢丝绳	t	221	—	—	—	—	—	
11	钢模板	t	271	—	—	—	—	—	
12	组合钢模板	t	272	0.044	0.024	0.016	0.023	0.015	
13	门式钢支架	t	273	—	—	—	—	—	
14	铁件	kg	651	27.1	45.8	31.2	45.9	30.2	
15	铁钉	kg	653	0.5	—	—	—	—	
16	8 ~ 12 号铁丝	kg	655	0.6	—	—	—	—	
17	32.5 级水泥	t	832	3.443	3.488	3.460	2.325	2.243	......
18	水	m³	866	12	12	12	12	12	
19	中(粗)砂	m³	899	4.89	4.86	4.87	4.78	4.79	
20	片石	m³	931	—	0.00	0.00	2.01	2.12	
21	碎石(4cm)	m³	952	8.47	8.47	8.47	0.68	0.25	
22	碎石(8cm)	m³	954	—	0.00	0.00	6.66	7.02	
23	其他材料费	元	996	93.2	59.7	42.9	59.8	41.6	
24	设备摊销费	元	997	—	—	—	—	—	
25	60m³/h 以内混凝土输送泵	台班	1316	—	—	—	—	—	
26	12t 以内汽车式起重机	台班	1451	0.28	0.37	—	0.41	—	
27	20t 以内汽车式起重机	台班	1453	0.05	0.15	0.54	0.07	0.51	
28	30kN 以内单筒慢动卷扬机	台班	1499	—	—	—	—	—	
29	50kN 以内单筒慢动卷扬机	台班	1500	—	—	—	—	—	
30	φ150mm 电动多级水泵(≤180m)	台班	1665	—	—	—	—	—	
31	φ150mm 电动多级水泵(>180m)	台班	1666	—	—	—	—	—	
32	32kVA 内交流电弧焊机	台班	1726	—	—	—	—	—	
33	小型机具使用费	元	1998	9.5	8.0	7.8	7.9	7.8	
34	基价	元	1999	4 109	3 812	3 710	3 314	3 213	

工程内容:混凝土搅拌机拌和:人工配料、拌和、出料。

混凝土搅拌站(楼)安装、拆除:1)砌筑砂、石料仓隔板、挡墙、围墙,浇筑拌和站基座的全部工作;2)搅拌站设备安装、拆除;3)竣工后施工场地清理、拆除。

混凝土搅拌站(楼)拌和:自动配料、拌和、出料。

混凝土搅拌船拌和:搅拌船抛锚定位,自动配料、拌和、出料。

混凝土运输:1)第一个1km:等待装卸、装、卸、运行、掉头、空回、清洗车辆;2)每增运1km:运走1km及空回。

Ⅱ.混凝土搅拌站(楼)安拆　　　　　　　　　　　　　单位:1 座

顺序号	项　目	单位	代号	搅拌站(楼)生产能力(m³/h)			
				15 以内	25 以内	40 以内	60 以内
				5	6	7	8
1	人工	工日	1	370.2	617.2	1 091.1	1 511.5
2	原木	m³	101	0.223	—	0.050	0.100
3	锯材	m³	102	0.138	0.009	0.022	0.024
4	光圆钢筋	t	111	0.222		0.089	0.119
5	型钢	t	182	0.071	0.035	0.086	0.096
6	组合钢模板	272	272	0.154	0.075	0.186	0.207
7	铁件	kg	651	74.7	28.9	71.3	79.3
8	8~12 号铁丝	kg	655	1.1		0.4	0.6
9	32.5 级水泥	t	832	16.908	19.275	25.327	36.759
10	水	m³	866	78	217	229	269
11	青(红)砖	千块	877	8.95	73.52	66.26	86.06
12	中(粗)砂	m³	899	26.63	51.17	57.95	80.24
13	砂砾	m³	902			73.66	85.28
14	碎石(2cm)	m³	951	7.85	—	—	—
15	碎石(4cm)	m³	952		25.86	43.71	65.44
16	碎石(8cm)	m³	954	30.28	—	—	—
17	其他材料费	元	996	230.3	84.4	213.3	269.0
18	8~10t 光轮压路机	台班	1076	—	—	3.23	4.05
19	250L 以内混凝土搅拌机	台班	1272	1.74	1.17	1.98	2.96
20	4t 以内载货汽车	台班	1372	3.36	3.91		
21	8t 以内载货汽车	台班	1375	—	—	6.28	—
22	40t 以内平板拖车组	台班	1395	—	—		2.97
23	12t 以内汽车式起重机	台班	1451	3.68	0.82	1.62	2.15
24	20t 以内汽车式起重机	台班	1453	—	3.14	5.03	—
25	30t 以内汽车式起重机	台班	1455				5.53
26	小型机具使用费	元	1998	40.1	25.1	47.3	66.3
27	基价	元	1999	35 744	62 653	96 564	132 196

203

顺序号	项　目	单位	代号	搅拌站(楼)生产能力(m³/h)			
				15以内	25以内	40以内	60以内
				9	10	11	12
1	75kW以内履带式推土机	台班	1003	1.16	0.87	0.43	0.29
2	1.0m³以内轮胎式装载机	台班	1048	—	—	0.43	0.29
3	15m³/h以内混凝土搅拌站	台班	1323	1.36			
4	25m³/h以内混凝土搅拌站	台班	1324		1.01		
5	40m³/h以内混凝土搅拌站	台班	1325			0.50	
6	60m³/h以内混凝土搅拌站	台班	1327				0.34
7	基价	元	1999	1 584	1 278	973	954

V. 混凝土运输　　　　　　　　　　　　　　　　　　　单位:100m³

顺序号	项　目	单位	代号	运输方法					
				1t机动翻斗车		混凝土搅拌运输车(容量:m³)			
						3以内		6以内	
				第一个100m	每增运100m	第一个1km	每增运0.5km	第一个1km	每增运0.5km
				16	17	18	19	20	21
1	3m³以内混凝土搅拌运输车	台班	1304	—	—	2.48	0.15	—	—
2	6m³以内混凝土搅拌运输车	台班	1307	—	—	—	—	1.38	0.08
3	1t以内机动翻斗车	台班	1408	3.03	1.12	—	—	—	—
4	基价	元	1999	381	141	1 724	104	1 699	98

(1)每10m³实体混凝土桥墩

人工:15.9工日。

原木:0.016m³。

锯材:0.033m³。

其他材料定额(略)。

20t以内汽车式起重机:0.54台班。

(2)每座生产能力为20m³/h的混凝土搅拌站

人工:617.2工日。

锯材:0.009m³。

型钢:0.035m³。

其他定额(略)。

(3)生产能力为20m³/h的混凝土搅拌站,每拌和100m³混凝土

75kW 以内履带式推土机:0.87 台班。

25m³/h 以内混凝土搅拌站:1.01 台班。

(4)1t 以内机动翻斗车每运输 100m³ 混凝土(运距 350m)

1t 以内机动翻斗车:3.03 + 1.12 × 2 = 5.27(台班)。

4.《公路工程机械台班费用定额》及其使用

《公路工程机械台班费用定额》是以一个台班为单位,规定在一个台班中,为使机械正常运转需要支出和分摊的费用标准。

《公路工程机械台班费用定额》是编制公路基本建设工程概、预算,进行经济核算和结算的依据。《公路工程机械台班费用定额》将公路施工机械按土石方工程机械,路面工程机械,混凝土及灰浆机械,水平运输机械,起重及垂直运输机械,打桩、钻孔机械,泵类机械,金属、木、石料加工机械,动力机械,工程船舶,其他机械共分为 11 大类,每一大类又按机械的规格、型号划分为若干子目,共计 746 个子目。

例如,《公路工程机械台班费用定额》中,水平运输机械台班定额如表 7-9 所示。

水 平 运 输 机 械 表 7-9

序号	代号	机械名称		主机型号	不变费用					可变费用				定额基价
					折旧费	大修理费	经常修理费	安拆及辅助设施费	小计	人工	汽油	柴油	养路费及车船使用税	
					元					工日	kg		元	
260	1370	载货汽车	装载质量(t)	2 以内	23.42	4.61	25.86	—	53.89	1	20.08	—	—	207.51
261	1371			3 以内	24.96	4.92	27.60	—	57.48	1	25.96	—	—	241.67
262	1372			4 以内 CA10B	28.84	5.68	31.86	—	66.38	1	34.28	—	—	293.84
263	1373			5 以内	33.03	6.51	36.52	—	76.06	1	43.10	—	—	349.38
264	1374			6 以内 CA141K,CA1091K	39.69	7.82	43.87	—	91.38	1	—	39.24	—	332.86
265	1375			8 以内 JN150	63.79	12.56	70.46	—	146.81	1	—	44.95	—	416.27
266	1376			10 以内 JN161,T815	77.09	15.18	85.16	—	177.43	1	—	50.29	—	473.05
267	1377			12 以内	122.59	24.14	135.43	—	282.16	1	—	57.14	—	611.35
268	1378			15 以内 SH161,T815	144.77	28.51	159.94	—	333.22	1	—	61.72	—	684.85
269	1379			20 以内 CQ30290/38	172.57	33.99	190.68	—	397.24	1	—	81.14	—	844.03
270	1382	自卸汽车		3 以内	36.12	5.79	25.71	—	67.62	1	34.28	—	—	295.08
271	1383			5 以内 CA340	55.29	8.86	39.34	—	103.49	1	41.63	—	—	369.17
272	1384			6 以内 CA/CQ340X	73.96	11.85	52.61	—	138.42	1	—	44.00	—	403.22
273	1385			8 以内 QD351	114.97	18.42	61.52	—	194.91	1	—	49.45	—	486.42
274	1386			10 以内 QD361	140.52	22.51	75.18	—	238.21	1	—	55.32	—	558.48
275	1387			12 以内 T138,SX360	160.39	25.70	85.84	—	271.93	1	—	61.60	—	622.97
276	1388			15 以内 SH361,T815	178.84	28.65	95.69	—	303.18	1	—	67.89	—	685.04
277	1389			18 以内	208.65	33.43	111.66	—	353.74	1	—	72.92	—	760.25
278	1390			20 以内 BJ374	242.72	38.88	129.86	—	411.46	1	—	77.11	—	838.50

《公路工程机械台班费用定额》中的定额表由以下几部分组成。

1）代号

代号是计算机对各种不同规格、型号的施工机械的识别符号，每一子目对应一个代号，如代号1370，即为2t以内载货汽车。

2）费用项目

费用项目由不变费用和可变费用两大类组成。

（1）不变费用

不变费用是指根据主管部门的规定和机械年工作台班制度确定的费用。它不管机械是否开动以及施工地点和条件的变化，都要支出，是一种比较固定的经常性费用。它包括折旧费、大修理费、经常修理费、安装拆卸及辅助设施费。

①折旧费：指机械设备在规定的使用期限内陆续收回其原值的费用。

②大修理费：指机械设备按规定的大修理间隔台班必须进行大修理，以恢复其正常功能所需的费用。

③经常修理费：指机械设备除大修理以外的各级保养（包括一、二、三级保养）及为排除临时故障所需的费用；为保障机械正常运转所需替换设备、随机使用工具、附具摊销和维护的费用；机械运转与日常保养所需的润滑油脂、擦拭材料（布及棉纱等）费用和机械在规定年工作台班以外的维护、保养费用等。

④安装拆卸及辅助设施费：指机械在施工现场进行安装、拆卸所需的人工费、材料费、机械费、试运转费以及安装所需的辅助设施费。辅助设施费包括安置机械的基础、底座及固定锚桩等费用。打桩、钻孔机械在施工过程中的过墩、移位等所发生的安装及拆卸费包括在工程项目费之内；稳定土厂拌设备、沥青乳化设备、黑色粒料拌和机、沥青混合料拌和设备、混凝土搅拌站（楼）、塔式起重机、施工电梯的安装、拆卸以及拌和设备、混凝土搅拌站（楼）、大型发电机的混凝土基础、沉淀池、散热池等辅助设施和机械操作所需的轨道、工作台的设置费用，不在此项费用内，在工程项目中另行计算。

编制机械台班单价时，除青海、新疆、西藏等边远地区外，不变费用应直接采用《公路工程机械台班费用定额》中的数值。至于边远地区因维修工资、配件材料等价差较大而需要调整不变费用时，可根据具体情况，由省、自治区交通厅制定系数并报交通运输部公路司备案后执行。

（2）可变费用

可变费用是以每台班实物消耗指标的形式表示的，即机械开动或运转时才会发生的费用，在使用时随工程所在地人工、动力燃料、养路费及车船使用税的标准不同而不同。它包括人工费、动力燃料费、养路费及车船使用税。

①人工费：指随机操作人员的工作日工资（包括基本工资、各类津贴、补贴、辅助工资、劳动保护费以及各类保险和住房公积金等）。

②动力燃料费：指机械在运转施工作业中所耗用的电力、固体燃料（煤、木材）、液体燃料（汽油、柴油、重油）和水等。

③养路费及车船使用税：指按国家规定应缴纳的机械养路费及车船使用税等。

编制机械台班单价时，随机操作人员数量及动力物资消耗量应以《公路工程机械台班费用定额》中的数值为准。工资标准按《公路工程基本建设项目概算预算编制办法》的规定执行,工程船舶和潜水设备的工日单价,按当地有关部门规定计算。动力燃料费按当地动力物资的工地预算价格计算。养路费及车船使用税,如需交纳时,应按各省、自治区、直辖市及国务院有关部门规定的标准,按机械的年工作台班计入台班费中。

3)定额基价

定额基价是不变费用和可变费用的合计数,仅供参考比较之用,不作为编制公路基本建设项目概算、预算的依据。其中,不变费用是按《公路工程机械台班费用定额》的规定编制的,可变费用中的人工费、动力燃料费是按《公路工程机械台班费用定额》中取定的人工及动力燃料预算价格计算的。

[例7-6] 试计算15t以内载货汽车的台班单价。已知预算编制年的人工单价为60.00元/工日,柴油5.30元/kg,养路费210元/(月·t),车船使用税96元/(年·t)。

由《公路工程机械台班费用定额》查得,该机械的代号为 $\boxed{1\,378}$,如表7-8所示。由此可知:

不变费用:333.22元。

可变费用:人工费 $1 \times 60.00 = 60.00$(元)。

柴油费: $61.72 \times 5.30 = 327.12$(元)。

养路费及车船使用税: $\dfrac{210 \times 12 \times 15 + 96 \times 15}{220} = 178.36$(元)。

合计: $60.00 + 327.12 + 178.36 = 565.48$(元)。

台班单价: $333.22 + 565.48 = 898.70$(元)。

5.定额运用要点

(1)正确选择子目,不多不漏。

(2)核对定额的工作内容、作业方式是否与施工组织设计有出入,若无出入,则可在表中找到相应的细目,并进一步确定子目(栏号)。防止漏列、重列。

(3)检查定额表的计量单位与工程项目取定的计量单位是否一致,是否符合规定的工程量计算规则。

(4)查核定额的总说明、章说明、节说明以及定额表下的附注是否与所选用的定额子目的查定有关,若有关,则采取相应措施。

(5)根据设计图纸和施工组织设计要求,检查有无需要抽换的子目或序号,是否允许抽换。若应抽换,则进行具体抽换计算。

(6)以子目各序号确定各项定额值,可直接引用的就直接抄录,需计算的则在计算后抄录。

第二节　桥梁工程概、预算的编制

一、基本建设及其内容构成

1.基本建设的定义

基本建设,是指固定资产的建筑、添置和安装,是国民经济各部门为了扩大再生产而进行的增加固定资产的建设工作。具体来讲,就是把一定的建筑材料、设备等,通过购置、建造和安装等活动,转化为固定资产的过程,诸如工厂、矿山、公路、铁路、学校等工程的建设,以及机具、车辆、各种设备等的添置和安装。

公路工程基本建设是通过勘察、设计和施工,以及有关的经济活动来实现。按项目性质可分为新建、扩建、改建和重建,其中新建和改建是最主要的形式;按经济内容可分为生产性建设和非生产性建设;按项目规模可分为大型、中型和小型。大、中、小型项目是按项目建设总规模和总投资确定的,国家对建设项目的大、中、小型划分标准有明文规定。

2.公路基本建设的内容

公路基本建设活动的内容构成主要有三部分。

1)建筑安装工程

指直接进行建筑施工和设备安装的工程。

(1)建筑工程:如路基、路面、桥梁、隧道、防护工程、沿线设施等的建筑施工。

(2)设备安装工程:如高速公路、大型桥梁、隧道所需的各种设备、仪器的安装、调试等工作。

2)设备及工具、器具的购置

为了公路、桥梁等的营运、服务、管理和养护,需要购置必要的设备和工具、器具,如渡口设备、养护用的设备、工器具等,以及为了保证新建、改建项目初期的正常生产、使用和管理,必须购置的办公和生产用家具、用具等。

3)其他基本建设工作

指不属于上述各项的基本建设工作,其中包括公路筹建阶段和建设阶段的管理工作、征用土地和拆迁补偿工作、勘察设计工作、研究试验工作等。

3.基本建设项目组成

每项基本建设工程,就其实物形态来说,都由许多部分组成。为了便于编制各种基本建设的施工组织设计和概、预算文件,必须对每项基本建设工程进行项目划分。基本建设工程可依次划分为:基本建设项目、单项工程、单位工程、分部工程和分项工程。

1)基本建设项目(简称建设项目)

每项基本建设工程,就是一个建设项目。一般是指具有一个设计任务书和按一个总体设计进行施工,行政管理上具有独立的组织形式和统一的管理,经济上实行独立的统一核算的工程建设单元。在基础设施建设中,建设项目的范围具有一定的灵活性,如一个火车站或飞机场、一条铁路或公路、一个污水排放和处理系统等,均可以作为一个建设项目。

在一个建设项目中,通常有若干个单项工程,有时也可能只有一个单项工程。

2)单项工程(又称工程项目)

单项工程是建设项目的组成部分,是指建设项目中具有独立的设计文件,建成后可以独立发挥设计所规定的生产能力或效益的工程单元。如某公路建设项目中的某独立大、中桥梁,某隧道工程等。

单项工程是具有独立存在意义的一个完整工程,也是一个复杂的综合体,它由若干个单位工程组成。

3)单位工程

单位工程是单项工程的组成部分,是指单项工程中具有独立设计、可以独立组织施工,但建成后一般不能独立进行生产或发挥效益的工程单元。如一条公路的路基工程、路面工程、桥梁工程等。

每一个单位工程仍然是一个较大的综合体,它还可以进一步分解。

4)分部工程

分部工程是单位工程的组成部分,一般是按照单位工程的结构、部位、构件的性质,使用的材料和工种,或设备种类和型号等不同而划分的工程单元,如桥梁工程可以划分为基础工程、桥梁上部工程、桥梁下部工程等。

在分部工程中,由于具体的施工对象及其构造不同,材料规格、施工方法也不同,相应地完成同一计量单位的分部工程所需消耗的人工、材料和机械台班的数量和价值有很大的差异。因此,有必要把分部工程进一步分解为分项工程。

5)分项工程

分项工程一般是按照不同的施工方法、材料和规格等因素进行划分,用较为简单的施工过程就能完成,并且可以用适当的计量单位加以计算的工程单元。例如,基础工程可划分为围堰、挖基、砌筑基础、回填等分项工程。分项工程的独立存在是没有意义的,它只是建筑或安装工程的一种基本的构成因素,是为了组织施工以及为确定建筑安装工程造价而设定的一种产品。

二、概、预算文件组成

1. 概、预算费用组成

根据原交通部 2007 年第 33 号公告发布的《公路工程基本建设项目概算预算编制办法》(JTG B06—2007)的规定,概、预算费用由建筑安装工程费,设备、工具、器具及家具购置费,工程建设其他费用,预备费共四大部分费用组成,如图 7-1 所示。

2. 概、预算项目

工程项目从筹建至竣工、验收、交付使用的全过程中需要的建设费用由建筑安装工程费,设备、工具、器具及家具购置费和工程建设其他费用三部分组成。其中设备、工具、器具及家具是一般工业部门生产的产品,购置活动属于价值转移性质;而工程建设其他费用多为费用性质的支付。这两部分费用可分别按国家规定的有关费用标准和相应的产品价格直接计算,较易确定。但是,建筑安装工程则不同,要从基本的分项工程的各项消耗开始逐步扩大计算,其中包括直接、间接的消耗和为社会所创造的价值,因此,概、预算价值的主要组成部分是建筑安装工程的概、预算价值。在一定意义上讲,编制工程概、预算,主要是编制建筑安装工程概、预算,它是编制概、预算的关键。

建筑安装工程是由相当数量的分项工程组成的庞大复杂的综合体,直接计算出它的全部人工、材料和机械台班的消耗量及价值,是一项极为困难的工作。为了准确无误地计算和确定建筑安装工程的造价,必须对建设项目进行科学的分析与分解,使之有利于概、预算的编审,以及基本建设项目的计划、统计、会计和基建拨款贷款等方面的工作,同时,也是为了便于同类工程之间进行比较和对不同分项工程进行技术经济分析,使编制概、预算项目时不重不漏,保证质量,因此,必须对概、预算项目的划分、排列顺序及内容作出统一规定,这就形成了概、预算项目表。

概、预算项目主要包括以下内容。

第一部分　建筑安装工程费

第一项　临时工程

第二项　路基工程

第三项　路面工程

第四项　桥梁涵洞工程

第五项　交叉工程

第六项　隧道工程

第七项　公路设施及预埋管线工程

第八项　绿化及环境保护工程

概（预）算总金额
- 建筑安装工程费
- 设备、工具、器具及家具购置费
- 工程建设其他费用
- 预备费

建筑安装工程费
- 直接费
  - 直接工程费
    - 人工费
    - 材料费
    - 施工机械使用费
  - 其他工程费
    - 冬季施工增加费
    - 雨季施工增加费
    - 夜间施工增加费
    - 特殊地区施工增加费
    - 行车干扰工程施工增加费
    - 安全及文明施工措施费
    - 临时设施费
    - 施工辅助费
    - 工地转移费
- 间接费
  - 规费
    - 养老保险费
    - 失业保险费
    - 医疗保险费
    - 住房公积金
    - 工伤保险费
  - 企业管理费
    - 基本费用
    - 主副食运费补贴
    - 职工探亲路费
    - 职工取暖补贴
    - 财务费用
- 利润
- 税金

设备、工具、器具及家具购置费
- 设备、工具、器具购置费
- 办公及生活用家具购置费

工程建设其他费用
- 土地征用及拆迁补偿费
- 建设项目管理费
- 研究试验费
- 前期工作费
- 专项评价（估）费
- 施工机构迁移费
- 供电贴费
- 联合试运转费
- 生产人员培训费
- 固定资产投资方向调节税
- 建设期贷款利息

预备费
- 价差预备费
- 基本预备费

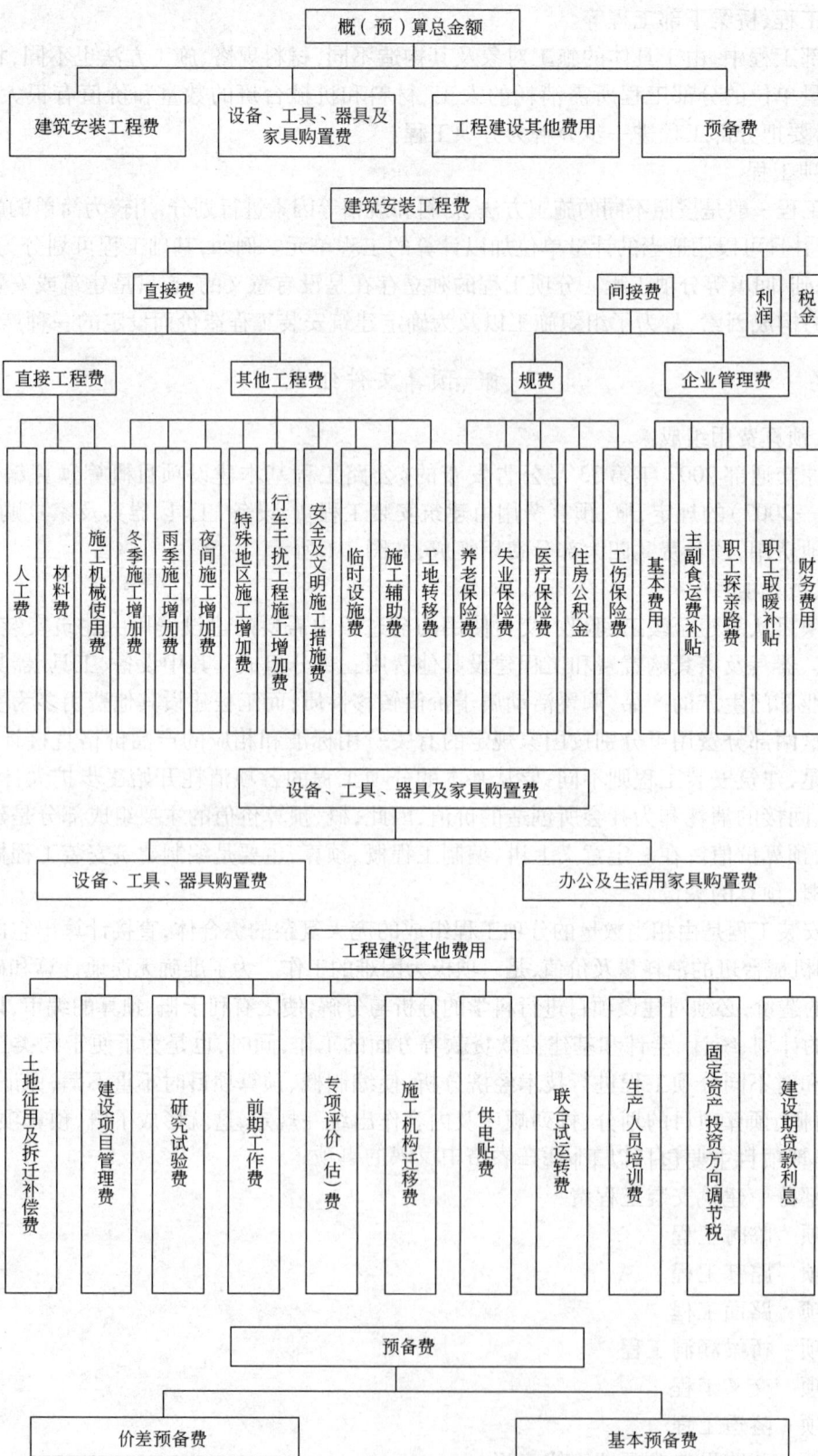

图 7-1　概、预算费用的组成

第九项　管理、养护及服务房屋

第二部分　设备及工具、器具购置费

第三部分　工程建设其他费用

项目表的详细内容见附录一。

概、预算项目应按项目表的序列及内容编制,如实际出现的工程和费用项目与项目表的内容不完全相符时,一、二、三部分和"项"的序号应保留不变,"目"、"节"、"细目"可随需要增减,并按项目表的顺序以实际出现的"目"、"节"、"细目"依次排列,不保留缺少的"目"、"节"、"细目"的序号。如第二部分,设备、工具、器具购置费在该项工程中不发生时,第三部分工程建设其他费用仍为第三部分。同样,路线工程第一部分第六项为隧道工程,第七项为公路设施及预埋管线工程,若路线中无隧道工程项目,但其序号仍保留,公路设施及预埋管线工程仍为第七项。但如"目"或"节"或"细目"发生这样的情况时,可依次递补改变序号。路线建设项目中的互通式立体交叉、辅道、支线,如工程规模较大时,也可按概、预算项目表单独编制建筑安装工程,然后将其概、预算建筑安装工程总金额列入路线的总概、预算表中相应的项目内。

3. 概、预算文件组成

概、预算文件是设计文件的组成部分。概、预算文件由封面及目录,概、预算编制说明及全部概、预算计算表格组成。

1)封面及目录

概、预算文件的封面和扉页应按《公路工程基本建设项目设计文件编制办法》中的规定制作,扉页的次页应有建设项目名称,编制单位,编制、复核人员姓名并加盖执业(从业)资格印章,编制日期及第几册共几册等内容。目录应按概、预算表的表号顺序编排。

2)概、预算编制说明

概、预算编制完成后,应写出编制说明,文字力求简明扼要。应叙述的内容一般有:

(1)建设项目设计资料的依据及有关文号,如建设项目可行性研究报告批准文号、初步设计和概算批准文号(编修正概算及预算时),以及根据何时的测设资料及比选方案进行编制的等。

(2)采用的定额、费用标准,人工、材料、机械台班单价的依据或来源,补充定额及编制依据的详细说明。

(3)与概、预算有关的委托书、协议书、会议纪要的主要内容(或将抄件附后)。

(4)总概、预算金额,人工、钢材、水泥、木料、沥青的总需要量情况,各设计方案的经济比较,以及编制中存在的问题。

(5)其他与概、预算有关但不能在表格中反映的事项。

3)概、预算表格

概、预算文件的主要内容和组成部分是概、预算表格,它实际上是由一套规定的表格所组成。编制概、预算应按统一的概、预算表格计算,其表格式样及计算方法见附录二。概算表格与预算表格的式样相同,只是在印制表格时,应将概算表格与预算表格的表头分别印制即可。

4)甲组文件与乙组文件

概、预算文件按不同的需要分为两组,甲组文件为各项费用计算表;乙组文件为建筑安装工程费各项基础数据计算表,只供审批使用。甲、乙组文件应按《公路工程基本建设项目设计文件编制办法》关于设计文件报送份数,随设计文件一并报送。报送乙组文件时,还应提供"建筑安装工程费各项基础数据计算表"的电子文档和编制补充定额的详细资料,并随同概、预算文件一并报送。

乙组文件中的"建筑安装工程费计算数据表"(08-1表)和"分项工程概(预)算表"(08-2表)应根据审批部门或建设项目业主单位的要求全部提供或仅提供其中的一种。

概、预算应按一个建设项目[如一条路线或一座独立大(中)桥、隧道]进行编制。当一个建设项目需要分段或分部编制时,应根据需要分别编制,但必须汇总编制"总概(预)算汇总表"。

甲、乙组文件包括的内容如表7-10所示。

甲、乙组文件包括的内容　　　　　　　　　　　　　　表7-10

甲组文件	编制说明
	总概(预)算汇总表(01-1表)
	总概(预)算人工、主要材料、机械台班数量汇总表(02-1表)
	总概(预)算表(01表)
	人工、主要材料、机械台班数量汇总表(02表)
	建筑安装工程费计算表(03表)
	其他工程费及间接费综合费率计算表(04表)
	设备、工具、器具购置费计算表(05表)
	工程建设其他费用及回收金额计算表(06表)
	人工、材料、机械台班单价汇总表(07表)
乙组文件	建筑安装工程费计算数据表(08-1表)
	分项工程概(预)算表(08-2表)
	材料预算单价计算表(09表)
	自采材料料场价格计算表(10表)
	机械台班单价计算表(11表)
	辅助生产工、料、机械台班单位数量表(12表)

三、概、预算费用标准和计算方法

1. 建筑安装工程费

建筑安装工程是施工企业按预定生产目标创造的直接生产成果,包括建筑工程和设备安装工程两大类。它必须通过施工企业的生产活动和消耗一定的资源来实现。从理论上讲,建筑安装工程费用以建筑安装工程价值为基础。建筑安装工程的价值由三个部分组成:一是建筑业转移的生产资料价值,二是生产者为自己劳动所创造的价值,三是生产者为社会劳动所创造的价值。建筑安装工程费用就是这些价值的货币量化值,它由三个部分组成:第一部分为施工企业转移的生产资料的费用,主要包括建筑材料、构(配)件的价值和进行建筑安装生产所使用施工机械等固定资产的折旧费用等;第二部分为施工企业职工的劳动报酬和必要的费用等;第三部分为施工企业向财政缴纳的税金和税后留存的利润。前两部分构成建筑安装工程成本。

现行的《公路工程基本建设项目概算预算编制办法》(以下简称《概、预算编制办法》)规定建筑安装工程费用由直接费、间接费、利润及税金四部分组成。其中直接费的计算是关键和核心,其他三部分费用则分别以规定的基数按各自的百分率计算取费。

1)直接费

直接费由直接工程费和其他工程费组成。

(1)直接工程费

直接工程费是指施工过程中耗费的构成工程实体和有助于工程形成的各项费用,包括人工费、材料费、施工机械使用费。

①人工费

人工费系指列入概、预算定额的直接从事建筑安装工程施工的生产工人开支的各项费用。

a. 人工费的费用内容

人工费内容包括:

a)基本工资。系指发放生产工人的基本工资,流动施工津贴和生产工人劳动保护费,以及职工缴纳的养老、失业、医疗保险费和住房公积金等。

生产工人劳动保护费系指按国家有关部门规定标准发放的劳动保护用品的购置费及修理费,徒工服装补贴,防暑降温费,在有碍身体健康环境中施工的保健费用等。

b)工资性补贴。系指按规定标准发放的物价补贴,煤、燃气补贴,交通补贴,地区津贴等。

c)生产工人辅助工资。系指生产工人年有效施工天数以外非作业天数的工资,包括开会和执行必要的社会义务时间的工资,职工学习、培训期间的工资,调动工作、探亲、休假期间的工资,因气候影响停工期间的工资,女工哺乳时间的工资,病假在六个月以内的工资及产、婚、丧假期的工资。

d)职工福利费。系指按国家规定标准计提的职工福利费。

b. 人工费的计算

某分项工程的人工费可根据该分项工程的工程量和相应的定额值、人工单价(元/工日)按式(7-1)计算。

$$人工费 = 工程数量 \times 定额值 \times 人工单价 \qquad (7\text{-}1)$$

式(7-1)中各项内容的规定和计算如下:

a)工程数量,由设计图纸按工程量计算规则计算的定额单位工程数量。

b)定额值,指完成一定数量单位的分项工程量定额规定所需人工工日,可由定额直接查得。

c)人工单价,有两种计算方式,一种按公式计算,另一种按工程所在地区规定取值。

按公式计算生产工人每工日人工费的计算式如式(7-2)所示。

$$人工费(元/工日) = [基本工资(元/月) + 地区生活补贴(元/月) + 工资性津贴(元/月)] \times$$
$$(1 + 14\%) \times 12 月 \div 240(工日) \qquad (7\text{-}2)$$

式中各项说明如下:

生产工人基本工资:按不低于工程所在地政府主管部门发布的最低工资标准的 1.2 倍计算。

地区生活补贴:指国家规定的边远地区生活补贴、特区补贴。

工资性津贴:指物价补贴,煤、燃气补贴,交通费补贴等。

以上各项标准由各省、自治区、直辖市公路(交通)工程造价(定额)管理站根据当地人民政府的有关规定核定后公布执行,并抄送交通运输部公路司备案。并应根据最低工资标准的变化情况及时调整公路工程生产工人工资标准。

213

有的省区，根据本省公路建设的实际情况，单独另行发文规定人工单价的标准，则不用按式(7-2)计算。

另外，应当注意，不管人工工日单价以哪种方式确定，它都仅作为编制概、预算的依据，而不能作为施工企业实发工资的依据。

②材料费

材料费系指施工过程中耗用的构成工程实体的原材料、辅助材料、构(配)件、零件、半成品、成品的用量和周转材料的摊销量，按工程所在地的材料预算价格计算的费用。定额中这些材料被分为两类：主要材料和次要材料，主要材料是按照材料规格类型分别给出其消耗数量，次要材料则不分类型，合计给出消耗金额，即其他材料费。其计算公式如式(7-3)所示。

$$某工程细目某种材料费 = 工程数量 × 定额值 × 某种材料预算价格 \qquad (7\text{-}3a)$$

$$某工程细目其他材料费 = 工程数量 × 定额值(元／定额单位工程数量) \qquad (7\text{-}3b)$$

式(7-3)中的工程数量同前，定额值即定额材料消耗量，由定额查得。这里关键是材料预算价格的计算。下面重点介绍材料预算价格。

材料预算价格指的是材料由其来源地(或交货地)到达工地仓库后的出库价格。

材料预算价格由材料原价、运杂费、场外运输损耗、采购及仓库保管费组成。

材料预算价格也有两种确定方法：一种是公式计算，一种是地区规定的材料预算价格。但其价格组成内容是一致的。《概、预算编制办法》采用的是第一种方法，且由于材料预算价格的重要性及其计算的复杂性，还专门设计了"材料预算单价计算表"(09表)来进行计算。

应用公式法计算材料预算价格时，采用式(7-4)，即：

$$材料预算价格 = (材料原价 + 运杂费) × (1 + 场外运输损耗率) ×$$
$$(1 + 采购及保管费率) - 包装品回收价值 \qquad (7\text{-}4)$$

a. 材料原价

各种材料原价按以下规定计算。

外购材料：国家或地方的工业产品，按工业产品出厂价格或供销部门的供应价格计算，并根据情况加计供销部门手续费和包装费。如供应情况、交货条件不明确时，可采用当地规定的价格计算。

地方性材料：地方性材料包括外购的砂、石材料等，按实际调查价格或当地主管部门规定的预算价格计算。

自采材料：自采的砂、石、黏土等材料，按预算定额"第八章材料采集及加工"分析开采单价并加计辅助生产间接费和矿产资源税(如有)。

材料原价应按实计取。各省、自治区、直辖市公路(交通)工程造价(定额)管理站应通过调查，编制本地区的材料价格信息，供编制概、预算使用。

b. 运杂费

运杂费系指材料自供应地点至工地仓库(施工地点存放材料的地方)的运杂费用，包括装卸费、运费，如果发生，还应计囤存费及其他杂费(如过磅、标签、支撑加固、路桥通行等费用)。

通过铁路、水路和公路运输部门运输的材料，按铁路、航运和当地交通部门规定的运价计算运费。

施工单位自办的运输，单程运距 15km 以上的长途汽车运输按当地交通部门规定的统一运价计算运费；单程运距 5~15km 的汽车运输按当地交通部门规定的统一运价计算运费，当工程所在地交通不便、社会运输力量缺乏时，如边远地区和某些山岭区，允许按当地交通部门规定的统一运价加50%计算运费;单程运距5km及以内的汽车运输以及人力场外运输,按预算定额"第九章材料运输"计算运费,其中人力装卸和运输另按人工费加计辅助生产间接费。

一种材料如有两个以上的供应点时,都应根据不同的运距、运量、运价采用加权平均的方法计算运费。

由于预算定额中汽车运输台班已考虑工地便道特点,以及定额中已计入了"工地小搬运"项目,因此平均运距中汽车运输便道里程不得乘调整系数,也不得在工地仓库或堆料场之外再加场内运距或二次倒运的运距。

有容器或包装的材料及长大轻浮材料,应按表7-11规定的毛重计算。桶装沥青、汽油、柴油按每吨摊销一个旧汽油桶计算包装费(不计回收)。

材料毛重系数及单位毛重表 表7-11

材料名称	单位	毛重系数	单位毛重
爆破材料	t	1.35	—
水泥、块状沥青	t	1.01	—
铁钉、铁件、焊条	t	1.10	—
液体沥青、液体燃料、水	t	桶装1.17,油罐车装1.00	—
木料	m³	—	1.000t
草袋	个	—	0.004t

c. 场外运输损耗

场外运输损耗系指有些材料在正常的运输过程中发生的损耗,这部分损耗应摊入材料单价内。材料场外运输操作损耗率见表7-12。

材料场外运输操作损耗率表(单位:%) 表7-12

材料名称		场外运输(包括一次装卸)	每增加一次装卸
块状沥青		0.5	0.2
石屑、碎砾石、砂砾、煤渣、工业废渣、煤		1.0	0.4
砖、瓦、桶装沥青、石灰、黏土		3.0	1.0
草皮		7.0	3.0
水泥(袋装、散装)		1.0	0.4
砂	一般地区	2.5	1.0
	多风地区	5.0	2.0

注:汽车运水泥,如运距超过500km时,增加损耗率:袋装0.5%。

d. 采购及保管费

材料采购及保管费系指材料供应部门(包括工地仓库以及各级材料管理部门)在组织采购、供应和保管材料过程中,所需的各项费用及工地仓库的材料储存损耗。

材料采购及保管费,以材料的原价加运杂费及场外运输损耗的合计数为基数,乘以采购保管费率计算。材料的采购及保管费费率为2.5%。

外购的构件、成品及半成品的预算价格,其计算方法与材料相同,但构件(如外购的钢桁梁、钢筋混凝土构件及加工钢材等半成品)的采购保管费率为1%。

商品混凝土预算价格的计算方法与材料相同,但其采购保管费率为0。

[例7-7] 编制某地方材料预算价格,经调查该种材料有甲、乙两个供货地点,甲地出厂

215

价格为 25 元/t,可供量 65%;乙地出厂价格为 30 元/t,可供量 35%。汽车运输,运价 1.5 元/(t·km),装卸费 5.0 元/t,甲地距离工地仓库 23km,乙地距离工地仓库 29km。材料不需包装,材料场外运输操作损耗率为 1.0%。式计算该种材料的预算价格。

a)同一种材料有几种原价的,应加权平均计算综合原价。

综合原价 $= 25 \times 0.65 + 30 \times 0.35 = 26.75$(元/t)

b)同一种材料采用同一运输方式,但供货地点不同,应先计算加权平均运距,然后再计算运杂费。

平均运距 $= 23 \times 0.65 + 29 \times 0.35 = 25.1$(km)

运杂费 $= 25.1 \times 1.5 + 5.0 = 42.65$(元/t)

c)已知材料场外运输操作损耗率为 1.0%,采购及保管费费率为 2.5%,则该材料的预算价格为:

预算价格 $= (26.75 + 42.65) \times (1 + 1.0\%) \times (1 + 2.5\%) = 71.85$(元/t)

按照个别工程单独编制材料预算价格,工作繁重,要花很多的人力和时间,而且也不一定符合实际材料供应情况。在一个地区范围内,各建设工程所用的材料价格构成因素及编制依据,基本是相同的或近似的,只要从组织上、技术上采取措施,结合地方情况,有可能制定出合理的相对固定的地区性的统一材料预算价格。一般可由当地定额站定期(如每月)发布"建筑材料价格信息",其中的信息价即可作为材料预算价格。

③施工机械使用费

在概、预算中发生的施工机械使用费,包括按台班数量计算的机械使用费和不按台班数量计算的(小型)机具使用费两类。亦即,施工机械使用费,系指列入概、预算定额的施工机械台班数量,按相应的机械台班费用定额计算的施工机械使用费和小型机具使用费。

按台班数量计算的某工程细目的某种机械的机械使用费,可按式(7-5a)计算。

$$某种机模的机械使用费 = 工程数量 \times 定额值 \times 某种机械台班单价 \qquad (7\text{-}5a)$$

不按台班数量计算的某工程细目的小型机具使用费,在概、预算定额中以"元"表示,可按式(7-5b)计算。

$$工程细目的小型机具使用费 = 工程数量 \times 定额值 \qquad (7\text{-}5b)$$

则该工程细目的施工机械使用费,按式(7-5c)计算,即:

$$施工机械使用费 = \sum_1^n 某种机械使用费 + 小型机具使用费 \qquad (7\text{-}5c)$$

式(7-5)中的工程数量同前;定额值可由概、预算定额直接查得完成一定数量单位的分项工程所规定消耗的机械种类和台班数量。

机械台班单价应按原交通部公布的《公路工程机械台班费用定额》计算,台班单价由不变费用和可变费用组成。不变费用包括折旧费、大修理费、经常修理费、安装拆卸及辅助设施费等;可变费用包括机上人员人工费、动力燃料费、养路费及车船使用税。可变费用中的人工工日数及动力燃料消耗量,应以机械台班费用定额中的数值为准。台班人工费工日单价同生产工人人工费单价。动力燃料费用则按材料费的计算规定计算。

当工程用电为自行发电时,电动机械每千瓦时(度)电的单价可由下述近似公式计算:

$$A = 0.24 \frac{K}{N} \qquad (7\text{-}6)$$

式中:A——每千瓦时电单价,元;

K——发电机组的台班单价,元;

216

N——发电机组的总功率,kW。

（2）其他工程费

其他工程费系指直接工程费以外施工过程中发生的直接用于工程的费用。内容包括冬季施工增加费、雨季施工增加费、夜间施工增加费、特殊地区施工增加费、行车干扰工程施工增加费、安全及文明施工措施费、临时设施费、施工辅助费、工地转移费九项。公路工程中的水、电费及因场地狭小等特殊情况而发生的材料二次搬运等其他工程费已包括在概、预算定额中,不再另计。

以上九项费用分别是以各类工程的直接工程费之和或人工费和机械使用费之和为基数,乘以相应的费率计算。

其他工程费的取费费率需按工程类别来取。其后的间接费也是如此,工程类别划分如下:

①人工土方:系指人工施工的路基、改河等土方工程,以及人工施工的砍树、挖根、除草、平整场地、挖盖山土等工程项目,并适用于无路面的便道工程。

②机械土方:系指机械施工的路基、改河等土方工程,以及机械施工的砍树、挖根、除草等工程项目。

③汽车运输:系指汽车、拖拉机、机动翻斗车等运送的路基、改河土（石）方、路面基层和面层混合料、水泥混凝土及预制构件、绿化苗、木等。

④人工石方:系指人工施工的路基、改河等石方工程,以及人工施工的挖盖山石项目。

⑤机械石方:系指机械施工的路基、改河等石方工程（机械打眼即属机械施工）。

⑥高级路面:系指沥青混凝土路面、厂拌沥青碎石路面和水泥混凝土路面的面层。

⑦其他路面:系指除高级路面以外的其他路面面层,各等级路面的基层、底基层、垫层、透层、黏层、封层,采用结合料稳定的路基和软土等特殊路基处理等工程,以及有路面的便道工程。

⑧构造物Ⅰ:系指无夜间施工的桥梁、涵洞、防护（包括绿化）及其他工程,交通工程及沿线设施工程[设备安装及金属标志牌、防撞钢护栏、防眩板（网）、隔离栅、防护网除外],以及临时工程中的便桥、电力电信线路、轨道铺设等工程项目。

⑨构造物Ⅱ:系指有夜间施工的桥梁工程。

⑩构造物Ⅲ:系指商品混凝土（包括沥青混凝土和水泥混凝土）的浇筑和外购构件及设备的安装工程。商品混凝土和外购构件及设备的费用不作为其他工程费和间接费的计算基数。

⑪技术复杂大桥:系指单孔跨径在120m以上（含120m）和基础水深在10m以上（含10m）的大桥主桥部分的基础、下部和上部工程。

⑫隧道:系指隧道工程的洞门及洞内土建工程。

⑬钢材及钢结构:系指钢桥及钢吊桥的上部构造,钢沉井、钢围堰、钢套箱及钢护筒等基础工程,钢索塔,钢锚箱,钢筋及预应力钢材,模数式及橡胶板式伸缩缝,钢盆式橡胶支座,四氟板式橡胶支座,金属标志牌,防撞钢护栏,防眩板（网）,隔离栅,防护网等工程项目。

①冬季施工增加费

冬季施工增加费系指按照工程施工及验收规范所规定的冬季施工要求,为保证工程质量和安全生产所需采取的防寒保温设施、工效降低和机械作业率降低以及技术操作过程的改变等所增加的有关费用。

冬季施工增加费的内容包括:

a.因冬季施工所需增加的一切人工、机械与材料的支出。

b. 施工机具所需修建的暖棚(包括拆、移),增加油脂及其他保温设备费用。

c. 因施工组织设计确定,需增加的一切保温、加温及照明等有关支出。

d. 与冬季施工有关的其他各项费用,如清除工作地点的冰雪等费用。

冬季气温区的划分是根据气象部门提供的满十五年以上的气温资料确定的。每年秋冬第一次连续 5 天出现室外日平均温度在 5℃ 以下、日最低温度在 -3℃ 以下的第一天算起,至第二年春夏最后一次连续 5 天出现同样温度的最末一天为冬季期。冬季期内平均气温在 -1℃ 以上者为冬一区,-1 ~ -4℃ 者为冬二区,-4 ~ -7℃ 者为冬三区,-7 ~ -10℃ 者为冬四区,-10 ~ -14℃ 者为冬五区,-14℃ 以下者为冬六区。冬一区内平均气温低于 0℃ 的连续天数在 70 天以内的为 I 副区,70 天以上的为 II 副区;冬二区内平均气温低于 0℃ 的连续天数在 100 天以内的为 I 副区,100 天以上的为 II 副区。

气温高于冬一区,但砖石混凝土工程施工须采取一定措施的地区为准冬季区。准冬季区分两个副区,简称准一区和准二区。凡一年内日最低气温在 0℃ 以下的天数多于 20 天的,日平均气温在 0℃ 以下的天数少于 15 天的为准一区,多于 15 天的为准二区。

全国各地的冬季区划分参见《概、预算编制办法》附录七。若当地气温资料与划定的冬季气温区划分有较大出入时,可按当地气温资料及上述划分标准确定工程所在地的冬季气温区。

冬季施工增加费的计算方法,是根据各类工程的特点,规定各气温区的取费标准。为了简化计算手续,采用全年平均摊销的方法,即不论是否在冬季施工,均按规定的取费标准计取冬季施工增加费。一条路线穿过两个以上的气温区时,可分段计算或按各区的工程量比例求得全线的平均增加率,计算冬季施工增加费。

冬季施工增加费以各类工程的直接工程费之和为基数,按工程所在地的气温区选用表 7-13 的费率计算。

冬季施工增加费费率表(单位:%)   表 7-13

气温区 工程类别	冬季期平均温度(℃)								准一区	准二区
	-1 以上		-1 ~ -4		-4 ~ -7	-7 ~ -10	-10 ~ -14	-14 以下		
	冬一区		冬二区		冬三区	冬四区	冬五区	冬六区		
	I	II	I	II						
人工土方	0.28	0.44	0.59	0.76	1.44	2.05	3.07	4.61	—	—
机械土方	0.43	0.67	0.93	1.17	2.21	3.14	4.71	7.07	—	—
汽车运输	0.08	0.12	0.17	0.21	0.40	0.56	0.84	1.27	—	—
人工石方	0.06	0.10	0.13	0.15	0.30	0.44	0.65	0.98	—	—
机械石方	0.08	0.13	0.18	0.21	0.42	0.61	0.91	1.37	—	—
高级路面	0.37	0.52	0.72	0.81	1.48	2.00	3.00	4.50	0.06	0.16
其他路面	0.11	0.20	0.29	0.37	0.62	0.80	1.20	1.80	—	—
构造物 I	0.34	0.49	0.66	0.75	1.36	1.84	2.76	4.14	0.06	0.15
构造物 II	0.42	0.60	0.81	0.92	1.67	2.27	3.40	5.10	0.08	0.19
构造物 III	0.83	1.18	1.60	1.81	3.29	4.46	6.69	10.03	0.15	0.37
技术复杂大桥	0.48	0.68	0.93	1.05	1.91	2.58	3.87	5.81	0.08	0.21
隧道	0.10	0.19	0.27	0.35	0.58	0.75	1.12	1.69	—	—
钢材及钢结构	0.02	0.05	0.07	0.09	0.15	0.19	0.29	0.43	—	—

②雨季施工增加费

雨季施工增加费系指雨季期间施工为保证工程质量和安全生产所需采取的防雨、排水、防潮和防护措施、工效降低和机械作业率降低以及技术作业过程的改变等,所需增加的有关费用。

218

雨季施工增加费的内容包括：

a. 因雨季施工所需增加的工、料、机费用的支出，包括工作效率的降低及易被雨水冲毁的工程所增加的工作内容等（如基坑坍塌和排水沟等堵塞的清理、路基边坡冲沟的填补等）。

b. 路基土方工程的开挖和运输，因雨季施工（非土壤中水影响）而引起的黏附工具、降低工效所增加的费用。

c. 因防止雨水必须采取的防护措施的费用，如挖临时排水沟、防止基坑坍塌所需的支撑、挡板等。

d. 材料因受潮、受湿的耗损费用。

e. 增加防雨、防潮设备的费用。

f. 其他有关雨季施工所需增加的费用，如因河水高涨致使工作困难而增加的费用等。

雨量区和雨季期的划分，是根据气象部门提供的满15年以上的降雨资料确定的。凡月平均降雨天数在10天以上，月平均日降雨量在3.5～5mm之间者为 I 区，月平均日降雨量在5mm以上者为 II 区。全国各地雨量区及雨季期的划分参见《概、预算编制办法》附录八。若当地气象资料与所划定的雨量区及雨季期出入较大时，可按当地气象资料及上述划分标准确定工程所在地的雨量区及雨季期。

雨季施工增加费的计算方法，是将全国划分为若干雨量区和雨季期，并根据各类工程的特点规定各雨量区和雨季期的取费标准，采用全年平均摊销的方法，即不论是否在雨季施工，均按规定的取费标准计取雨季施工增加费。

一条路线通过不同的雨量区和雨季期时，应分别计算雨季施工增加费或按工程量比例求得平均的增加率，计算全线雨季施工增加费。

雨季施工增加费以各类工程的直接工程费之和为基数，按工程所在地的雨量区、雨季期选用表7-14的费率计算。

雨季施工增加费费率表（单位：%）　　　　　　　　　表7-14

雨季期(月数)	1	1.5	2		2.5		3		3.5		4		4.5		5		6		7	8
雨量区 / 工程类别	I	I	I	II	I	II	I	II	I	II	I	II	I	II	I	II	I	II	II	II
人工土方	0.04	0.05	0.07	0.11	0.09	0.13	0.11	0.15	0.13	0.17	0.15	0.2	0.17	0.23	0.19	0.26	0.21	0.31	0.36	0.42
机械土方	0.04	0.05	0.07	0.11	0.09	0.13	0.11	0.15	0.13	0.17	0.15	0.2	0.17	0.23	0.19	0.27	0.22	0.32	0.37	0.43
汽车运输	0.04	0.05	0.07	0.11	0.09	0.13	0.11	0.16	0.13	0.19	0.15	0.22	0.17	0.25	0.19	0.27	0.22	0.32	0.37	0.43
人工石方	0.02	0.03	0.05	0.07	0.06	0.09	0.07	0.11	0.08	0.13	0.09	0.15	0.1	0.17	0.12	0.19	0.15	0.23	0.27	0.32
机械石方	0.03	0.04	0.06	0.1	0.08	0.12	0.1	0.14	0.12	0.16	0.14	0.18	0.16	0.22	0.18	0.25	0.2	0.29	0.34	0.39
高级路面	0.03	0.04	0.06	0.1	0.08	0.13	0.1	0.15	0.12	0.17	0.14	0.19	0.16	0.22	0.18	0.25	0.2	0.29	0.34	0.39
其他路面	0.03	0.04	0.06	0.09	0.08	0.12	0.09	0.14	0.1	0.16	0.12	0.18	0.14	0.21	0.16	0.24	0.19	0.28	0.32	0.37
构造物 I	0.03	0.04	0.05	0.08	0.07	0.09	0.07	0.11	0.08	0.13	0.10	0.15	0.12	0.17	0.14	0.19	0.16	0.23	0.27	0.31
构造物 II	0.03	0.04	0.05	0.08	0.07	0.10	0.08	0.12	0.09	0.14	0.11	0.16	0.13	0.18	0.15	0.21	0.17	0.25	0.30	0.34
构造物 III	0.06	0.08	0.11	0.17	0.14	0.21	0.17	0.25	0.2	0.3	0.23	0.35	0.27	0.40	0.31	0.45	0.35	0.52	0.60	0.69
技术复杂大桥	0.03	0.05	0.07	0.1	0.08	0.12	0.1	0.14	0.12	0.16	0.14	0.19	0.16	0.22	0.18	0.25	0.2	0.29	0.34	0.39
隧道	—	—	—	—	—	—	—	—	—	—	—	—	—	—	—	—	—	—	—	—
钢材及钢结构	—	—	—	—	—	—	—	—	—	—	—	—	—	—	—	—	—	—	—	—

③夜间施工增加费

夜间施工增加费系指根据设计、施工的技术要求和合理的施工进度要求,必须在夜间连续施工而发生的工效降低、夜班津贴以及有关照明设施(包括所需照明设施的安拆、摊销、维修及油燃料、电)等增加的费用。

夜间施工增加费按夜间施工工程项目(如桥梁工程项目包括上、下部构造全部工程)的直接工程费之和为基数,按表7-15的费率计算。

夜间施工增加费费率表(单位:%)　　　　　　　　　　表7-15

工　程　类　别	费　率	工　程　类　别	费　率
构造物 II	0.35	技术复杂大桥	0.35
构造物 III	0.70	钢材及钢结构	0.35

注:设备安装工程及金属标志牌、防撞钢护栏、防眩板(网)、隔离栅、防护网等不计夜间施工增加费。

④特殊地区施工增加费

特殊地区施工增加费包括高原地区施工增加费、风沙地区施工增加费和沿海地区施工增加费三项。

a.高原地区施工增加费

高原地区施工增加费系指在海拔高度1 500m以上地区施工,由于受气候、气压的影响,致使人工、机械效率降低而增加的费用。该费用以各类工程人工费和机械使用费之和为基数,按表7-16的费率计算。

高原地区施工增加费费率表(单位:%)　　　　　　　　表7-16

工程类别	海拔高度(m)							
	1 501~2 000	2 001~2 500	2 501~3 000	3 001~3 500	3 501~4 000	4 001~4 500	4 501~5 000	5 000 以上
人工土方	7.00	13.25	19.75	29.75	43.25	60.00	80.00	110.00
机械土方	6.56	12.60	18.66	25.60	36.05	49.08	64.72	83.80
汽车运土	6.50	12.50	18.50	25.00	35.00	47.50	62.50	80.00
人工石方	7.00	13.25	19.75	29.75	43.25	60.00	80.00	110.00
机械石方	6.71	12.82	19.03	27.01	38.50	52.80	69.92	92.72
高级路面	6.58	12.61	18.69	25.72	36.26	49.41	65.17	84.58
其他路面	6.73	12.84	19.07	27.15	38.74	53.17	70.44	93.60
构造物 I	6.87	13.06	19.44	28.56	41.18	56.86	75.61	102.47
构造物 II	6.77	12.90	19.17	27.54	39.41	54.18	71.85	96.03
构造物 III	6.73	12.85	19.08	27.19	38.81	53.27	70.57	93.84
技术复杂大桥	6.70	12.81	19.01	26.94	38.37	52.61	69.65	92.27
隧道	6.76	12.90	19.16	27.50	39.35	54.09	71.72	95.81
钢材及钢结构	6.78	12.92	19.20	27.66	39.62	54.50	72.30	96.80

一条路线通过两个以上(含两个)不同的海拔高度分区时,应分别计算高原地区施工增加费或按工程量比例求得平均的增加率,计算全线高原地区施工增加费。

b. 风沙地区施工增加费

风沙地区施工增加费系指在沙漠地区施工时,由于受风沙影响,按照施工及验收规范的要求,为保证工程质量和安全生产而增加的有关费用。内容包括防风、防沙及气候影响的措施费,材料费,人工、机械效率降低增加的费用,以及积沙、风蚀的清理修复等费用。

风沙地区的划分,根据《公路自然区划标准》、《沙漠地区公路建设成套技术研究报告》的公路自然区划和沙漠公路区划,结合风沙地区的气候状况将风沙地区分为三区九类;半干旱、半湿润沙地为风沙一区,干旱、极干旱寒冷沙漠地区为风沙二区,极干旱炎热沙漠地区为风沙三区;根据覆盖度(沙漠中植被、戈壁等覆盖程度)又将每区分为固定沙漠(覆盖度>50%)、半固定沙漠(覆盖度10%~50%)、流动沙漠(覆盖度<10%)三类,覆盖度由工程勘察设计人员在公路工程勘察设计时确定。

全国风沙地区公路施工区划参见《概、预算编制办法》附录九。若当地气象资料及自然特征与该划分有较大出入时,由项目所在省、自治区、直辖市公路(交通)工程造价(定额)管理站按当地气象资料和自然特征及上述划分标准确定工程所在地的风沙区划,并抄送交通运输部公路司备案。

一条路线穿过两个以上不同风沙区时,按路线长度经过不同的风沙区加权计算项目全线风沙地区施工增加费。

风沙地区施工增加费以各类工程的人工费和机械使用费之和为基数,根据工程所在地的风沙区划及类别,按表7-17的费率计算。

风沙地区施工增加费费率表(单位:%) 表7-17

风沙区划 工程类别	风沙一区			风沙二区			风沙三区		
	沙漠类型								
	固定	半固定	流动	固定	半固定	流动	固定	半固定	流动
人工土方	6.00	11.00	18.00	7.00	17.00	26.00	11.00	24.00	37.00
机械土方	4.00	7.00	12.00	5.00	11.00	17.00	7.00	15.00	24.00
汽车运输	4.00	8.00	13.00	5.00	12.00	18.00	8.00	17.00	26.00
人工石方	—	—	—	—	—	—	—	—	—
机械石方	—	—	—	—	—	—	—	—	—
高级路面	0.50	1.00	2.00	1.00	2.00	3.00	2.00	3.00	5.00
其他路面	2.00	4.00	7.00	3.00	7.00	10.00	4.00	10.00	15.00
构造物 I	4.00	7.00	12.00	5.00	11.00	17.00	7.00	16.00	24.00
构造物 II	—	—	—	—	—	—	—	—	—
构造物 III	—	—	—	—	—	—	—	—	—
技术复杂大桥	—	—	—	—	—	—	—	—	—
隧道	—	—	—	—	—	—	—	—	—
钢材及钢结构	1.00	2.00	4.00	1.00	3.00	5.00	2.00	5.00	7.00

c. 沿海地区工程施工增加费

沿海地区工程施工增加费系指工程项目在沿海地区施工受海风、海浪和潮汐的影响,致使人工、机械效率降低等所需增加的费用。本项费用,由沿海各省、自治区、直辖市交通厅(局)制订具体的适用范围(地区),并抄送交通运输部公路司备案。

沿海地区工程施工增加费以各类工程的直接工程费之和为基数,按表 7-18 的费率计算。

沿海地区工程施工增加费费率表(单位:%)　　　　　　表 7-18

工 程 类 别	费　率	工 程 类 别	费　率
构造物 Ⅱ	0.15	技术复杂大桥	0.15
构造物 Ⅲ	0.15	钢材及钢结构	0.15

⑤行车干扰工程施工增加费

行车干扰工程施工增加费系指由于边施工边维持通车,受行车干扰的影响,致使人工、机械效率降低而增加的费用。该费用以受行车影响部分的工程项目的人工费和机械使用费之和为基数,按表 7-19 的费率计算。

行车干扰工程施工增加费费率表(单位:%)　　　　　　表 7-19

工程类别	施工期间平均每昼夜双向行车次数(汽车兽力车合计)							
	51~100	101~500	501~1 000	1 001~2 000	2 001~3 000	3 001~4 000	4 001~5 000	5 000 以上
人工土方	1.64	2.46	3.28	4.10	4.76	5.29	5.86	6.44
机械土方	1.39	2.19	3.00	3.89	4.51	5.02	5.56	6.11
汽车运输	1.36	2.09	2.85	3.75	4.35	4.84	5.36	5.89
人工石方	1.66	2.40	3.33	4.06	4.71	5.24	5.81	6.37
机械石方	1.16	1.71	2.38	3.19	3.70	4.12	4.56	5.01
高级路面	1.24	1.87	2.50	3.11	3.61	4.01	4.45	4.88
其他路面	1.17	1.77	2.36	2.94	3.41	3.79	4.20	4.62
构造物 Ⅰ	0.94	1.41	1.89	2.36	2.74	3.04	3.37	3.71
构造物 Ⅱ	0.95	1.43	1.90	2.37	2.75	3.06	3.39	3.72
构造物 Ⅲ	0.95	1.42	1.90	2.37	2.75	3.05	3.38	3.72
技术复杂大桥	—	—	—	—	—	—	—	—
隧道	—	—	—	—	—	—	—	—
钢材及钢结构	—	—	—	—	—	—	—	—

⑥安全及文明施工措施费

安全及文明施工措施费系指工程施工期间为满足安全生产、文明施工、职工健康生活所发生的费用。不包括施工期间为保证交通安全而设置的临时安全设施和标志、标牌的费用,需要时,应根据设计要求计算。安全及文明施工措施费以各类工程的直接工程费之和为基数,按表 7-20 的费率计算。

安全及文明施工措施费费率表(单位:%)　　　　　　表 7-20

工 程 类 别	费　率	工 程 类 别	费　率
人工土方	0.59	构造物 Ⅰ	0.72
机械土方	0.59	构造物 Ⅱ	0.78
汽车运输	0.21	构造物 Ⅲ	1.57
人工石方	0.59	技术复杂大桥	0.86
机械石方	0.59	隧道	0.73
高级路面	1.00	钢材及钢结构	0.53
其他路面	1.02		

注:设备安装工程按表中费率的 50% 计算。

⑦临时设施费

临时设施费系指施工企业为进行建筑安装工程施工所必需的生活和生产用的临时建筑物、构筑物和其他临时设施的费用等,但不包括概、预算定额中临时工程在内。

临时设施包括:临时生活及居住房屋(包括职工家属房屋及探亲房屋)、文化福利及公用房屋(如广播室、文体活动室等)和生产、办公房屋(如仓库、加工厂、加工棚、发电站、变电站、空压机站、停机棚等),工地范围内的各种临时的工作便道(包括汽车、马车、架子车道)、人行便道,工地临时用水、用电的水管支线和电线支线,临时构筑物(如水井、水塔等)以及其他小型临时设施。

临时设施费用内容包括:临时设施的搭设、维修、拆除费或摊销费。

临时设施费以各类工程的直接工程费之和为基数,按表7-21的费率计算。

临时设施费费率表(单位:%)　　　　　　　　　表7-21

工 程 类 别	费　率	工 程 类 别	费　率
人工土方	1.57	构造物 I	2.65
机械土方	1.42	构造物 II	3.14
汽车运输	0.92	构造物 III	5.81
人工石方	1.60	技术复杂大桥	2.92
机械石方	1.97	隧道	2.57
高级路面	1.92	钢材及钢结构	2.48
其他路面	1.87		

⑧施工辅助费

施工辅助费包括生产工具用具使用费、检验试验费和工程定位复测、工程点交、场地清理等费用。

生产工具用具使用费系指施工所需不属于固定资产的生产工具、检验、试验用具及仪器、仪表等的购置、摊销和维修费,以及支付给生产工人自备工具的补贴费。

检验试验费系指施工企业对建筑材料、构件和建筑安装工程进行一般鉴定、检查所发生的费用,包括自设试验室进行试验所耗用的材料和化学药品的费用,以及技术革新和研究试验费。但不包括新结构、新材料的试验费和建设单位要求对具有出厂合格证明的材料进行检验、对构件破坏性试验及其他特殊要求检验的费用。

施工辅助费以各类工程的直接工程费之和为基数,按表7-22的费率计算。

施工辅助费费率表(单位:%)　　　　　　　　　表7-22

工 程 类 别	费　率	工 程 类 别	费　率
人工土方	0.89	构造物 I	1.30
机械土方	0.49	构造物 II	1.56
汽车运输	0.16	构造物 III	3.03
人工石方	0.85	技术复杂大桥	1.68
机械石方	0.46	隧道	1.23
高级路面	0.80	钢材及钢结构	0.56
其他路面	0.74		

⑨工地转移费

工地转移费系指施工企业根据建设任务的需要,由已竣工的工地或后方基地迁至新工地的搬迁费用,其内容包括:

a. 施工单位全体职工及随职工迁移的家属向新工地转移的车费、家具行李运费、途中住宿费、行程补助费、杂费及工资与工资附加费等;

b. 公物、工具、施工设备器材、施工机械的运杂费,以及外租机械的往返费及本工程内部各工地之间施工机械、设备、公物、工具的转移费等;

c. 非固定工人进退场及一条路线中各工地转移的费用。

工地转移费以各类工程的直接工程费之和为基数,按表7-23的费率计算。

工地转移费费率表(单位:%)   表7-23

工程类别	工地转移距离(km)					
	50	100	300	500	1 000	每增加100
人工土方	0.15	0.21	0.32	0.43	0.56	0.03
机械土方	0.50	0.67	1.05	1.37	1.82	0.08
汽车运输	0.31	0.40	0.62	0.82	1.07	0.05
人工石方	0.16	0.22	0.33	0.45	0.58	0.03
机械石方	0.36	0.43	0.74	0.97	1.28	0.06
高级路面	0.61	0.83	1.30	1.70	2.27	0.12
其他路面	0.56	0.75	1.18	1.54	2.06	0.10
构造物 I	0.56	0.75	1.18	1.54	2.06	0.11
构造物 II	0.66	0.89	1.40	1.83	2.45	0.13
构造物 III	1.31	1.77	2.77	3.62	4.85	0.25
技术复杂大桥	0.75	1.01	1.58	2.06	2.76	0.14
隧道	0.52	0.71	1.11	1.45	1.94	0.10
钢材及钢结构	0.72	0.97	1.51	1.97	2.64	0.13

转移距离以工程承包单位(如工程处、工程公司等)转移前后驻地距离或两路线中点的距离为准;编制概(预)算时,如施工单位不明确时,高速、一级公路及独立大桥、隧道按省城(自治区首府)至工地的里程,二级及以下公路按地(市、盟)至工地的里程计算工地转移费;工地转移里程数在表列里程之间时,费率可内插计算。工地转移距离在50km以内的工程不计取本项费用。

2)间接费

间接费由规费和企业管理费两项组成。

(1)规费

规费系指政府和有关权力部门规定施工企业必须缴纳的费用(简称规费)。包括:

①养老保险费:系指施工企业按规定标准为职工缴纳的基本养老保险费。

②失业保险费:系指施工企业按国家规定标准为职工缴纳的失业保险费。

③医疗保险费:系指施工企业按规定标准为职工缴纳的基本医疗保险费和生育保险费。

④住房公积金:系指施工企业按规定标准为职工缴纳的住房公积金。

⑤工伤保险费:系指施工企业按规定标准为职工缴纳的工伤保险费。

各项规费以各类工程的人工费之和为基数,按国家或工程所在地相关部门规定的标准计算。

(2)企业管理费

企业管理费由基本费用、主副食运费补贴、职工探亲路费、职工取暖补贴和财务费用五项组成。

①基本费用

企业管理费基本费用系指施工企业为组织施工生产和经营管理所需的费用,内容包括:

a. 管理人员工资:系指管理人员的基本工资、工资性补贴、职工福利费、劳动保护费以及缴纳的养老、失业、医疗、生育、工伤保险费和住房公积金等。

b. 办公费:系指企业办公用的文具、纸张、账表、印刷、邮电、书报、会议、水、电、烧水和集体取暖(包括现场临时宿舍取暖)用煤(气)等费用。

c. 差旅交通费:系指职工因公出差和工作调动(包括随行家属的旅费)的差旅费、住勤补助费,市内交通费和误餐补助费,职工探亲路费,劳动力招募费,职工离退休、退职一次性路费,工伤人员就医路费,以及管理部门使用的交通工具的油料、燃料、养路费及牌照费。

d. 固定资产使用费:系指管理和试验部门及附属生产单位使用的属于固定资产的房屋、设备、仪器等的折旧、大修、维修或租赁费等。

e. 工具用具使用费:系指管理使用的不属于固定资产的生产工具、器具、家具、交通工具和检验、试验、测绘、消防用具等的购置、维修和摊销费。

f. 劳动保险费:系指企业支付离退休职工的易地安家补助费、职工退职金、六个月以上的病假人员工资、职工死亡丧葬补助费、抚恤费、按规定支付给离休干部的各项经费。

g. 工会经费:系指企业按职工工资总额计提的工会经费。

h. 职工教育经费:系指企业为职工学习先进技术和提高文化水平,按职工工资总额计提的费用。

i. 保险费:系指企业财产保险、管理用车辆等保险费用。

j. 工程保修费:系指工程竣工交付使用后,在规定保修期以内的修理费用。

k. 工程排污费:系指施工现场按规定缴纳的排污费用。

l. 税金:系指企业按规定缴纳的房产税、车船使用税、土地使用税、印花税等。

m. 其他:系指上述项目以外的其他必要的费用支出,包括技术转让费、技术开发费、业务招待费、绿化费、广告费、投标费、公证费、定额测定费、法律顾问费、审计费、咨询费等。

基本费用以各类工程的直接费之和为基数,按表 7-24 的费率计算。

基本费用费率表(单位:%) 表 7-24

工程类别	费率	工程类别	费率
人工土方	3.36	构造物 I	4.44
机械土方	3.26	构造物 II	5.53
汽车运输	1.44	构造物 III	9.79
人工石方	3.45	技术复杂大桥	4.72
机械石方	3.28	隧道	4.22
高级路面	1.91	钢材及钢结构	2.42
其他路面	3.28		

②主副食运费补贴

主副食运费补贴系指施工企业在远离城镇及乡村的野外施工购买生活必需品所需增加的费用。该费用以各类工程的直接费之和为基数,按表7-25的费率计算。

主副食运费补贴费率表(单位:%) 表7-25

工程类别	综合里程（km）											
	1	3	5	8	10	15	20	25	30	40	50	每增加10
人工土方	0.17	0.25	0.31	0.39	0.45	0.56	0.67	0.76	0.89	1.06	1.22	0.16
机械土方	0.13	0.19	0.24	0.30	0.35	0.43	0.52	0.59	0.69	0.81	0.95	0.13
汽车运输	0.14	0.20	0.25	0.32	0.37	0.45	0.55	0.62	0.73	0.86	1.00	0.14
人工石方	0.13	0.19	0.24	0.30	0.34	0.42	0.51	0.58	0.67	0.80	0.92	0.12
机械石方	0.12	0.18	0.22	0.28	0.33	0.41	0.49	0.55	0.65	0.76	0.89	0.12
高级路面	0.08	0.12	0.15	0.20	0.22	0.28	0.33	0.38	0.44	0.52	0.60	0.08
其他路面	0.09	0.12	0.15	0.20	0.22	0.28	0.33	0.38	0.44	0.52	0.61	0.09
构造物 I	0.13	0.18	0.23	0.28	0.32	0.40	0.49	0.55	0.65	0.76	0.89	0.12
构造物 II	0.14	0.20	0.25	0.30	0.35	0.43	0.52	0.60	0.70	0.83	0.96	0.13
构造物 III	0.25	0.36	0.45	0.55	0.64	0.79	0.96	1.09	1.28	1.51	1.76	0.24
技术复杂大桥	0.11	0.16	0.20	0.25	0.29	0.36	0.43	0.49	0.57	0.68	0.79	0.11
隧道	0.11	0.16	0.19	0.24	0.28	0.34	0.42	0.48	0.56	0.66	0.77	0.10
钢材及钢结构	0.11	0.16	0.20	0.26	0.30	0.37	0.44	0.50	0.59	0.69	0.80	0.11

$$综合里程 = 粮食运距 \times 0.06 + 燃料运距 \times 0.09 + 蔬菜运距 \times 0.15 + 水运距 \times 0.70$$

(7-7)

粮食、燃料、蔬菜、水的运距均为全线平均运距;综合里程数在表列里程之间时,费率可内插;综合里程在1km以内的工程不计取本项费用。

③职工探亲路费

职工探亲路费系指按照有关规定施工企业职工在探亲期间发生的往返车船费、市内交通费和途中住宿费等费用。该费用以各类工程的直接费之和为基数,按表7-26的费率计算。

职工探亲路费费率表(单位:%) 表7-26

工程类别	费率	工程类别	费率
人工土方	0.10	构造物 I	0.29
机械土方	0.22	构造物 II	0.34
汽车运输	0.14	构造物 III	0.55
人工石方	0.10	技术复杂大桥	0.20
机械石方	0.22	隧道	0.27
高级路面	0.14	钢材及钢结构	0.16
其他路面	0.16		

④职工取暖补贴

职工取暖补贴系指按规定发放给职工的冬季取暖费或在施工现场设置的临时取暖设施的费用。该费用以各类工程的直接费之和为基数,按工程所在地的气温区(参见《概、预算编制办法》附录七)选用表 7-27 的费率计算。

职工取暖补贴费费率表(单位:%)　　　　　　　　表 7-27

工程类别	气 温 区						
	准二区	冬一区	冬二区	冬三区	冬四区	冬五区	冬六区
人工土方	0.03	0.06	0.10	0.15	0.17	0.26	0.31
机械土方	0.06	0.13	0.22	0.33	0.44	0.55	0.66
汽车运输	0.06	0.12	0.21	0.31	0.41	0.51	0.62
人工石方	0.03	0.06	0.11	0.17	0.17	0.25	0.31
机械石方	0.05	0.11	0.17	0.26	0.35	0.44	0.53
高级路面	0.04	0.07	0.13	0.19	0.25	0.31	0.38
其他路面	0.04	0.07	0.12	0.18	0.24	0.30	0.36
构造物 I	0.06	0.13	0.20	0.28	0.36	0.46	0.56
构造物 II	0.06	0.13	0.20	0.30	0.41	0.51	0.62
构造物 III	0.11	0.23	0.37	0.56	0.74	0.93	1.13
技术复杂大桥	0.05	0.10	0.17	0.26	0.34	0.42	0.51
隧道	0.04	0.08	0.14	0.22	0.28	0.36	0.43
钢材及钢结构	0.04	0.07	0.12	0.19	0.25	0.31	0.37

⑤财务费用

财务费用系指施工企业为筹集资金而发生的各项费用,包括企业经营期间发生的短期贷款利息净支出、汇兑净损失、调剂外汇手续费、金融机构手续费,以及企业筹集资金发生的其他财务费用。

财务费用以各类工程的直接费之和为基数,按表 7-28 的费率计算。

财务费用费率表(单位:%)　　　　　　　　表 7-28

工程类别	费率	工程类别	费率
人工土方	0.23	构造物 I	0.37
机械土方	0.21	构造物 II	0.40
汽车运输	0.21	构造物 III	0.82
人工石方	0.22	技术复杂大桥	0.46
机械石方	0.20	隧道	0.39
高级路面	0.27	钢材及钢结构	0.48
其他路面	0.30		

(3)辅助生产间接费

辅助生产间接费系指由施工单位自行开采加工的砂、石等自采材料及施工单位自办的人工装卸和运输的间接费。

辅助生产间接费按人工费的 5% 计。该项费用并入材料预算单价内构成材料费,不直接出现在概(预)算中。

高原地区施工单位的辅助生产,可按其他工程费中高原地区施工增加费费率,以直接工程费为基数计算高原地区施工增加费(其中:人工采集、加工材料、人工装卸、运输材料按人工土

227

方费率计算;机械采集、加工材料按机械石方费率计算;机械装、运输材料按汽车运输费率计算)。辅助生产高原地区施工增加费不作为辅助生产间接费的计算基数。

3)利润

利润系指施工企业完成所承包工程应取得的盈利。利润按直接费与间接费之和扣除规费的7%计算。

4)税金

税金系指按国家税法规定应计入建筑安装工程造价内的营业税、城市维护建设税及教育费附加等。

计算公式:

$$综合税金额 = (直接费 + 间接费 + 利润) \times 综合税率 \qquad (7-8)$$

综合税率:

(1)纳税地点在市区的企业,综合税率为:

$$综合税率(\%) = \left(\frac{1}{1 - 3\% - 3\% \times 7\% - 3\% \times 3\%} - 1 \right) \times 100 = 3.41(\%)$$

(2)纳税地点在县城、乡镇的企业,综合税率为:

$$综合税率(\%) = \left(\frac{1}{1 - 3\% - 3\% \times 5\% - 3\% \times 3\%} - 1 \right) \times 100 = 3.35(\%)$$

(3)纳税地点不在市区、县城、乡镇的企业,综合税率为:

$$综合税率(\%) = \left(\frac{1}{1 - 3\% - 3\% \times 1\% - 3\% \times 3\%} - 1 \right) \times 100 = 3.22(\%)$$

2.设备、工具、器具及家具购置费

1)设备购置费

设备购置费系指为满足公路的营运、管理、养护需要,购置的构成固定资产标准的设备和虽低于固定资产标准但属于设计明确列入设备清单的设备的费用。包括渡口设备,隧道照明、消防、通风的动力设备,高等级公路的收费、监控、通信、供电设备,养护用的机械、设备和工具、器具等的购置费用。

设备购置费应由设计单位列出计划购置的清单(包括设备的规格、型号、数量),以设备原价加综合业务费和运杂费按以下公式计算:

$$设备购置费 = 设备原价 + 运杂费(运输费 + 装卸费 + 搬运费) + 运输保险费 +$$
$$采购及保管费 \qquad (7-9)$$

需要安装的设备,应在第一部分建筑安装工程费的有关项目内另计设备的安装工程费。

设备与材料的划分标准参见《概、预算编制办法》附录六。

(1)国产设备原价的构成及计算

国产设备的原价一般是指设备制造厂的交货价,即出厂价或订货合同价。它一般根据生产厂或供应商的询价、报价、合同价确定,或采用一定的方法计算确定。内容包括按专业标准规定的在运输过程中不受损失的一般包装费,及按产品设计规定配带的工具、附件和易损件的费用。即:

$$设备原价 = 出厂价(或供货地点价) + 包装费 + 手续费 \qquad (7-10)$$

(2)进口设备原价的构成及计算

进口设备的原价是指进口设备的抵岸价,即抵达买方边境港口或边境车站,且交完关税为止形成的价格。即：

进口设备原价 ＝ 货价 ＋ 国际运费 ＋ 运输保险费 ＋ 银行财务费 ＋ 外贸手续费 ＋ 关税 ＋
增值税 ＋ 消费税 ＋ 商检费 ＋ 检疫费 ＋ 车辆购置附加费　　　　　(7-11)

①货价。一般指装运港船上交货价(FOB价,习惯称离岸价)。设备货价分为原币货价和人民币货价,原币货价一律折算为美元表示,人民币货价按原币货价乘以外汇市场美元兑换人民币的中间价确定。进口设备货价按有关生产厂商询价、报价、订货合同价计算。

②国际运费。即从装运港(站)到达我国抵达港(站)的运费。即：

国际运费 ＝ 原币货价(FOB价) × 运费费率　　　　　(7-12)

我国进口设备大多采用海洋运输,小部分采用铁路运输,个别采用航空运输。运费费率参照有关部门或进出口公司的规定执行,海运费费率一般为6%。

③运输保险费。对外贸易货物运输保险是由保险人(保险公司)与被保险人(出口人或进口人)订立保险契约,在被保险人交付议定的保险费后,保险人根据保险契约的规定对货物在运输过程中发生的承保责任范围内的损失给予经济上的补偿。这是一种财产保险。计算公式为：

运输保险费 ＝ ［原币货价(FOB价) ＋ 国际运费］ ÷ (1 − 保险费费率) ×
保险费费率　　　　　(7-13)

保险费费率按保险公司规定的进口货物保险费费率计算,一般为0.35%。

④银行财务费。一般指中国银行手续费,可按下式简化计算：

银行财务费 ＝ 人民币货价(FOB价) × 银行财务费费率　　　　　(7-14)

银行财务费费率一般为0.4% ~ 0.5%。

⑤外贸手续费。指按规定计取的外贸手续费,计算公式为：

外贸手续费 ＝ ［人民币货价(FOB价) ＋ 国际运费 ＋ 运输保险费］× 外贸手续费费率
(7-15)

外贸手续费费率一般为1% ~ 1.5%。

⑥关税。指海关对进出国境或关境的货物和物品征收的一种税,计算公式为：

关税 ＝ ［人民币货价(FOB价) ＋ 国际运费 ＋ 运输保险费］× 进口关税税率　(7-16)

进口关税税率按我国海关总署发布的进口关税税率计算。

⑦增值税。是对从事进口贸易的单位和个人,在进口商品报关进口后征收的税种。按《中华人民共和国增值税条例》的规定,进口应税产品均按组成计税价格和增值税税率直接计算应纳税额。即：

增值税 ＝ ［人民币货价(FOB价) ＋ 国际运费 ＋ 运输保险费 ＋ 关税 ＋ 消费税］×
增值税税率　　　　　(7-17)

增值税税率根据规定的税率计算,目前进口设备适用的税率为17%。

⑧消费税。对部分进口设备(如轿车、摩托车等)征收,一般计算公式为：

应纳消费税额 ＝ ［人民币货价(FOB价) ＋ 国际运费 ＋ 运输保险费 ＋ 关税］÷
(1 − 消费税税率) × 消费税税率　　　　　(7-18)

消费税税率根据规定的税率计算。

⑨商检费。指进口设备按规定付给商品检查部门的进口设备检验鉴定费。其计算公式为：

商检费 ＝ ［人民币货价(FOB价) ＋ 国际运费 ＋ 运输保险费］× 商检费费率　(7-19)

商检费费率一般为0.8%。

⑩检疫费。指进口设备按规定付给商品检疫部门的进口设备检验鉴定费。其计算公式为：

$$检疫费 = [人民币货价(FOB价) + 国际运费 + 运输保险费] \times 检疫费费率 \quad (7-20)$$

检疫费费率一般为0.17%。

⑪车辆购置附加费。指进口车辆需缴纳的进口车辆购置附加费,计算公式为：

$$进口车辆购置附加费 = [人民币货价(FOB价) + 国际运费 + 运输保险费 + 关税 +$$
$$消费税 + 增值税] \times 进口车辆购置附加费费率 \quad (7-21)$$

在计算进口设备原价时,应注意工程项目的性质,有无按国家有关规定减免进口环节税的可能。

（3）设备运杂费的构成及计算

国产设备运杂费指由设备制造厂交货地点起至工地仓库(或施工组织设计指定的需要安装设备的堆放地点)止所发生的运费和装卸费;进口设备运杂费指由我国到岸港口或边境车站起至工地仓库(或施工组织设计指定的需要安装设备的堆放地点)止所发生的运费和装卸费。其计算公式为：

$$运杂费 = 设备原价 \times 运杂费费率 \quad (7-22)$$

设备运杂费费率见表7-29。

设备运杂费费率表(%) 表7-29

运输里程(km)	100以内	101~200	201~300	301~400	401~500	501~750	751~1 000	1 001~1 250	1 251~1 500	1 501~1 750	1 751~2 000	2 000以上每增250
费率(%)	0.8	0.9	1.0	1.1	1.2	1.5	1.7	2.0	2.2	2.4	2.6	0.2

（4）设备运输保险费的构成及计算

设备运输保险费指国内运输保险费,其计算公式为：

$$运输保险费 = 设备原价 \times 保险费费率 \quad (7-23)$$

设备运输保险费费率一般为1%。

（5）设备采购及保管费的构成及计算

设备采购及保管费指采购、验收、保管和收发设备所发生的各种费用,包括设备采购人员、保管人员和管理人员的工资、工资附加费、办公费、差旅交通费,设备供应部门办公和仓库所占固定资产使用费、工具用具使用费、劳动保护费、检验试验费等。其计算公式为：

$$采购及保管费 = 设备原价 \times 采购及保管费费率 \quad (7-24)$$

需要安装的设备的采购保管费费率为2.4%,不需要安装的设备的采购保管费费率为1.2%。

2）工器具及生产家具(简称工器具)购置费

工器具购置费系指建设项目交付使用后为满足初期正常营运必须购置的第一套不构成固定资产的设备、仪器、仪表、工卡模具、器具、工作台(框、架、柜)等的费用。不包括:构成固定资产的设备、工器具和备品、备件;已列入设备购置费中的专用工具和备品、备件。

工器具购置应由设计单位列出计划购置的清单(包括规格、型号、数量),购置费的计算方法同设备购置费。

3）办公和生活用家具购置费

办公和生活用家具购置费系指为保证新建、改建项目初期正常生产、使用和管理所必须购置的办公和生活用家具、用具的费用。

范围包括:行政、生产部门的办公室、会议室、资料档案室、阅览室、单身宿舍及生活福利设施等的家具、用具。

办公和生活用家具购置费按表 7-30 的规定计算。

办公和生活用家具购置费标准表　　　　　　　　　　　表 7-30

工程所在地	路线(元/公路公里)				有看桥房的独立大桥(元/座)	
	高速公路	一级公路	二级公路	三、四级公路	一般大桥	技术复杂大桥
内蒙古、黑龙江、青海、新疆、西藏	21 500	15 600	7 800	4 000	24 000	60 000
其他省、自治区、直辖市	17 500	14 600	5 800	2 900	19 800	49 000

注:改建工程按表列数 80% 计。

3. 工程建设其他费用

1)土地征用及拆迁补偿费

土地征用及拆迁补偿费系指按照《中华人民共和国土地管理法》及其《实施条例》、《中华人民共和国基本农田保护条例》等法律、法规的规定,为进行公路建设需征用土地所支付的土地征用及拆迁补偿费等费用。

(1)费用内容

①土地补偿费:指被征用土地地上、地下附着物及青苗补偿费,征用城市郊区的菜地等缴纳的菜地开发建设基金,租用土地费,耕地占用税,用地图编制费及勘界费,征地管理费等。

②征用耕地安置补助费:指征用耕地需要安置农业人口的补助费。

③拆迁补偿费:指被征用或占用土地上的房屋及附属构筑物、城市公用设施等拆除、迁建补偿费,拆迁管理费等。

④复耕费:指临时占用的耕地、渔塘等,待工程竣工后将其恢复到原有标准所发生的费用。

⑤耕地开垦费:指公路建设项目占用耕地的,应由建设项目法人(业主)负责补充耕地所发生的费用;没有条件开垦或者开垦的耕地不符合要求的,按规定缴纳的耕地开垦费。

⑥森林植被恢复费:指公路建设项目需要占用、征用或者临时占用林地的,经县级以上林业主管部门审核同意或批准,建设项目法人(业主)单位按照有关规定向县级以上林业主管部门预缴的森林植被恢复费。

(2)计算方法

土地征用及拆迁补偿费应根据审批单位批准的建设工程用地和临时用地面积及其附着物的情况,以及实际发生的费用项目,按国家有关规定及工程所在地的省(自治区、直辖市)人民政府颁发的有关规定和标准计算。

森林植被恢复费应根据审批单位批准的建设工程占用林地的类型及面积,按国家有关规定及工程所在地的省(自治区、直辖市)人民政府颁发的有关规定和标准计算。

当与原有的电力电信设施、水利工程、铁路及铁路设施互相干扰时,应与有关部门联系,商定合理的解决方案和补偿金额,也可由这些部门按规定编制费用以确定补偿金额。

2)建设项目管理费

建设项目管理费包括建设单位(业主)管理费、工程质量监督费、工程监理费、工程定额测定费、设计文件审查费和竣(交)工验收试验检测费。

(1)建设单位(业主)管理费

建设单位(业主)管理费系指建设单位(业主)为建设项目的立项、筹建、建设、竣(交)工验收、总结等工作所发生的费用。不包括应计入设备、材料预算价格的建设单位采购及保管设备、材料所需的费用。

费用内容包括:工作人员的工资、工资性补贴、施工现场津贴、社会保障费用(基本养老、基本医疗、失业、工伤保险)、住房公积金、职工福利费、工会经费、劳动保护费;办公费、会议费、差旅交通费、固定资产使用费(包括办公及生活房屋折旧、维修或租赁费,车辆折旧、维修、使用或租赁费,通信设备购置、使用费,测量、试验设备仪器折旧、维修或租赁费,其他设备折旧、维修或租赁费等)、零星固定资产购置费、招募生产工人费;技术图书资料费、职工教育经费、工程招标费(不含招标文件及标底或造价控制值编制费);合同契约公证费、法律顾问费、咨询费;建设单位的临时设施费、完工清理费、竣(交)工验收费(含其他行业或部门要求的竣工验收费用)、各种税费(包括房产税、车船使用税、印花税等);建设项目审计费、境内外融资费用(不含建设期贷款利息)、业务招待费、安全生产管理费和其他管理性开支。

由施工企业代建设单位(业主)办理"土地、青苗等补偿费"的工作人员所发生的费用,应在建设单位(业主)管理费项目中支付。当建设单位(业主)委托有资质的单位代理招标时,其代理费应在建设单位(业主)管理费中支出。

建设单位(业主)管理费以建筑安装工程费总额为基数,按表7-31的费率,以累进办法计算。

建设单位管理费费率表　　　　　　　　　　　　表 7-31

第一部分　建筑安装工程费 (万元)	费率 (%)	算　例（万元）	
		建筑安装工程费	建设单位(业主)管理费
500 以下	3.48	500	500 × 3.48% = 17.4
501 ~ 1 000	2.73	1 000	17.4 + 500 × 2.73% = 31.05
1 001 ~ 5 000	2.18	5 000	31.05 + 4 000 × 2.18% = 118.25
5 001 ~ 10 000	1.84	10 000	118.25 + 5 000 × 1.84% = 210.25
10 001 ~ 30 000	1.52	30 000	210.25 + 20 000 × 1.52% = 514.25
30 001 ~ 50 000	1.27	50 000	514.25 + 20 000 × 1.27% = 768.25
50 001 ~ 100 000	0.94	100 000	768.25 + 50 000 × 0.94% = 1 238.25
100 001 ~ 150 000	0.76	150 000	1 238.25 + 50 000 × 0.76% = 1 618.25
150 001 ~ 200 000	0.59	200 000	1 618.25 + 50 000 × 0.59% = 1 913.25
200 001 ~ 300 000	0.43	300 000	1 913.25 + 100 000 × 0.43% = 2 343.25
300 000 以上	0.32	310 000	2 343.25 + 10 000 × 0.32% = 2 375.25

水深 >15m、跨度 ≥400m 的斜拉桥和跨度 ≥800m 的悬索桥等独立特大型桥梁工程的建设单位(业主)管理费按表7-31中的费率乘以1.0 ~ 1.2的系数计算;海上工程[指由于风浪影响,工程施工期(不包括封冻期)全年月平均工作日少于15天的工程]的建设单位(业主)管理费按表7-31中的费率乘以1.0 ~ 1.3的系数计算。

(2)工程质量监督费

工程质量监督费系指根据国家有关部门规定,各级公路工程质量监督机构对工程建设质量和安全生产实施监督应收取的管理费用。

工程质量监督费以建筑安装工程费总额为基数,按 0.15% 计算。

（3）工程监理费

工程监理费系指建设单位(业主)委托具有公路工程监理资格的单位,按施工监理规范进行全面的监督和管理所发生的费用。

费用内容包括:工作人员的基本工资、工资性津贴、社会保障费用(基本养老、基本医疗、失业、工伤保险)、住房公积金、职工福利费、工会经费、劳动保护费;办公费、会议费、差旅交通费、固定资产使用费(包括办公及生活房屋折旧、维修或租赁费,车辆折旧、维修、使用或租赁费,通信设备购置、使用费,测量、试验、检测设备仪器折旧、维修或租赁费,其他设备折旧、维修或租赁费等)、零星固定资产购置费、招募生产工人费;技术图书资料费、职工教育经费、投标费用;合同契约公证费、咨询费、业务招待费;财务费用、监理单位的临时设施费、各种税费和其他管理性升支。

工程监理费以建筑安装工程费总额为基数,按表 7-32 的费率计算。

工程监理费费率表 　　　　　　　　　　　　表 7-32

工程类别	高速公路	一级及二级公路	三级及四级公路	桥梁及隧道
费率(%)	2.0	2.5	3.0	2.5

表 7-32 中的桥梁指水深 >15m、斜拉桥和悬索桥等独立特大型桥梁工程;隧道指水下隧道工程。

建设单位(业主)管理费和工程监理费均为实施建设项目管理的费用,执行时根据建设单位(业主)和施工监理单位所实际承担的工作内容和工作量,在保证监理费用的前提下,可统筹使用。

（4）工程定额测定费

工程定额测定费系指各级公路(交通)工程定额(造价管理)站为测定劳动定额、搜集定额资料、编制工程定额及定额管理所需要的工作经费。

工程定额测定费以建筑安装工程费总额为基数,按 0.12% 计算。

（5）设计文件审查费

设计文件审查费系指国家和省级交通主管部门在项目审批前,为保证勘察设计工作的质量,组织有关专家或委托有资质的单位,对设计单位提交的建设项目可行性研究报告和勘察设计文件以及对设计变更、调整概算进行审查所需要的相关费用。

设计文件审查费以建筑安装工程费总额为基数,按 0.1% 计算。

（6）竣(交)工验收试验检测费

竣(交)工验收试验检测费系指在公路建设项目交工验收和竣工验收前,由建设单位(业主)或工程质量监督机构委托有资质的公路工程质量检测单位按照有关规定对建设项目的工程质量进行检测,并出具检测意见所需要的相关费用。

竣(交)工验收试验检测费按表 7-33 的规定计算。

竣(交)工验收试验检测费标准表 　　　　　　　　　　　　表 7-33

项　目	路线(元/公路公里)				独立大桥(元/座)	
	高速公路	一级公路	二级公路	三、四级公路	一般大桥	技术复杂大桥
试验检测费	15 000	12 000	10 000	5 000	30 000	100 000

关于竣(交)工验收试验检测费,高速公路、一级公路按四车道计算,二级及以下等级公路按二车道计算,每增加一条车道,按表7-33 的费用增加10%。

3)研究试验费

研究试验费系指为本建设项目提供或验证设计数据、资料进行必要的研究试验和按照设计规定在施工过程中必须进行试验、验证所需的费用,以及支付科技成果、先进技术的一次性技术转让费。该费用不包括:

(1)应由科技三项费用(新产品试制费、中间试验费和重要科学研究补助费)开支的项目。

(2)应由施工辅助费开支的施工企业对建筑材料、构件和建筑物进行一般鉴定、检查所发生的费用及技术革新研究试验费。

(3)应由勘察设计费或建筑安装工程费用中开支的项目。

计算方法:按照设计提出的研究试验内容和要求进行编制,不需验证设计基础资料的不计本项费用。

4)建设项目前期工作费

建设项目前期工作费系指委托勘察设计、咨询单位对建设项目进行可行性研究、工程勘察设计,以及设计、监理、施工招标文件及招标标底或造价控制值文件编制时,按规定应支付的费用。该费用包括:

(1)编制项目建议书(或预可行性研究报告)、可行性研究报告、投资估算,以及相应的勘察、设计、专题研究等所需的费用。

(2)初步设计和施工图设计的勘察费(包括测量、水文调查、地质勘探等)、设计费、概(预)算及调整概算编制费等。

(3)设计、监理、施工招标文件及招标标底(或造价控制值或清单预算)文件编制费等。

计算方法:依据委托合同计列,或按国家颁发的收费标准和有关规定进行编制。

5)专项评价(估)费

专项评价(估)费系指依据国家法律、法规规定须进行评价(评估)、咨询,按规定应支付的费用。包括环境影响评价费、水土保持评估费、地震安全性评价费、地质灾害危险性评价费、压覆重要矿床评估费、文物勘察费、通航论证费、行洪论证(评估)费、使用林地可行性研究报告编制费、用地预审报告编制费等费用。

计算方法:按国家颁发的收费标准和有关规定进行编制。

6)施工机构迁移费

施工机构迁移费系指施工机构根据建设任务的需要,经有关部门决定成建制地(工程处等)由原驻地迁移到另一地区所发生的一次性搬迁费用。该费用不包括:

(1)应由施工企业自行负担的,在规定距离范围内调动施工力量以及内部平衡施工力量所发生的迁移费用。

(2)由于违反基建程序,盲目调迁队伍所发生的迁移费。

(3)因中标而引起施工机构迁移所发生的迁移费。

费用内容包括:职工及随同家属的差旅费,调迁期间的工资,施工机械、设备、工具、用具和周转性材料的搬运费。

计算方法:施工机构迁移费应经建设项目的主管部门同意按实计算。但计算施工机构迁移费后,如迁移地点即新工地地点(如独立大桥),则其他工程费内的工地转移费应不再计算;如施工机构迁移地点至新工地地点尚有部分距离,则工地转移费的距离,应以施工机构新地点为计算起点。

7）供电贴费

供电贴费系指按照国家规定，建设项目应交付的供电工程贴费、施工临时用电贴费。

计算方法：按国家有关规定计列（目前停止征收）。

8）联合试运转费

联合试运转费指新建、改（扩）建工程项目，在竣工验收前按照设计规定的工程质量标准，进行动（静）载荷载试验所需的费用，或进行整套设备带负荷联合试运转期间所需的全部费用抵扣试车期间收入的差额。该费用不包括应由设备安装工程项下开支的调试费的费用。

费用内容包括：联合试运转期间所需的材料、油燃料和动力的消耗，机械和检测设备使用费，工具用具和低值易耗品费，参加联合试运转人员工资及其他费用等。

联合试运转费以建筑安装工程费总额为基数，独立特大型桥梁按 0.075%、其他工程按 0.05% 计算。

9）生产人员培训费

生产人员培训费指新建、改（扩）建公路工程项目，为保证生产的正常运行，在工程竣工验收交付使用前对运营部门生产人员和管理人员进行培训所必需的费用。

费用内容包括：培训人员的工资、工资性补贴、职工福利费、差旅交通费、劳动保护费、培训及教学实习费等。

生产人员培训费按设计定员和 2 000 元/人的标准计算。

10）固定资产投资方向调节税

固定资产投资方向调节税系指为了贯彻国家产业政策，控制投资规模，引导投资方向，调整投资结构，加强重点建设，促进国民经济持续稳定协调发展，依照《中华人民共和国固定资产投资方向调节税暂行条例》规定，公路建设项目应缴纳的固定资产投资方向调节税。

计算方法：按国家有关规定计算（目前暂停征收）。

11）建设期贷款利息

建设期贷款利息系指建设项目中分年度使用国内贷款或国外贷款部分，在建设期内应归还的贷款利息。费用内容包括各种金融机构贷款、企业集资、建设债券和外汇贷款等利息。

计算方法：根据不同的资金来源按需付息的分年度投资计算。

计算公式如下：

建设期贷款利息 = ∑（上年末付息贷款本息累计 + 本年度付息贷款额 ÷ 2）× 年利率

$$(7\text{-}25)$$

即：

$$S = \sum_{n=1}^{N} (F_{n-1} + b_n \div 2) \times i$$

式中：S——建设期贷款利息；

N——项目建设期，年；

n——施工年度；

F_{n-1}——建设期第 $n-1$ 年末需付息贷款本息累计；

b_n——建设期第 n 年度付息贷款额；

i——建设期贷款年利率。

4. 预备费

预备费由价差预备费及基本预备费两部分组成。在公路工程建设期限内,凡需动用预备费时,属于公路交通部门投资的项目,需经建设单位提出,按建设项目隶属关系,报交通运输部或交通厅(局)基建主管部门核定批准。属于其他部门投资的建设项目,按其隶属关系报有关部门核定批准。

1)价差预备费

价差预备费系指设计文件编制年至工程竣工年期间,第一部分费用的人工费、材料费、机械使用费、其他工程费、间接费等以及第二、三部分费用由于政策、价格变化可能发生上浮而预留的费用及外资贷款汇率变动部分的费用。

(1)计算方法:价差预备费以概(预)算或修正概算第一部分建筑安装工程费总额为基数,按设计文件编制年始至建设项目工程竣工年终的年数和年工程造价增长率计算。

计算公式如下:

$$价差预备费 = P \times [(1 + i)^{n-1} - 1] \tag{7-26}$$

式中:P——建筑安装工程费总额;

i——年工程造价增长率,%;

n——设计文件编制年至建设项目开工年加建设项目建设期限。

(2)年工程造价增长率按有关部门公布的工程投资价格指数计算,或由设计单位会同建设单位根据该工程人工费、材料费、施工机械使用费、其他工程费、间接费以及第二、三部分费用可能发生的上浮等因素,以第一部分建安费为基数进行综合分析预测。

(3)设计文件编制至工程完工在一年以内的工程,不列此项费用。

2)基本预备费

基本预备费系指在初步设计和概算中难以预料的工程和费用。其用途如下:

(1)在进行技术设计、施工图设计和施工过程中,在批准的初步设计和概算范围内所增加的工程费用。

(2)在设备订货时,由于规格、型号改变的价差;材料货源变更、运输距离或方式的改变以及因规格不同而代换使用等原因发生的价差。

(3)由于一般自然灾害所造成的损失和预防自然灾害所采取的措施费用。

(4)在项目主管部门组织竣(交)工验收时,验收委员会(或小组)为鉴定工程质量必须开挖和修复隐蔽工程的费用。

(5)投保的工程根据工程特点和保险合同发生的工程保险费用。

计算方法:以第一、二、三部分费用之和(扣除固定资产投资方向调节税和建设期贷款利息两项费用)为基数按下列费率计算:

设计概算按5%计列;

修正概算按4%计列;

施工图预算按3%计列。

采用施工图预算加系数包干承包的工程,包干系数为施工图预算中直接费与间接费之和的3%。施工图预算包干费用由施工单位包干使用。

该包干费用的内容为:

(1)在施工过程中,设计单位对分部分项工程修改设计而增加的费用,但不包括因水文地质条件变化造成的基础变更、结构变更、标准提高、工程规模改变而增加的费用。

（2）预算审定后,施工单位负责采购的材料由于货源变更、运输距离或方式的改变以及因规格不同而代换使用等原因发生的价差。

（3）由于一般自然灾害所造成的损失和预防自然灾害所采取的措施的费用(例如一般防台风、防洪的费用)等。

5.回收金额

概、预算定额所列材料一般不计回收,只对按全部材料计价的一些临时工程项目和由于工程规模或工期限制达不到规定周转次数的拱盔、支架及施工金属设备的材料计算回收金额。回收率见表7-34。

<table>
<tr><td colspan="6" style="text-align:center">回 收 率 表</td><td>表 7-34</td></tr>
<tr><td rowspan="2">回 收 项 目</td><td colspan="4" style="text-align:center">使用年限或周转次数</td><td rowspan="2">计 算 基 数</td></tr>
<tr><td>一年或一次</td><td>两年或两次</td><td>三年或三次</td><td>四年或四次</td></tr>
<tr><td>临时电力、电信线路</td><td>50%</td><td>30%</td><td>10%</td><td>—</td><td rowspan="3">材料原价</td></tr>
<tr><td>拱盔、支架</td><td>60%</td><td>45%</td><td>30%</td><td>15%</td></tr>
<tr><td>施工金属设备</td><td>65%</td><td>65%</td><td>50%</td><td>30%</td></tr>
</table>

注:施工金属设备指钢壳沉井、钢护筒等。

四、桥梁工程概、预算的编制

桥梁工程概、预算的编制,就是将批准的设计图纸和既定的施工方法,按照《概、预算编制办法》的有关规定,以设计文件中各工程项目的工程数量,及相应的现行概算定额或预算定额、工程所在地造价编制年的工、料、机价格,确定其分项工程的价值,累计其全部直接工程费,再根据规定的各项费用的取费标准,计算工程所需的其他工程费、间接费及其他各项费用,最后综合计算出工程总造价和技术经济指标。

桥梁工程概、预算是设计文件的重要组成部分,虽然概算与预算两者的作用和深度有所不同,但其编制程序和方法基本上是相同的。

1.编制依据

（1）初步设计或施工图设计图纸及说明;

（2）地质勘探资料;

（3）施工现场条件;

（4）施工方案或施工组织设计;

（5）与工程内容相一致的各种定额;

（6）工程量计算规则;

（7）国家有关政策规定、合同、协议等。

2.编制工作程序和方法

1）编制工作程序和内容

概、预算的编制是一项十分繁杂而又细致的工作,为了确保编制质量,达到经济合理的目的,应按以下工作程序进行。

（1）外业调查

概、预算资料的调查工作是一项关系到概、预算文件质量的基础工作,一般在桥梁工程外业勘察时同时进行。概、预算外业调查是为了给计算人工、材料、机械台班单价及征地拆迁费用提供依据,也为编制概、预算提供原始资料。外业调查是否深入细致,资料是否齐全、准确,直接影响到概、预算的编制质量。

①人工工资、施工机械养路费、车船使用税

人工单价的计算标准是由各省、自治区、直辖市公路工程定额站负责发布的,是一种指令性价格,编制概、预算时应遵照执行。调查的内容主要是:生产工人基本工资、地区生活补贴、工资性津贴等。

机械养路费和车船使用税的调查中要搜集国家,各省、自治区、直辖市的有关文件和规定。调查的内容包括:征收标准、计征办法、计算吨位、有关机械的年工作台班等。

②材料供应价格

材料供应价格的调查应包括建设项目所发生的一切建筑材料、零件、构件、半成品、成品的规格品种、质量、数量和价格,以及有关加工材料的料场情况。调查时应将外购材料、地方性材料和自采加工材料分开进行。

由于各省(市)、自治区、直辖市公路工程定额站定期发布材料价格信息,所以外购材料的调查重点是:供应渠道、供货方式和交货地点;地方性材料调查的重点是:当地主管部门的有关规定和市场销售情况。自采材料则应调查料场位置,可开采的种类和数量,材料的上路位置和桩号等。

调查中应做好记录,对于外购材料和地方性材料可参考公路工程概、预算定额中附录所列出材料的品种、规格、单位进行,避免调查中遗漏。自采材料应填写"沿线筑路材料料场表"、"主要材料试验资料表",并绘制"沿线筑路材料供应示意图"。

③材料运输情况

材料运输情况主要应针对材料的运距、运输方式、运价、装卸费和运输过程中有关费用进行调查。

④占地补偿

占用土地应按国家规定计算土地补偿费、征用土地安置补助费、拆迁补偿费等。为此,必须实地丈量占地数量并仔细调查土地类别以及各项有关补偿方面的资料。具体补偿规定详见《国家建设征用土地条例》及各省、市、自治区为贯彻该条例所公布的各项具体规定。

⑤拆迁补偿

按用地范围,实地测量并确定需拆除的各种建筑物(如房屋、水井、坟墓等),然后再与建筑物的所有者根据有关规定洽商补偿金额,并签订协议书。

对于必须拆迁的电力、电信设备,应由电力、电信部门与测设单位共同在现场查实,由电力、电信部门提出迁移费用预算,经测设单位同意后,列入公路概、预算文件,并签订协议书。

⑥工地转移费和主副食运费补贴里程

工地转移费是指施工企业根据建设任务的需要,由已竣工的工地或后方基地迁至新工地的搬迁费用。外业调查的重点是调遣前后工程承包单位驻地距离或两线中点的距离。施工单位不明确时,独立大桥按省城(自治区首府)至工地的里程计算,二级及以下公路按地(市、盟)至工地的里程计算。

主、副食运费补贴里程的调查,要分别按粮食、燃料、蔬菜、水四种生活物资的实际供应地点、供应数量进行。

⑦其他

桥梁工程施工过程中需要耗费大量的电力。施工现场供电的方式有两种:利用国家电网供电时,需调查沿线电力线路的分布,确定接线供电的具体位置和每处供电范围、供电量、沿线应该架设的临时电力线路的长度;施工企业自发电的应调查其所占比重,以便计算自发电的电量和发电设备的配备。

电信线路也应调查接线位置,以便确定临时电信线路的架设长度。

除了材料运输的便道、便桥外,应根据施工组织设计的安排,在需要修建便道的地方,调查应修建的长度、宽度和是否需要铺筑路面等,以满足临时便道、便桥费用计算的需要。

(2)熟悉设计图纸

设计图纸是计算工程量的主要依据。所以,对设计资料的熟悉和了解是快、准、全地编制概、预算的前提条件,通常设计图纸表明了工程数量,而文字说明则确定了施工方法和施工要求,编制人员应通过熟悉设计图纸了解设计意图和工程全貌。

(3)选择施工方法

对与相应设计阶段配套的施工组织设计文件(尤其是施工方案)应认真分析其可行性、合理性、经济性。因为施工方案将直接影响概、预算金额的高低和定额的查用,因此编制概、预算时,重点应对施工方案进行认真分析。

①施工方法:同一工程内容,可以采用不同的施工方法来完成,如钢筋混凝土工程既可以采用现浇施工,也可以采用预制安装等。因此,应根据工程设计的意图和要求同工程实际相结合,选择最经济的施工方法。

②施工机械:施工机械选择也将直接影响施工费用,因此,应根据选定的施工方法选配相应的施工机械,如混凝土预制构件安装,可采用多种机械施工。

③其他方面:材料堆放的位置及仓库的设置,人员高峰期等。

(4)划分工程子目

概、预算的直接工程费是以分项工程的直接工程费汇总而来,所以将一项工程划分为若干工程子目是概、预算工作中的一项重要基础工作。一般划分时必须满足如下三个方面的要求:

①按照概、预算项目表的要求分项,这是基本要求。概、预算项目表实质上是将一个复杂的建设项目分解成许多分项工程的一种科学划分方法。

②符合定额项目表的要求。定额项目表是不同工程子目的定额消耗数量表,划分的工程子目必须能够在定额项目表中直接查到。

③符合套用费率的要求。其他工程费、间接费都是按不同工程类别确定的费率定额,因此,不同类别的子目要分别划分,以满足套用费率的要求。

(5)计算工程量

从编制概、预算的角度考虑,工程量可以划分为两类:主体工程工程量和辅助工程工程量。

主体工程是指公路构造物本身。这部分工程数量通常是设计人员在完成设计图纸的同时就已进行计算,在编制概、预算时,基本上不需要根据设计图纸再重新计算工程量,但是设计图纸所提供的工程数量与定额表中给出的工程量不完全一致,需要编制人员按照定额的要求从设计图表中摘取计价工程量。所以,确定主体工程量,实际上是根据定额规定的工程量计算规则,将设计图表中提供的工程量进行分类、统计、汇总后,得出符合定额表要求的计价工程量。这是一项十分细致和繁琐的工作,为了确保正确摘取工程量,做到不重不漏,编制人员必须十分熟悉定额,明确定额规定的工程内容、适用范围,对各章、节说明及定额表附注都十分清楚,才能做到正确确定工程数量。

辅助工程是指为了保证主体工程的形成和质量,施工中必须采取的措施或修建的一些临时工程。这部分工程一般在施工完成后,也随之拆除或消失。辅助工程的工程数量,主要依靠概、预算编制人员的工作经验、施工组织设计及工程实际情况来确定。

在编制桥梁工程概、预算时，需要考虑的辅助工程工程量主要包括：

①挖基、排水；

②临时工程（汽车便道、便桥、轨道铺设、临时电力、电信设施等）；

③围堰、护筒、工作平台、吊装设备、混凝土构件运输、预制厂及设施（底座、张拉台座等）、拌和站、蒸气养生设施等。

（6）套用定额计算直接工程费

根据划分的工程子目和选择的施工方法，可以确定应套用的定额。

定额规定了完成一定计量单位该工程子目所需消耗的人工、材料、机械台班的数量，定额与该工程子目的工程量及工、料、机单价相乘后即得相应的直接工程费，即：

$$某工程细目人工费 = 人工单价 \times 定额值 \times 工程量$$

$$某工程细目材料费 = \sum_{1}^{n}（材料单价 \times 定额值 \times 工程量）$$

$$某工程细目机械费 = \sum_{1}^{n}（机械台班单价 \times 定额值 \times 工程量）$$

（7）计算其他各项费用

按照《概、预算编制办法》的规定计算其他各项费用。

2）各项费用的计算程序及计算方式

概、预算总费用由建筑安装工程费、设备工具器具及家具购置费、工程建设其他费用、预备费四大项组成，各项费用之间存在着紧密的联系，其计算也有一定的规律和程序。现行《概、预算编制办法》规定的各项费用的计算程序及计算方式见表7-35。

公路工程建设各项费用的计算程序及计算方式　　　　表7-35

代　号	项　　目	说明及计算式
（一）	直接工程费（工、料、机费）	按编制年工程所在地的预算价格计算
（二）	其他工程费	（一）×其他工程费综合费率或各类工程人工费和机械费之和×其他工程费综合费率
（三）	直接费	（一）+（二）
（四）	间接费	各类工程人工费×规费综合费率+（三）×企业管理费综合费率
（五）	利润	［（三）+（四）－规费］×利润率
（六）	税金	［（三）+（四）+（五）］×综合税率
（七）	建筑安装工程费	（三）+（四）+（五）+（六）
（八）	设备、工具、器具购置费（包括备品备件）	∑（设备、工具、器具购置数量×单价+运杂费）×（1+采购保管费率）
	办公和生活用家具购置费	按有关规定计算
（九）	工程建设其他费用	
	土地征用及拆迁补偿费	按有关规定计算
	建设单位（业主）管理费	（七）×费率
	工程质量监督费	（七）×费率
	工程定额测定费	（七）×费率
	设计文件审查费	（七）×费率
	竣（交）工验收试验检测费	按有关规定计算

代　号	项　目	说明及计算式
	工程监理费	（七）×费率
	研究试验费	按批准的计划编制
	前期工作费	按有关规定计算
	专项评价(估)费	按有关规定计算
	施工机构迁移费	按实计算
	供电贴费	按有关规定计算
	联合试运转费	（七）×费率
	生产人员培训费	按有关规定计算
	固定资产投资方向调节税	按有关规定计算
	建设期贷款利息	按实际贷款数及利率计算
（十）	预备费	包括价差预备费和基本预备费两项
	价差预备费	按规定的公式计算
	基本预备费	[（七）＋（八）＋（九）－固定资产投资方向调节税－建设期贷款利息]×费率
	预备费中施工图预算包干系数	[（三）＋（四）]×费率
（十一）	建设项目总费用	（七）＋（八）＋（九）＋（十）

　　3）各种表格计算顺序和相互之间的关系

　　概、预算表格是一个有机的整体，它们互相联系，共同反映出工程的费用。概、预算的材料和机械台班单价及各项费用的计算都应通过规定的表格反映。各种表格的计算顺序及相互关系如图7-2所示。

　　（1）初编08-2表

　　08-2表是"分项工程概（预）算表"。概、预算的总金额是以分项工程概（预）算表为基础，计算、汇总而来的。初编08-2表是指只能按照列项中项、目、节的逻辑关系，将各项费用名称、定额表号、定额值等列入08-2表内。由于人、料、机的单价及各种费率尚未知，故08-2表只能初编，尚不能计算。

　　（2）初编10表

　　10表是"自采材料料场价格计算表"。根据初编08-2表中所发生的自采材料的规格名称、相应的定额表号及所消耗的外购材料名称、定额值等填入相应栏内，由于外购材料的单价尚未知，故10表也只能是初编，其料场价格要待将09表中相应的材料预算单价转入后，方能计算。

　　（3）编制09表

　　09表是"材料预算单价计算表"。根据08-2表中出现的各种材料，将其名称、来源及运输方式等填入相应的栏内。填表时应按照材料代号的顺序依次进行登记、计算材料的预算单价，并将其值分别转入08表、10表、11表相应的材料预算单价栏中。

　　（4）编制11表

　　11表是"机械台班单价计算表"。编制时应根据08-2表和10表中出现的机械名称，按《机械台班费用定额》的内容及09表中相应的材料预算单价填入相应栏内，并按代号的顺序依次登记、计算机械台班费用定额,并将其值分别转入 08-2 表、10 表相应的机械台班单价栏中。

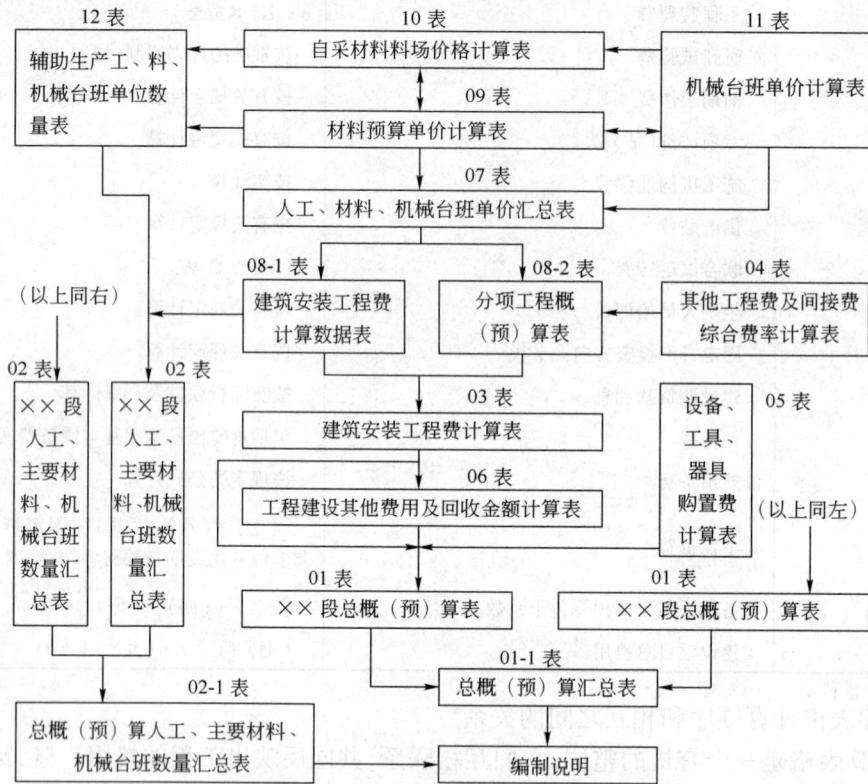

图 7-2　各种表格的计算顺序和相互关系

（5）编制 07 表

07 表是"人工、材料、机械台班单价汇总表"。将人工单价、09 表中材料预算单价、11 表中机械台班单价,按人工、材料、机械的代号顺序依次汇总于 07 表中。

（6）编制 04 表

04 表是"其他工程费及间接费综合费率计算表"。编制时,应根据工程所处的自然环境、施工条件等具体情况,按工程类别的顺序依次计算各项费率,并将其值转入 08 表相应费率栏内。

（7）编制 05 表

05 表是"设备、工具、器具购置费计算表",编制时,应根据工程实际购买的设备、工具、器具计算各项费用。

（8）补编 08-2 表

在完成 07 表、04 表的计算后,初编 08-2 表中的工、料、机单价及各项费率均为已知,这样 08-2 表的计算即可完成了。

（9）编制 03 表

03 表是"建筑安装工程费计算表",编制时,将 08-2 表中各分项工程的直接工程费、其他工程费、间接费、利润和税金等各项费用填入相应栏内,然后核算各分项工程的建筑安装工程费。

242

（10）编制 06 表

06 表是"工程建设其他费用及回收金额计算表"。将建设项目中所发生的其他费用，按照《概、预算编制办法》中的费用内容和外业调查资料，包括协议书、委托书、合同等编制各项费用。此外，预备费及回收金额的计算也在该表进行。

（11）编制 01 表及 01-1 表

01 表是"总概（预）算表"。根据"概（预）算项目表"的格式，将工程项目中实际发生的费用，按项、目、节的顺序填入相应栏内。当实际出现的工程费用与项目表的内容不完全相符时，"部分"和"项"的序号保留不变，"目"、"节"、"细目"的序号可以根据需要增减，即按实际出现的"目"、"节"、"细目"依次排列。然后根据工程数量和概、预算金额，计算技术经济指标及各项费用比重。

01-1 表为"总概（预）算汇总表"。根据建设项目的要求，当分段或分部分编制 01 表时，应将各分段（或分部）01 表汇总到 01-1 表中。

（12）编制 12 表

12 表为"辅助生产工、料、机械台班单位数量表"。将 10 表中所列的各自采材料规格名称及其他辅助生产项目列入"规格名称"栏内，将每生产单位合格产品所消耗的各种资源及定额值列入表中。供 02 表计算辅助生产工、料、机备用。

（13）编制 02 表及 02-1 表

02 表是"人工、主要材料、机械台班数量汇总表"。将工程项目中所消耗的人工、主要材料、机械台班等规格名称按代号的顺序列入"规格名称"栏内。然后以"项"为单位，分别统计各实物的消耗量及总数量。

02-1 表为"总概（预）算人工、主要材料、机械台班数量汇总表"。当分段编制概、预算时，应将各段的 02 表汇总到 02-1 表中。

至此，概、预算的 12 种表格全部编制完毕。

（14）撰写编制说明

概、预算表格编制完成后应写出编制说明，编制说明一般包括以下内容：

①工程概况及其建设规模和范围；

②编制工程造价资料的依据及有关文号以及比选方案，建设实施总体部署与工期等；

③采用的计价依据，以及人工、材料单价的来源，补充定额编制依据的说明等；

④与工程造价有关的委托书、协议书、会议纪要等的主要内容；

⑤工程造价总金额，人工以及钢材、水泥、木材、沥青等主要材料的总需要量；各设计方案的技术经济比较，以及编制中存在的问题与注意事项；

⑥其他与工程造价有关，但不能在表格中反映的事项；

⑦对前期工程造价文件批复意见的执行情况的说明（如果有）。

第三节　桥梁工程施工招标标底的编制

一、标底及其作用

标底是业主确定的招标项目的底价，即合同实施的标准造价。标底有两种概念：一种是仅指总价，即相当于招标工程范围内的建筑安装费和合同条款规定的由承包人支付的其他费用或完成的其他工作的费用之和。也就是说,概算所列费用项目中除了由业主承办或开支的项目之外,都列入其中;另一种是既有总价也有相应的细目单价。前一种概念不完整,而后一种概念才是完整的。标底一般是由业主组织编制,并由招标人内部掌握的。

标底的作用在于控制工程造价,并据以评价承包人标价的合理性。通过对承包人标价与标底进行比较,还可看出承包人的管理水平和对承包该项目工程内容和实施方法的理解程度和可靠性,从而决定把标授予比较理想的承包人。因此,标底本身应当是合理的,其费用计算应当是符合实际的。否则,将会导致错误的判断。

二、标底的编制原则

在编制标底的过程中,应注意以下原则和要求:

(1)据以编制标底的设计方案必须是正确、合理的。只有这样,才能避免在施工过程中对设计作实质上的改变,因而造成费用和工期的明显变动。

(2)据以编制标底的施工方案、施工工艺和设备、人员配备应当既是比较先进的,效率比较高的,又是切实可行的。不仅是承包人经过努力就能达到的,而且还有一定余地。

(3)标底的编制方法必须使其费用组成符合承包人经营管理的实际情况和市场的实际情况,使标底成为市场可能接受的价格,既做得来,又有合理利润可图。

标底的编制原则决定了标底不同于工程的概、预算,同时,标底的编制又离不开工程的概、预算。这是因为,一方面,国家规定,标底必须控制在批准的概算或投资包干的限额之内。如标底突破批准的概算,必须先经原概算批准机关批准。另一方面,由于技术及经验和所掌握的资料的限制,标底编制单位不得不以概、预算定额及概、预算编制办法为基础来进行成本预测,并以此作为标底编制的依据。

标底和概、预算的主要区别在于:标底要按工程量清单的项目和数量进行编制,概、预算则按定额项目和以图纸计算的工程数量套用相应定额进行编制;标底可根据现场具体情况,考虑必要的工程特殊措施费,如边通车边施工路段具体的维持通车的措施费,概、预算除在其他工程费中计算行车干扰工程施工增加费外,一般不能再计其他费用;标底可根据具体工程和不同的承包方式考虑不同的包干系数,概、预算则按规定的不可预见费率计算;标底中的其他工程费、间接费、利润、税金的费率应根据招标工程的规模、地区条件、招标方式和投标单位的实际情况取定,概、预算则按费用定额规定编制;标底只计算工程量清单的费用(主要是建筑安装工程费用),概、预算则是计算建设项目全部投资的预计数额,除工程施工费外,还包括设备购置、征地拆迁、勘察设计、贷款利息和建设单位管理费等其他费用;标底应根据具体工期要求和施工组织计划编制,概、预算则难以考虑工期等具体情况。

三、标底的编制依据

1. 招标文件

标底作为衡量和评审投标价的尺度,必须同投标人一样,要将招标文件作为编制标底必须遵守的主要依据。另外,对于招标期间业主发出的修改书和标前会的问题解答,凡与标底编制有关的方面,也必须同投标人一样,要在标底编制时考虑进去,修改书和问题解答是招标文件的一部分,同样是标底编制的依据。

2. 概、预算定额

概、预算定额是国家各专业部或各地区根据专业和地区的特点,对本专业或本地区的建筑安装工程按照合理的施工组织和一般正常的施工条件编制的专业或地区的统一定额,是一种具有法定性的指标。标底要起到控制投资额和作为招标工程的预期价格,就应该按颁布的现行概、预算定额来编制。标底和投标报价编制的不同点之一,就是投标人可根据自己的技术措施、管理水平、企业定额或以往的工作经验来编制报价书,而不受国家规定计价依据的约束,而标底则必须根据国家规定的计价依据。

3.费用定额

费用定额也是编制标底的依据。费用定额与编制标底有关的取费标准是其他工程费、间接费、利润、税金等。编制标底时,费用定额的项目和费率的取定可根据招标工程的工程规模、招标方式、招标文件的有关规定以及参加投标的各施工企业的情况而定,但其基本费率的取费依据是费用定额。

4.工、料、机价格

工、料、机价格是计算直接工程费的主要依据。人工工资应按国家规定的计价依据和当地规定的有关工资标准(如工资性津贴)计算;材料应按编制概、预算时材料预算价格调查的原则进行实地调查和计算;机械价格应按原交通部颁布的《公路工程机械台班费用定额》确定。

5.初步设计文件或施工图设计文件

经上级主管部门或有关方面审查批准的初步设计和概算文件或施工图设计和预算文件,也是标底编制的主要依据。标底不能超过批准的投资额。

6.施工组织方案

有了施工组织方案或施工组织设计,才能编好标底。标底的许多方面都与施工组织方案有关,如临时工程的数量,钻孔桩的钻机型号,架梁方案等。

四、标底的编制方法

标底的编制,可以由招标人自行组织编制,也可委托具有相应资格的造价工程师或咨询工程师编制。编制标底的程序是:首先是进行工程分项,然后比较准确地计算或估算工程量。工程分项和工程量预估,对于构造物容易达到要求的精确度;而对于受自然条件影响比较大的土石方工程,特别是对于隐蔽工程(地下、水下),因为其特性难于确切判定等情况,就比较难于准确预估。此类工程的性质和数量有时会有明显差异,使工程难以按原计划进行,并造成工程造价的巨大差额,以至于投资失去控制,从而给建设单位和承包人都造成很大被动和困难。

为了尽可能精确反映工程性质和数量,也为了便于结算,减少结算时的价差,应把工作性质、工作内容基本相同的归为一类,把项目分细些、科学些,然后计算出各细目的单价,从而得出总价,作为标底。目前可按照原交通部颁《公路工程国内招标文件范本》的工程量清单的细目编制标底。下面列出编制标底的几种方法。

1.标准的概预算编制法(简称定额单价法)

目前编制标底采用的方法大都是在采用《概预算编制办法》编制的概、预算的基础上加以调整。采用的定额和有关费用标准基本上也是部颁的或部门规定的。这种方法,对于以往计划经济体制下执行指令性计划委托项目的施工,对于一切靠国家扶持,按国家规定进行管理和核算的我国施工企业,有一定适应性。但在建设市场开放,各企业独立经营,自负盈亏,资金来源、市场情况、工程要求都发生了实质性的变化的今天,就显得很不适应,特别是对于工程条件多变的公路行业更是如此。

2. 据实计算工程总价的方法(简称总价计算法)

本方法系根据项目具体施工条件、技术要求、采用的施工工艺和施工组织,并参照市场情况确定合理的费用和取费标准,计算工程总造价。其计算程序为:

(1)按照工期、工程细目及其工程量和技术要求,编制施工组织设计,确定施工程序及各工序持续时间,并选配各工序适用的机械和人员。

(2)根据各工序持续时间和所配机械效率确定所需机械、人工的数量及进退场计划,从而计算应当发生的机械和人工费用。机械的效率以主导机械为控制,可以参照实测的资料,如厂家、科研单位提供的或施工单位测定的机械作业周期和产量推算。辅助机械和人员则根据工序需要随主机配备。机械、人员的进退场计划不但要考虑某个工序本身的需要,而且要考虑整个工程的需要和安排的实际可能性制订。这样,就要把由于不可避免的施工机械使用的间断性而造成的停驶、待工的费用也考虑进去。

(3)计算耗用材料及其费用,即据实计算所需材料,包括可能发生的场地、场外损耗、仓储等费用。

(4)逐项计算各种待摊费用,即工程数量表中没有计列的项目,但必然发生的间接费用,包括工地管理费、为保证或加快进度必须采取的组织及技术措施费,以及工地以外发生的各种间接费,如上级管理费、营业税收、贷款利息(未计入直接费部分)、预留养护费,以及计划利润等。

(5)把上述所有费用加在一起,即得工程总价。用这种方法算出的总价,不但与工程实际情况紧密联系,而且与一个典型可靠的承包人根据自己装备情况为实施工程所需投入的物力、资金和将要发生的费用基本接近,可以作为该项工程预算的控制数。

至于各分项工程的单价,则可采取不同的方法进行估算:对于那些对工程造价起主要作用的工序,可采用工序法(详见本章第四节)进行估算,即按各分项工序的工程性质、数量和因该分项工期要求配备必要的机械、人力,计算需要耗费的直接工程费,然后除以该分项工程数量求得;而对于其他分项工程则可采用定额法或经验比照法加以确定。当然,所得各分项工程直接工程费,还应控制在总价计算的直接工程费总额之内,否则还应适当调整。

待摊费则按上述实际计算结果,摊入各分项费用之中(一般采用系数分摊法)。然后进行综合调整,务使各分项费用总和,基本符合按总价计算的结果。

3. 经验单价比照法

即以同一地区、同样性质的分项工程近期实际发生(或中标项目的)单价为基础,通过分析施工条件的差异,适当调整,确定单价,然后按照预定工程量计算出总价。

此种方法,适用于工程项目较多,实际经验较多的地方。

4. 复合标底

复合标底是在评标时采用得最多的一种标准,其计算公式如下:

$$C = \frac{A + B}{2} \tag{7-27}$$

式中:C——复合标底值;

A——招标人的标底扣除暂定金额后的值(标底开标时应公布);

B——投标人评标价平均值,B 值为投标人的评标价在 A 值的105%(含105%)至 A 值的85%(含85%)范围内的投标人评标价的平均值。

若所有投标人评标价均未进入复合标底的计算范围,则 $C = A$。

5. 投标价的加权平均值作为标底

用各投标人的有效标价,采用统计平均法计算标底。其特点是:

(1)业主不用编制标底,不存在标底保密问题;

(2)反映市场竞争的结果;

(3)有可能被投标人操纵投标结果。

五、标底的审查

标底的编制是一项十分严肃的工作,标底是否准确与合理,一则直接影响建设项目的投资能否合理使用,二则直接影响投标企业的合理收入及其投标的积极性,因此,标底的确定对投标竞争起着决定性作用,对标底必须进行审查。审查标底还能促进标底编制单位严格执行国家有关规定,提高标底编制质量。标底编制完成以后,应由招标领导小组负责人组织有关人员认真地、全面地进行复核,再报送招投标管理单位核准,或送工程造价管理部门进行审核。无论采用哪一种方式,核准后的标底总价为招标工程的最终标底价,未经审核或核准单位的同意,任何人无权再变更标底总价。

1. 审查依据

编制标底依据的文件资料,均为审查标底的依据。这些文件资料主要包括:

(1)工程招标图纸、设计资料、设计说明书等;

(2)经批准的初步设计概算或修正概算;

(3)施工方案或施工组织设计;

(4)各地区或各部门颁布的概、预算定额和费用定额、机械台班定额;

(5)编制标底时调查的材料市场价格和当地造价部门公布的材料价格;

(6)发售的全套招标文件;

(7)标底计算书、标底汇总表;

(8)采用固定价格的工程风险系数测算明细;

(9)现场因素、各种施工措施测算明细。

2. 审查内容

组成标底文件的全部内容即为标底审查的内容。具体要审查的内容是:

1)审查标底文件的组成

标底文件由标底编制说明、计价的工程量清单、主要人工和材料及机械数量表、施工组织方案等组成。

2)审查按定额计算的工程量

审查按定额项目计算的工程量,工程量清单中每个项目名称所含的工程细目的个数、工程数量和组成的合理性。

3)审查编制标底的依据

要审查各种定额、人工工资、材料价格以及各项取费标准的选用是否符合国家和各地区的有关规定。

4)审查标底费用的组成

审查施工组织计划及施工方法是否合理,定额套用是否正确,补充定额的编制依据、原则、水平和项目内容是否合适,各项费率取用是否正确,是否和招标文件的有关规定一致等。

第四节　投标报价的编制

工程招标投标是市场经济的一种竞争方式,投标者通过竞标与买方就产品价格达成一致,获得工程项目。衡量施工企业投标成功与否的重要标准就是,标价是否足够低,能够赢得项目;同时又足够高,能够按照合同要求完成工程,并有一定的利润。因此,可以说合理编制标价是施工企业投标的核心工作。

公路工程投标报价的编制既不同于概、预算的编制,也不同于标底的编制。概、预算是国家为控制基本建设投资进行宏观管理,在设计阶段编制的工程建设项目总造价文件。标底是业主在工程招标前,委托咨询单位或自行编制的建筑产品在交易中的预期价格,其目的是为了衡量投标报价是否合理,并作为评标的参考。建筑产品的最终成交价格由中标单位的投标价决定。

一、投标报价与概预算的区别

概算和预算是初步设计和施工图设计文件的重要组成部分,是确定建设项目投资最高限额和预计工程造价的重要方法,是国家对基本建设项目实行计划投资和管理的反映。由于多方面的原因,使得我国标价的编制方法与工程概、预算方法有紧密联系,以致实践中常将标价与概、预算混淆。实际上标价与概、预算有本质的区别,主要表现在以下方面。

1)两者表现的建筑产品价格性质不同

概、预算反映的是建筑产品的计划价格,而标价反映的是建筑产品的市场价格。在编制标价过程中,施工所消耗的各种资源的价格原则上应根据市场价格来确定,特别是在完全竞争市场中更是如此。

2)两者所受的价值规律影响不同

概、预算在编制中主要反映的是价值规律的作用和影响,而标价除考虑价值规律的作用外,还应考虑供求规律的作用。公路工程概、预算的编制依据是公路工程概、预算定额及编制办法。它是公路工程项目在施工过程中社会必要劳动消耗量和资源消耗量的反映,这是价值规律的要求和结果。同时在概、预算编制过程中,基本上未考虑供求规律对建筑产品价格的影响,因而使得建设项目的概、预算金额与市场价格可能产生较大的差距。一般而言,建设项目的标价随着投标人数量的增加,其成本和市场价格有降低的趋势,而建设项目的概、预算价格,并不随投标人数量的多少而发生变化。

3)两者反映的劳动生产力水平不同

概、预算反映的是施工企业过去平均先进的劳动生产力水平,而标价反映施工企业当前平均先进的劳动生产力水平。编制概、预算所依据的定额是根据平均先进的原则制订出来的,但编制定额所依据的统计数据是施工企业在过去施工过程中所发生的数据,随着生产力水平的提高(技术水平、经营管理水平、劳动生产率的提高),这些数据滞后于当前的劳动生产力水平,不能真实地反映在当前先进的劳动生产力水平下的工、料、机消耗。

4)两者的编制依据和费用范围不同

概、预算是根据设计文件及概、预算定额和编制办法来确定工程造价,而标价则根据招标文件(或合同)中明确的承包人的义务来编制。同时两者包含的费用范围不同,工程概、预算的费用范围,包括建设项目从立项开始的前期费用一直到项目竣工验收整个过程中,建设单位、施工单位以及监理单位所发生的全部工程造价;而编制标价时,其费用通常只包括施工单位所发生的建筑安装工程费、根据合同需要由承包人承担的不可预见风险费、施工投标中发生的费用(交易成本)、合理利润等费用。

5)两者的性质不同

概、预算的编制具有法令性,而标价的编制则具有自主性。由于概、预算定额及编制办法是由国家基本建设委员会或授权机关编制的,在一般情况下具有经济法规性质和执行的强制性。因此在编制概、预算时,定额除允许抽换的外,原则上应遵照执行,费率的取定也应严格执行编制办法的规定,在执行中,即使不合理,编制者也无权擅自进行变更。但在编制标价时却不受上述规定的限制,当运用概、预算定额及编制办法来编制和确定标价时,对于定额中不合理、不能真实地反映当前劳动生产力水平的工、料、机消耗应如实地进行调整,费率和利润的取定也由施工企业自主决定。

二、报价编制的依据

1. 招标单位的招标文件

招标文件包括:投标邀请书、投标须知、合同条款、技术规范、工程量清单、投标书及投标担保格式、图纸、勘察资料等。另外,业主在开标前规定日期内颁发的合同、规范、图纸的修改书和变更通知(以书面为准),与招标文件有同等的效力。

招标文件是编制投标报价的重要资料,应认真仔细地研究,以全面了解承包人在合同中的权利和义务,同时应深入分析施工承包中所面临的和需要承担的风险,详细研究招标文件中的漏洞和疏忽,为制订投标策略寻找依据,创造条件。实践证明,吃透招标文件,可为投标成功打下良好的基础,否则,易给自己带来投标失误甚至造成无法弥补的损失。

2. 现场考察收集的资料

现场考察是承包人投标时全面了解现场施工环境及施工风险的重要途径,是投标单位搞好投标报价的先决条件。在招标过程中,业主通常会组织正式的现场考察。当考察时间不够时,投标单位的编标人员可再抽时间到现场收集编标用的资料,或进行重点补充考察。投标单位提出的报价应当是在现场考察的基础上编制出来的,而且应包括施工中可能遇见的各种风险和费用。在投标有效期内及工程施工过程中,承包人无权以现场考察不周、情况不了解为由而提出修改标书或调整标价给予补偿的要求。因此,投标单位在报价以前必须认真地进行现场考察,全面、细致地了解工地及其周围的政治、经济、地理、法律等情况,收集与报价有关的各种风险与数据资料。

3. 施工组织设计

施工组织设计的优劣不仅影响施工能否顺利进行,而且影响标价的高低。不同的施工方案、不同的施工顺序、不同的平面布置所需的工程费用是不一样的,有时会相差很大,因此,在进行投标时,应编制出技术上可行、经济上合理的施工组织设计,并以此作为编制投标报价的依据。

4. 本企业的资料

(1)本企业历年来(至少五年)已完工程的成本分析资料;

(2)本企业为本项目提供新添施工设备经费的可能性;

(3)本企业的企业定额。

5. 其他资料

（1）招标文件所规定的各种国家标准、部颁标准、技术规范等；

（2）国家颁发的《公路工程施工定额》《公路工程预算定额》和《公路基本建设项目概算、预算编制办法》及地方政府颁发的有关收费标准和定额。

三、报价编制的步骤

1.仔细核实工程量

工程量是整个算标工作的基础，人工、材料、机械消耗量，脚手架、模板和临时设施等，都是根据工程量的多少来确定的。招标项目的工程量在招标文件的工程量清单中有详细说明，但由于种种原因，工程量清单中的工程数量有时会和图纸中的数量不一致。因此，有必要进行复核，核实工程量的主要作用如下：

（1）全面掌握本项目需发生的各分项工程的数量，便于投标中进行准确的报价；

（2）及时发现工程量清单中关于工程量的错误和漏洞，为制订投标策略提供依据；

（3）有利于促使投标单位对技术规范中的计量支付规定做进一步的研究，便于精确地编写各工程细目的单价。

桥梁工程的工程量包括桥梁及其附属结构物。附属结构物的施工指模板、拱架和支架的设计、制作、安装、拆卸等有关作业，其工程数量在相关的工程报价中考虑，不单独列出。因此，桥梁工程量按照工作内容分为：钢筋；基础挖方及回填；钻孔灌注桩；沉桩；挖孔灌注桩；桩的垂直静荷载试验；沉井；结构混凝土工程；预应力混凝土工程；砌石工程；桥面铺装；桥梁支座；桥梁接缝和伸缩缝；防水处理等。其中预制构件的安装工程量包括在结构混凝土和预应力混凝土的有关工程细目中，不单独计算。

核实工程量可从两方面入手：一是认真研究招标文件，吃透技术规范；二是通过切实的考察取得第一手资料。具体应做好如下几项工作：

（1）全面核实设计图纸中各分项工程的工程量；

（2）计算受施工方案影响而需额外发生和消耗的工程量；

（3）工程量清单与定额的规定有些不完全一致，需参照技术规范中计量支付的规定和定额的计量单位换算出新的工程量（在换算中有时需对设计图纸中的工程量进行分解或合并）。

2.重视施工组织设计的编制

高效率和低消耗是编制施工组织设计的总原则，编制施工组织设计时应遵循连续性原则、均衡性原则、协调性原则和经济性原则，其中，经济性原则是施工组织设计的核心和落脚点，因此，在编制施工组织设计时，应注意如下事项：

（1）充分满足技术上的先进性和可靠性，最大限度地提高劳动生产率，降低施工成本；

（2）充分利用现有的施工机械设备，提高施工机械的使用率以降低机械施工成本；

（3）采用先进的管理手段，优化施工进度计划，选择最优施工排序，均衡安排施工，尽量避免施工高峰的赶工现象和施工低谷中的窝工现象，机动安排非关键线路上的剩余资源，从非关键线路上要效益；

（4）适当聘用当地员工或临时工，降低施工队伍调遣费，减少窝工现象。

投标竞争是比技术、比管理的竞争，技术和管理的先进性应充分体现在编制的施工组织设计中，以达到降低成本、缩短工期的目的。

3.明确报价的组成部分及内容

一个项目的投标报价由以下三部分组成。

1）施工成本

施工成本包括直接成本（工、料、机等直接工程费）、间接成本（包括现场管理费、公司管理费、临时设施、施工队伍调遣费等）等各项费用。

确定施工成本，应进行施工成本分析和成本预测。成本分析应建立在以往施工项目成本分析和成本核算工作的基础之上，所以施工企业加强成本核算和统计管理工作是搞好投标报价工作的基础。成本预测应使用企业定额，因此，施工企业建立自己的企业定额也是编制施工预算进而搞好投标报价工作的前提。

2）利润和税金

税金是由国家统一征收的费用，利润是根据本项目的具体情况和公司的利润目标制订的。

3）风险费用

即在各种风险发生后需由承包人承担的风险损失。风险是一种可能发生可能不发生的概率事件，但一旦发生会给承包人带来很大的损失，甚至使承包人有倒闭破产的危险，因此对风险应有足够的认识。投标报价中要考虑的风险种类和风险费用多少，应依据合同条款的规定和当时当地的情况来确定。例如，报价中是否要考虑物价上涨费的问题，如果合同条款中规定物价上涨后即调整价差和有关费用，则报价中无须考虑物价上涨费；如果合同条款中规定此项风险由承包人承担，则应在报价中考虑物价上涨费用，物价上涨费用应根据当时的物价上涨情况，在预测物价上涨率的基础上确定。当然这种预测结果与实际情况会有偏差，但这是难免的。又如报价中是否要考虑法律、法规变更后增加的费用，是否应考虑不可抗力风险发生后给承包人带来的风险损失，以及地质情况复杂而需增加的风险费用等，都要依据合同条款的规定来决定，如果合同条款规定由承包人承担，则应在报价中作出充分考虑，而这些费用的多少更无规律可循，主要应依据投标单位的经验及对风险的辨别能力和洞察能力来确定。

总之，在投标报价中，应科学地编制以上三项费用，使总报价既有竞争力，又有利可图。

四、报价的编制方法

1. 标价的构成

1）内部标价的构成

所谓的内部标价，是指投标单位根据设计图纸和技术规范，参照有关定额计算的完成本工程所需的全部费用，但不是按照工程量清单格式计算的费用。它是递交标书前投标单位内部控制的标价。

建筑安装工程费是施工单位在施工中所花费的全部费用，从报价的角度看可以划分为直接工程费、待摊费、分包费和暂定金额。

2）对外标价的构成

对外标价是将本工程全部费用（内部标价），按照工程量清单格式计算的标价。它是在内部标价计算的基础上，经过分析、组合、分配后对外做出的最终报价。

$$总报价 = \sum_{1}^{n}（工程量清单分项工程单价 \times 分项工程工程量）+ 暂定金额 + 计日工$$

$$工程量清单分项工程单价 = 分项工程单位直接工程费 \times 待摊费用系数$$

$$平均待摊费用系数 = \frac{\sum_{1}^{n}分项工程直接工程费 + 待摊费}{\sum_{1}^{n}分项工程直接工程费}$$

2. 直接工程费的计算

直接工程费是施工过程中直接耗费的构成工程实体和有助于工程形成的工、料、机费用，是标价构成中的主要部分。直接工程费的计算一般有三种方法：定额单价分析法、工序单价分析法和总价控制法。

1）定额单价分析法

定额单价分析法是我国投标人员常用的方法，它与编制工程概、预算的方法大致相同，即按照招标文件的工程量清单所列工程细目，选用与工作内容相适应的工、料、机消耗定额（选用的定额可能是经过组合并进行调整的），并分析实际的工、料、机单价，从而计算出各工程细目的直接工程费用。

定额单价分析法计算工程直接费的步骤如下。

（1）分析工、料、机单价

①人工单价

对于国内工程，按技工、普通工、机械操作手分类，每类均采用该类平均（算术平均或加权平均）工资计算。应当指出的是，投标时应按实际支付额计算，特别是当地招收的临时工更应随行就市，以免计划开支与实际开支脱节。国外工程投标则分别计算中方和当地工人费用。中方一般为技工（含机械操作手）和管理人员，可按全部国外费用和国内费用之和计算；当地工人则分为机械操作手和普通工，或按该国工人分级，采取加权平均分别计算熟练工和非熟练工工资加上当地规定的其他费用（如各项社会福利费等）。

人工单价（元/工日）= 某工种全年各种（基本工资 + 各种津贴、福利 + 劳保用品费 + 人身保险费）费用之和/年有效施工天数（工日）

年有效施工天数应综合考虑工程所在地的气候条件、国家法定节假日等因素确定。

②材料单价

在投标前，应通过现场调查或询价确定材料的供应价格，再考虑运输、装卸、损耗（场外运输）、采购保管后计算材料的工地价格。

材料按其来源可分为进口材料、国内供应材料和自采材料三类。计算材料费时，首先要确认拟用材料的规格是否符合技术规范的要求，然后按照其来源分别计算费用。

进口材料单价 = 到岸价 + 海关税和港口费 + 运至工地的运费 + 装卸费 + 运输损耗 + 仓储费

国内供应材料单价 = 供应价 + 到工地运费 + 运输损耗 + 装卸费 + 仓储费

自采材料单价 = 料场价 + 运至工地的运费 + 装卸费 + 运输损耗

③机械台班单价

机械台班单价是指在一个台班中为保持机械正常运转所必须支出的全部费用，又称机械使用费，一般由两部分构成：第一部分为不变费用，第二部分为可变费用。编制工程概、预算时，按照主管部门颁布的机械台班费用定额计算台班费，但投标是一种市场商业活动，应当采用符合本企业经营方针和管理模式的方法，以免与实际脱节。随着市场化的进程，机械使用费的计算方法，可以参照国际工程市场通用的方法。

国外的机械租赁企业或施工企业独立核算的机械经营部门，机械使用费一般包括资金利息摊销费、运转费和管理费。资金摊销费包括折旧费、资金利息；运转费包括台班消耗的燃油（或电力）和驾驶人员工资等费用；管理费包括机械调度、管理费、维修保养费、税收和企业利润。机械租赁费根据租赁条件确定，短期租用一般由出租方配备驾驶人员，其费用包括除了燃油费以外的全部费用；长期租用或内部租用则不配备驾驶人员，其费用包括运转费和维修保养费,调度管理费也可减少。

施工企业本身拥有的机械一般将机械管理费并入工程管理费中,但应包括维修保养费。为便于计算,机械使用费仍然可以分为不变费用和可变费用两部分。

a. 不变费用

不变费用主要包括:折旧费、资金利息分摊费、大修费和维修保养费。

a)机械折旧费

机械折旧费主要受机械原值、预计净残值、折旧年限、年工作台班以及折旧方法的影响。

机械原值是指机械从购买到运至施工企业所在地发生的全部费用,包括购买价格、运输费用、相关部门的手续费以及国家征收的各种税收,如进口机械的关税、增值税、运输机械的车辆购置附加费等。计算时,按照实际发生的费用确定。

预计净残值是施工机械报废清理时的预计残余价值,一般用预计净残值率(预计净残余价值与机械原值的比率)表示。公路工程施工机械的预计净残值率一般为2%~5%。

施工机械的折旧年限除与机械的类型有关外,主要与国家有关财务制度的规定有关。国家相关部门对企业固定资产折旧年限有规定,这些规定是为了核算承包人的工程成本和利润,以便征收税收,同时允许企业根据自身的实际情况,在国家规定的折旧年限的区间内编制本企业的固定资产折旧年限。因此,施工企业要考虑机械使用的实际情况和竞争力确定各类机械的折旧年限。

机械的年工作台班指机械在规定的使用期内,每年应作业的平均台班数,取决于机械的使用效率、使用条件、适宜施工的气候因素以及国家的有关规定。施工企业可以根据积累的资料分析确定。

b)资金利息

对于大型机械设备,投入购置的资金是相当可观的,而且机械的折旧费一般不可能在一项工程中收回,所以把投入的资金利息分摊到使用台班上是比较合适的。机械的净值随着折旧费的提取而逐年下降,因而各年利息也随之下降。为便于计算,可以采取把各年利息总和平均摊入台班费的办法。计算公式为:

$$台班资金利息 = \frac{\sum\limits_{i=1}^{n}(第\ i\ 年机械净值 \times 年利率)}{n \times 年工作台班}$$

式中,n 表示折旧年限;机械净值为机械原值减去累计折旧。

c)大修费和维修保养费

大修费是指机械设备在规定的时间间隔,按照规定的大修理范围、工作内容进行修理时所消耗的全部费用。施工企业应根据积累的资料,确定不同机械设备的一次大修费和需要大修的次数并将其分摊在台班单价内。

维修费包括定期维修费(相当于中修)和现场修理费(相当于小修)。保养费则是指维持机械正常运转的日常费用。轮胎的维修和更换以及某些易耗件则应另行计算,并列入机械使用费。维修保养费与机械的工作条件和使用年度有关,即随着使用年度的延长,维修保养费增加,随着工作条件的改善而减少。为了简化计算,台班维修费可采用平均年度维修费分摊的方式计算。

b. 可变费用

a)燃料费

燃料费是指机械运行时消耗的燃油费。目前施工机械用的基本上都是轻柴油,只有一些小汽车用汽油。由于柴油、汽油价格都比较高,燃料费一般达到台班费的 30% ~ 50%,因此,燃料费用的计算要十分认真。首先,要认真确定各个机械的台班(或小时)耗油量。台班耗油量一是取决于机械工作状态下的耗油量,二是取决于台班内的操作时间。工作状态下的耗油量一般以 L/h 计,有条件的应根据实际耗油量资料确定。由于耗油量一般与机械功率大小有联系,所以,在缺乏实测资料的情况下,可以参照下式进行估算:

$$台班耗油量 \cong Q_h \cdot H \cdot P \cdot N$$

式中:Q_h——全负荷下千瓦小时功率耗油量,一般为 0.3L/(h·kW);

      H——台班内预计操作时间,根据施工工艺和各种机械的互相配合而定,对于间歇性工作采用 5 ~ 6h,对于连续工作采用 8h;

      P——机械额定功率,kW;

      N——负荷系数,视施工条件而定,一般土方机械变化在 0.45 ~ 0.90 之间,汽车、吊车类变化在 0.25 ~ 0.5 之间。

  b)驾驶员工资

驾驶员工资在报价时可按照预计雇用的人员工资计。在国内,按相应的工资等级计,应包括基本工资和各种补贴、福利和保险费。国外工程中要先确定我国派出人员和当地人员的比例和工资等级,并计算出加权平均等级工日人工费。也可适当分为高、中、低三级驾驶员,对需要高技术的驾驶人员,采用高等级工人工资,反之,采用低等级工资。对于一个机组需要几名操作人员(如沥青拌和设备)应根据需要配备,并一起计入台班费。

  c)其他费用

诸如机械停放场所、设施和看管机械人员等费用,以及机械调运、养路费和保险费等,都可用一个综合系数摊入台班费(或工时费)。如果把这些费用计入施工管理费,列入待摊费用也是可以的。

(2)计算分项工程单位工程量直接工程费

对工程量清单中的每一细目(分项工程),查相应的工程定额,确定其工、料、机消耗数量,然后再与相应单价相乘,得出分项工程单位工程量直接工程费。

$$分项工程单位工程量直接工程费 = \sum_1^n(人工消耗定额 \times 人工单价) +$$

$$\sum_1^n(材料消耗定额 \times 材料单价) +$$

$$\sum_1^n(机械台班消耗定额 \times 机械台班单价)$$

(3)计算分项工程直接工程费

把上述分项工程单位直接工程费乘以工程量清单中给出的工程量,即可得出完成该分项工程的直接工程费。

$$分项工程直接工程费 = 分项工程单位工程量直接工程费 \times 工程量$$

2)工序单价分析法

所谓的工序单价分析法,是根据施工进度计划和工程量,计算每道工序需要配置的机械数量,机械使用费按照该机械在本工序的利用率确定。

(1)工、料、机单价分析

人工和材料单价的分析,与定额单价分析法相同。机械台班单价应考虑机械运转和闲置,分两种情况计算:

$$机械闲置时台班单价 = 台班不变费用$$

$$机械运转时台班单价 = 台班不变费用 + 台班可变费用$$

（2）编制实施性施工计划

①拟订初步施工方案和进度计划

先确定主要工程的大体起止时间,然后把每一分项工程作为一道工序作相应的安排。

②以工序进度反算机械数量

以每道工序的主导机械控制进度,以其产量定额和该工序施工期限作为控制,反算所需机械数量,进行必要调配,并相应配备辅助机械。计算公式如下:

$$R_{ij} = \frac{Q_i}{T_i \cdot C_{ij} \cdot n} = \frac{Q_i \cdot S_{ij}}{T_i \cdot n}$$

式中:R_{ij}——i 工序 j 种机械的需要数量;

Q_i——i 工序的工程量;

C_{ij}——i 工序 j 种机械的产量定额;

T_i——i 工序的有效施工天数;

n——作业班制,可取 1 班、2 班、3 班;

S_{ij}——i 工序 j 种机械的时间定额。

③以主导机械数量确定工序作业时间

$$T_i = \frac{Q_i}{R_{ij} \cdot C_{ij} \cdot n} = \frac{Q_i \cdot S_{ij}}{R_{ij} \cdot n}$$

式中符号意义同前。

④确定人工数量

根据工序作业时间和劳动定额计算该工序所需人工数量。

（3）确定工序单价

$$人工费 = 人工单价 \times 工序所需总工日$$

$$材料费 = \sum_1^n (材料单价 \times 材料消耗数量)$$

$$机械使用费 = \sum_{j=1}^m (j 种机械的运转单价 \times 运转台班数 + j 种机械的闲置单价 \times 闲置台班数)$$

其中:

$$j 种机械运转台班数量 = 工序作业时间 \times j 种机械的配备数量 \times 机械利用率$$

$$j 种机械闲置台班数量 = 工序作业时间 \times j 种机械的配备数量 \times (1 - 机械利用率)$$

或:

$$机械使用费 = \sum_{j=1}^m (工序作业时间 \times j 种机械的配备数量 \times j 种机械的实际台班单价)$$

其中:

$$j 种机械的实际台班单价 = j 种机械的(不变费用 + 可变费用) \times 机械利用率 + j 种机械的不变费用 \times (1 - 机械利用率)$$

$$工序直接工程费 = 人工费 + 材料费 + 机械使用费$$

3）总价控制法

采用工序单价分析法算出的单价比较切合实际。然而,由于施工时实际上并非按分项工序组织施工,而是划分几个专业作业队进行施工,并按这些施工队的工作范围配备各自的施工机械和人员。这些施工机械和人员既可以在本队施工项目范围内随时调度,必要时还可在队与队之间调动,以便充分发挥机械和人员的作用。

因此,还可以按施工组织方案确定的专业队,根据实际需要配备人工、机械和材料,确定各种机械使用起止时间,然后按其应计的不变费用(不以设定台班分摊,而以实际在场日历计)和预计作业台班计算运转费用。由于不变费用一般按月(租金则按日)计算(不管是否开机),而运转费用则按实际开机操作台班计,所以两者都可以分别计算。

劳务人员,则可以按进度绘制出劳动力需要量图,确定各工种人员进退场计划,并按此计划计算其工资和其他费用。

材料也可按类汇总,一起计算其费用(包括运费、仓储、损耗)。

这样该项工程所需工、料、机三项费用的总账都可按实际需要算出,从而得出该项目的直接工程费总额。

综上所述,总价控制法直接工程费的分析步骤如下:

(1)根据施工组织方案划分专业队;

(2)按专业队工作范围配备人员和机械;

(3)确定各机械使用的起止时间,计算机械费(闲置费和运转费分别计算);

(4)按进度计划确定人员总需求,并计算人工费;

(5)计算材料费;

(6)计算工程总直接工程费。

这样算出来的直接工程费总额与将来要发生的费用是基本符合的,如果施工方案是切实可行的,则所算出的费用可以控制该工程的总价(不包括待摊费用)。

计算出直接工程费的总额后,就可以把它分摊到各分项中去。分摊的办法有两种:一种是先按上述几个专业组分摊,然后逐步缩小,分摊到各分项细目;另一种是利用当地已有报价,或掌握的市场价格,经适当调整后试分摊,把分摊后的差额再次调整,直至完全符合为止。在分摊费用时对于主要项目还可用定额单价分析法或工序法计算校核。

目前,国内施工企业多采用定额单价分析法。在缺乏以往报价资料和经验的情况下,为了慎重起见,可先按定额单价分析法或工序法计算直接工程费,再按总价控制法计算直接工程费,两者进行比较后进行调整,确定最后报价。

3. 待摊费的计算

所谓待摊费用是指本工程项目实际发生的,但在工程量清单里没有列项的费用,投标报价时需要分摊在相关的分项工程单价里。这些费用包括:施工准备前期费用、施工现场管理费用、竣工后管理费用以及其他费用。

1)施工准备前期费用

工程项目在开工之前的准备工作费用主要包括以下几个方面:

(1)施工现场的五通一平费用。即进场临时道路费,应考察已有道路能否用,是否要修新的临时道路、施工便桥等,还应加上经常维护费用;施工现场通水、通电、通信、通气等费用;工程现场的场地平整与清理费用等。

(2)现场勘察及试验设施费。业主移交现场后,应进行的补充测量或勘测费用;标书中要求的工地试验设备及试验室建设费用,以及委托当地研究检验机构试验鉴定费用等。

（3）业主代表和监理工程师设施费。按招标文件要求，计算其办公、住房、车辆、检验等费用。

（4）承包人临时设施费。考虑承包人的员工生活、办公、卫生、仓库等设施费用，可按经验值计算。

（5）临时工程及脚手架和模板等费用。依据施工方案，考虑所需数量计算分摊。

（6）现场安全保卫设施及环保费用。按当地环境保护要求，以及安全保卫工作的需要计算。

（7）交通费及其他费用。考虑施工人员到工地的距离及交通工具费以及劳动保护费，意外情况、恶劣气候的人员闲置费等。

2）施工现场管理费用

施工现场管理费在国内编制工程概、预算时往往以直接费的百分率计算，在工程投标中所包含内容与标书工程量的分项有关，而且与工程规模、特点以及地区经济条件有关。用百分率取费的办法往往与实际偏离较大，特别是在竞争激烈，需要精打细算时更不适用。因而，在工程施工中，一般都要逐项据实计算。

（1）施工管理费

①施工管理人员费

包括项目经理部领导，主管工程测设、施工、试验、机械、财会、后勤的各种技术人员和服务人员的人工费，按配备数量、各自的工资和各种补贴以及福利费用计算。

②办公和生活设施、用具的购置或摊销费

凡属于固定资产的，按公司规定的固定资产管理办法摊销；属低值易耗品则一次摊销或部分摊销。

③办公费

除大项开支可单独计算（如电传机及线路租用费等）外，其他一般可按每人、每月定额费用计算。必要时加列差旅费。

④辅助生产费

主要包括测设、试验、机械维修、库房（配件等物资用）和警卫等，以及辅助生产项目的仪器、设备、机具、测设用具、用品和辅助生产人员费用。其中仪器、设备属固定资产的按固定资产摊销年限摊销；不够固定资产的耐用器具可酌情分摊；属消耗性的一次摊销。辅助生产人员只计入工人。管理干部已列入管理费，不再重复计算。

⑤其他直接费

包括维持交通，便道的修筑和维护，雨季施工、夜间施工附加费等。

⑥后勤车辆使用费

办公、生活用车（包括工地交通和对外联络）的车辆固定费用和运转费用。

⑦小型工具费

国内工程可参照预算编制办法开列；国外工程机械化程度高，小工具少，一般按人工数量适当估算即可。

⑧宣教文娱费

包括公用书报、文体用品、文体活动费，一般按固定工人人数估算。此项也可列入办公费内。

⑨招待费

包括日常接待和必要的宴请、交际费用。

（2）保险费

保险的种类很多,工程上要投保哪几种险,取决于标书中合同条件的规定以及项目所处的外部条件、工程性质和业主与承包人对风险的评价和分析。其中,合同条件的规定是主要因素,凡是合同条件规定的保险项目一般都是强制性的,其他的保险项目,承包人可以根据自己的分析和估计来决定是否投保。对于国内工程,需要考虑的保险主要有以下几项。

①工程一切险

工程一切险是一种综合性的保险,是对投保工程从开始到竣工移交整个期间的已完工程、在建工程,到达现场的材料、设备和物品,临时工程,现场的其他财产等的损失的保险。投保的金额应符合合同文件的规定,一般至少为投保范围的重置成本,保险费率通过与保险公司商讨确定。

②第三方责任险

第三方责任险是对工程施工过程中发生意外事故而引起的第三方损失的保险。投保的金额应符合合同的规定,通常合同都规定最低的保险额,投保时不得低于此数。费率与保险公司商定。

③施工设备保险

施工设备保险是对承包人已经运抵施工现场的施工设备因意外事故引起的损失或损坏的保险。投保的金额一般为施工设备的重置价值(原值减去折旧),费率与保险公司商定。

④人身意外险

人身意外险是对承包人在施工期间对其雇用的人员因施工引起的意外伤害的保险。投保的金额一般是根据有关的法律规定(如劳动法、社会安全法)确定。

以上保险费用,若已列入工程量清单单独报价,可不作为待摊费计算。

（3）税金

税金的计算应按工程项目实际情况确定,一般国际上税金包括:合同注册税、公司营业税、印花税及地方税、特别税等。国内工程包括的税金有:营业税、城市维护建设税、教育费附加等。

按照税法规定:建筑安装企业营业税的税率为3%,纳税基数为工程总承包额。若总承包人将工程分包或转包给他人的,以工程的全部承包额减去付给分包人或者转包人的价款后的余额作为营业额计税。城市维护建设税和教育费附加都是在营业税的基础上计算的,前者的税率按纳税人所在地的不同而不同,纳税人所在地在市区的:7%;纳税人所在地在县城、乡镇的:5%;纳税人所在地不在市区、县城和乡镇的:1%;后者的费率为3%。

（4）保函费及贷款利息

工程购买机械设备的资金利息已计入机械费用,计入待摊费用的只是流动资金贷款的利息,一般按其金额和占用时间计息。在计算所需流动资金时,应考虑有无工程预付款和材料预付款及其支付时间和数额等因素。从资金总需求量中扣除预付款作为流动资金部分。计算利率应视资金来源而异,内部贷款、银行优惠贷款和商业贷款利率有所不同,应据实计算。

保函费用包括投标保函、履约保函、预付款保函和保留金保函。保函费用的计算应分两部分考虑:第一部分为保函手续费;第二部分为损失利息,银行提供保函时,还要求承包人按保证金的20%~50%存入银行一笔资金,这笔款项不支付利息。保函手续费与保函金额和保函时间(按年计)成正比,一般为担保金额的0.2%~0.5%。投标保函和履约保函金额在投标时均有明确规定。预付款保函和保留金保函担保金额都是该款(金额)的全额。履约保函、预付款保函的金额可随着工程结算而递减,但手续费不变。保函时间一般是:投标保函为3~6个月,预付款保函和履约保函为合同规定工期(有的业主要求适当延长,以便一旦工期拖延时仍然有效),保留金保函的有效期为规定工期加缺陷责任期。

（5）投标费用

投标人员的差旅费、工资及经营活动费、购买招标文件及资料费、调查咨询费等可列入管理费之中。

（6）其他费用

如聘请当地代理人酬金，法律顾问、会计师、审计师等费用。

3）竣工后管理费用

工程项目竣工移交后，承包人还要对缺陷责任期内的工程缺陷修复工作负责。因此，还应计算缺陷修复、维修养护、管理人员及机具设备的费用。

招标项目竣工后，缺陷责任期内的缺陷修复与责任期长短和工程性质相联系，缺陷责任期长的费用多些，反之少些。承包人只负责维修由于质量不好引起的损坏，而不负责因特殊气候或外界原因（如水毁或行车事故冲撞）引起破坏的费用。因而，质量较高的永久性结构（如钢筋混凝土桥涵，高级沥青路面）维修费用相对较低，而低级公路（如砂石路）需要经常的养护，费用比较高。其费用可用定额估算，如需配备多少人和机具，或按每月或每季需多少人次、机次、材料计算，也可按直接工程费的比率计算，一般为直接费的 0.2%。

4）其他费用

其他待摊费用可按不同的比例，分摊入工程数量清单的各细目价格之中。它主要包括以下几个方面内容。

（1）总部管理费

除工地现场管理费外，为保证工程的实施与市场的开拓，承包人的公司总部和国外驻地机构也要进行协调和组织管理，总部要提取一定比例的管理费，一般为总价的 3% ~ 10%，具体比例由各企业自行规定。

（2）利润

利润要根据市场竞争和企业的投标策略而定，一般可按总价的比率预计一利润值。由于市场竞争的激烈，国际工程承包的利润率常控制在 2% ~ 10% 之间，国内工程宜控制在 3% ~ 5% 范围内。也有些施工企业不惜采用"无利润标价"，只按工程成本报价，靠中标后的工程分包以及向业主索赔等手段获利。

（3）物价上涨费

对于大型的土木工程合同，若工期较长，合同条件中又无调价条款，应当收集当地市场多年或近年的统计资料，通过分析，确定一个物价上涨指数，然后以市场当时的费用为基数进行计算。《公路工程国内招标文件范本》对于工期在 24 个月以上的合同，列有专门的调价条款，进行估价时，可以不考虑物价因素。

（4）降价系数和风险费

当承包人递交标书之前或评标过程，也可能中标后，业主可能会提出让承包人适当降价。这时，承包人若事先算标时考虑了这一系数，就比较主动。风险费对于国际工程承包中应付偶然发生的事故和风险是非常必要的。具体数量多少应结合具体的工程项目去研究确定。

（5）融资成本费

工程承包中，常须承包人垫付一定的流动资金，或者到银行去贷一笔款，先维持工程开工和正常运转，待到获得付款后才慢慢周转起来。垫付或贷款的资金利息应全部计入工程成本。特别对于工程项目规模大、周期长又无预付款的情况，其垫付或贷款的利息是一笔相当可观的数目，投标报价时应注意具体计算与分析。

4. 标价的分析与评估

在确定了直接工程费和平均分摊系数,初步计算出标价之后,应对标价进行多方面的分析和评估,其目的是探讨标价的经济合理性,从而做出最终报价决策。标价分析包括单价分析与总价分析。单价分析就是对工程量清单中所列分项单价进行分析和计算,确定出每一分项的单价和合价,分析标价计算中使用的劳务、材料、施工机械的基础单价以及选用的工程定额是否合理,是否符合拟投标工程的实际情况。同时,应根据以往本企业的投标报价资料进行对比分析,合理确定投标单价和总报价。

标价的分析评估可以从以下几个方面进行。

1) 标价的宏观审核

标价的宏观审核是依据长期的工程实践积累的大量的经验数据,用类比的方法,从宏观上判断初步计算标价的合理性。

(1) 首先应当分项统计计算书中的汇总数据,并计算其比例指标。

(2) 通过对各类指标及其比例关系的分析,从宏观上分析标价结构的合理性。例如,分析总直接费和总的管理费比例关系,劳务费和材料费的比例关系,临时设施和机具设备费与总的直接费用的比例关系,利润、流动资金及其利息与总标价的比例关系等。承包过类似工程的有经验的承包人不难从这些比例关系中判断标价的构成是否基本合理。如果发现有不合理的部分,应当初步分析其原因。首先研究拟投标工程与其他类似工程是否存在某些不可比因素,如果考虑了不可比因素的影响后,仍存在不合理的情况,就应当深入分析其原因,并考虑调整某些定额或分摊系数。

(3) 探讨上述平均人月产值和人年产值的合理性和实现的可能性。如果从本企业的实践经验角度判断这些指标过高或过低,就应当考虑所采用定额的合理性。

(4) 参照同类工程的经验,扣除不可比因素后,分析单位工程价格及用工、用料量的合理性。

(5) 从上述宏观分析得出初步印象后,对明显不合理的标价构成部分进行微观方面的分析检查。重点是在提高工效、改变施工方案、降低材料设备价格和节约管理费用等方面提出可行措施,并修正初步计算的标价。

2) 标价的动态分析

标价的动态分析是假定某些因素发生变化,测算标价的变化幅度,特别是这些变化对利润的影响。

(1) 工期延误的影响

由于承包人自身的原因,如材料设备交货拖延、管理不善造成工程延误,质量问题造成返工等,承包人可能会增大管理费、劳务费、机械使用费以及占用的资金及利息,这些费用的增加不可能通过索赔得到补偿,而且还会导致误期赔偿。一般情况下,可以测算工期延长某一段时间上述各种费用增大的数额及其占总标价的比率。这种增大的开支部分只能用风险费和利润来弥补。因此,可以通过多次测算,分析工期拖延多久利润将全部丧失,从而得出可行的补偿费。

(2) 物价和工资上涨的影响

通过调整标价计算中材料设备和工资上涨系数,测算其对工程利润的影响。同时切实调查工程物资和工资的升降趋势和幅度,以便做出恰当判断。通过这一分析,可以得知投标计划利润对物价和工资上涨因素的承受能力。

（3）其他可变因素影响

影响标价的可变因素很多,而有些是投标人无法控制的,如贷款利率的变化、政策法规的变化等。通过分析这些可变因素的变化,可以了解投标项目计划利润的受影响程度。

3）标价的盈亏分析

初步计算的标价经过宏观审核与进一步分析检查后,可能对某些分项的单价做必要的调整,然后形成基础标价,再经盈亏分析,提出可能的低标价和高标价,供投标报价决策时选择。盈亏分析包括盈余分析和亏损分析两个方面。

盈余分析是从标价组成的各个方面挖掘潜力、节约开支,计算出基础标价可能降低的数额,即所谓"挖潜盈余",进而算出低标价。盈余分析主要从下列几个方面进行:

（1）定额和效率,即工、料、机械台班消耗定额以及人工、机械效率分析;

（2）价格分析,即对劳务、材料设备、施工机械台班(时)价格三方面进行分析;

（3）费用分析,即对管理费、临时设施费等方面逐项分析;

（4）其他方面,如对流动资金与贷款利息、保险费、维修费等方面逐项复核,找出有潜可挖之处。

考虑到挖潜不可能百分之百实现,尚需乘以一定的修正系数(一般取 0.5 ~ 0.7),据此求出可能的低标价。

$$低标价 = 基础标价 - 挖潜盈余 \times 修正系数$$

亏损分析是分析在算标时由于对未来施工过程中可能出现的不利因素考虑不周和估计不足,可能产生的费用增加和损失。主要从以下几个方面分析:

（1）人工、材料、机械设备价格;

（2）自然条件;

（3）管理不善造成质量、工作效率等问题;

（4）建设单位、监理工程师方面问题;

（5）管理费失控。

以上分析估计出的亏损额,同样乘以修正系数(取 0.5 ~ 0.7),并据此求出可能的高标价:

$$高标价 = 基础标价 + 估计亏损 \times 修正系数$$

五、投标报价策略

报价策略是投标单位在激烈竞争的环境下为了企业的生存与发展而可能使用的对策,报价策略运用是否得当,对投标单位能否中标并获得利润影响很大,常用的投标策略大致有如下几种:

（1）进入市场标。将本项目投标作为本企业进入该市场的首选机会,尽可能利用企业已有施工设备,适当添置新型设备,制订切实可行的施工组织方案,以保本或微利报价,力争中标,为开发该市场打下有利基础。

（2）后续项目标。考虑到该项目与本企业即将完工的项目邻近,工程内容亦比较接近,可以充分利用即将退出在建项目的施工设备和人员,发挥熟悉市场,减少迁移费用,减少资金投入的优势,可以以低成本报价,力争中标。

（3）试探性标。考虑到工程难度比较大,须增添大型设备,资金投入比较多,风险比较大。为进一步摸清市场行情,决定参加投标。编标时应考虑各种有利、不利因素,以合理价格投标。

以上战略主要是从企业市场营销的角度考虑,在确定最终报价时,还应根据自身情况和需要、市场竞争程度、本工程的实际情况,综合考虑各种因素后,研究和分析投标报价的具体战术和方法,以便从宏观把握、微观入手去解决问题,做出决策。

依据国际工程承包的经验与方法,常用的报价战术和方法有以下几种。

1. 不平衡报价法

所谓的不平衡报价是相对于通常的平衡报价而言的。平衡报价法是将间接费和利润等费用平均分摊到各工程细目的单价中,即按某固定的比例分摊。不平衡报价法与此相反,它是指在不影响总报价水平的前提下,将某些项目的单价定得比正常单价高一些,而将另一些项目的单价定得比正常单价低一些,在保证报价具有竞争力的前提下,获得最大收益。就时间而言,不平衡报价法有早期摊入法、按量摊入法、递减摊入法、递增摊入法和平均摊入法等。

1)早期摊入法

即将投标期间的各项开支、投标保函手续费、工程保险费、部分临时设施费、由承包人承担的监理设施费、施工队伍调遣费、管理费、利润、税金等待摊费用多摊一些在早期完成的分项工程单价中,少摊一些在后期完成的分项工程单价中。这样报价,有利于承包人尽早收回成本或减少周转资金。

采用这种方法必须注意施工技术方案和施工顺序安排是合理可行的,预计工程量不会发生大的变化。实际中,若施工顺序发生变化或前期工程量大减,后期工程量大增,则可能会造成亏损。

2)按量摊入法

根据预测的工程量增减趋势分摊费用。通过现场考察,认真阅读图纸并仔细核算工程量,预计今后工程量会增加的项目,分摊费用多一些(单价适当提高);工程量可能减少的项目,分摊费用少一些(单价适当降低)。

3)递减摊入法

将施工前期发生较多而后逐步减少的一些费用,按逐步减少分摊比例的方法分摊到各分项工程中,这些费用有履约保函手续费、贷款利息、部分临时设施费、管理费、业务费等。这种方法与早期摊入法相比,分摊的数量较为均匀,单价不会产生太大的不平衡。

4)递增摊入法

其方法与递减摊入法相反,这些费用有物价上涨费等费用。当承包人预测物价上涨率在施工后期较高甚至超过银行利率时,可采用此法。这种方法同样适用于允许调价的合同。

5)平均摊入法

即将费用平均分摊到各分项工程的单价中。这些费用有意外费用、利润、税金等费用。

[例7-8] 某单价合同中,A、B两个工程细目,业主提供的工程量和预计的工程量见表7-36,相应的平衡报价和不平衡报价也列在表7-36中。

工程量及报价表 表7-36

工程项目	工程量(m³)		单价(元/m³)	
	业主提供	投标者预计	平衡报价	不平衡报价
A	4 300	33 000	85.00	76.50
B	3 500	4 000	120.00	132.00

利用平衡报价,A、B 两个工程细目的总报价为:
$$4\,300 \times 85.00 + 3\,500 \times 120.00 = 785\,500.00(元)$$
不平衡报价,A、B 两个工程细目的总报价为:
$$4\,300 \times 76.50 + 3\,500 \times 132.00 = 790\,950.00(元)$$
二者之差:
$$790\,950.00 - 785\,500.00 = 5\,450.00(元)$$

为了确保报价具有竞争性,应消除这一差价。因而,重新调整 B 项目的单价,以使总报价不变。调整后,B 项目的单价为 130.44 元/m^3。合同实施中,投标者可额外获得的收益为:
$$(3\,300 \times 76.50 + 4\,000 \times 130.44) - (3\,300 \times 85.00 + 4\,000 \times 120.00) = 13\,710.00(元)$$

事实上,由于工程设计深度不够,或其他多方面的原因,业主提供的某些工程数量往往不够准确,投标者通过仔细阅读分析设计图纸和现场踏勘后发现,运用不平衡报价法就可获益。

不平衡报价方法在运用时,要注意单价的不平衡幅度一定要控制在合理范围内,一般控制在 5%～10%,以免引起业主反对,甚至导致废标。如果不注意这一点,有时业主会挑出报价过高的项目,要求投标者进行单价分析,而围绕单价分析中过高的内容压价,以致投标人得不偿失。

2. 降价系数法

这种方法主要是用降价系数来调整最后总报价。在最初填写工程量报价单的分部分项工程单价时,都预先设定降价系数,在最后的投标致函中,可以现场决策,提出某一降价指标。

采用降价系数法的优越性表现在:在最终审核已编好的投标书时,若发现个别错误可用降低系数进行弥补,以免重新算标;在递交标书的最后时刻,还可用降价系数法确定最终报价,而不用全部修改报价单;因最终降低价格仅由少数人知道,可以保密。

3. 灵活细目的区别报价法

在公路工程的招标过程中,一般对于计日工、暂定工程都有单列报价的栏目,对于这些细目的报价可灵活区别对待。

对于暂定工程,业主一般有一笔暂定金额来单独支付。承包人可根据招标文件要求来报价。若该项报价不计入合同总价,投标时可将暂定工程部分的单价适当提高;若该项报价也计入总报价,则要慎重对待。

一般招标文件中,要求投标者列出计日工的人工、材料和机械台班的单价,这种单价一般不计入投标总价或给出的工程数量为名义工程量,实际中用于支付零星用工费用,因此,可适当提高报价,以便使用时获得较多利润。

第五节　电子计算机编制造价简介

公路工程造价的编制是一项极为繁琐而又复杂的计算工作,费时费力。为了提高效率,近年来公路设计施工部门已广泛推广应用电子计算机,编制一定的计算程序,按照程序和表格形式要求即可编制并打印出造价文件。

实践表明,应用计算机编制造价,具有以下几方面的优点:

(1)速度快、效率高,使造价编制人员摆脱了繁琐的手算工作,从而使造价编制人员有更多的时间进行工程经济分析;

(2)使用统一的电算程序,使计算方式、定额套用执行有关规定的口径一致,只要数据和输入正确,结果就无误;

（3）计算项目完整、数据齐全、文件漂亮；

（4）储存及时，修改方便。

下面简要介绍公路工程造价编制软件"XJTW2008"。

公路工程造价编制软件"XJTW2008"（以下简称"XJTW2008"）由原交通部公路工程定额站委托开发，中国公路勘察设计协会监制，用于公路、桥梁建设工程的概算、预算、工程量清单预算及报价文件的编制。

软件可在工程建设的不同阶段，编制公路工程概算、预算、施工招投标清单预算及报价的完整文件及辅助概、预算审核。

软件为多项目管理系统，可进行多项目管理。在每一项目中，用户根据需求建立多个单价文件，多个分段，进行多个分段的汇总。

软件具有方便的全部原始计算数据的输入功能，既可采用当前流行的人机交互式界面输入、编辑，也可采用高效快捷的文本文件或 Excel 文件导入。通过软件的导入或导出功能，可将系统中单价、费率、补充定额、项目分段数据文件等完整地导入或导出，生成系统数据包或全部原始计算数据的文本文件或 Excel 文件。

一、系统运行环境

1. 系统硬件平台

处理器：奔腾 600 以上；

显示器：分辨率 800×600 以上；

内存：512 兆以上；

硬盘：4G 以上。

2. 系统软件平台

操作系统：Windows 98、Windows 2000、Windows XP、Windows NT、Windows 2003。

二、系统设计依据

《公路工程基本建设项目概算预算编制办法》（JTG B06—2007）

《公路工程概算定额》（JTG/T B06-01—2007）

《公路工程预算定额》（JTG/T B06-02—2007）

《公路工程机械台班费用定额》（JTG/T B06-03—2007）

《公路工程国内招标文件范本》（交公路发［2003］94 号）

三、系统功能及使用方法

1. 系统主要功能

（1）多项目管理功能；

（2）工料机预算价格计算功能；

（3）费率编制功能；

（4）补充定额输入、管理功能；

（5）项目分段造价编制功能；

（6）项目汇总功能；

（7）概预算审核功能；

（8）原始计算数据文本导入导出功能；

（9）原始计算数据 Excel 导入导出功能；

（10）报表打印输出功能；

（11）报表电子文档（Excel）输出功能。

2．多项目管理

系统主菜单包括：项目管理、显示（工具栏管理）、数据管理、系统维护、帮助五部分。其中项目管理又分为：项目分类管理和项目文件管理。

项目管理的功能包括：新建项目、删除项目、修改属性和项目编辑。其中项目编辑系统设有以下五种项目类型：项目概算（路线）；项目概算（独立大桥）；项目预算（路线）；项目预算（独立大桥）；清单预算。

项目文件管理功能包括：新建文件、删除文件、文件属性和文件编辑。

系统以管理多种类型文件的方式，实现多项目的管理。

3．项目文件管理

系统通过项目文件管理的新建文件、删除文件、文件属性、文件编辑等功能，实现以下文件管理：单价文件管理；费率文件管理；补充定额文件管理；分段文件管理；汇总文件管理。

4．项目汇总

5．报表输出

报表输出是系统主要的功能，它是根据《公路工程基本建设项目概算预算编制办法》中的报表格式要求来绘制和输出项目概算、预算、清单预算的所有报表。（包括所有基础数据和计算成果）可直接打印也可导出 Excel 文件。

"XJTW2008"系统提供概（预）算项目以下十八种报表：

（1）总（概）预算汇总表（01-1 表）

（2）总（概）预算人工、主要材料、机械台班数量汇总表（02-1 表）

（3）总（概）预算表（01 表）

（4）人工、主要材料、机械台班数量汇总表（02 表）

（5）建筑安装工程费计算表（03 表）

（6）其他工程费及间接费综合费率计算表（04 表）

（7）设备、工具、器具购置费计算表（05 表）

（8）工程建设其他费用及回收金额计算表（06 表）

（9）人工、材料、机械台班单价汇总表（07 表）

（10）建筑安装工程费计算数据表（08-1 表）

（11）分项工程（概）预算表（08-2 表）

（12）材料预算单价计算表（09 表）

（13）自采材料料场价格计算表（10 表）

（14）机械台班单价计算表（11 表）

（15）辅助生产工、料、机械台班单位数量表（12 表）

（16）综合费用计算表（04-1 表）

（17）建设项目基本数据选定表（附表 01 表）

（18）补充定额文件

6．清单预算输出清单

"XJTW2008"系统提供清单预算项目以下二十种报表：

（1）B 工程细目单价表

（2）C 专项暂定金额汇总表

（3）D 计日工汇总表

（4）E 工程量清单汇总表

（5）计日工劳务价格表

（6）计日工材料价格表

（7）计日工施工机械价格表

（8）工程细目单价构成分析表（14 表）

（9）建筑安装工程费计算表（03 表）

（10）综合费率计算表（04 表）

（11）人工、材料、机械台班单价汇总表（07 表）

（12）工程量清单计算数据表（08-1 表）

（13）分项工程预算表（08-2 表）

（14）材料预算单价计算表（09 表）

（15）自采材料料场价格计算表（10 表）

（16）机械台班单价计算表（11 表）

（17）辅助生产工、料、机械单位数量表（12 表）

（18）补充定额文件

（19）建设项目基本数据选定表（附表 01 表）

（20）综合费用计算表（04-1 表）

第八章　桥梁施工管理

施工管理是施工过程中一项十分重要和十分复杂的工作,它的目的是要保证工程按设计要求的质量、计划规定的进度和低于设计预算或合同包价的成本,安全、顺利地完成施工任务,也就是说要使施工工作进行得又快、又好、又省、又安全。

土建工程,特别是桥梁工程,受自然条件的影响特别大,其生产特点是产品的位置是固定不动的,而制造产品所需要的劳动力、机具、材料则是流动的;产品的生产周期长,而且多数产品是一次性的;生产程序和生产工艺因具体情况的不同,需要不断地调整和改变。因而施工管理工作比工厂生产管理工作要复杂困难得多,这就要求从事施工的人员给予足够的重视,必须在施工中随时掌握工程进展的实际情况和存在的问题,采用科学的管理方法,进行切实有效的工作,才能达到预期的目的。

第一节　计　划　管　理

施工计划管理是施工管理工作的中心环节,一切其他管理工作,都要围绕计划管理来开展。计划管理是通过编制计划、检查和调整计划等环节,反复循环进行的。

计划工作的开始是制订切实可行的计划,然后付诸实施。但即使经过充分调查研究后制订出来的计划,在执行过程中也不可能完全按计划实现。特别是桥梁工程受自然条件的影响大,其他客观情况的变化,也难于准确预测,所以计划的提前或拖后,几乎是不可避免的。因此,在执行过程中,要随时检查计划的完成情况,发现问题要及时采取措施解决,以保证计划实现;必要时应调整修改计划,使其切合新的客观情况。只有这样不断地反复进行管理,才能保证计划顺利完成。

一、概　　述

1. 计划管理的特点及基本方针

1)计划管理的特点

在开展一项活动之前,有针对性地制订一个计划,用以指导、调整和检验具体的行动,从而保证活动目标得以高效率地实现。对于桥梁工程施工管理而言,由于这项实践活动的特殊性,计划管理呈现出以下几方面特点。

(1)计划的被动性

由于施工计划受建设单位基本建设计划的制约,以承包合同确定施工任务的方式,使企业的施工计划缺乏应有的主动性;同时,目前推行的工程招标方法,施工企业能否中标,难以确定;又由于施工任务的复杂多变等因素,也造成施工计划的被动性。这就要求施工企业应积极收集信息资料,充分开展调查研究,加强预测,采用先进的计算机作为应变的辅助手段,提高计划编制质量,变被动为主动。

(2)计划的多变性

由于施工队伍流动性大,施工作业点多、线长、面广,加上施工条件的变化、设计的修改等不可预见因素较多,这就造成施工计划的多变性。因此,编制施工计划除了要积极可靠和留有余地外,还要迅速收集和分析变化的信息,及时调整计划,以便适应随时变化的新情况。

（3）计划的可检验性

施工完成后,只有达到了工程计划所规定的目标,计划工作才是有效的。工程管理目标包括时间、费用、质量和信誉四个方面,施工企业往往以时间和费用作为主要控制对象,而时间和费用计划包括许多作业和费用估算,是可定量评价和权衡的。因而,所编制的计划应具有可操作性和易检验性,这样才能发挥计划的指导和控制作用。即把每一项具体施工生产和经营活动与最终目标紧密联系起来,通过了解和分析施工全过程中每一个步骤、每一个环节的实施情况,就可推断整个工程最终的完成结果。

（4）计划的广泛性

施工组织设计中的进度计划,是以一个具体工程项目为对象按工程的开工与竣工日期来编制的,是具体的、局部的详细安排计划;而企业的整个施工计划,是以企业承揽的全部工程任务为对象,根据施工计划安排和应该达到的各项经济技术指标的要求来编制的,它不仅包含了施工组织设计中的进度计划,而且将影响施工进度的各个要素纳入其中,全面反映施工企业的经营管理目标,是范围更广、层次更高的行动计划。

2）计划管理的基本方针

计划管理的主体是人,计划管理的过程就是管理者意志的体现,因而,计划管理的效果在很大程度上决定于管理活动参与者的思想认识。为此,施工企业计划管理必须遵循以下基本方针。

（1）计划管理的科学性

施工计划应当运用现代管理科学的有关知识,充分利用过去取得的成功经验,把握好进度与造价、造价与质量、质量与进度这三个要素关系所具有的对立统一的特点,积极采用新技术、新工艺,坚持从客观实际出发,以施工生产的均衡性和连续性为具体控制要求,通过筛选及优化多个备选计划,从而最终确立实施计划。

（2）计划管理的严肃性

施工计划一旦批准,就成为施工单位必须履约的具有法律效力的合同文件之一,施工单位应严格执行,若要修改应按规定的程序进行。作为施工企业内部施工生产活动的依据,应该紧紧围绕工程管理统一的总目标,认真贯彻执行已定施工计划,保证各种计划前后上下相互衔接,形成连贯性,及时反馈实施情况,有效地调整和修改计划,始终保持计划管理的权威性。

2. 施工计划的种类和指标体系

1）施工计划的种类

按照不同的管理体制、施工对象、计划用途和要求,有不同类型的计划,很难有确切的分类。对于一般施工企业来说,经常编制的施工计划主要有以下几个类型。

（1）长远规划

长远规划是指施工企业在一个较长的时间内指导其生产经营、开拓市场、企业发展的总体构想文件。长远规划需要依据企业本身的经营性质、奋斗目标和公路建设的发展速度来制订,内容主要是有关企业生产发展的重大问题,如企业的发展方向、规模和速度、经营方针、新产品试制、科研项目、机械化施工水平、设备更新、技术发展水平,以及劳动生产率的提高水平、降低工程成本的措施、职工培训和文化生活福利设施的改进等。

（2）项目施工计划

项目施工计划是针对施工企业所承担的某一个独立工程项目而编制的计划。根据工程任务和施工企业所具有的施工能力,紧紧围绕时间和费用这两个中心,切实安排相关因素（如人力、设备和物资等）的实施顺序和分解后的任务目标,确定相应的生产、技术和经济等各项计划指标,并以此作为对企业的施工生产活动进行检查和考核的主要依据。

项目施工计划的主要内容有:建筑安装工程计划、机械化施工计划、劳动工资计划、材料供应计划、技术组织措施计划、降低成本计划、财务计划、附属企业及辅助生产计划等。

对于跨年度的项目施工计划,还应制订以年（及季度）为单位进行分解的施工计划,以确保项目计划的顺利执行。

（3）施工作业计划

施工企业为了落实年度或季度施工计划,应按较短的时间（月、旬、日）编制施工作业计划,将年度计划分解成具体的施工活动和操作内容,下达到各个生产环节（职能部门、施工队和班组）,以便于实施全员、全过程的目标责任制（经济责任制）管理。因此,它是通过对子项目进行控制来保证总系统目标得以实现的控制论思想的体现,是企业以工程项目为单位,按质、按量、按期完成年度计划的保证。

施工作业计划通常按月分旬编制,一般内容有:

①明确各项技术经济指标;

②施工项目,开工和竣工日期,工程形象进度,主要实物工程量、建筑安装工作量等;

③劳动力、机具、材料、半成品等的需用数量;

④技术组织措施计划。

2）经济技术指标

在施工计划中,对完成的任务、耗费的资源,以及相关因素（如时间、安全等）应有定性、定量的明确要求,即期望通过努力达到的目标和水平,称为经济技术指标。它是生产经营活动的规模、技术水平和经济效果等多方面管理目标的具体体现,它在企业生产经营过程中发挥着约束、监督和促进的作用。一般而言,它用各自独立而又相互联系的一系列具体的量化指标来综合反映企业的生产经营状况,这也就构成了企业的计划指标体系。

经济技术指标按其性质可分为两类:

（1）数量指标。它是计划期内企业生产经营应达到的数量目标,通常用绝对值表示,例如:工程项目及数量、建筑安装工作量、劳动工资总额、固定资产总额、流动资金总量、物资设备数量、降低成本额等指标。

（2）质量指标。它是计划期内企业生产经营应达到的效率指标。通常用相对值表示,例如,工程项目合格率、劳动生产率、机械利用率、成本降低率和利润等指标。

数量指标与质量指标是对企业生产经营活动的量和质两个方面的反映,它们是相互促进,相互制约的。例如,在增产不增人的情况下,产量的增长,必然反映着劳动生产率的提高和工程成本的降低。另一方面,数量指标是施工企业应当达到的起码要求,否则难于取得市场竞争中的社会信誉。而质量指标则是施工企业努力追求提高的核心,因为它直接关系到企业的经营效益和提高竞争能力。因而,确定合理、适用的指标数值,是编制施工计划的关键和重点。公路施工企业应建立的指标体系,如表 8-1 所示。

分类 \ 项目	生 产 指 标	劳 动 指 标	物 资 指 标	机械设备指标	财务成本指标
数量指标	工程项目及数量; 总产值; 新产品试制项目	职工总数; 生产工人数; 工程技术人员数; 管理人员数; 工资总额	物资消耗量; 物资储备量; 物资供应量	机械设备总能力; 平均能力与台数; 各类机械总功率; 日历台日数; 制度台日数	产品总成本; 利润总额; 固定资产总额; 流动资金总额; 生产费用总额; 财务收入与支出总额
质量指标	单位设备产量; 单位面积产值; 产品合格率; 产品优良率; 产品废品率; 合同履约率	劳动生产率; 单位产品工时定额; 工时利用率; 工人出勤率; 平均工资; 工人平均技术等级	材料利用率; 单位产品材料消耗定额; 废品回收率; 工具消耗定额	机械设备完好率; 机械设备利用率; 技术装备率; 动力装备率; 机械化程度; 机械效率	单位产品成本; 可比产品成本降低率; 百元产值流动资金占用额; 流动资金周转率; 资金利用率; 百元产值利润率; 成本利润率

二、施工计划的编制原则、程序和方法

计划的编制原则、程序和方法是编制者必须注重的三个方面。编制原则贯穿于编制程序和方法之中,它是编制计划的指导思想;而编制程序就是编制步骤在一般情况下应遵守的先后次序。在编制过程中,积极应用合理有效的编制方法和技巧,可以快速、优质、高效地完成计划编制工作,制订可靠、实用的能有效指导施工活动的计划。

1. 施工计划的编制原则

施工计划的编制,通常紧密围绕四个方面的问题来进行:计划应达到的目标、计划由谁实施、计划在什么时候执行、采用什么方法进行。为了使编制的计划高效、实用,一般应遵循以下原则:

(1)施工计划要以工程承包合同为依据,以提高经营效益和社会信誉为目标,提出相应的指标作为计划执行的检验标准。

(2)施工计划要与各项工程的施工组织设计中的有关内容相衔接,如施工顺序、进度安排、工期要求等。

(3)应以完成最终工程产品为企业生产活动的目标,防止片面单纯追求产值。既要讲企业效益,又要讲社会效益。要统筹安排计划项目和综合进度,保证建设项目配套施工;计划的工作量、工程量和形象进度指标要统一,并以形象进度为依据进行工作量和工程量的计算。

(4)安排施工计划应合理,努力实现施工的连续性和均衡性。施工准备工作的内容应列入计划,以便得到监督和保证;施工顺序、计划持续时间和间隔时间的确定要符合客观生产规律的要求。

(5)坚持实事求是的科学态度,在认真调查研究,摸清内部、外部条件的基础上,通过不断

的调整,搞好综合平衡。综合平衡是计划管理的核心,也是计划工作的基本方法,在编制施工计划时应着重解决好以下几方面的平衡:施工任务与生产能力的平衡;各项指标之间的平衡,如劳动生产率、任务指标和劳动力人数要相吻合,降低成本、提高劳动生产率和降低消耗指标要相吻合等;分清各个建设项目之间的主次关系,突出重点。

(6)计划指标要积极可靠,留有余地。所谓积极可靠,就是要尊重客观规律,充分利用一切有利因素,但不能满打满算,更不能将不可靠的因素列入计划;所谓留有余地,就是要尽可能地预见一些未定因素,防止指标过高而挫伤执行者的积极性。

(7)计划指标要明确具体,要有针对性,做到长计划、短安排,用短期计划保证长期计划,避免各类计划之间的脱节。

(8)为了在施工计划执行过程中,对工程进度进行适时检查、调整、优化与控制,应使用电子计算机,采用网络计划技术来编制实施性的作业计划。

2.计划的编制步骤

多数情况下,较为完善的计划分为五个步骤来制订。

1)确定目标

主要包括应完成施工项目的名称及其工程量、施工进度、竣工期限、承包费用、质量要求等。

2)计划准备

就是为编制计划摸清情况和准备资料。例如收集各种定额,分析设计、资源、加工、运输等方面的情况,并掌握有关的信息。准备资料,按照不同的把握程度可以分为三类:

①不能预料和支配的,例如气候条件的影响,事故的发生等。

②可能预料和支配的,例如劳动生产率,企业的竞争能力与水平,资源供应条件,物价波动幅度,新技术、新材料、新管理方法的应用等。

③可以预料和支配的,例如合同期限,现场条件,物资库存情况,劳动力及其补充来源,资金筹集途径等。

3)计划草案

各项计划往往存在多个可行方案。为了使计划有可比性和选择性,应分别编制出具有一定可行性的计划草案,以供择优。

4)计划评价

对各个计划草案分别加以分析和评价,指出各个草案的优缺点、现实性和相关经济指标。

5)计划定案

在各计划草案经过分析评价之后,即可通过决策,最后选择和确定一个方案,作为正式计划,付诸实施。

3.单位工程施工进度计划编制方法

单位工程施工进度计划的任务,是确定单位工程中各工序的施工内容、作业顺序和时间,并使工序任务及其要求的作业时间,与完成任务所需的主要资源(人力、设备和物资等)联系起来,以指导和控制单位工程在规定期限内有条不紊地完成。因而可以说,该计划是局限于在规定时间内以完成一定的工程量为目的的。编制方法可概括为下述四个步骤:

(1)划分工序,确定各工序间的先后施工顺序,并计算工程量,确定各工序的作业持续时间。

(2)组织施工工序组合,并划分施工段。由于单位工程所包含的工序数目很多,在编制施工进度计划时要确定各工序间的相互衔接关系,并按施工工艺要求划分若干施工段。

（3）编制单位工程施工进度初始计划。根据工序的划分和相互之间的逻辑关系,以及工序作业持续时间,施工段的划分和劳动组合,就可以编制初始进度计划。编制计划时可先按分部工程分别编制,然后汇总综合,形成单位工程全部进度计划。

（4）综合平衡、审查与调整。初始进度计划形成以后,首先要分析计划工期是否超出总进度计划所规定的工期,如果超过,就要缩短有关工序作业时间,使计划作业时间符合工期规定的要求。其次,要对资源需求量进行审查,检查施工单位的劳动力和物资的供应是否满足计划要求,如果不符合就要对计划作相应的调整。

4.运用网络计划技术编制项目进度计划

在计划管理中采用网络计划技术,就是把施工过程中的各有关工作组成一个有机整体,全面而明确地反映出每一工序目标与所需条件(资源等)之间,以及各项工序(工作)之间的相互制约和相互依赖的关系,并进行各种时间参数计算,在工序繁多、错综复杂的计划中找出影响工程进度的关键工序(关键线路),以便管理人员集中精力抓住施工中的主要矛盾,确保项目按期竣工。同时,通过网络计划管理方法随时提供施工管理所需的信息,有助于管理人员做到心中有数,把握管理重点,合理地组织施工,适时地对工程进度进行检查、调整、优化与控制,产生动态控制的效果,从而保证在施工过程中的每一个环节上有效地控制施工成本。由此可知,运用网络技术进行计划管理,是对影响管理目标的多种因素(主要是资源、费用和时间)实行全面的及时的控制,即在一定的作用机制下,通过对原因(前提条件)的把握和控制,来保证实现预期的最终结果。

工程项目的含义,随施工内容和施工条件等具体情况的不同,而有较大的差异。但它们都具有这样的特点,就是在给定的条件下,为一次性地实现预期目标开展的一系列活动。这样的施工活动采用网络计划管理,既能充分发挥网络计划管理的作用,又为工程项目的实施提供了强有力的手段。

运用网络技术进行计划管理,可以分为编制准备、制订计划和调整控制三个阶段,下面分别予以介绍。

1）网络计划编制条件

（1）熟悉工程图纸,全面了解工程概况。

（2）收集工程的施工概(预)算等资料。

（3）调查有关的条件,包括人工、机械、材料、构成、配件、加工件等各种资源的供应条件,施工地理条件,气候条件等。

（4）合同工期及施工定额。

（5）明确施工方案及有关技术措施。

（6）了解施工队伍的组织状况,实际工效以及工人的施工操作习惯,施工单位的特长等。

2）网络计划分级编制与管理

根据我国现行的施工企业组织形式,企业的生产经营可以大致分为三个管理层次,最上层为企业经营决策层,居中为针对每一项目成立的经理部,其下是根据单位工程(或工序)划分的施工作业层。在此基础上,结合网络计划管理的特点,建立起以下四个级别的网络计划。

一级网络计划是公司总体资源投入计划,它以公司承担的各项目网络计划的关键线路为分支,以各项目上的关键控制点为节点而编制。其主要作用是安排公司施工力量在各项目上的衔接,控制公司总体施工力量的投入,并建立以总体资源网络计划的时差作为各项目资源储备的功能。

二级网络计划是施工项目的总体网络计划，以单位工程、主要分部分项工程为工序（常称"工作"）进行编制。在二级网络计划中应当明确地将该工程施工划分为若干阶段。二级网络计划是施工项目的目标性、指导性计划。

三级网络计划是指单项工程及月度网络控制计划，以分部、分项工程关键工序或大的施工程序为工序进行编制。三级网络计划是执行性计划，应当注意科学性和实用性。

四级网络计划也称看板网络计划，是指单位工程中的分部、分项工程或工序网络计划及旬、周看板网络计划。它以施工作业为主体，施工工序为基本要素，时间以日为单位来安排，在应完成的工程量与所需资源间建立起定量的联系。四级网络计划是操作性计划。

一至四级网络计划不是孤立的，它体现了宏观与微观、整体与局部、长期和短期的辩证统一关系，是自上而下层层制约、自下而上层层保证的关系。上一级网络控制计划是下一级网络计划的指令性控制计划和编制依据，下一级网络计划是上一级网络控制计划的具体分解和计划实施的保证。

3）网络计划的优化

网络计划优化的基本方法是利用时差，通过在项目内调配资源不断改善网络计划的最初方案，使之获得最佳的工期、最低的成本和对资源最有效的利用的过程。优化一般包括时间—资源优化和时间—成本优化两个方面的内容，前者是网络计划工作常用的方法。资源主要包括人工、资金、原材料、燃料、动力、设备、机具、外购件等。资源的投入量是工程进度快慢的主要因素，在一定条件下，增加投入的资源，可以加快进度、缩短工期；反之，则延缓工期。资源有保证，网络计划就能实现；反之，计划就会被打乱而失控。

三、施工计划的执行和调整

1. 计划执行中调整的必要性和控制原则

1）计划调整的必要性

无论采用什么方法编制的计划，都只是一种设想文件，当工程施工计划交付实施之后，通常都会在不同程度上受到计划实施条件的限制和影响。一个比较好的计划，因为考虑施工条件和各种变化因素的影响比较切合实际与周到，执行起来与实际出入较小。但再好的计划方案，由于在施工过程中资源的供应、工艺方法和气候等因素不可避免地会随机变化，必然造成执行原计划的困难或无效。因此，要发挥计划在工程施工过程中的指导和控制作用，及时、有效地调整施工计划是必需的。也就是计划的合理性和均衡性是相对的、有条件的，计划的滞后性和局限性是绝对的，只有对计划进行及时的调整，才能使计划适应客观条件的变化。否则，施工计划就丧失了实际意义。

2）计划控制的原则

施工计划管理分为质量、工期、成本和安全四大目标体系，四者之间相互依存，互为前提，辩证统一。而其中工期目标在保证其他目标前提下，往往显得更为重要和紧迫。因此，对施工进度的控制决定着管理目标的成败。

施工进度控制是由一个系统来完成的。在系统控制过程中，通过信息反馈，工程管理者将不断调整人力、财力、物资、机械等动态因素，适时纠正与目标发生的偏差，使系统向最优的工期目标逐步迈进。对于项目管理网络计划来说，就是在网络分析的基础上，计算时间参数，找出关键线路和控制点，并把握时差，利用各在建项目之间对生产要素需求的错落起伏，使企业有限的资源在施工项目之间合理流动,在动态中达到与项目需求的平衡。也即通过信息反馈、调度协调平衡、统计监督,不断地优化网络方案,用最少的时间来完成整个工程的预期目标。

3)计划控制的管理层次

经营决策层依据公司总体网络计划,监督检查项目管理层各二级网络计划的执行情况,根据检查结果对大的控制节点和总体战略布局进行调整,从企业整体效益出发,对项目所需要的人力、财力、物资、机械等动态因素进行动态平衡。

项目管理层应致力于质量、工期、成本的优化,在保证公司一级网络计划所确定的大主控点和战略布局不变的情况下,对本项目的二级网络计划进行检查、调整,达到项目系统内动态因素的最佳组合。

作业层应立足于每一项具体的施工生产活动,以项目经理部所确定的网络节点、三级与四级网络计划为指导,采取有效措施确保各个项目网络计划正点运行,并根据实际情况提出在本单位内部进行人力、财力、物资、机械的合理动态组合,努力实现节点目标。

2. 网络计划执行中常见的破网原因

在项目实施过程中,由于施工项目的复杂性和外界因素的不断变化,工程进度和工期目标发生偏差是难免的,因而网络计划的某些节点出现时间延误,称为破网。通常,网络计划执行过程中破网的原因有以下几种:

(1)施工执行过程中接到上级通知,工程的竣工日期需要提前或延迟。

(2)编制计划时考虑不周,在施工过程中发现漏项或不合理布置,必须在网络计划中增添、减少或更换某些工作。

(3)施工执行过程中发生质量事故,需待处理事故后才能继续施工。

(4)设备、材料、施工图纸等供应误期,或设计变更,与之有关的工作需待设备、材料、施工图纸等到达后才能施工。

(5)施工过程中气候条件发生突然变化(如出现洪水、台风、暴雨、寒流等),与之有关的作业,为了确保工程的质量及施工作业安全,必须在气候变化之前或之后完成。

(6)动态因素组合不合理,造成实际进度与计划进度发生差异,必须调整网络计划。

3. 网络计划执行中的检查

网络计划在实施中要随时掌握实际施工进度情况,对照计划判断施工进展的快慢和施工效益的优劣,分析计划提前或滞后的主要原因,为采取相应的措施或补救办法,调整计划提供依据。其检查方法一般采用跟踪检查和定期检查两种形式。

1)跟踪检查

对实际施工进度进行跟踪检查,是项目管理层实施计划管理的主要方法,一般应记录以下内容:

(1)各项工作的实际作业时间;

(2)各项工作的实际开始和结束日期;

(3)可以将已完成的工作在图上画成不同的颜色或用斜线表示,以便与未完成的工作相区别,这样从网络计划图上可以看出哪些已完成,哪些待施工;

(4)随着工程的进展,绘制实际进度网络图,有助于计划工作的总结和资源的积累。实际进度网络图宜采用时标网络图的形式,以便反映出日历日期,并把造成工期延误的原因都标记在网络图上。这为统计分析、总结施工经验提供了必要的信息。

2)定期检查

网络计划的定期检查是监督计划执行情况的最有效的方法。具体做法可分为下述几方面：

(1)对四级网络计划的动态执行过程采用"实际进度前锋线"，反馈到网络进度图上。即在网络计划图上，将定期检查时各工序实际进度到达点用直线连接起来，得到"实际进度前锋线"，观察该线与日历日期线的前后关系，则可直观地判断各工序的提前和滞后情况。这种方法不仅体现了网络图的逻辑性，也反映了时间进度的直观性。突出显示前锋线波动的情况，可以作为衡量计划执行质量的一个标志。对前锋线进行分析，可以对进度计划进行有效的预测。

(2)调度工作是实现计划的重要环节，应始终以确保关键路线、关键控制点正点到达为目的。为此，应建立调度信息系统，实施"施工现场调度周报"联系制度，形成纵横交错的调度网络，将所有资源在各工序间的流动情况及时反映出来。项目管理层应将现场情况每周(或月)按规定的内容以报表形式定时向公司反馈信息。

(3)建立月计划执行情况定期检查制度。作业层应将所承担的各个项目工程形象完成情况，按照公司每月下达的考核形象进行跟踪自检，并将检查情况分别报送公司和各有关项目部。项目管理层对承担该项目施工的作业层进行实际进度的跟踪检查，并将检查结果反馈给公司。

(4)作业层向管理层和决策层同时反馈信息，管理层也向决策层反馈信息。

(5)经营决策层分别对管理层和作业层计划的实施情况进行实地检查，对可能影响关键线路运行的各种问题进行预测，分析原因，及时采取控制对策预先控制。

4. 网络计划执行中的调整

网络计划调整的目的，是根据实际进度情况，对网络计划及时做出有效的修正，使之适应变化了的实际情况，保证网络计划目标的顺利实现。对网络计划调整的具体方法，一般可以从下述几个方面进行：

(1)完善关键线路，缩短施工时间。关键线路上任何一项工作的持续时间缩短或延长，都会影响整个工程的进度，它是进度检查与调整的重点。为了达到既缩短工期又实现成本增加最少的目的，同时又能与一定资源相适应，必须在关键线路上寻找最有利的工作进行调整，以达到合理控制的效果。

(2)改变施工方法，采用新技术、新工艺、新材料，加快技术革新、技术改造步伐。在资源可以保证的条件下，也可采取增加人力和机械等多种措施，来缩短关键线路上某些工作的作业时间，达到加快进度的目的。

(3)改变作业项目内的工序衔接关系，采用平行作业、流水作业等方法，以减少作业时间，从而缩短关键线路工期。

(4)对非关键线路上的工作进行调整。将非关键线路上使用的某些资源调往关键线路，延长非关键线路上某些工作的作业时间，只要不超过时差范围，则不影响整个工程进度，计划也就不必调整。如果调整超过了时差范围，则势必影响整个工程进度，关键线路就会转移，这时调整的方法与关键线路的调整相同。

(5)由于编制计划时考虑不周，或其他原因需要增减某些新工作时，就需要重新调整网络中各项工作的逻辑关系和检查网络编号，计算调整后的各时间参数、关键线路和总工期。

第二节 技术管理

一、技术管理的任务和内容

技术的含义很广,指操作技能、劳动手段、劳动者素质、生产工艺、试验检验、管理程序和方法等。任何物质生产活动都是建立在一定的技术基础上的,也是在一定技术要求和技术标准的控制下进行的。随着生产的发展,技术水平也在不断提高,技术在生产中的地位和作用也就越来越重要。

技术管理是指对企业的各项技术活动和施工技术工作的各要素进行决策、计划、组织、指挥、控制、协调、教育和激励的总称。企业的各项技术活动主要是指技术研究与开发,技术引进,技术培训,围绕工期、质量、成本而开展的一些技术分析活动。企业的施工技术工作主要是指:施工准备阶段的图纸会审、编制施工组织设计、技术交底、技术检查等项工作,施工阶段的各项技术措施、技术处理、技术核实、技术检查以及技术规程的实施等项工作。

1. 施工企业技术管理的任务

(1)正确贯彻国家和行政主管部门的技术政策,执行各项技术标准、规范和规程。

(2)研究、认识和利用技术规律,科学地组织各项技术工作,充分发挥技术的作用。

(3)建立良好的技术工作秩序,保证施工过程符合技术要求,不断提高工程质量。

(4)不断地开发新技术,促进企业技术进步,提高企业的竞争能力。

(5)努力提高技术工作的经济效果,使技术与经济有机地结合。

2. 施工企业技术管理的内容

1)技术基础管理工作

为实现技术管理的任务,创造技术管理的有利条件,必须做好技术管理的基础工作,包括技术培训、技术信息管理和标准化管理等。

2)建立技术管理制度

建立和健全各项技术管理制度是施工企业技术管理的一项中心工作。技术管理制度的作用是把整个企业的技术工作科学地组织起来,保证技术工作有目的、有计划、有条理地开展,以完成技术管理任务。

3)编制技术组织措施

技术组织措施是施工企业为了完成施工任务,加快工程进度,提高产品质量,降低成本,在技术上和组织上所采取的措施。企业应该把编制技术组织措施作为技术管理的施工保证,作为提高技术水平、改善管理的重要工作。

二、技术管理制度

施工企业的技术管理制度主要有技术责任制、图纸会审制度、技术交底制度、施工组织设计制度、材料及构件试验检验制度、工程质量检查和验收制度、工程技术档案制度等。

1. 技术责任制

技术责任制是适应现代化大生产的需要而建立起来的一种严格的科学管理制度,是企业技术管理的核心。它明确了各级技术人员的职责范围,使他们有职、有权、有责。

我国施工企业根据企业的具体情况,采用三级技术责任制,即总工程师、主任工程师、项目技术负责人,实行技术工作的统一领导和分级管理。各级技术负责人对其领导的施工技术管理部门负有业务领导责任,对职责范围内的技术问题有最后的决定权。

1)各级技术管理机构的主要职责

(1)在各自负责的范围内,做好经常性的技术业务工作。

(2)深入实际,调查研究,总结和推广先进经验,为顺利施工创造条件。

(3)向各级领导提供技术分析资料、技术情报、技术咨询、技术建议方案和技术措施,便于领导决策。

(4)检查下属技术部门和技术人员贯彻有关技术规定、制度、规程的情况。

2)企业总工程师和主任工程师的主要职责

(1)在经理领导下组织贯彻有关技术政策、标准规范、规程和制度。

(2)主持和负责企业技术发展规划和技术组织措施工作。

(3)领导和参与施工组织设计工作。

(4)参与审查设计和引进技术的考察和谈判。

(5)主持技术会议,处理重大技术问题。

(6)管理质量、安全工作。

(7)领导技术革新和技术开发工作并审定。

(8)处理工程中的重大技术问题。

(9)负责企业的技术培训和技术人员的使用,以及技术档案和情报工作。

3)项目技术负责人的主要职责

(1)直接领导施工员、技术员及有关职能人员的技术工作。

(2)负责贯彻执行技术法规、标准和上级的技术决定,制定施工项目技术管理制度。

(3)组织有关人员熟悉图纸,编制分项工程和单位工程的施工方案,组织按施工组织设计施工。

(4)向项目组织内有关人员进行技术交底。

(5)负责组织复查单位工程的测量定位、抄平、放线工作,指导作业队和班组的质量检查工作。

(6)审定施工技术组织措施计划并组织实施。

(7)参加隐蔽工程验收,处理质量事故并向上级报告。

(8)负责组织工程档案中各项技术资料的签证、收集、整理,并汇总上报。

(9)领导项目组织的技术学习,总结交流技术经验。

2.图纸会审制度

施工图纸是进行施工的依据。图纸会审是一项严肃、重要的技术工作,是施工单位熟悉、审查设计图纸,了解工程特点、设计意图和关键部位的工程质量要求的重要手段,图纸会审可及时发现和纠正图纸本身的错误,避免因盲目"按图施工"而导致的严重后果,影响正常的施工生产。

图纸会审必须有领导、有组织、有步骤地进行,一般由三方代表参加,即建设单位或其委托的监理单位、设计单位和施工单位。可由监理单位(或建设单位)主持,先由设计单位介绍设计意图和图纸、设计特点、对施工的要求,然后,由施工单位提出图纸中存在的问题和对设计单位的要求,通过三方讨论与协商,解决存在的问题,写出会议纪要,交给设计人员,设计人员将纪要中提出的问题通过书面的形式进行解释或提交设计变更通知书。

会审图纸的内容主要有：

（1）是否是无证设计或越级设计，图纸是否经设计单位正式签署。

（2）地质勘探资料是否齐全。如果没有工程地质资料或其他地质资料，应与设计单位商讨。

（3）设计图纸与说明是否齐全，有无分期供图的时间表。

（4）设计地震烈度是否符合当地要求。

（5）几个单位共同设计的，相互之间有无矛盾；专业之间及平、立、剖面图之间是否有矛盾；高程是否有遗漏。

（6）总平面图与施工图的几何尺寸、平面位置、高程等是否一致。

（7）防火要求是否满足。

（8）建筑结构与各专业图纸本身是否有差错及矛盾；结构图与建筑图的平面尺寸及高程是否一致；建筑图与结构图的表示方法是否清楚，是否符合制图标准；预埋件是否表示清楚；是否有钢筋明细表，如无，则钢筋混凝土中钢筋构造要求在图中是否说明清楚，如钢筋锚固长度与抗震要求是否相符等。

（9）施工图中所列各种标准图册施工单位是否具备，如无，如何取得。

（10）建筑材料来源是否有保证。图中所要求条件，企业的条件和能力是否有保证。

（11）地基处理方法是否合理。建筑与结构构造是否存在不能施工，不便于施工，容易导致质量、安全或浪费等方面的问题。

（12）工艺管道、电气线路、运输道路与建筑物之间有无矛盾，管线之间的关系是否合理。

（13）施工安全是否有保证。

（14）图纸是否符合监理规划中提出的设计目标描述。

3. 技术交底制度

技术交底的目的是使参与施工的人员熟悉和了解所担负的工程的特点、设计意图、技术要求、施工工艺和应注意的问题。施工企业应建立技术交底责任制，并加强施工检验、质量监督和管理，从而提高质量。

1）技术交底的要求

技术交底是一项技术性很强的工作，对保证质量至关重要，不但要领会设计意图，还要贯彻上一级技术领导的意图和要求。技术交底必须满足施工规范、规程、工艺标准、质量检验评定标准和建设单位的合理要求。所有的技术交底资料，都是施工中的技术资料，要列入工程技术档案。技术交底必须以书面形式进行，经过检查与审核，有签发人、审核人、接收人的签字。整个工程施工、各分部分项工程，均须做技术交底。特殊和隐蔽工程，更应认真做技术交底。在交底时应着重强调易发生质量事故与工伤事故的工程部位，防止各种事故的发生。

2）设计交底

设计交底由设计单位的设计人员向施工单位交底，内容包括：

（1）设计文件依据：上级批文、规划准备条件、人防要求、建设单位的具体要求及合同。

（2）建设项目所处规划位置、地形、地貌、气象、水文地质、工程地质、地震烈度。

（3）施工图设计依据：包括初步设计文件，市政部门要求，规划部门要求，其他有关部门（如绿化、环卫、环保等）的要求，主要设计规范，甲方供应及市场上供应的建筑材料情况等。

（4）设计意图：包括设计思想、设计方案比较情况及设计意图。

（5）施工时应注意事项：包括建筑材料方面的特殊要求，基础施工要求，主体结构设计采用新结构、新工艺对施工提出的要求。

3）施工单位技术负责人向下级技术负责人交底的内容

工程概况一般性交底；工程特点及设计意图；施工方案；施工准备要求；施工注意事项，包括地基处理、主体施工、注意事项及工期、质量、安全等。

4）施工项目技术负责人对工长、班组长进行技术交底

应按工程分部、分项进行交底，内容包括：设计图纸具体要求；施工方案实施的具体技术措施及施工方法；土建与其他专业交叉作业的协作关系及注意事项；各工程之间协作与工序交接质量检查；设计要求；规范、规程、工艺标准；施工质量标准及检验方法；隐蔽工程记录、验收时间及标准；成品保护项目、办法与制度；施工安全技术措施。

5）工长向班组长交底

主要利用下达施工任务书的时机进行分项工程操作交底。

4．材料、构配件试验检验制度

材料、构配件质量的优劣，在很大程度上决定了工程产品质量的好坏。正确合理地使用材料、构配件，是确保工程质量、降低成本、节约原材料的关键。因此，应该重视材料、构配件的试验检验工作。

凡用于施工的原料、材料、构件等物资，必须由供应部门提出合格证明文件。对那些没有合格证明文件或虽有证明文件，但技术领导或质量管理单位认为有必要时，在使用前应按规定程序进行抽查、复验，证明合格后，才能使用。

为了做好材料、构配件的检验工作，施工企业及各个项目经理部都应根据实际需要，建立和健全试验检验机构，配备试验人员，充实仪器设备。试验检验机构在各级主管工程师或技术部门的领导下，严格按照国家有关的试验操作规程进行操作，提出准确可靠的数据，确保试验检验工作的质量。

凡初次使用的材料、结构构件或特殊材料、代用材料，必须经过试验和鉴定，并制订操作规程，经上级技术主管部门批准后，才能正式用于施工或推广应用。

有关材料、构件、半成品等的合格证明文件或抽样检验报告，应列入技术档案资料，妥善保存。

5．工程质量检查和验收制度

工程质量检查和验收是检查评定工程质量的重要一环。在施工过程中除按有关质量标准逐项检查操作质量以外，还必须根据工程的施工特点，对隐蔽工程、结构工程和竣工工程进行工程产品验收。

1）隐蔽工程验收

所谓隐蔽工程是指那些在施工过程中上一工序的工作结果，被下一工序所掩盖，今后无法进行复查的工程部位。例如，基础工程、预埋的钢筋等。这些工程在下一工序施工以前，应由作业层技术员通知工程监理人员对隐蔽工程进行检查、验收，并认真办好隐蔽工程验收签证手续。做好隐蔽工程验收是保证工程质量，防止留下质量隐患的重要措施。

2）结构中间验收

它是在分部或单位工程施工过程中，经由监理工程师逐道工序检查认可的基础上，待该项工程完工后，再由项目经理部总工程师及时通知监理工程师，对工程质量进行全面检查和评定。

中间验收的内容包括：感官检查，即检查工程结构外观质量是否符合质量标准和设计要

求;各项工程技术鉴定,包括原材料试验、试块强度、隐蔽工程验收、技术复核、质量评定,必要时需进行实测或复验。中间验收合格后,须由双方共同签字留证。

3)竣工验收

工程竣工验收由建设业主、监理工程师和工程承包施工方共同组织,对所建项目进行全面的、综合的、最终的检查验收。验收的依据是承包合同和有关的通用工程质量验收管理办法及标准等。在交工过程中,若存在不合格的项目,应限期修复完工,到时再行验收,直至合格。竣工验收合格后,应评定质量等级,办理工程交接手续,存入技术档案,同时开放交通。这时,施工方应将工程使用管理权交还建设业主,但施工方仍负一定期限的保修职责。

6. 工程技术档案制度

为了给建筑安装工程交工后的使用、维护、改建、扩建提供依据,施工企业必须按建设项目及单位工程,建立工程技术档案。

1)技术档案的内容

施工企业工程技术档案的内容包括两部分:

第一部分是工程交工验收后交由建设单位保管的技术档案,主要有:竣工图和竣工项目一览表;图纸会审记录、设计变更和技术核定单;材料、构件和设备的质量合格证明;隐蔽工程验收记录;工程质量检查评定和事故处理记录;设备调试、试压、试运转等记录;永久性测量基准点的位置,建筑物和构筑物施工测量定位记录,沉陷、变形观测记录;主要结构和部位的试件、材料试验及检查记录;其他有关该项工程的技术决定。

第二部分是由施工企业保存的施工组织与管理方面的工程技术档案,主要有:施工组织设计文件;新结构、新技术、新材料、新机械的试验研究资料及其经验总结;重大质量安全事故分析及其补救措施记录;有关技术管理的经验总结;重大技术决定及施工日志;大型临时设施档案;为工程交工验收准备的资料。

2)工程技术档案的整理

工程技术档案的整理工作包括系统整理和目录编制。

(1)系统整理

系统整理是在全面收集工程技术档案的基础上,进行科学分类和排序。分类应符合技术档案归档要求,一般按工程项目分,使同一项工程的技术档案都集中在一起,以便于反映该项工程的全貌。在每一类下,又可按工程专业分为若干类,以便从专业角度查找。

(2)目录编制

编制目录应通过一定形式,按照一定要求,总结整理成果,揭示工程技术档案的内容和它们之间的联系,便于检索。

工程技术档案的建立以及材料的收集和整理工作应当从施工准备开始,直到交工为止,贯穿于生产的全过程中。凡列入技术档案的技术文件及资料必须如实地反映情况,不得擅自修改、伪造及事后补做。工程技术档案要经各级技术负责人正式审定后才有效,且必须严加管理,不得遗失、损坏,人员调动时要办理交接手续。

三、施工技术组织措施

施工技术组织措施是为了克服生产中的薄弱环节,挖掘生产潜力,保证完成生产任务,获得良好的经济效果,在提高技术水平方面采取的各种手段或办法。它不同于技术革新。技术革新强调一个"新"字,而技术组织措施则是综合已有的先进经验或措施,如节约原材料、保证安全、降低成本等措施。要做好技术措施工作,必须编制、执行技术组织措施计划。

1. 技术组织措施计划的主要内容

(1)加快施工进度方面的技术组织措施。

(2)保证和提高工程质量的技术组织措施。

(3)节约劳动力、原材料、动力、燃料的技术组织措施。

(4)推广新技术、新工艺、新结构、新材料的技术组织措施。

(5)提高机械化水平、改进机械设备的管理,以提高完好率和利用率的技术组织措施。

(6)改进施工工艺和操作技术以提高劳动生产率的技术组织措施。

(7)保证安全施工的技术组织措施。

2. 施工技术组织措施计划的编制

(1)施工技术组织措施计划应同生产计划一样,按年、季、月分级编制,并以生产计划要求的进度与指标为依据。

(2)编制施工技术组织措施计划应依据施工组织设计和施工方案。

(3)编制施工技术组织措施计划时,应结合施工实际,公司编制年度技术措施纲要,分公司编制年度和季度技术组织措施计划,项目经理部编制月度技术组织措施计划。

(4)项目经理部编制的技术组织措施计划是作业性的,因此在编制时既要贯彻上级编制的技术组织措施计划,又要充分发动施工员、班组长及工人提合理化建议,使计划有群众基础。

(5)编制技术组织措施计划应计算其经济效果。

3. 技术组织措施计划的贯彻执行

(1)在下达施工计划的同时,将技术组织措施计划下达到队长、工长及有关班组。

(2)对技术组织措施计划的执行情况应认真检查,发现问题及时处理,督促执行。如果无法执行,应查明原因,进行分析。

(3)每月底施工项目技术负责人应汇总当月的技术措施计划执行情况,填写报表上报、总结、公布成果。

四、施工企业的标准化管理

1. 标准和标准化的含义

所谓标准,是指为了取得最佳的经济效果,依据科学技术和实践经验,在充分协商的基础上,对经济技术活动中具有多样性和相关特性的重复事物,按一定的程序和形式颁发的统一规定。标准具有不同的级别,如国际标准、国家标准、部颁标准和企业标准等。标准具有不同的类型,如技术标准、生产组织标准和经济管理标准等。

所谓标准化,是指以制定标准和贯彻标准为主要内容的全部活动过程。

企业标准化是指把企业日常的大量性、重复性工作,通过少数化和基准化的方法加以简化,使企业经常活动达到效率化的行动过程。企业标准化通常是以改进企业生产经营管理、提高经济效益为目的,组织企业的有关部门和人员,对生产、技术和管理工作制定相应的标准,使企业的各项活动按照企业标准的规定进行。它是企业管理的基础工作之一。

2. 标准化研究的对象

依据标准的制定与贯彻的全部过程,标准化研究的对象有以下几个方面:

(1)研究各种类型的标准及标准体系。

(2)研究标准化的一般规律及实现标准化的科学方法。

（3）研究标准化的各种具体形式，如简化、统一化、系列化、通用化等。

（4）研究标准的制定、修订、贯彻执行、评价的特点和规律以及各类标准之间的关系。

（5）研究标准的管理及标准化的推进。

3. 企业的标准体系

施工企业标准化的对象包括招标投标、概算、预算、工程估价、承揽任务、规划设计、施工组织设计、技术研究与开发、全部施工过程以及竣工后的服务等方面。施工企业的基本标准体系构成见表8-2。

施工企业基本标准体系   表8-2

标 准 种 类	标 准 名 称
施工技术规程	1. 工艺规程 2. 操作规程 3. 设备维护和检修规程 4. 安全技术规程
施工技术标准	1. 建筑材料及半成品技术标准及相应的检验标准 2. 建筑安装工程施工及验收规范 3. 建筑安装工程质量评定标准
管理标准	1. 事务管理规程 2. 生产管理标准、规则
准标准	1. 便览、手册（如质量管理手册） 2. 设计要览、管理要览、工作要览 3. 技术图表、数据、式样

4. 企业标准化管理

为了加强企业的标准化管理，要建立一个专门的职能组织，如标准化领导小组，以进行诸如汇总标准、协调各部门之间的工作、教育与激励、研究与引进等活动。同时必须阐明企业的标准化方针，选择标准，完善资料数据，并在各部门中贯彻执行。还要促使标准化活动从以往的静态向动态转变，即转变为具有不断更新和留有选择余地的状态。在施工生产活动中，首先要重视制定标准，并将标准和管理标准的工作落实到日常业务之中。

在标准化管理中，应注意以下几个问题：

（1）技术标准应与工程和技术进步相适应。随着技术进步，不断调整和修订标准或另选其他相应标准，并建立定期的重新评价制度。

（2）应注意修订的标准与其他标准的关系，还要明确新修订标准的开始使用时期。

（3）建立分发、回收的标准管理制度，杜绝现时标准与过时标准相混杂的情况。

（4）做好日常标准化管理工作，如注意健全标准化管理制度，做好标准化工作计划，加强对标准资料的管理等工作。

第三节　质　量　管　理

一、质量管理及其原理

1. 质量的概念

1）质量

质量管理学的研究对象,简言之就是质量。什么是质量呢?国际标准 ISO 8402—1994 对质量做了如下定义:质量是指"反映实体满足规定和潜在需要的能力特性之总和"。

对于桥梁工程来说,质量可以理解为反映桥梁满足汽车行驶和行人通行所需要的能力特性之总和。

对桥梁工程质量的"规定需要",在合同环境中,工程业主应通过合同契约予以特定的明确规定;除此之外,"规定需要"还包括:

(1)标准化要求——有关国家、行业标准中的技术标准、规范、规程等明文规定的需要。比如《公路工程质量检验评定标准》、《公路工程竣工验收办法》等。

(2)法令、法规要求——如环境保护法等。

桥梁工程是由建设单位、设计单位、施工单位和监理单位等共同建造完成的建筑工程,它是用来满足汽车行驶和行人通行需要的。"需要"一般可转化为有指标的"特性"。"特性"是需要的定性与定量的表征,也是用户评价工程满足需要程度的质量特性、质量参数与质量指标系列。

由此定义引申,如果在质量一词之前冠以限定词,则可得出如下细化的质量概念:工程质量、施工质量与工作质量。

2)工程质量

工程质量的含义是工程满足规定需要和潜在需要的能力特性总和。工程的质量特性,就是帮助识别与区分工程的可描述与可度量属性。根据桥梁工程的特点,直接反映用户需要的真正质量特性包括:适用性、寿命、可靠性、安全性及经济性。但这些特性不能完全体现在设计和施工规范中,有的还难以直接定量表现。因而,在设计和施工过程中,把真正质量特性转化为可见的一些规范要求和技术参数,使之能够间接反映真正质量特性。这些规范要求和技术参数,称为代用质量特性。使用时,常常简称为质量。

3)施工质量

桥梁施工是桥梁工程产品的形成过程,也是工程质量形成的过程。根据工程质量的定义,施工质量可理解为,施工满足规定需要和潜在需要的特性总和。也可以说是施工的条件与活动满足要求的程度。通常所说的"工艺质量",就是施工质量的主要组成部分。由此可见,欲获得用户满意的工程,必须保持或不断改进施工质量。施工质量主要取决于施工所涉及的人员、机械设备、材料、方法、环境、测量等因素的质量,以及这些因素的有效组织、控制与协调的质量。它采用代用质量特性作为检验标准,也可称之为符合性质量。

4)工作质量

工作质量就是与质量有关的各项工作,对工程质量、施工质量的保证程度。或者说,与质量有关的工作在保证工程质量或施工质量上满足需要的程度。工作质量涉及各个部门、各个岗位的工作有效性。工作质量决定着工程质量和施工质量。然而,它本身主要取决于人的素质。所以,要想提高工作质量水平,必须反复、分层地进行人员的质量教育与技术培训。工作质量不能具体直观地表现,也难以定量地描述和衡量。但工作质量客观地存在于一切生产、技术、经营管理等各项活动之中,最终通过工程质量与经济效益综合体现出来。工作质量的衡量,可以通过工作标准,把"需要"予以规定,然后通过质量责任制度等,进行评价与考核。具体的工作质量标准,因不同部门、岗位而异,比如,施工现场工作质量可用返修率、一次交验合格率、废品率衡量,检验工作质量可用漏检率、错检率衡量等。

2. 质量管理与质量保证标准

国际标准化组织(ISO)于1979年9月在ISO理事会全体会议上通过决定成立质量保证技术委员会(TC 176),专门研究国际质量保证领域内的标准化问题,并负责制定质量体系的国际标准。经过近10年的努力,在1987年,国际标准化组织正式颁布了ISO 9000质量管理和质量保证系列标准。

ISO 9000系列标准一经发布,立刻得到了国际上的普遍欢迎,到1994年12月,已有75个国家和地区等同采用这个标准,我国也于1988年12月颁布了GB/T 10300系列标准,它等效采用ISO 9000系列标准。国际标准化组织汇集了各国的实施经验,总结了实际中遇到的问题,从1990年起对这些标准的结构、内容、要素和程序进行了认真的研究并进行了修订,于1994年7月1日正式公布了ISO 9000系列1994年版。我国也于1994年12月24日正式发布了等同采用ISO 9000标准94版的GB/T 19000—ISO 9000系列标准,并自1995年6月30日起正式实施。

1)GB/T 19000—ISO 9000系列标准的组成

(1)GB/T 19000—ISO 9000《质量管理和质量保证——选择和使用指南》。这是一个指导性标准,阐述了系列标准的结构和分类;阐明了五个关键质量术语的概念及概念之间的相互关系;规定了使用和选择质量体系标准的原理、原则、程序和方法。

(2)GB/T 19001—ISO 9001《质量体系——设计/开发、生产、安装和服务的质量保证模式》。

(3)GB/T 19002—ISO 9002《质量体系——生产和安装的质量保证模式》。

(4)GB/T 19003—ISO 9003《质量体系——最终检验和试验的质量保证模式》。ISO 9001、ISO 9002、ISO 9003为质量保证模式标准。这些标准适用于合同环境下的全部质量保证,为供需双方签订含有质量保证要求的合同提供了三种质量保证模式,同时也作为企业申请质量体系认证的认证标准。这三种标准适合于公路施工企业使用。

(5)GB/T 19004—ISO 9004《质量管理和质量体系要素——指南》。该标准为企业质量体系的基础性标准。它提出并阐述了企业质量体系的原理、原则和一般应包括的质量要素,具有高度的普遍性和指导性,是企业质量管理和质量保证体系的通用参考模式。

这五个标准组成了"质量管理和质量保证"系列标准。五个标准是互为关联、互相支持的有机整体。

2)系列标准的特点

ISO 9000质量管理系列标准具有以下四个方面的特点:

(1)标准的目的是提供指导,并不是质量管理工作标准化。企业可根据自身规模、特点,参照标准确定的原理、规律、程序开展工作,绝不可生搬硬套。

(2)标准是规范的补充。例如桥梁施工有一套较完整的施工技术规范,是应当首先执行的。如果规范的内容不够完善,则系列标准明确了企业质量管理的工作程序,作为对技术规范的补充,用以控制产品形成过程,保证稳定的合乎要求的产品质量。

(3)灵活应用,内容可以调整。不同性质的企业可以通过选择要素,组合出既符合质量管理原理,又适用于本企业条件的最佳状态质量体系。

(4)推荐性标准被法规或合同确定采用后就是"强制性标准"。GB/T 19000系列标准是一套推荐性标准。但是,在合同环境中,供需双方选定的标准模式一旦被合同条款采用,在确定的范围内就是必须执行的强制性标准,在该范围内具有法律约束力。

3）建立质量体系选用标准的途径

一个组织建立质量体系时,选用 ISO 9000 族标准中的哪一个呢? GB/T 19000 标准中给出了两种方式可供选择,这就是所谓的"管理者推动"和"受益者推动"方式。受益者是指供方组织的受益者,包括五个方面:顾客、员工、所有者、分供方和社会,供方的质量体系应考虑并满足这五方面的要求和期望。

（1）管理者推动

管理者推动是指供方的管理者从满足企业内部管理和自身发展需要去建立质量体系,由于最高管理者处于主动状态,质量意识强,积极性高,所建立的质量体系比较全面、完善。

管理者推动的具体作法是,根据市场需求和趋势做出预测,并根据发展的需要和自身的特点,参照 GB/T 19004 中适用的分标准去建立一个全面、完善和有效的质量体系,在受益者提出要求之前,作为一种预备性措施,然后组织根据自身的特点和市场需求,从 GB/T 19001 ~ GB/T—19003 中选择一个适用的标准,通过认证向顾客和外部受益者提供质量体系适宜性和有效性的证实。质量体系通过认证,提高了企业的信誉和竞争力,有利于增加其在市场中的份额。这样做可以考虑得比较全面,少走弯路。

（2）受益者推动

合同中顾客对供方的质量保证能力提出要求时,顾客在选择供方(或供方选择分供方),对供方(或供方对分供方)的质量体系进行评审时,或顾客要求供方的质量体系经过认证时,供方根据外部顾客和其他受益者的直接要求去建立和实施一个质量体系,这种方式称为"受益者推动"。

由于这种方式是站在外部受益者的立场上去建立质量体系,最高管理者处于被动状态,对搞好质量管理工作往往缺乏主动性和自觉性。

受益者推动的具体做法是,首先根据外部受益者的要求从三个质量保证模式标准中选择一个作为实施质量体系的主要依据,参照 GB/T 19004 中的适用分标准,使原来建立的质量体系更全面和完善。

不论是从"受益者推动"还是从"管理者推动"去建立质量体系,一个组织的质量体系只有一个。按"管理者推动"方式建立的质量体系,着眼于企业内部管理的需要,往往又叫作质量管理体系;按"受益者推动"方式建立的质量体系,着眼于满足外部质量保证的要求,往往又叫作质量保证体系。实际上,一个企业的质量体系只有一个,统称"质量体系"。

3. 施工企业贯彻 ISO 9000 族标准的意义

ISO 9000 族标准是产生于市场经济条件下的企业管理模式,是集世界先进管理经验之精华的具体表现。该标准以质量为主线贯穿于企业管理的始终,具体规定了企业从市场调研、工程投标、设计、施工准备等到交工后服务等工程质量形成的全过程中各环节的具体管理要素和逐项标准,为工程进行全过程的质量保证描述了一个现代化企业的高效率的内部管理模式。当今世界上的大型建筑公司无一不是采用这种管理模式,它是现代施工企业管理工作的最好导向,因此贯彻这项标准对施工企业有着十分重要的现实意义。

1）有力地促进企业建立现代企业制度

现代企业制度的核心是按照市场经济的基本原则重新塑造企业的产权制度,其基本含义是使企业能够拥有充分的权力支配由其经营的资产,具备独立承担财产责任的能力,并保证国有资产的保值增值。从现代企业内部产权结构应满足的条件看,在企业内部要形成一种可监督的产权结构,以形成企业内部的利益制衡机制,在产权制度上要保证所有权能对经营权实行有效的约束,同时还要解决所有者和经营者的行为合理性问题。这些工作的落脚点无疑要从企业外部和内部机制的两个方面进行。尤其是现代企业制度的一大特征就是在这种机制下,人的行为规范和企业的运行方式是处于一种严格的法制状态,不因个别人员的变动而发生动摇。ISO 9000 模式正好顺应了这种客观要求,从企业内部的日常管理运作上来保证和促进现代企业制度的实施,因此,ISO 9000 是符合现代企业制度的内部管理模式。

2)完善企业的项目管理改革

随着建筑市场的进一步开放,工程招标承包制和项目法施工的全面推行,致使施工企业的管理体制由过去的公司、处、队的三级直线职能式管理,向工程项目矩阵式管理体制转变,管理层次减少,管理重心下移。项目经理作为企业法人代表在工程项目上的全权委托人,集人权、财权、物权于一身,加上经理本人的素质所限,使企业如何加强项目控制,保证项目管理沿着健康的方向发展成为管理的核心问题。同时由于项目班子是一种弹性的、临时性的经济组织,它的管理、技术业务人员来源于企业内部各个层次,人员流动频繁,给企业内部劳动人事管理和业务基础工作的管理带来新的问题。这种新旧体制交错和经营机制的变革与摩擦需要一种新的企业管理思想、方法和手段。按照 ISO 9000 标准,企业可以建立质量管理体系,对项目管理形成一种规范化、标准化、程序化的管理模式,形成一种人员流动不断但管理机制照常运转的管理模式,这是对企业推行项目管理改革的最好推动。

3)增强企业的市场竞争力

工程招投标时,建设单位要对施工企业的资质进行审核评定。资质审核中不仅要审核其技术力量,还要审核工程质量的管理水平,具体地说就是要审核施工企业的质量体系,看其是否具有保证工程质量的能力。

质量体系认证是施工企业向建设单位证明其具有保证工程质量能力的有力证据。按照 ISO 9000 建立质量体系并使其有效实施是质量体系认证的基础。在国际经济技术合作中,特别是国际工程投标中,要求施工企业出示经过 ISO 9000 的质量体系认证已是国际上的一种惯用作法。因此,施工企业贯彻 ISO 9000 标准不仅是提高工程质量的需要,更是提高国际、国内市场竞争力的需要。

4)使全面质量管理工作向纵深发展

由于我国企业管理基础薄弱,虽然推行全面质量管理工作多年,但大多数企业尚处于全面质量管理的初级阶段,质量管理的一些概念混淆,基础工作薄弱,形式主义严重。

ISO 9000 作为国际性的质量管理和质量保证系列标准,是许多经济发达国家多年实践经验的总结,带有通用性和指导性。施工企业按照 ISO 9000 系列标准去建立、健全质量体系,可以使质量管理工作规范化、制度化,使全面质量管理工作建立在更踏实的基础上,因而可以促使全面质量管理工作向纵深发展。

二、施工企业质量管理体系的建立与运行

施工企业是社会经济生活中的细胞组织,其基本功能是向社会提供建筑产品。产品的质量关系到企业的生命。一个企业要在激烈的市场竞争中取得胜利,它所提供的产品应该做到:满足规定的需要、用途或目的;满足顾客(业主)的期望;符合适用的标准和规范;符合法律、法规、法令、环境、健康和安全以及能源和自然保护等方面的要求;价格具有竞争力并能及时经济地提供。

产品质量是企业各项活动的综合结果。在产品质量形成过程中,影响质量的因素很多,任何一个因素都会对产品产生或大或小的作用。施工企业为了实现在竞争中取胜的目标,必须建立质量体系,对影响产品质量的各项因素进行控制,以减少、消除和预防质量问题。建立质量体系是施工企业内部自身的需要,同时也可以使顾客(业主)了解企业,对其产品质量产生信任感。

质量体系是企业为实施质量管理职能而建立的由组织结构、程序、过程和资源组成的系统。根据 GB/T 19000—ISO 9000 标准的要求,企业质量管理体系的构成和运行如图 8-1 所示。

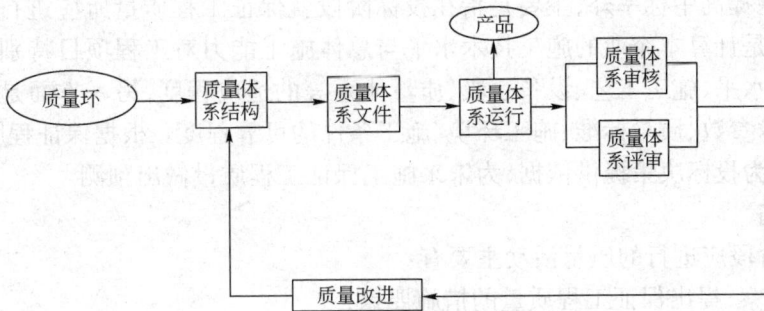

图 8-1　质量体系构成和运行

1. 分析质量环

任何产品的质量都有一个产生和形成的过程,要实现规定的产品质量,就必须加强产品质量形成全过程的控制或管理。为了便于实现控制或管理,需将产品质量形成的全过程分解为若干互相联系而又相对独立的阶段。根据施工企业的产品特点,分析产品形成过程,从中找出影响产品质量的环节或阶段,并确定每个阶段的质量职能,是施工企业设计和建立质量体系的第一步。

企业提供的产品大致可分为四大类,即硬件、流程性材料、软件和服务,不同类型产品的质量形成过程是不尽相同的,所以质量环也不完全一样。施工企业硬件产品的质量环见图 8-2。

1)市场调研

施工企业市场调研包括两个方面:一是开发性调研,二是回访性调研。这两个方面又是一个统一的活动,主要目的在于寻求确保和提高工程质量的最新信息和预测企业的未来质量对策。

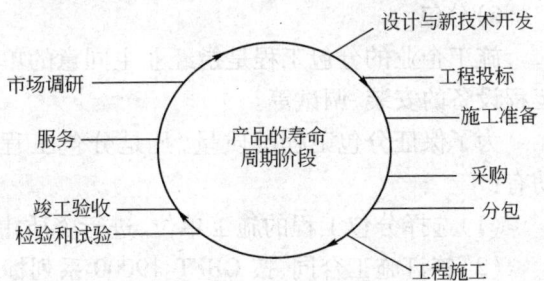

图 8-2　施工企业质量环

（1）开发性调研

开发性调研的内容包括:

①国家与国际上对建筑产品发展的趋向;

②国内外建筑市场对新设计、新工艺的需求与趋向;

③国内外同行业发展新技术、新工艺、新材料、新设备的成果与趋向;

④国内外建筑材料市场新材料、新设备的成果与趋向。

（2）回访性调研

回访性调研的内容包括:

①已交付使用工程的技术状态与工程质量状况;

②顾客(业主)对已交付使用工程的满意程度;

③顾客(业主)对工程质量新的要求与期望。

2)设计和新技术开发

设计和新技术开发包括工程设计质量、工程新结构、施工新工艺、新材料的开发和使用。其主要目的是通过新技术开发使企业的设计与施工技术水平达到国内外领先地位,确保和提高工程质量,不断增强企业的竞争实力。

3)工程投标

投标质量除提高中标率外,主要是指在投标阶段就保证工程质量所应进行的活动。活动的内容,一方面是计算本企业的施工技术水平与总体施工能力对工程项目特别是质量的保证程度,诸如技术水平、施工工艺、设备手段、质量体系等的适应程度,另一方面是分析与确认标书所提供的技术参数、质量标准、施工环境、施工条件的可靠程度。根据保证程度与可靠程度,提出评价报告,为投标决策提供依据,为未来施工保证工程质量做出预测。

4)施工准备

施工准备阶段应进行的质量活动主要有:

(1)现场勘察,提出保证工程质量的措施要点;

(2)会审设计图纸,确切掌握工程结构等技术要求;

(3)编制施工组织设计,进行技术交底,确定施工工艺;

(4)恢复定线,设置导标或水准点;

(5)材料、预制件、设备、仪器进场前的检验、化验、试验、复查;

(6)人员培训,特别要注意对担负新结构、新工艺和技术复杂工程的施工人员的培训;

(7)典型施工,包括试验基桩、试验路段、试验项目,取得技术数据,以指导正式施工。

通过上述一系列施工准备活动,为保证工程质量打下一个良好的基础。

5)采购

按照不同工程项目的特点,采购符合设计、工艺要求、质量可靠、价格合理的建筑工程材料、施工设备及配件、燃料等物资,并做好储运收发管理。

6)分包

施工企业的分包工程是指经业主同意的单项工程、分项工程、分部工程、附属工程,或大型工程设备的安装、调试等。

为了保证分包工程的质量,凡是分包工程均应按招投标程序严格组织。主要的质量活动有:

(1)选择分包工程的施工单位,进行资质审查;

(2)签订施工合同,按 GB/T 19000 系列标准提出对工程质量的保证要求;

(3)选派分包工程监理工程师,进行全过程的工程监督。

7)工程施工

施工过程的控制是确保工程质量的关键阶段。施工过程质量控制的水平,直接决定工程质量水平。因此,它是施工现场管理水平的综合反映。这个阶段的质量活动主要有:

(1)正确处理质量与工期、成本的关系,把工程质量作为三者的中心环节,严禁忽视质量的抢工期,对夜间施工、雨天施工、高寒高温季节的施工应特别加以控制;

(2)对返工、补修工程必须满足监理工程师要求;

288

（3）严格"三检"制,加强关键工序、隐蔽工程和技术复杂工序的质量控制;

（4）制定内部监理条件,实行内部监理制;

（5）实行质量否决权;

（6）建立质量责任制;

（7）加强施工现场管理,逐步推行项目法施工;

（8）严防施工材料和施工机具、检验设备锈蚀、变质、损坏、失效等;

（9）对改变设计的工程项目,必须严格按规定的程序处理,不盲目施工。

8）检验和试验

检验、试验、化验、测量、计量器具设备是施工生产活动的必备资源,是质量控制的科学手段,因此围绕检测设备开展的质量活动有:

（1）控制检测设备的准确度与精确度,使其误差保持在技术标准允许的范围内;

（2）制定检验设备管理标准与制度,使检测设备的技术状况经常处于良好状态;

（3）加强重点检测设备的控制,特别是对高精度、保养要求与使用条件很高的关键设备的控制;

（4）对失真、失灵的检测设备,必须采取相应措施及时处理;

（5）配备检测设备专职管理和使用人员,建立岗位责任制。

9）竣工验收

工程竣工验收是根据合同对工程质量的要求和国家的工程验收规范,对工程进行最终验收的总体活动,它是业主对已完工程进行总体检验与认证的最后过程。竣工验收由施工企业准备竣工资料,业主组织工程竣工验收小组,对工程实体进行必要的抽检,查阅施工企业提供的竣工资料和监理工程师提供的工程项目总体评价报告,最后由业主组织的工程验收小组进行认证。

在竣工验收阶段,施工企业的质量活动主要围绕竣工自验、竣工资料准备和验收后的修补工作进行。

10）服务

服务是指工程项目在竣工验收交付使用之后,在一定的期限内,由施工企业主动向用户（业主）进行回访,对工程发生的确实是由于施工责任造成的使用功能不良或无法使用的问题进行修理,直至达到正常使用标准。

回访用户（业主）既是质量循环的终点,又是下一循环的起点,其作用在于密切联系用户,了解用户需求,征求用户意见,不断改进质量,满足用户需要。同时搜集积累各方面的意见和数据,从中发现工程质量存在的问题,以利总结经验和吸取教训。

2.研究确定质量体系的具体结构

根据对质量环的分析结果,研究和确定施工企业质量体系的具体结构,确定质量体系的具体要素及对每项要素进行控制的要求和措施,为生产符合质量要求的产品提供必需的设备和人员,是质量体系设计的关键步骤。

质量体系是个系统。质量体系由体系要素组成,但体系要素不能直接形成体系的属性和功能,它必须通过结构才能形成,质量体系的整体功能就是由质量体系结构实现的。质量体系结构是各要素在质量体系范围内的相互联系、相互作用的方式,这些联结关系的总和表现为系统内部的组织机构、质量职责和职权、资源和人员、程序文件。

1）组织机构

为完成规定的各项质量职能,施工企业需设置必要的管理机构,明确各机构的隶属关系,并用组织机构系统图来表示。建立组织机构应依据质量活动,考虑现行的经营管理组织机构,必要时进行调整,遵循统一领导,分级管理,高效精干,整体协调的原则,使每一项质量活动具体落实到主管和协作部门。

2)各部门和各级的质量职责和职权

质量职责和职权的要求是明确规定企业领导、部门和人员在质量工作方面的任务、责任和权限。建立质量职责和职权就是要将质量环中各阶段的质量职能分解,落实到有关领导、部门和人员的身上,做到各项与质量有关的工作事事有人管,有人负责。显然,职责和职权是质量体系结构中十分重要的组成部分,责任不清,遇事就会扯皮、推诿,造成无人负责的局面。

一般来说,一项质量职能往往不是一个部门所能独立完成的,而需要有关部门的协作配合。因此,在进行质量职能分配时,应明确主要责任部门和协作部门,各部门要单独制订质量责任条例,使质量责任和质量活动相对应。各部门的质量职责应寓于质量保证手册、程序文件之中,以使职责分明、具体,利于各部门的接口协调。

3)资源

为了实施质量方针并达到规定的质量目标,企业领导应保证配备与之相适应的人力资源和物质资源。人力是指各类人员的工作能力,企业应规定这些人员的资格、经验和培训的要求。物质资源包括施工机械设备、检验试验设备、测量设备以及计量器具和计算机软、硬件等。

4)各项程序文件

程序文件是为控制各项影响质量的活动而制定的各种文件。每一程序文件规定一项活动的目的和范围,应做什么事,由谁来做,如何做,如何控制并记录,在什么时间、地点,以及使用什么材料、设备和文件等。

程序文件可分为管理性的和技术性的两类。管理性的程序文件主要是控制各项质量活动的管理办法和程序。管理性的工作程序通常与具体的产品对象没有直接关系,它适用于本企业的各种产品。技术性的程序文件主要包括各种工艺文件、检验和试验规范及计量器具的检验规程等。大部分技术性程序与产品对象有直接关系,一般来说,不同的产品使用不同的工艺文件和检验技术文件。

程序文件是质量体系结构中最重要的组成部分,只有制定并贯彻这些程序文件,才能预防质量缺陷的产生,并且一旦发现质量缺陷时,能够迅速做出反应,及时采取纠正措施。

3. 形成质量体系文件

质量体系文件是质量体系的文件化,是建立、健全质量体系的一个重要组成部分,它以文件的形式对质量体系进行充分的阐述。质量体系文件具有极强的可操作性,是质量体系运行的法规性依据。通过质量体系文件的贯彻实施,来控制各项影响质量的因素,保证产品质量符合规定的要求。

质量体系文件一般由四部分组成,即质量手册、程序文件、质量计划和质量记录。

1)质量手册

质量手册是企业进行质量管理的纲领性文件,它根据企业的质量方针,对质量体系及各主要要素做充分的阐述,反映企业质量体系的全貌,起到总体规划和加强各职能部门间协调的作用,是企业实施和保持质量体系应长期遵循的文件。

质量手册是对质量体系进行管理的依据,是质量体系审核和评价的依据,也是质量体系存在的主要依据。根据质量手册使用范围的不同,一般可分为质量管理手册和质量保证手册。

质量管理手册是为了本企业质量管理的需要,特别是为使质量体系有效运行而编制的,内容比较详细,可操作性强,常含有保密信息,不对外提供。质量保证手册是为了外部质量保证的目的而编制的,内容比较简单,不含保密信息,只对外提供起证实和介绍的作用,例如,向认证机构或顾客单位提供质量保证手册,介绍本企业质量体系情况,证实其符合 GB/T 19001—ISO 9001或 GB/T 19002—ISO 9002 的规定要求,以取得认证的资格或顾客的信任。

2)程序文件

程序文件是为完成质量体系要求的质量活动所规定的途径的书面文件,是质量体系文件的组成部分,也是质量手册的支持性、基础性文件,程序文件上接质量手册,并与质量手册保持一致,是质量手册规定的具体展开;下接作业文件,承上启下,控制作业文件并把质量手册的纲要性规定具体落实到作业文件中,从而为实现对产品、过程或作业的有效控制创造条件。

3)质量计划

质量计划是针对某具体产品、项目或合同规定的专门质量措施、资源和活动顺序的文件。质量计划包括项目质量计划和专业质量计划。项目质量计划主要用于工程项目的质量保证,专业质量计划则包括采购质量计划、检验试验质量计划等。施工企业的重点是项目质量计划。

质量计划是质量体系文件之一,是质量手册的重要支持性文件,又是贯穿于质量体系几个层次文件系统的可操作性文件。施工企业的产品是建筑物,因此,应针对工程项目的特点,规定专门的质量措施、资源和活动顺序,即工程项目质量计划。工程项目质量计划通常参照质量手册的有关内容来编制,使质量手册所确定的质量体系能在具体的工程项目上有效地贯彻执行。施工企业根据自身的需要,在设计、施工过程某一阶段有特殊质量要求的情况下,可视具体情况,编制满足特殊质量要求的质量控制计划或阶段性质量计划。

施工企业在编制工程项目质量计划时,要特别注意项目施工组织设计与项目质量计划的衔接。这二者的内容和要求并不完全相同,在目前投标时企业向业主提供的施工组织设计与质量计划作用是相同的(内容并不完全一致),但在企业建立质量体系后应该将其规范化,用后者代替前者。施工期间企业编制的详细的施工组织设计供内部使用,用于具体指导施工,而质量计划的主要作用是向业主提供质量保证,二者可以融为一体,简化编制程序,使对外质量保证和内部施工管理二者各得其所,相得益彰。

4)质量记录

质量记录是为已完成的活动或达到的结果提供客观证据的文件。质量记录是质量体系文件之一。质量记录是反映内部质量体系运行和工程质量状况的客观证据,它既是质量保证的有效性证实文件,也是第三方认证的重要依据之一。按 ISO 9000 族标准的要求,施工企业的质量记录划分为质量体系记录和工程质量记录两大类。应规定质量记录的要点,明确本企业质量记录的范围,可附上质量记录样本或清单,制订质量记录的标准、收集、编目、归档、存储、保管、借阅和处理的程序,以及规定各项记录的保存期限。企业主管部门把划分的要求下发各部门、项目经理部,各有关单位按要求对质量记录进行收集、整理、汇编。质量记录的数量至少应按族标准要求的要素个数进行设计,以满足质量管理的要求。

4.质量体系审核

质量体系审核是审查质量体系要素是否符合规定的要求,评价质量体系的运行效果并确定其实现所规定目标的有效性。质量体系审核可分为三种类型:内部审核、顾客审核和第三方认证审核。内部审核是施工企业组织内部有计划地定期开展;顾客审核是根据顾客的需要来开展审核;第三方认证审核是以施工企业的质量体系能被注册为目的,由独立的第三方认证机构进行的审核。这三种类型的审核在审核目的、审核范围、审核程序以及审核机构等方面均有所不同。

施工企业应特别注意内部质量体系审核和第三方质量体系审核及其区别。明确实现第三方质量体系认证仅仅是达到质量管理和质量保证的基本要求,还要通过内部质量体系审核,不断改进质量,才能达到企业的长远目标。

5. 质量体系评审

质量体系评审或称管理评审,是由最高管理者就质量方针和因情况变化而制定的新目标,对质量体系的现状与适应性所做的正式评价,是最高管理者对质量行使管理职权的具体表现。

质量体系评审不是对质量审核结果的复审,也不是每次审核后都需要进行评审,而是根据客观需要,在适当的时机,对质量体系各要素审核结果、质量体系达到质量目标的整体效果及质量体系随着自身要求和环境条件变化是否需要进行改进所进行的综合性评价。质量体系评审和质量体系审核的区别见表8-3。

质量体系审核和质量体系评审的比较   表8-3

项目	质量体系审核	质量体系评审
目的	体系运行的符合性、有效性	体系现状对现行环境的适应性,包括评审质量方针
依据	质量保证标准; 质量手册	受益者(顾客、分供方、所有者、雇员、社会)的期望; 体系审核的结果
类型	第一方;第二方;第三方	只有内部(第一方)
结果	第一方:纠正,提出纠正措施并跟踪实现; 第二方:信任,增加订单; 第三方:导致认证/注册	改进质量体系,提高质量管理水平
执行者	与被审核领域无直接责任关系的人	最高管理者

6. 质量改进

质量改进是指为向本组织及其顾客提供更多的收益,在整个组织范围内所采取的旨在提高其活动和过程的效益和效率的各种措施。

质量改进的原动力是向顾客提供更高的价值和使顾客满意。通过质量改进,提高效益和效率,通常对顾客、组织及其成员乃至社会都有利,它还可以为组织成员做贡献、求进步、争先进创造机会。

质量改进是通过改进过程来实现的,它是一种以追求更高的过程效益和效率为目标的持续活动。

质量是竞争的重要手段,为了增强组织的竞争力,求得不断的发展,除了开发新产品、新服务或新过程、新技术外,还必须进行持续的质量改进。

争取使顾客满意和实现持续的质量改进应是组织各级管理层所追求的永恒目标。组织的管理者应确保其质量体系能促进持续的质量改进。

质量改进工作应致力于经常寻求改进的机会,而不应只是等待问题暴露后再去解决。预防措施可以消除潜在问题的产生原因,防止或减少问题的发生,纠正措施可以消除已发生问题的产生原因,防止或减少问题的再发生。因此,预防和纠正措施改进了组织的过程,是质量改进的关键。

三、质量管理的统计分析方法

1. 排列图法

排列图又叫主次因素分析图或帕累特图（见图 8-3），是用来寻找影响工程（产品）质量的主要因素的一种有效工具。排列图由两个纵坐标、一个横坐标、若干个直方形和一条曲线组成。其中左边的纵坐标表示频数，右边的纵坐标表示频率，横坐标表示影响质量的各种因素。若干个直方形分别表示质量影响因素的项目，直方形的高度则表示影响因素的大小程度，按大小由左向右排列，曲线表示各影响因素大小的累计百分数。这条曲线叫帕累特曲线。一般把影响因素分为三类，累计频率在 0 ~ 80% 范围的因素，称为 A 类因素，是主要因素；在 80% ~ 90% 范围内的为 B 类，是次要因素；在 90% ~ 100% 范围内的为 C 类，是一般因素。主要因素找到后，就可以集中力量加以解决。

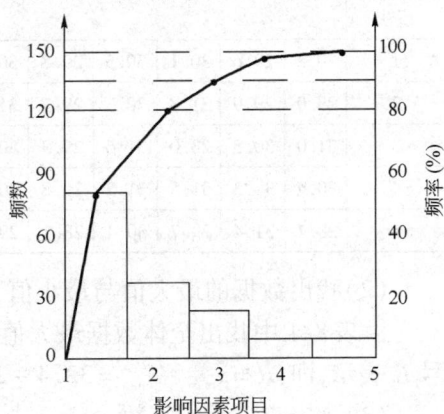

图 8-3　排列图

2. 因果分析图

因果分析图又叫树枝图或鱼刺图，是用来寻找某种质量问题产生原因的有效工具。它是以结果为特征，以原因作为因素，在它们之间用箭头联系起来，表示因果关系的图形，见图 8-4。

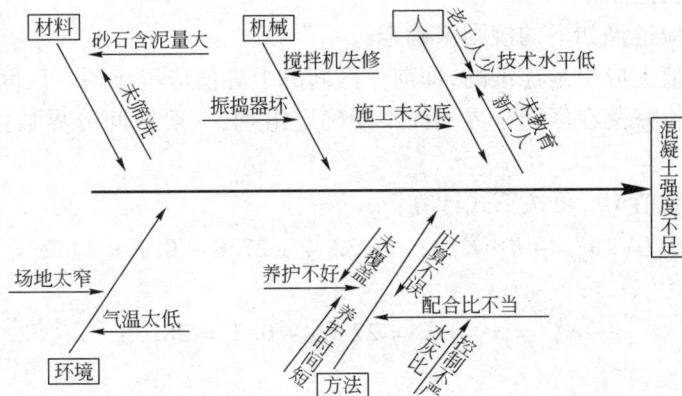

图 8-4　混凝土强度不足的因果分析图

因果分析图的作法是：首先明确质量特征结果，画出质量特征的主干线。也就是明确制作什么质量问题的因果图，如混凝土强度不足，把它写在右边，从左向右画上带箭头的框线。然后分析确定可能影响质量特性的大原因（大枝），一般有人、机械、材料、方法和环境五个方面。再进一步分析确定影响质量的中、小和更小原因，即画出中小细枝。

对重要的影响原因还要用标记（如 ＊）或文字说明，以引起重视。最后对照各种因素逐一落实，制订对策，限期改正。只有这样才能起到因果分析的作用。

3. 直方图法

直方图又叫频数分布直方图，是统计方法中比较重要的工具。在直方图中，以直方形的高度表示一定范围内数值所发生的频数。据此可掌握产品质量的波动情况，了解质量特征的分布规律，以便对质量状况进行分析判断。下面以实例来说明直方图的画法及应用。

1）直方图的画法

（1）数据收集与整理

例如，某工程在浇筑 C30 混凝土时，共取了 65 个混凝土试块，其抗压强度列于表 8-4。

混凝土试块强度统计表　　　　　　　　　表 8-4

行次	数据													x_{max}	x_{min}
1	30.8	29.6	30.1	30.5	29.8	30.3	29.1	31.7	30.2	28.7	28.4	30.4	32.4	32.4	28.4
2	29.0	29.9	31.8	30.3	29.7	31.9	29.9	31.1	31.6	29.5	32.2	31.6	30.1	32.2	29.0
3	31.0	30.3	28.0	31.6	29.3	30.7	29.1	30.8	29.6	29.8	29.1	30.6	30.0	31.6	28.0
4	30.9	31.3	31.5	31.2	29.8	30.2	29.0	29.3	31.1	27.8	28.9	30.0	30.6	31.5	27.8
5	28.7	31.4	29.7	30.4	28.1	29.4	28.9	30.2	28.2	30.0	29.2	30.8	29.6	31.4	28.1

（2）找出数据的最大值与最小值，并计算极差值

由表 8-4 中找出全体数据最大值 $x_{max}=32.4$，最小值 $x_{min}=27.8$，两者之差称为极差，用符号 R 表示，即：$R=x_{max}-x_{min}=32.4-27.8=4.6$。

（3）确定直方图的组数

组数多少要按收集数据的多少来确定。当数据总数为 50~100 时，可分为 6~10 组。组数用字母 K 表示，本例组数选定 $K=7$。

（4）计算组距

组距用字母 h 表示。$h=R/K=4.6/7\approx0.7$。

（5）确定数据分组区间

数据分组区间应遵循如下的规则来确定：

①相邻区间数值上应当是连续的，即前一区间的上界值应等于后一区间的下界值。

②为避免数据恰好落在区间分界上而不便确定组别，一般区间分界数据值要比记录数据的精度高一位。

第一区间的下界值 $x_{下}^1$，可按下式计算：

$$x_{下}^1=(x_{max}+x_{min}-h\cdot K)/2=(32.4+27.8-0.7\times7)/2=27.65$$

上界值：

$$x_{上}^1=x_{下}^1+h=27.65+0.7=28.35$$

则：

第二区间下界值 = 第一区间上界值 = 28.35

第二区间上界值 = 其下界值 + h = 28.35 + 0.7 = 29.05

其余各组以此类推。

（6）编制频数分布统计表

根据确定的各个区间值，就可以进行频数统计，编制出频数分布统计表，见表 8-5。

频数分布统计表　　　　　　　　　表 8-5

分组序号	组区间	频数	频率	分组序号	组区间	频数	频率
1	27.65~28.35	4	0.062	5	30.45~31.15	11	0.169
2	28.35~29.05	7	0.108	6	31.15~31.85	9	0.138
3	29.05~29.75	13	0.200	7	31.85~32.55	3	0.046
4	29.75~30.45	18	0.277	Σ		65	1

（7）绘制频数分布直方图

频数分布直方图是一坐标图，横坐标表示分组区间的划分，纵坐标表示各组的频数。图 8-5 是根据表 8-5 画出的频数分布直方图。

2）直方图的观察分析

绘制直方图的目的，是通过观察图的形状来判断质量是否稳定，预测不合格品率。观察方法是：首先观察直方图是不是正常状态，如果不是，就说明生产过程有问题需要调整；如果是的话，再把直方图与质量标准进行比较，进一步判定质量状况。

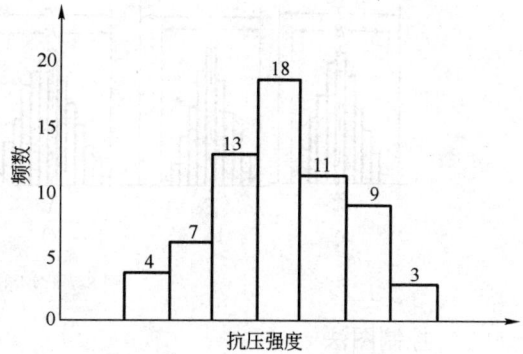
图 8-5　混凝土试块抗压强度频数直方图

（1）观察图形，判断质量分布状态

当生产条件正常时，直方图应该是中间高，两侧低，左右接近对称的正常型图形，如图 8-6a）所示。

当出现非正常型图形时，就要进一步分析原因，并采取措施加以纠正。常见的非正常型图形有图 8-6b）~ e）四种类型：

①折齿型。这多数是由于做频数表时，分组不当或组距确定不当所致。

②绝壁型。直方图的分布中心偏向一侧，常是由操作者的主观因素所造成。

③孤岛型。出现孤立的小直方图，是由于少量材料不合格，或短时间内工人操作不熟练所造成。

④双峰型。一般是由于在抽样检查以前，数据分类工作不够好，使两个分布混淆在一起所造成。

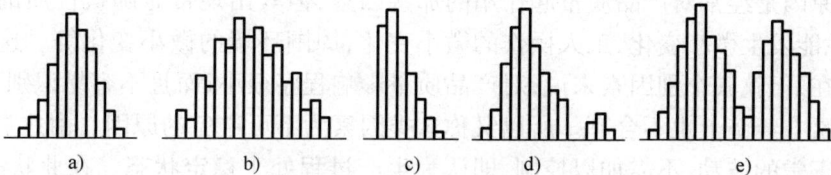
图 8-6　常见的直方图图形
a）正常型；b）折齿型；c）绝壁型；d）孤岛型；e）双峰型

（2）将正常型直方图与质量标准进行比较，判断实际施工能力

如图 8-7 所示，T 表示质量标准要求的界限，B 代表实际质量特性值分布范围。比较结果一般有以下几种情况：

①B 在 T 中间，两边各有一定余地，这是理想的情况，如图 8-7a）所示。

②B 虽在 T 之内，但偏向一边，有超差的可能，要采取纠偏措施，如图 8-7b）所示。

③B 与 T 相重合，实际分布太宽，易大量超差，要采取措施减少数据的分散，如图 8-7c）所示。

④B 过分小于 T，说明加工过于精确，不经济，如图 8-7d）所示。

⑤由于 B 过分偏离 T 的中心，造成很多废品，须调整，如图 8-7e）所示。

⑥实际分布范围 B 过大，产生大量废品，说明工序能力不能满足技术要求，如图 8-7f）所示。

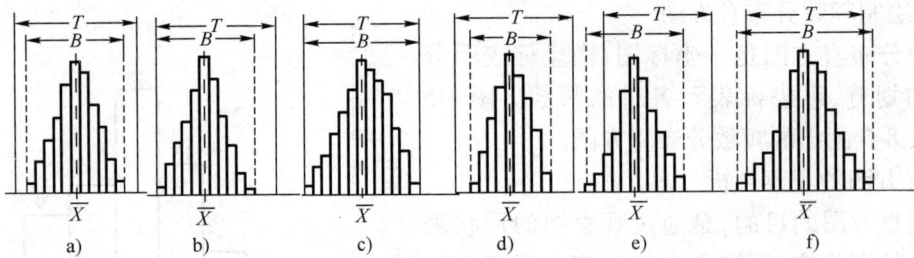

图 8-7　实际质量分布与标准的比较

4. 控制图法

前面所介绍的排列图和直方图,基本上是用一些静态数据来分析和推测产品质量,这种方法称为质量管理静态分析法。静态分析法在质量管理中是不可缺少的,但是,从管理的角度出发,单纯使用静态数据去管理生产工序是很不够的,最好是能随着生产工序把正在生产的产品加以严格控制,使生产者和管理者都能随时了解和掌握工序生产的波动情况。随时间或工序阶段顺序取得的质量数据叫作动态数据,用动态数据去分析和研究产品质量问题的方法称为动态分析法。控制图法是一种典型的动态分析法。

1) 质量波动的原因

实践证明,任何一个生产或施工过程,不管保持客观条件多么稳定,设备多么精确,工人操作水平如何高,其生产或施工出来的产品或工程都不会完全相同,也就是质量特性值不可能绝对一样,或多或少总会有差别。这就是质量特性值的波动性,或者叫质量数据的差异性。

质量特性值波动的原因很多,一般包括人(Man)、机具设备(Machine)、材料(Material)、工艺方法(Method)和环境(Enviroment)五方面的因素(简称 4M1E)。这五方面的原因又可归纳为两类,即偶然性原因和系统性原因。

偶然性原因是经常对产品质量起作用的那些因素,但其出现带有随机性质的特点。如原材料成分、性能发生微小变化,工人操作的微小变化,周围环境的微小变化等。这些因素在生产中大量存在,但就其个别因素来说,对产品质量影响程序很小,而且不容易识别和消除,甚至消除这些因素在经济上也不合算。所以又称这类因素为不可避免的原因。由这类原因造成的质量波动是正常的波动,不需加以控制,即认为生产过程处于稳定状态。在此状态下,当有大量的质量特性统计值时,其分布服从正态分布的规律。

系统性原因是对产品质量影响很大的异常性因素。如原材料质量规格的显著变化,工人不遵守操作规程,机械设备过度磨损等。这类原因一般比较容易识别,并且一经消除,其作用和影响就不复存在。所以这类因素是可以避免的。我们进行质量控制就是要防止、发现、排除这些异常因素,保证生产过程在正常稳定状态下进行。

控制图就是利用生产过程处于稳定状态下的产品质量特性值分布服从正态分布这一统计规律,来识别生产过程的异常因素,控制生产过程由于系统性原因造成的质量波动,保证工序处于控制状态。

2) 控制图的基本形式与分类

控制图是因素分析判断生产过程的质量状态和控制工序质量的一种有效工具。控制图的基本形式如图 8-8 所示。

控制图一般有三条线:上面的一条线为控制上限,用符号 UCL 表示;中间的一条叫中心线,用符号 CL 表示;下面的一条叫控制下限,用符号 LCL 表示。在生产过程中,按时抽取子样,测量其特性值,将其统计量作为一个点画在控制图上,然后连接各点成一条折线,即表示质量波动情况。

控制图可分为计量值控制图和计数值控制图两大类。计量值控制图的控制对象为计量值,即连续型的数据,如长度、重量、强度、时间等。这类控制图常用的有平均值—极差控制图($\overline{X} - R$ 图)、中位数—极差控制图($\tilde{X} - R$ 图)、单值控制图(x 图)等。计数值控制图的控制对象为计数值,即离散型的数据,如疵点数、不合格品件数、不合格品率等。根据计数值的不同又可分为计件值控制图和计点值控制图。计件值控制图有不合格品数控制图(P_n 图)、不合格品率控制图(P 图)。计点值控制图有缺陷数控制图(C 图)、单位缺陷数控制图(U 图)。

控制图中的控制界限是根据数理统计学原理,采取"三倍标准偏差法"计算确定的。即将中心线定在被控制对象的平均值(包括单值、平均值、极差、中位数等的平均值)上面,以中心线为基准向上向下各量三倍标准偏差即为控制上限和控制下限。因为控制图是以正态分布为理论依据,采用三倍标准偏差法可以在最经济的条件下实现工序控制,达到保证产品质量的目的。

各类控制图的控制界限计算公式及公式中采用的系数见表 8-6 和表 8-7。

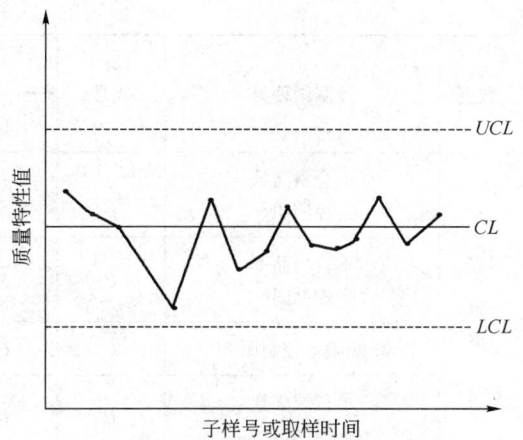

图 8-8　控制图基本形式

控制界限计算公式　　　　　　　　　　　　　　　　表 8-6

数据	控制图种类	代号	控制界限		备注
			中心线	上下控制线	
计量值	平均值—极差控制图	$\overline{X} - R$	$\overline{\overline{X}}$	$\overline{\overline{X}} \pm A_2\overline{R}$	$A_2\overline{R} = 3\sigma$
			$\overline{R}$	$D_4\overline{R}$	$D_4\overline{R} = \overline{R} + 3\sigma$
				$D_3\overline{R}$	$D_3\overline{R} = \overline{R} - 3\sigma$
	中位数—极差控制图	$\tilde{X} - R$	$\overline{\tilde{X}}$	$\overline{\tilde{X}} \pm m_3 A_2\overline{R}$	$m_3 A_2\overline{R} = 3\sigma$
			$\overline{R}$	$D_4\overline{R}$	
				$D_3\overline{R}$	
	单值控制图	x	$\overline{x}$	$\overline{x} \pm E_2\overline{R}$	$E_2\overline{R} = 3\sigma$
	单值—移动极差控制图	$x - R_s$	$\overline{x}$	$\overline{x} \pm 2.66\overline{R}_s$	$2.66\overline{R}_s = 3\sigma$
			$\overline{R}_s$	$UCL = 3.27\overline{R}_s$	
				LCL 不要求	

数据	控制图种类	代号	控制界限		备　注
			中心线	上下控制线	
计数值	不合格品数控制图	P_n	$\bar{P}_n$	$\bar{P}_n \pm 3\sqrt{n\,\bar{P}_n(1-\bar{P}_n)}$	$\sqrt{\bar{P}_n(1-\bar{P}_n)}=\sigma$
	不合格品率控制图	P	$\bar{P}$	$\bar{P} \pm 3\sqrt{\dfrac{\bar{P}(1-\bar{P})}{n}}$	$\sqrt{\dfrac{\bar{P}(1-\bar{P})}{n}}=\sigma$
	缺陷数控制图	C	$\bar{C}$	$\bar{C} \pm 3\sqrt{\bar{C}}$	$\sqrt{\bar{C}}=\sigma$
	单位缺陷数控制图	U	$\bar{U}$	$\bar{U} \pm 3\sqrt{\dfrac{\bar{U}}{n}}$	$\sqrt{\dfrac{\bar{U}}{n}}=\sigma$

控制图用系数表　　　　表 8-7

组样本数 n	$\bar{X}$ 控制图	R 控制图		$\tilde{X}$ 控制图	x 控制图
	A_2	D_4	D_3	m_3A_2	E_2
2	1.88	3.27	—	1.88	2.66
3	1.02	2.57	—	1.19	1.77
4	0.73	2.28	—	0.80	1.46
5	0.58	2.11	—	0.69	1.29
6	0.48	2.00	—	0.55	1.18
7	0.42	1.92	0.08	0.51	1.11
8	0.37	1.86	0.14	0.43	1.05
9	0.34	1.82	0.18	0.41	1.01
10	0.31	1.78	0.22	0.36	0.98

3）控制图的用途

（1）平均值—极差控制图（$\bar{X}-R$ 图）是将控制图和控制图联合使用的一种控制图。$\bar{X}$ 图用来观察工序质量特性平均值的变动。R 图用来观察工序质量特性极差的变动。联用后的控制图，检出工序施工过程不稳定的能力强，即检出力强，这是大工程量施工中常用的工序控制方法。

（2）中位数—极差控制图（$\tilde{X}-R$ 图）：用中位数估计总体时，精确度降低。若要达到同样精确度时，用中位数就要有较大的样本量。可是，中位数易得，不必进行任何计算。加之，中位数不受样本两段异常数值的影响而较稳定。故在施工动态控制中（如浇筑水泥混凝土过程中的用水量控制），该图得到了较好的应用。

（3）单值控制图（x 图）只有一个测量值，既无需计算样本均值，也无需将数据排序确定中位值，而将工序质量特性值直接在图上标点，故省事方便。适用于单一施工时间较长、测试费用较高的工序。

（4）计数值控制图：工序质量特性若为计数值数据，例如，对于外观、局部缺陷等要求，只能区别为合格与不合格;或者虽然是计数值数据,但由于经济性和检测效率等原因,常常按合格与不合格处理时,就必须使用计数值控制图。这种图的优点在于无须专门收集数据,仅利用质量记录、统计报表提供的信息,故可以节省大量费用。加之,控制对象就是管理部门需要的管理数据,因而,更能有效及时地提供质量信息。这种图的缺点在于反映施工过程变动的敏感性差,对于发现的问题,还需用计量值控制图进行检定。

4)控制图的观察分析

工序质量控制图反映了工序质量状态信息,为了及时发现异常,以便采取有效措施,应对控制图所反映的情况进行观察分析,找出工序质量变化的规律性。

(1)工序稳定状态的判断

工序处于稳定状态的判断条件有二:点必须全部在控制界限之内;在控制界限内的点,排列无缺陷或者说点无异常排列。

如果点的排列是随机地处于下列情况,则可认为工序处于稳定状态:连续 25 个点在控制界限内;连续 35 个点,仅有一个点超出控制界限;连续 100 个点仅 2 个点超出控制界限。

(2)工序不稳定状态的判断

若点超出控制界限(点在控制界限上,按超出界限处理),或点在警戒区,均可判断为工序不稳定。

点处在警戒区是指点处在 $2\sigma \sim 3\sigma$ 范围之内。若连续 3 点有 2 点在警戒区内,或连续 7 点有 3 点在警戒区内,或连续 10 点有 4 点在警戒区内,均判定工序不稳定。

(3)点虽在控制界限内,但排列异常

所谓异常,是指点排列出现链、倾向、周期等缺陷之一。此时,即判定工序不稳定。

①连续链。连续链是指在中心线一侧连续出现点。当链内所含点数为 7 时,则判定为点排列异常。如图 8-9 所示。

②间断链。间断链是指多数点在中心线一侧。如连续 11 点有 10 点在中心线一侧;连续 14 点有 12 点在中心线一侧;连续 17 点有 14 点在中心线一侧;连续 20 点有 16 点在中心线一侧。如图 8-10 所示。

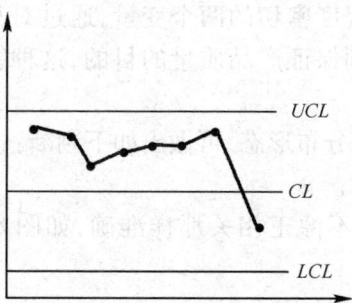

图 8-9　连续链

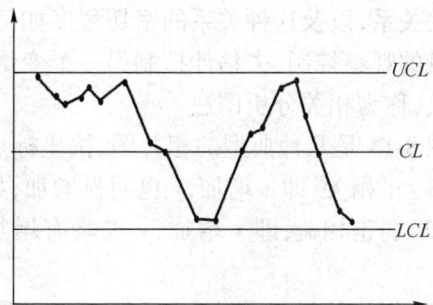

图 8-10　间断链

③倾向。倾向是指点连续上升或下降,如连续上升或下降的点数超过 7 个时,则判定为异常。如图 8-11 所示。

④周期。周期是指点子的变动呈现明显的一定间隔。点出现周期性,判断较复杂,应当慎重决策。通常,应先弄清原因,再做判断。如图 8-12 所示。

从上述介绍可知,控制图能充分反映施工生产的工序质量状况,并可依据上下控制界限和标准公差界限进行控制。所以,运用它能有效地进行施工工序质量管理。

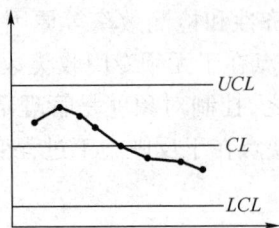

图 8-11 倾向

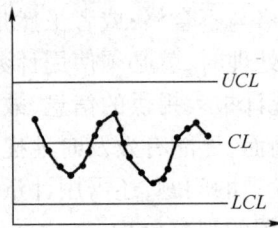

图 8-12 周期

5.分层分析法

分层分析法也叫分组法、分类法,它是把收集到的有关质量问题的数据,按照一定的目的和要求进行分类整理,以便有针对性地分析产生质量问题的原因及其分布规律的一种方法。分层或分类的目的是把性质不同的数据区分开,使错综复杂的质量问题简单化、条理化,能更清晰地分析,找到问题的症结所在。

将数据分类的方法有很多种,主要依据分析的目的而定,常用的方法有按数据发生的时间分类,按生产班组或操作人员分类,按使用的机械设备分类,按操作方法分类,按分部分项工程内容分类,按使用的原材料分类,按检测手段分类,按所处环境分类等几种。

分层分析法是分析工程质量问题最基本的方法。它既可以按某一种分类方法,对产生质量问题的原因进行简单分析,也可以同时使用两种分类方法,对质量原因进行综合分析,还可几种分类方法逐次使用,层层深入地分析质量问题的产生原因。如先按工程内容分类,可以找出哪些分项工程产生的质量问题最为严重,对这些分项工程再按生产班组分类,可以找出哪几个班组产生的质量问题最多,对这几个班组再按操作方法分类,可以找出何种操作方法最容易出现问题,逐次分层分析下去,最终会找到产生质量问题的主要原因。此外,分层分析法将质量数据分层分类整理后,还可以与质量管理中的其他统计方法联合使用,得到分层排列图、分层直方图、分层管理图等,最终达到质量管理的目的。

6. 相关分析图法

相关图又称散布图,它是通过绘制两个变量之间的散布图,分析研究两个变量之间是否存在相关关系,以及这种关系的密切程度如何,进而对相关程度密切的两个变量,通过对其中一个变量的观察控制,去估计控制另一个变量的数值,以达到保证产品质量的目的,这种统计分析方法,称为相关分析图法。

图 8-13 是几种典型的相关图,按坐标点在相关图上的分布形态,可做出如下判断:

(1)正相关,即 x 增加,y 也明显增加,如图 8-13a)所示。

(2)弱正相关,即 x 增加,y 也略有增加,但点的分布不像正相关那样准确,如图 8-13b)所示。

(3)不相关,即 x 增加或减少,对 y 的影响没有规律,如图 8-13c)所示。

(4)负相关,即 x 增加,y 明显减小,如图 8-13d)所示。

(5)弱负相关,即 x 增加,y 也略有减小,但点的分布不像负相关那样准确,如图 8-13e)所示。

(6)非线性相关,x 增加到某一范围时,y 也增加,但超过一定范围后 y 反而减小,如图 8-13f)所示。

从图 8-13a)和 d)两种图形可以判断,x 是质量特性 y 的重要影响因素,因此控制好因素 x,就可以把结果 y 较有效地控制起来。

300

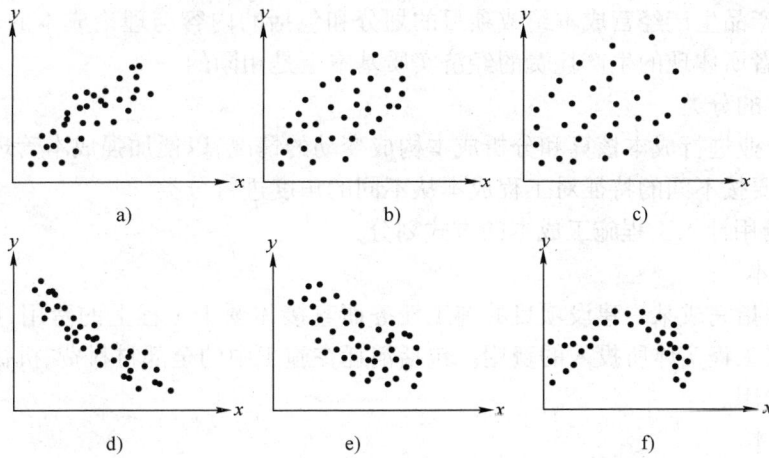

图 8-13 几种典型的相关图

a)正相关;b)弱正相关;c)不相关;d)负相关;e)弱负相关;f)非线性相关

7. 检查表法

检查表法又称调查表法、统计分析表法,是用来调查、收集、整理数据,为其他数据统计方法提供依据和粗略分析质量原因的一种工具。其表格格式多种多样,一般可根据具体的调查目的、内容,自行设计适用的格式。

桥梁工程质量管理中常用的几种检查表有缺陷位置分布检查表,工序质量分布检查表,不良项目检查表,不良原因检查表,检查评定工程用检查表等。

以上七种方法所用的工具,在国外通常又称之为七种旧工具。因为日本的一些专家学者根据系统工程的原理和方法已经提出七种新工具,正式用于质量管理。

第四节　工程成本管理

一、工程成本及其分类

1. 工程成本的概念

1)理论成本

施工生产过程,是建造建筑产品和发生生产耗费的统一。通过施工生产活动,一方面建造成建筑产品;另一方面,为建造建筑产品又耗费了一定数量的人力、物力和财力。

在商品经济条件下,施工企业为社会提供的建筑产品是商品,具有使用价值和价值。与其他商品一样,建筑产品的价值是由在生产建筑产品过程中已消耗的生产资料的价值(C)、劳动者为自己必要劳动创造的价值(V)和为社会所创造的价值(M)三部分构成的。建筑产品价值中前两部分($C+V$)构成建筑产品的成本。可见,建筑产品成本是一个价值范畴,是为建造建筑产品而发生的物化劳动耗费和必要的活劳动耗费的货币表现,也是人们通常所说的建筑产品理论成本,它是制定建筑产品价格的依据和理论基础。

2)应用成本

在施工生产活动中,按照现行制度有关成本开支范围的规定,根据施工生产过程中实际发生的消耗量和按实际价值计算的,由人工费、材料费、机械使用费、其他工程费和间接费用组成的成本,称为建筑产品的生产经营成本,是建筑产品理论成本概念的具体化。根据经济管理工作的需要,建筑产品生产经营成本组成项目的划分和包括的内容与理论成本的表述并不完全一样。但是,两者所体现的生产耗费的经济实质基本上是相同的。

2. 工程成本的分类

为了满足企业进行成本核算和分析成本构成变动的情况,以便加强成本管理,促进成本降低的需要,有必要按不同的特征对工程成本从不同的角度进行分类。

1)按生产费用计入工程施工成本的方式划分

(1)直接成本

直接成本是指完成某一建设项目的施工任务而直接体现于工程上的费用,即直接使生产资料转移而形成工程实体所投入的费用。包括消耗在施工中的全部材料费、机械使用费、人工费和其他有关费用。

(2)间接成本

间接成本是指在施工过程中,施工企业为了组织和管理施工以及为生产工人服务而耗用的人力、物力所支出的费用。这项费用需要采取一定的分配标准分摊计入有关工程。

将成本分为直接成本与间接成本,有助于正确计算工程成本,简化核算手续,并使工程的实际成本与确定其价款收入的预算成本口径一致,便于考核其成本水平。

2)按生产费用与工程量的依存关系划分

(1)变动成本

变动成本是指成本总额随工程量的增减变动而成比例变动的费用。如构成工程实体而发生的直接材料费,直接计入工程的生产工人工资等费用。变动费用所谓变动,也是就其总额而言的,至于分摊到单位工程量上的变动费用,一般都是固定的。

(2)固定成本

固定成本是指在一定时期和一定生产规模的情况下,其耗费总额不受工程量增减变化的影响,基本保持一个常数或相对固定的费用。如项目经理部管理人员的工资、办公费、固定资产折旧等。固定费用一般都要经过分摊计入有关生产业务的成本。在发生一定固定成本的情况下,如工程量增大,单位工程量成本中分摊的固定成本数额就少;相反就多。可见,在单位工程量成本中应分摊的固定成本则是变动的。

将成本划分为变动成本和固定成本,对于了解成本变动对成本水平的影响,加强成本控制,进行成本预测、决策,具有重要作用。

3)按费用与管理者的职责划分

按费用与管理者的职责分类,可分为可控成本和不可控成本。

在实行成本管理责任制的情况下,要将构成成本的各项费用分解,按费用的发生范围和管理职责分别划归费用发生的有关部门或个人负责控制和管理。凡属成本管理责任部门或个人职责范围内负责管理、能够控制的费用,称为可控成本,否则,就属于不可控成本。可见,所谓可控不可控,是就企业某一成本管理职能部门或个人的职责范围而言的。对某部门属可控成本,而对其他部门就不一定是可控成本。如工程施工发生的材料耗用量,对负责组织施工生产的施工单位来说,属于可控成本;在基层施工单位不负责采购材料的情况下,采购材料的成本就属于不可控成本。对材料采购部门来说,材料的采购成本为可控成本,材料的耗用量则属于不可控成本。

将费用分为可控成本和不可控成本,可以明确企业各部门或个人在成本管理中应负担的责任,并据以考核评价成本责任部门或个人的工作,促进各部门加强费用的控制和管理,实现降低成本的目标。

二、成本管理的任务和内容

1. 成本管理的任务

成本管理是企业为降低建筑产品成本而进行的各项管理工作的总称,包括对成本的计划、控制、分析等工作。施工企业内部的各项管理工作,如生产、材料供应、机械设备及劳动管理等工作,都同成本管理有着紧密的联系,都会反映到成本上。成本管理的好坏直接影响企业所创造利润的多少,影响企业的经济效益。

成本管理的基本任务是,保证降低成本,实现利润,为国家提供更多的积累,为企业获得更大的经济效益。具体有以下几方面:

(1)做好成本管理的基础工作。包括加强定额管理,建立健全原始记录制度,严格进行计量工作,建立健全成本管理责任制和其他基本制度。

(2)做好成本计划工作,严格进行成本控制,把降低成本的计划指标、措施落实到各职能部门、项目经理部、施工队和班组。在施工中严格进行成本控制,保证一切支出控制在计划成本之内。

(3)加强成本的核算和分析,及时总结成本管理工作的经验,克服缺点,促进整个企业经营管理水平的提高。

2. 成本管理的内容

由于工程成本是一项综合性指标,因此,工程成本管理贯穿于生产经营活动的全过程,它涉及企业的生产、技术和各项经营管理工作,内容比较广泛。就工程成本管理的各个环节来说,其内容一般包括成本预测、成本计划、成本控制、成本核算、成本分析和成本考核等环节。

1)成本预测

成本预测是根据掌握的各类信息资料,采用科学的预测方法,对未来生产经营活动进行定性研究和定量分析,从而预测未来的成本水平及其变动趋势。成本预测是对成本进行事前管理的重要手段,按其内容可分为制订成本计划阶段的成本预测和成本计划实施进程中的预测。前者属于事前的成本预测,其目的是为企业进行成本决策提出降低成本的目标和措施,为编制成本计划提供依据;后者属于事中的成本预测,即在分析前阶段成本计划执行情况的基础上,考虑下一阶段采取技术经济措施可能产生的效果和以后可能出现的新情况,预测下一阶段成本计划的完成程度,通过与预定的降低成本目标相比,及时采取措施,以保证成本计划的实现。

建筑产品生产由于具有单件性、多样性的特点和施工企业的生产业务有多种类型,决定了施工企业成本预测的复杂性。因此,根据施工企业的经营管理需要,可分类、分项或对某一重大经济业务进行成本预测,如对工程投标进行单项成本预测,通过预测成本,衡量得失,作为是否投标承包该工程或投标报价的依据。

2)成本计划

成本计划是以货币形式确定企业完成计划期内预定的施工生产任务的生产耗费水平和降低成本的任务。成本计划是企业施工技术财务计划的重要组成部分。施工企业应当在认真总结上期成本计划完成情况的基础上,根据企业计划期内计划完成的施工生产任务和相应的技术组织措施、施工组织设计以及成本预测等资料,制订既切实可行又具有先进性的成本计划。

编制成本计划,既要以有关的计划为依据,又要与有关计划特别是与利润计划相衔接。成本计划的实现,对于实现企业提高经济效益的要求,具有重要意义。因此,成本计划提出的降低成本目标,对于动员企业广大职工挖掘潜力,控制消耗,降低成本具有指导作用。

3)成本控制

成本控制是按成本计划制订的成本水平和降低成本目标,对成本形成过程的生产耗费进行严格的计算、调节和监督,及时发现与预定的成本目标之间的差异,并采取措施解决存在的问题,使工程的实际成本被控制在预定的目标范围内,促使成本降低的一项管理活动。

施工企业进行成本控制,必须确定成本控制的标准。成本计划提出了计划期内的成本水平和降低成本的目标,是成本控制的总体要求。成本控制总目标的实现,还必须借助于计划成本、定额成本和各种消耗定额、费用预算等作为成本控制的具体标准,对实际发生的各种生产耗费进行有效的控制。

为了有效地发挥成本控制的作用,施工企业应当建立事前控制、事中控制和事后控制的成本控制体系。事前控制是指通过成本的预测和决策,确定计划期的目标成本的活动;成本的事中控制是在成本的形成过程中,用具体的成本控制标准加以衡量,及时解决存在问题,以达到控制生产耗费为目标的一种管理工作;成本的事后控制,又称反馈控制,它主要是在一定时期内将各类生产的实际成本与计划成本加以比较,检查成本计划的执行情况。

由于成本费用涉及企业生产经营活动的各个方面和各个环节,因此,必须实施全面的成本控制。所谓全面成本控制,是指在生产经营全过程实施成本控制,对全部生产耗费实施成本控制和全体职工都参与成本控制。实施成本控制,还必须采取一定的组织形式,建立有效的成本责任制,即将构成成本的生产耗费,降低成本任务,按生产耗费发生的范围进行分解,具体落实到有关职责部门或个人,实行责任成本,采取责权利相结合,成本控制与业绩考核相结合的办法,促进成本得到控制,实现降低成本、提高经济效益的目标。

4)成本核算

成本核算是对工程施工所发生的生产费用进行事后核算,以便确定产品实际制造成本和归集期间费用,及时反映成本目标和成本计划的完成情况。在进行工程成本核算时,首先应对发生的费用进行审核,确认其是否属于生产耗费,能否计入工程成本,应计入哪类产品的成本等;其次,还要将确认的生产费用按用途进行归集、分配,按既定的成本核算对象分别计算其制造成本,确定最终产品的成本。

5)成本分析与考核

成本分析是利用成本核算以及有关计划、统计、定额和技术资料,运用一定的分析方法,研究影响成本升降的诸因素及其形成的原因,挖掘降低成本的潜力的一种管理活动。成本分析按其用途可分为成本预测分析、成本控制分析和成本执行情况的综合分析。通过成本预测分析,提出获得最佳经济效益的降低成本方案,为制订成本计划提供依据。成本控制分析是成本计划实施过程中的分析,通过分析,及时发现差异,采取措施,使生产耗费控制在预定的限额内,保证成本计划的实现。成本计划执行情况的综合分析,是计划期终了对成本的总结分析。通过成本计划执行情况的综合分析,可以对执行成本计划的情况做出客观的评价,既肯定加强管理、降低成本的成绩和经验,又揭示存在的问题和不足,指出进一步降低成本的潜力和途径。在对成本计划执行情况分析的基础上,按成本责任制的有关规定,对企业有关部门或个人贯彻成本责任制的情况进行考核,相应实施成本责任制的有关奖惩规定,体现责、权、利相结合的原则,进一步推进成本管理工作。

上述的成本预测、成本计划、成本控制、成本核算、成本分析和考核,互为条件,紧密联系,构成成本管理的完整体系。成本预测为制订成本计划提供依据;成本计划为成本控制提出目标和要求;成本控制与成本核算为成本分析与成本考核提供分析和考核的依据;成本分析与考核的结果又可供进行新的成本预测并且为制订下阶段的成本计划提供参考,如此互相作用,促使企业不断加强和提高成本管理工作。

三、施工企业成本责任制

施工企业应根据其生产经营管理体制和加强成本管理的要求,按照企业内部组织分工和岗位责任,建立上下衔接、左右结合的全面成本管理责任制度,调动全体职工的积极性,保证完成降低工程成本的任务。

1. 责任成本制的内容

实行责任成本制是对施工企业生产经营过程进行成本核算和控制的有效形式。责任成本制一般有以下内容。

1)划分责任层次,建立成本中心

成本管理是一项复杂的系统工程,牵涉企业内部各级、各部门、各单位以至个人的责任者,特别是在企业庞大、管理复杂的条件下,应当实行分级、归口管理的办法,划分不同的成本管理层次,以便分清成本责任,以利责任成本的控制和管理。

所谓成本中心,是指以其权责范围内的成本为计划和控制对象的中心。成本中心广泛分布于许多管理层次,任何对成本负有责任的部门都是成本中心。从纵向分有企业层次、项目层次、作业层次;从横向分有各职能管理部门。不同的成本中心,只负责其权责范围内的责任成本。

2)根据可控制原则建立控制标准

成本中心核算和控制的成本是可控成本,可控成本一般应符合以下三个条件:

(1)成本中心有办法能够知道将发生什么性质的费用;

(2)成本中心有办法加以计量的耗费;

(3)成本中心有办法控制和调节的耗费。

总之,成本能否控制,是以特定的成本中心为条件的。往往一个成本中心的不可控成本则是另一个成本中心的可控成本,如由于材料质量不好而造成超耗、返工、报废等的工料费用,非班组所能控制,而是有关责任部门的可控成本;又如由于工作安排不当造成的停工损失,也非班组所能控制,应是施工管理部门的可控成本等。

有了可控制原则,就可将计划成本指标分解到各成本责任中心,作为考核实绩的标准。

3)建立责任成本核算和报告制度

建立责任成本核算制度,内容包括:

(1)有一套完整的记录、计算和报告各责任层次成本中心的责任成本核算制度,包括责任成本的归集和分配,定期编制责任成本报告;

(2)经常对实际成本与标准成本进行对比和分析,以便加强日常成本控制;

(3)定期检查和考核各成本中心的实绩;

(4)定期分析实际成本与控制标准的差异和原因,及时反馈于责任部门,以便及时采取措施纠正偏差,有效地控制成本。

2. 企业各级领导、部门的成本管理职责

1)企业领导的成本管理职责

(1)遵守财经法律制度,贯彻执行国家的方针政策,制止一切侵占国家收入、铺张浪费、弄

虚作假等损害国家利益的行为,对企业施工经营的经济效果负完全责任;

(2)组织各职能部门和所属内部独立核算单位建立各级成本管理责任制,督促财会部门将成本费用指标分解下达到各职能部门和所属内部独立核算单位,实行分级归口管理;

(3)组织与领导各职能部门和所属内部独立核算单位,努力增产节约,提高质量,缩短工期,降低成本,完成各自的成本计划;

(4)定期组织经济活动分析,检查成本计划执行情况,并针对薄弱环节采取有效措施,改进经营管理。

2)企业总会计师的成本管理职责

(1)协助企业领导组织领导本企业的成本管理工作,组织编制、执行成本计划,控制成本支出,健全成本核算,开展成本预测、分析工作,并对企业的经济效果负责;

(2)宣传国家有关成本管理的方针、政策,严格执行财经纪律,签署企业的对外经济合同;

(3)定期检查各职能部门、内部独立核算单位成本计划执行情况,及时组织有关部门、单位解决存在的问题;

(4)协调各职能部门、内部独立核算单位与财会部门的关系。

3)企业总工程师的成本管理职责

(1)协助企业领导在挖潜革新改造,采用新技术、新工艺、新材料,改善劳动组织,保证工程质量,加速工程进度等方面讲究经济效益,做到技术上先进合理,经济上节约有实效;

(2)对各项技术组织措施的经济效果负责。

4)企业财会部门的成本管理职责

(1)制定企业的成本管理制度;

(2)参与制定内部各项费用定额和工料消耗定额;

(3)汇总编制企业的财务成本计划,并负责将成本、费用指标分解落实到各职能部门和内部独立核算单位;

(4)检查、考核成本计划执行情况;

(5)检查成本核算,指导内部独立核算单位的成本管理和成本核算;

(6)进行成本的预测、控制、监督和分析工作。

5)企业其他职能部门的成本管理职责

(1)结合职能工作的范围和特点,在保证完成本职工作的同时,负责编制并提供有关成本管理的各项资料;

(2)保证完成既定的各项技术组织措施,提高工效,降低消耗,完成企业分解归口管理的责任成本指标,促进企业降低成本计划的实现。

6)项目经理部的成本管理职责

项目经理部是直接从事施工生产和经营活动的组织管理者,既要负责完成施工生产任务,又要负责控制生产消耗,降低工程成本,因而是进行成本管理的基础和重点。其主要职责有:

(1)认真贯彻企业的成本管理制度,完成企业下达的降低成本指标;

(2)按会计制度规定和职责范围,正确、完整、及时地核算工程成本,编制成本报表,提供各种成本资料；

(3)严格执行劳动、材料、机械消耗定额和有关费用开支标准；

(4)结合工程施工的实际情况，制订具体的施工方案和技术组织措施计划；

(5)建立健全内部成本责任制和成本管理的各项基础工作；

(6)编制施工图预算和施工预算，确定工程的预算成本和编制成本计划；

(7)加强成本控制和组织开展成本分析与考核等项工作。

项目经理部内部也要根据其职能工作和成本管理的要求，明确其应负的成本责任。实践证明，施工企业建立从上到下，纵横交错，互相配合，互为作用的成本责任制，形成完整的成本管理责任体系，是落实成本管理，控制消耗，完成降低成本任务，提高经济效益的一种有效的管理手段。

附录一　概、预算项目表

项目	目	节	细目	工程或费用名称	单　位	备　注
				第一部分　建筑安装工程费	公路公里	建设项目路线总长度(主线长度)
一				临时工程	公路公里	
	1			临时道路	km	新建便道与利用原有道路的总长
		1		临时便道的修建与维护	km	新建便道长度
		2		原有道路的维护与恢复	km	利用原有道路长度
				……		
	2			临时便桥	m/座	指汽车便桥
	3			临时轨道铺设	km	
	4			临时电力线路	km	
	5			临时电信线路	km	不包括广播线
	6			临时码头	座	按不同的形式划分节或细目
二				路基工程	km	扣除桥梁、隧道和互通立交的主线长度,独立桥梁或隧道为引道或接线长度
	1			场地清理	km	
		1		清理与掘除	m²	按清除内容的不同划分细目
			1	清除表土	m³	
			2	伐树、挖根、除草	m²	
				……		
		2		挖除旧路面	m²	按不同的路面类型和厚度划分细目
			1	挖除水泥混凝土路面	m²	
			2	挖除沥青混凝土路面	m²	
			3	挖除碎(砾)石路面	m²	
				……		
		3		拆除旧建筑物、构筑物	m³	按不同的构筑材料划分细目
			1	拆除钢筋混凝土结构	m³	
			2	拆除混凝土结构	m³	
			3	拆除砖石及其他砌体	m³	
				……		
	2			挖方	m³	
		1		挖土方	m³	按不同的地点划分细目
			1	挖路基土方	m³	

项 目	节	细目	工程或费用名称	单 位	备 注
		2	挖改路、改河、改渠土方	m³	
			……		
	2		挖石方	m³	按不同的地点划分细目
		1	挖路基石方	m³	
		2	挖改路、改河、改渠石方	m³	
			……		
	3		挖非适用材料	m³	
	4		弃方运输	m³	
3			填方	m³	
	1		路基填方	m³	按不同的填筑材料划分细目
		1	换填土	m³	
		2	利用土方填筑	m³	
		3	借土方填筑	m³	
		4	利用石方填筑	m³	
		5	填砂路基	m³	
		6	粉煤灰及填石路基	m³	
			……		
	2		改路、改河、改渠填方	m³	按不同的填筑材料划分细目
		1	利用土方填筑	m³	
		2	借土方填筑	m³	
		3	利用石方填筑	m³	
			……		
	3		结构物台背回填	m³	按不同的填筑材料划分细目
		1	填碎石	m³	
			……		
4			特殊路基处理	km	指需要处理的软弱路基长度
	1		软土处理	km	按不同的处治方法划分细目
		1	抛石挤淤	m³	
		2	砂、砂砾垫层	m³	
		3	灰土垫层	m³	
		4	预压与超载预压	m²	
		5	袋装砂井	m	
		6	塑料排水板	m	
		7	粉喷桩与旋喷桩	m	
		8	碎石桩	m	
		9	砂桩	m	
		10	土工布	m²	

项	目	节	细目	工程或费用名称	单 位	备 注
			11	土工格栅	m²	
			12	土工格室	m²	
				……		
		2		滑坡处理	处	按不同的处理方式划分细目
			1	卸载土石方	m³	
			2	抗滑桩	m³	
			3	预应力锚索	m	
				……		
		3		岩溶洞回填	m³	按不同的回填材料划分细目
			1	混凝土	m³	
				……		
		4		膨胀土处理	km	按不同的处理方法划分细目
			1	改良土	m³	
				……		
		5		黄土处理	m³	按黄土的不同特性划分细目
			1	陷穴	m³	
			2	湿陷性黄土	m²	
				……		
		6		盐渍土处理	m²	按不同的厚度划分细目
				……		
	5			排水工程	km	按不同的结构类型分节
		1		边沟	m³/m	按不同的材料、尺寸划分细目
			1	现浇混凝土边沟	m³/m	
			2	浆砌混凝土预制块边沟	m³/m	
			3	浆砌片石边沟	m³/m	
			4	浆砌块石边沟	m³/m	
				……		
		2		排水沟	处	按不同的材料、尺寸划分细目
			1	现浇混凝土排水沟	m³/m	
			2	浆砌混凝土预制块排水沟	m³/m	
			3	浆砌片石排水沟	m³/m	
			4	浆砌块石排水沟	m³/m	
				……		
		3		截水沟	m³/m	按不同的材料、尺寸划分细目
			1	浆砌混凝土预制块截水沟	m³/m	
			2	浆砌片石截水沟	m³/m	
				……		

项目	节	细目	工程或费用名称	单 位	备 注
		4	急流槽	m³/m	按不同的材料、尺寸划分细目
			1 现浇混凝土急流槽	m³/m	
			2 浆砌片石急流槽	m³/m	
			......		
		5	暗沟	m³	按不同的材料、尺寸划分细目
			......		
		6	渗（盲）沟	m³/m	按不同的材料、尺寸划分细目
			......		
		7	排水管	m	按不同的材料、尺寸划分细目
			......		
		8	集水井	m³/个	按不同的材料、尺寸划分细目
			......		
		9	泄水槽	m³/个	按不同的材料、尺寸划分细目
			......		
	6		防护与加固工程	km	按不同的结构类型分节
		1	坡面植物防护	m²	按不同的材料划分细目
			1 播种草籽	m²	
			2 铺（植）草皮	m²	
			3 土工织物植草	m²	
			4 植生袋植草	m²	
			5 液压喷播植草	m²	
			6 客土喷播植草	m²	
			7 喷混植草	m²	
			......		
		2	坡面圬工防护	m³/m²	按不同的材料和形式划分细目
			1 现浇混凝土护坡	m³/m²	
			2 预制块混凝土护坡	m³/m²	
			3 浆砌片石护坡	m³/m²	
			4 浆砌块石护坡	m³/m²	
			5 浆砌片石骨架护坡	m³/m²	
			6 浆砌片石护面墙	m³/m²	
			7 浆砌块石护面墙	m³/m²	
			......		
		3	坡面喷浆防护	m²	按不同的材料划分细目
			1 抹面、捶面护坡	m²	
			2 喷浆护坡	m²	
			3 喷射混凝土护坡	m³/m²	
			......		

项	目	节	细目	工程或费用名称	单 位	备 注
			4	坡面加固	m²	按不同的材料划分细目
			1	预应力锚索	t/m	
			2	锚杆、锚钉	t/m	
			3	锚固板	m³	
				……		
			5	挡土墙	m³/m	按不同的材料和形式划分细目
			1	现浇混凝土挡土墙	m³/m	
			2	锚杆挡土墙	m³/m	
			3	锚定板挡土墙	m³/m	
			4	加筋土挡土墙	m³/m	
			5	扶臂式、悬臂式挡土墙	m³/m	
			6	桩板墙	m³/m	
			7	浆砌片石挡土墙	m³/m	
			8	浆砌块石挡土墙	m³/m	
			9	浆砌护肩墙	m³/m	
			10	浆砌(干砌)护脚	m³/m	
				……		
			6	抗滑桩	m³	按不同的规格划分细目
				……		
			7	冲刷防护	m³	按不同的材料和形式划分细目
			1	浆砌片石河床铺砌	m³	
			2	导流坝	m³/处	
			3	驳岸	m³/m	
			4	石笼	m³/处	
				……		
			8	其他工程	km	根据具体情况划分细目
				……		
三				路面工程	km	
		1		路面垫层	m²	按不同的材料分节
			1	碎石垫层	m²	按不同的厚度划分细目
			2	砂砾垫层	m²	按不同的厚度划分细目
				……		
		2		路面底基层	m²	按不同的材料分节
			1	石灰稳定类底基层	m²	按不同的厚度划分细目
			2	水泥稳定类底基层	m²	按不同的厚度划分细目
			3	石灰粉煤灰稳定类底基层	m²	按不同的厚度划分细目
			4	级配碎(砾)石底基层	m²	按不同的厚度划分细目
				……		

项 目	节	细目	工程或费用名称	单 位	备 注
3			路面基层	m²	按不同的材料分节
	1		石灰稳定类基层	m²	按不同的厚度划分细目
	2		水泥稳定类基层	m²	按不同的厚度划分细目
	3		石灰粉煤灰稳定类基层	m²	按不同的厚度划分细目
	4		级配碎(砾)石基层	m²	按不同的厚度划分细目
	5		水泥混凝土基层	m²	按不同的厚度划分细目
	6		沥青碎石混合料基层	m²	按不同的厚度划分细目
			……		
4			透层、黏层、封层	m²	按不同的形式分节
	1		透层	m²	
	2		黏层	m²	
	3		封层	m²	按不同的材料划分细目
		1	沥青表处封层	m²	
		2	稀浆封层	m²	
			……		
	4		单面烧毛纤维土工布	m²	
	5		玻璃纤维格栅	m²	
			……		
5			沥青混凝土面层	m²	指上面层面积
	1		粗粒式沥青混凝土面层	m²	按不同的厚度划分细目
	2		中粒式沥青混凝土面层	m²	按不同的厚度划分细目
	3		细粒式沥青混凝土面层	m²	按不同的厚度划分细目
	4		改性沥青混凝土面层	m²	按不同的厚度划分细目
	5		沥青玛蹄脂碎石混合料面层	m²	按不同的厚度划分细目
			……		
6			水泥混凝土面层	m²	按不同的材料分节
	1		水泥混凝土面层	m²	按不同的厚度划分细目
	2		连续配筋混凝土面层	m²	按不同的厚度划分细目
	3		钢筋	t	
7			其他面层	m²	按不同的类型分节
	1		沥青表面处治面层	m²	按不同的厚度划分细目
	2		沥青贯入式面层	m²	按不同的厚度划分细目
	3		沥青上拌下贯式面层	m²	按不同的厚度划分细目
	4		泥结碎石面层	m²	按不同的厚度划分细目
	5		级配碎(砾)石面层	m²	按不同的厚度划分细目
	6		天然砂砾面层	m²	按不同的厚度划分细目
			……		

项	目	节	细目	工程或费用名称	单　位	备　注
	8			路槽、路肩及中央分隔带	km	
		1		挖路槽	m²	按不同的土质划分细目
			1	土质路槽	m²	
			2	石质路槽	m²	
		2		培路肩	m²	按不同的厚度划分细目
		3		土路肩加固	m²	按不同的加固方式划分细目
			1	现浇混凝土	m²	
			2	铺砌混凝土预制块	m²	
			3	浆砌片石	m²	
				……		
		4		中央分隔带回填土	m³	
		5		路缘石	m³	按现浇和预制安装划分细目
				……		
	9			路面排水	km	按不同的类型分节
		1		拦水带	m	按不同的材料划分细目
			1	沥青混凝土	m	
			2	水泥混凝土	m	
		2		排水沟	m	按不同的类型划分细目
			1	路肩排水沟	m	
			2	中央分隔带排水沟	m	
				……		
		3		排水管	m	按不同的类型划分细目
			1	纵向排水管	m	
			2	横向排水管	m/道	
				……		
		4		集水井	m³/个	按不同的规格划分细目
				……		
四				桥梁涵洞工程	km	指桥梁长度
	1			漫水工程	m/处	
		1		过水路面	m/处	
		2		混合式过水路面	m/处	
	2			涵洞工程	m/道	按不同的结构类型分节
		1		钢筋混凝土管涵	m/道	按管径和单、双孔划分细目
			1	1-φ1.0m 圆管涵	m/道	
			2	1-φ1.5m 圆管涵	m/道	
			3	倒虹吸管	m/道	
				……		

项目	节	细目	工程或费用名称	单 位	备 注
		2		盖板涵	m/道	按不同的材料和涵径划分细目
			1	2.0m×2.0m 石盖板涵	m/道	
			2	2.0m×2.0m 钢筋混凝土盖板涵	m/道	
				……		
		3		箱涵	m/道	按不同的涵径划分细目
			1	4.0m×4.0m 钢筋混凝土箱涵	m/道	
				……		
		4		拱涵	m/道	按不同的材料和涵径划分细目
			1	4.0m×4.0m 石拱涵	m/道	
			2	4.0m×4.0m 钢筋混凝土拱涵	m/道	
				……		
	3			小桥工程	m/座	按不同的结构类型分节
		1		石拱桥	m/座	按不同的跨径划分细目
		2		钢筋混凝土矩形板桥	m/座	按不同的跨径划分细目
		3		钢筋混凝土空心板桥	m/座	按不同的跨径划分细目
		4		钢筋混凝土 T 形梁桥	m/座	按不同的跨径划分细目
		5		预应力混凝土空心板桥	m/座	按不同的跨径划分细目
				……		
	4			中桥工程	m/座	按不同的结构类型或桥名分节
		1		钢筋混凝土空心板桥	m/座	按不同的跨径或工程部位划分细目
		2		钢筋混凝土 T 形梁桥	m/座	按不同的跨径或工程部位划分细目
		3		钢筋混凝土拱桥	m/座	按不同的跨径或工程部位划分细目
		4		预应力混凝土空心板桥	m/座	按不同的跨径或工程部位划分细目
				……		
	5			大桥工程	m/座	按桥名或不同的工程部位分节
		1		×××大桥	m²/m	按不同的工程部位划分细目
			1	天然基础	m³	
			2	桩基础	m³	
			3	沉井基础	m³	
			4	桥台	m³	
			5	桥墩	m³	
			6	上部构造	m³	注明上部构造跨径组成及结构形式
				……		
		2		……	m²/m	
	6			××特大桥工程	m²/m	按桥名分目,按不同的工程部位分节
		1		基础	m³/座	按不同的形式划分细目
			1	天然基础	m³	

315

项	目	节	细目	工程或费用名称	单　位	备　注
			2	桩基础	m³	
			3	沉井基础	m³	
			4	承台	m³	
				……		
		2		下部构造	m³/座	按不同的形式划分细目
			1	桥台	m³	
			2	桥墩	m³	
			3	索塔	m³	
				……		
		3		上部构造	m³	按不同的形式划分细目,并注明其跨径组成
			1	预应力混凝土空心板	m³	
			2	预应力混凝土 T 形梁	m³	
			3	预应力混凝土连续梁	m³	
			4	预应力混凝土连续刚构	m³	
			5	钢管拱桥	m³	
			6	钢箱梁	t	
			7	斜拉索	t	
			8	主缆	t	
			9	预应力钢材	t	
				……		
		4		桥梁支座	个	按不同规格划分细目
			1	矩形板式橡胶支座	dm³	
			2	圆形板式橡胶支座	dm³	
			3	矩形四氟板式橡胶支座	dm³	
			4	圆形四氟板式橡胶支座	dm³	
			5	盆式橡胶支座	个	
				……		
		5		桥梁伸缩缝	m	指伸缩缝长度,按不同规格划分细目
			1	橡胶伸缩装置	m	
			2	模数式伸缩装置	m	
			3	填充式伸缩装置	m	
				……		
		6		桥面铺装	m³	按不同的材料划分细目
			1	沥青混凝土桥面铺装	m³	
			2	水泥混凝土桥面铺装	m³	
			3	水泥混凝土垫平层	m³	

项目	目	节	细目	工程或费用名称	单　位	备　注
			4	防水层	m²	
				……		指桥梁长度,按不同的类型划分细目
		7		人行道系	m	
			1	人行道及栏杆	m³/m	
			2	桥梁钢防撞护栏	m	
			3	桥梁波形梁护栏	m	
			4	桥梁水泥混凝土防撞墙	m	
			5	桥梁防护网	m	
				……		
		8		其他工程	m	指桥梁长度,按不同类型划分细目
			1	看桥房及岗亭	座	
			2	砌筑工程	m³	
			3	混凝土构件装饰	m²	
				……		
五				交叉工程	处	按不同的交叉形式分目
	1			平面交叉道	处	按不同的类型分节
		1		公路与铁路平面交叉	处	
		2		公路与公路平面交叉	处	
		3		公路与大车道平面交叉	处	
				……		
	2			通道	m/处	按结构类型分节
		1		钢筋混凝土箱式通道	m/处	
		2		钢筋混凝土板式通道	m/处	
				……		
	3			人行天桥	m/处	
		1		钢结构人行天桥	m/处	
		2		钢筋混凝土结构人行天桥	m/处	
	4			渡槽	m/处	按结构类型分节
		1		钢筋混凝土渡槽	m/处	
		2		……		
	5			分离式立体交叉	处	按交叉名称分节
		1		×××分离式立体交叉	处	按不同的工程内容划分细目
			1	路基土石方	m³	
			2	路基排水防护	m³	
			3	特殊路基处理	km	
			4	路面	m²	
			5	涵洞及通道	m³/m	

317

项目	目	节	细目	工程或费用名称	单 位	备 注
			6	桥梁	m²/m	
				……		
		2		……		
	6			××互通式立体交叉	处	按互通名称分目(注明其类型),按不同的分部工程分节
		1		路基土石方	m³/km	
			1	清理与掘除	m²	
			2	挖土方	m³	
			3	挖石方	m³	
			4	挖非适用材料	m³	
			5	弃方运输	m³	
			6	换填土	m³	
			7	利用土方填筑	m³	
			8	借土方填筑	m³	
			9	利用石方填筑	m³	
			10	结构物台背回填	m³	
		2		特殊路基处理	km	
			1	特殊路基垫层	m³	
			2	预压与超载预压	m²	
			3	袋装砂井	m	
			4	塑料排水板	m	
			5	粉喷桩与旋喷桩	m	
			6	碎石桩	m	
			7	砂桩	m	
			8	土工布	m²	
			9	土工格栅	m²	
			10	土工格室	m²	
				……		
		3		排水工程	m³	
			1	混凝土边沟、排水沟	m³/m	
			2	砌石边沟、排水沟	m³/m	
			3	现浇混凝土急流槽	m³/m	
			4	浆砌片石急流槽	m³/m	
			5	暗沟	m³	
			6	渗(盲)沟	m³/m	
			7	拦水带	m	
			8	排水管	m	

项 目	节	细目	工程或费用名称	单 位	备 注
		9	集水井	m³/个	
			……		
	4		防护工程	m³	
		1	播种草籽	m²	
		2	铺（植）草皮	m²	
		3	土工织物植草	m²	
		4	植生袋植草	m²	
		5	液压喷播植草	m²	
		6	客土喷播植草	m²	
		7	喷混植草	m²	
		8	现浇混凝土护坡	m³/m²	
		9	预制块混凝土护坡	m³/m²	
		10	浆砌片石护坡	m³/m²	
		11	浆砌块石护坡	m³/m²	
		12	浆砌片石骨架护坡	m³/m²	
		13	浆砌片石护面墙	m³/m²	
		14	浆砌块石护面墙	m³/m²	
		15	喷射混凝土护坡	m³/m²	
		16	现浇混凝土挡土墙	m³/m	
		17	加筋土挡土墙	m³/m	
		18	浆砌片石挡土墙	m³/m	
		19	浆砌块石挡土墙	m³/m	
			……		
	5		路面工程	m²	
		1	碎石垫层	m²	
		2	砂砾垫层	m²	
		3	石灰稳定类底基层	m²	
		4	水泥稳定类底基层	m²	
		5	石灰粉煤灰稳定类底基层	m²	
		6	级配碎（砾）石底基层	m²	
		7	石灰稳定类基层	m²	
		8	水泥稳定类基层	m²	
		9	石灰粉煤灰稳定类基层	m²	
		10	级配碎（砾）石基层	m²	
		11	水泥混凝土基层	m²	
		12	透层、黏层、封层	m²	
		13	沥青混凝土面层	m²	

项	目	节	细目	工程或费用名称	单 位	备 注
			14	改性沥青混凝土面层	m²	
			15	沥青玛蹄脂碎石混合料面层	m²	
			16	水泥混凝土面层	m²	
			17	中央分隔带回填土	m³	
			18	路缘石	m³	
				……		
		6		涵洞工程	m/道	
			1	钢筋混凝土管涵	m/道	
			2	倒虹吸管	m/道	
			3	盖板涵	m/道	
			4	箱涵	m/道	
			5	拱涵	m/道	
		7		桥梁工程	m²/m	
			1	天然基础	m³	
			2	桩基础	m³	
			3	沉井基础	m³	
			4	桥台	m³	
			5	桥墩	m³	
			6	上部构造	m³	
				……		
		8		通道	m/处	
六				隧道工程	km/座	按隧道名称分目,并注明其形式
	1			×××隧道	m	按明洞、洞门、洞身开挖、衬砌等分节
		1		洞门及明洞开挖	m³	
			1	挖土方	m³	
			2	挖石方	m³	
				……		
		2		洞门及明洞修筑	m³	
			1	洞门建筑	m³/座	
			2	明洞衬砌	m³/m	
			3	遮光棚(板)	m³/m	
			4	洞口坡面防护	m³	
			5	明洞回填	m³	
				……		
		3		洞身开挖	m³/m	
			1	挖土石方	m³	

项	目	节	细目	工程或费用名称	单 位	备 注
			2	注浆小导管	m	
			3	管棚	m	
			4	锚杆	m	
			5	钢拱架(支撑)	t/榀	
			6	喷射混凝土	m³	
			7	钢筋网	t	
				……		
		4		洞身衬砌	m³	
			1	现浇混凝土	m³	
			2	仰拱混凝土	m³	
			3	管、沟混凝土	m³	
				……		
		5		防水与排水	m³	
			1	防水板	m²	
			2	止水带、条	m	
			3	压浆	m³	
			4	排水管	m	
				……		
		6		洞内路面	m²	按不同的路面结构和厚度划分细目
			1	水泥混凝土路面	m²	
			2	沥青混凝土路面	m²	
				……		
		7		通风设施	m	按不同的设施划分细目
			1	通风机安装	台	
			2	风机启动柜洞门	个	
				……		
		8		消防设施	m	按不同的设施划分细目
			1	消防室洞门	个	
			2	通道防火闸门	个	
			3	蓄(集)水池	座	
			4	喷防火涂料	m²	
				……		
		9		照明设施	m	按不同的设施划分细目
			1	照明灯具	m	
				……		
		10		供电设施	m	按不同的设施划分细目
		11		其他工程	m	按不同的内容划分细目

项	目	节	细目	工程或费用名称	单 位	备 注
			1	卷帘门	个	
			2	检修门	个	
			3	洞身及洞门装饰	m²	
				……		
		2		×××隧道	m	
七				公路设施及预埋管线工程	公路公里	
	1			安全设施	公路公里	按不同的设施分节
			1	石砌护栏	m³/m	
			2	钢筋混凝土防撞护栏	m³/m	
			3	波形钢板护栏	m	按不同的形式划分细目
			4	隔离栅	km	按不同的材料划分细目
			5	防护网	km	
			6	公路标线	km	按不同的类型划分细目
			7	轮廓标	根	
			8	防眩板	m	
			9	钢筋混凝土护柱	根/m	
			10	里程碑、百米桩、公路界碑	块	
			11	各类标志牌	块	按不同的规格和材料划分细目
			12	……		
	2			服务设施	公路公里	按不同的设施分节
			1	服务区	处	按不同的内容划分细目
			2	停车区	处	按不同的内容划分细目
			3	公共汽车停靠站	处	按不同的内容划分细目
	3			管理、养护设施	公路公里	按不同的设施分节
		1		收费系统设施	处	按不同的内容划分细目
			1	设备安装	公路公里	
			2	收费亭	个	
			3	收费天棚	m²	
			4	收费岛	个	
			5	通道	m/道	
			6	预埋管线	m	
			7	架设管线	m	
				……		

项	目	节	细目	工程或费用名称	单 位	备 注
			2	通信系统设施	公路公里	按不同的内容划分细目
			1	设备安装	公路公里	
			2	管道工程	m	
			3	人(手)孔	个	
			4	紧急电话平台	个	
				……		
			3	监控系统设施	公路公里	按不同的内容划分细目
			1	设备安装	公路公里	
			2	光(电)缆敷设	km	
				……		
			4	供电、照明系统设施	公路公里	按不同的内容划分细目
			1	设备安装	公路公里	
				……		
			5	养护工区	处	按不同的内容划分细目
			1	区内道路	km	
				……		
		4		其他工程	公路公里	
			1	悬出路台	m/处	
			2	渡口码头	处	
			3	辅道工程	km	
			4	支线工程	km	
			5	公路交工前养护费	km	按附录三计算
八				绿化及环境保护工程	公路公里	
		1		撒播草种和铺植草皮	m²	按不同的内容分节
			1	撒播草种	m²	按不同的内容划分细目
			2	铺植草皮	m²	按不同的内容划分细目
			3	绿地喷灌管道	m	按不同的内容划分细目
		2		种植乔、灌木	株	按不同的内容分节
			1	种植乔木	株	按不同的树种划分细目
			1	高山榕	株	
			2	美人蕉	株	
				……		
			2	种植灌木	株	按不同的树种划分细目

323

项	目	节	细目	工程或费用名称	单　位	备　　注
			1	夹竹桃	株	
			2	月季	株	
				……		
		3		种植攀缘植物	株	按不同的树种划分细目
			1	爬山虎	株	
			2	葛藤	株	
				……		
		4		种植竹类植物	株	按不同的内容划分细目
		5		种植棕榈类植物	株	按不同的内容划分细目
		6		栽植绿篱	m	
		7		栽植绿色带	m²	
	3			声屏障	m	按不同的类型分节
		1		消声板声屏障	m	
		2		吸音砖声屏障	m³	
		3		砖墙声屏障	m³	
				……		
	4			污水处理	处	按不同的内容分节
	5			取、弃土场防护	m³	按不同的内容分节
九				管理、养护及服务房屋	m²	
	1			管理房屋	m²	
		1		收费站	m²	
		2		管理站	m²	
				……		
	2			养护房屋	m²	按房屋名称分节
		1		……		
	3			服务房屋	m²	按房屋名称分节
		1		……		
				第二部分　设备及工具、器具购置费	公路公里	
一				设备购置费	公路公里	
	1			需安装的设备	公路公里	
		1		监控系统设备	公路公里	按不同设备分别计算
		2		通信系统设备	公路公里	按不同设备分别计算

项	目	节	细目	工程或费用名称	单 位	备 注
		3		收费系统设备	公路公里	按不同设备分别计算
		4		供电照明系统设备	公路公里	按不同设备分别计算
	2			不需安装的设备	公路公里	
		1		监控系统设备	公路公里	按不同设备分别计算
		2		通信系统设备	公路公里	按不同设备分别计算
		3		收费系统设备	公路公里	按不同设备分别计算
		4		供电照明系统设备	公路公里	按不同设备分别计算
二				工具、器具购置	公路公里	
三				办公及生活用家具购置	公路公里	
				第三部分 工程建设其他费用	公路公里	
一				土地征用及拆迁补偿费	公路公里	
二				建设项目管理费	公路公里	
		1		建设单位(业主)管理费	公路公里	
		2		工程质量监督费	公路公里	
		3		工程监理费	公路公里	
		4		工程定额测定费	公路公里	
		5		设计文件审查费	公路公里	
		6		竣(交)工验收试验检测费	公路公里	
三				研究试验费	公路公里	
四				建设项目前期工作费	公路公里	
五				施工机构迁移费	公路公里	
六				供电贴费	公路公里	
七				联合试运转费	公路公里	
八				生产人员培训费	公路公里	
九				固定资产投资方向调节税	公路公里	
十				建设期贷款利息	公路公里	
				第一、二、三部分费用合计	公路公里	
				预备费	元	
				1.价差预备费	元	
				2.基本预备费	元	预算实行包干时列系数包干费
				概(预)算总金额	元	
				其中:回收金额	元	
				公路基本造价	公路公里	

附录二 概、预算表格样式

总 概（预）算 汇 总 表

建设项目名称：　　　　　　　　　　　　　　　　第　页　共　页　　　01-1 表

项次	工程或费用名称	单位	总数量	概（预）算金额（元）				合计	技术经济指标	各项费用比例(％)	备注
			填表说明：1.一个建设项目分若干单项工程编制概（预）算时，应通过本表汇总全部建设项目概（预）算金额。								
			2.本表反映一个建设项目的各项费用组成，概（预）算总值和技术经济指标。								
			3.本表项次、工程费用名称、单位、总数量、概（预）算金额应由各单项或单位工程总概（预）算表(01表)转来，"目"、"节"可视需要增减，"项"应保留。								
			4."技术经济指标"以各项概（预）算金额汇总合计除以相应总数量计算；"各项费用比例"以汇总的各项目概（预）算金额合计除以总概（预）算金额合计计算。								

编制：　　　　　　　　　　　　　　　　　　　　　　　　　　复核：

总概（预）算人工、主要材料、机械台班数量汇总表

建设项目名称：　　　　　　　　　　　　　　　　第　页　共　页　　　02-1 表

序号	规格名称	单位	总数量	编 制 范 围						
			填表说明：1.一个建设项目分若干个单项工程编制概（预）算时，应通过本表汇总全部建设项目的人工、主要材料、机械台班数量。							
			2.本表各栏数据均由各单项或单位工程概（预）算中的人工、主要材料、机械台班数量汇总表(02表)转来，编制范围指单项或单位工程。							

编制：　　　　　　　　　　　　　　　　　　　　　　　　　　复核：

总 概（预）算 表

建设项目名称：

编制范围：　　　　　　　　　　　　　　　第 页 共 页　　　　　　01 表

项	目	节	细目	工程或费用名称	单位	数量	概（预）算金额（元）	技术经济指标	各项费用比例(%)	备注

填表说明：1. 本表反映一个单项或单位工程的各项费用组成，概（预）算金额，技术经济指标等。

2. 本表"项"、"目"、"节"、"细目"、"工程或费用名称"、"单位"等应按概（预）算项目表的序列及内容填写。"目"、"节"、"细目"可视需要增减，但"项"应保留。

3. "数量"、"概（预）算金额"由建筑工程费计算表(03 表)，设备、工具、器具购置费计算表(05 表)、工程建设其他费用及回收金额计算表(06 表)转来。

4. "技术经济指标"以各项目概（预）算金额除以相应数量计算；"各项费用比例"以各项概（预）算金额除以总概（预）算金额计算。

编制：　　　　　　　　　　　　　　　　　　　　　　　复核：

人工、主要材料、机械台班数量汇总表

建设项目名称：

编制范围：　　　　　　　　　　　　　　　第 页 共 页　　　　　　02 表

序号	规格名称	单位	总数量	分项统计					场外运输损耗	
									%	数量

填表说明：1. 本表各栏数据由分项工程概（预）算表(08-2 表)及辅助生产工、料、机械台班数量表(12 表)经分析计算后统计而来。

2. 发生的冬、雨季及夜间施工增工及临时设施用工，根据《概、预算编制办法》附录三规定计算后列入本表有关项目内。

编制：　　　　　　　　　　　　　　　　　　　　　　　复核：

建筑安装工程费计算表

建设项目名称：

序号	工程名称	单位	工程量	直接费（元）						间接费（元）	利润（元）费率%	税金（元）综合税率%	建筑安装工程费	
				直接工程费				其他工程费	合计				合计（元）	单价（元）
				人工费	材料费	机械使用费	合计							
1	2	3	4	5	6	7	8	9	10	11	12	13	14	15
				填表说明:本表各栏数据之间关系,5~7均由08表经计算转来;8=5+6+7;9=8×9的费率或(5+7)×9的费率;10=8+9;11=5×规费综合费率+10×企业管理费综合费率;12=(10+11－规费)×12的费率;13=(10+11+12)×综合税率;14=10+11+12+13;15=14÷4。										

编制：　　　　　　　　　　　　　　　　　　　　　　　复核：

其他工程费及间接费综合费率计算表

建设项目名称：

序号	工程类别	其他工程费费率（%）										综合费率		间接费费率（%）											
														规费						企业管理费					
		冬季施工增加费	雨季施工增加费	夜间施工增加费	高原地区施工增加费	风沙地区施工增加费	沿海地区施工增加费	行车干扰工程施工增加费	安全文明施工措施费	临时设施费	施工辅助费	工地转移费	I	II	养老保险费	失业保险费	医疗保险费	住房公积金	工伤保险费	综合费率	基本费用	主副食运费补贴	职工探亲路费	职工取暖补贴	财务费用	综合费率
1	2	3	4	5	6	7	8	9	10	11	12	13	14	15	16	17	18	19	20	21	22	23	24	25	26	27
		填表说明:本表应根据建设工程项目具体情况,按概(预)算编制办法有关规定填入数据计算。其中:14=3+4+5+8+10+11+12+13;15=6+7+9;21=16+17+18+19+20;27=22+23+24+25+26。																								

编制：　　　　　　　　　　　　　　　　　　　　　　　复核：

设备、工具、器具购置费计算表

建设项目名称：

序号	设备、工具、器具规格名称	单位	数量	单价(元)	金额(元)	说明
		填表说明:本表应根据具体的设备、工具、器具购置清单进行计算,包括设备规格、单位、数量、单价以及需要说明的有关问题。				

编制：　　　　　　　　　　　　　　　　　　　　　　　复核：

工程建设其他费用及回收金额计算表

建设项目名称：

序　号	费用名称及回收金额项目	说明及计算式	金额(元)	备注
	填表说明:本表应按具体发生的工程建设其他费用项目填写,需要说明和具体计算的费用项目依次相应在说明及计算式栏内填写或具体计算,各项费用具体填写如下:			
	(1)土地征用及拆迁补偿费应填写土地补偿单价、数量和安置补助费标准、数量等,列式计算所需费用,填入金额栏。			
	(2)建设项目管理费包括建设单位(业主)管理费、工程质量监督费、工程监理费、工程定额测定费、设计文件审查费、竣(交)工验收试验检测费,按"建筑安装工程费×费率"或有关定额列式计算。			
	(3)研究试验费应根据设计需要进行研究试验的项目分别填写项目名称及金额或列式计算或进行说明。			
	(4)建设项目前期工作费按国家有关规定填入本表,列式计算。			
	(5)其余有关工程建设其他费用的填入和计算方法,根据规定以此类推。			

编制：　　　　　　　　　　　　　　　　　　　　　　　复核：

人工、材料、机械台班单价汇总表

建设项目名称：

序号	名称	单位	代号	预算单价(元)	备注	序号	名称	单位	代号	预算单价(元)	备注
				填表说明:本表预算单价主要由材料预算单价计算表(09 表)和机械台班单价计算表(11 表)转来。							

编制：　　　　　　　　　　　　　　　　　　　　　　　复核：

建筑安装工程费计算数据表

建设项目名称：　　　　编制范围：　　　　数据文件编号：　　　　公路等级：

桥梁长度(km)：　　　　桥梁宽度(m)：　　　　　　　　第　页　共　页　　08-1表

项的代号	本项目数	目的代号	本目节数	节的代号	本节细目数	细目的代号	费率编号	定额个数	定额代号	项或目或节或细目或定额的名称	单位	数量	定额调整情况
					填表说明:1.本表应逐行从左到右横向跨栏填写。								
					2.“项”、“目”、“节”、“细目”、“定额”等的代号应根据实际需要按附录一概、预算项目表及《公路工程概算定额》、《公路工程预算定额》的序列及内容填写。								
					3.本表主要是为利用计算机软件编制概、预算提供基础数据,具体填表规则由软件用户手册详细制定。								

编制：　　　　　　　　　　　　　　　　　　复核：

分项工程概(预)算表

编制范围：

工程名称：　　　　　　　　　　　第　页　共　页　　08-2表

编号	工程项目												合计
	工程细目												
	定额单位												
	工程数量												
	定额表号												
	工、料、机名称	单位	单价(元)	定额	数量	金额(元)	定额	数量	金额(元)	定额	数量	金额(元)	数量	金额(元)
1	人工	工日												
2	……													
	定额基价	元	填表说明:1.本表按具体分项工程项目数量、对应概(预)算定额子目填写,单价由07表转来,金额＝工、料、机各项的单价×定额×数量。
	直接工程费	元	2.其他工程费按相应项目的直接工程费或人工费与施工机械使用费之和×规定费率计算。
	其他工程费 Ⅰ	元	3.规费按相应项目的人工费×规定费率计算。
	其他工程费 Ⅱ	元	4.企业管理费按相应项目的直接费×规定费率计算。
	间接费 规费	元	5.利润按相应项目的(直接费＋间接费－规费)×利润率计算。
	间接费 企业管理费	元	
	利润及税金	元	6.税金按相应项目的(直接费＋间接费＋利润)×税率计算。
	建筑安装工程费	元	

编制：　　　　　　　　　　　　　　　　　　复核：

材料预算单价计算表

建设项目名称：

编制范围：　　　　　　　　　　　　　　　第 页 共 页　　　　　　　　09 表

序号	规格名称	单位	原价（元）	运　杂　费					原价运费合计（元）	场外运输损耗		采购及保管费		预算单价（元）
				供应地点	运输方式、比重及运距	毛重系数或单位毛重	运杂费构成说明或计算式	单位运费（元）		费率（%）	金额（元）	费率（%）	金额（元）	

填表说明：1. 本表计算各种材料自供应地点或料场至工地的全部运杂费与材料原价及其他费用组成预算单价。

2. 运输方式按火车、汽车、船舶等及所占运输比重填写。

3. 毛重系数、场外运输损耗、采购及保管费按规定填写。

4. 根据材料供应地点、运输方式、运输单价、毛重系数等，通过运杂费构成说明或计算式，计算得出材料单位运费。

5. 材料原价与单位运费、场外运输损耗、采购及保管费组成材料预算单价。

编制：　　　　　　　　　　　　　　　　　　　　　　　　复核：

自采材料料场价格计算表

建设项目名称：

编制范围：　　　　　　　　　　　　　　　第 页 共 页　　　　　　　　10 表

序号	定额号	材料规格名称	单位	料场价格（元）	人工（工日）单价（元）		间接费（元）（占人工费%）	（　　）单价（元）		（　　）单价（元）		（　　）单价（元）		（　　）单价（元）	
					定额	金额		定额	金额	定额	金额	定额	金额	定额	金额

填表说明：1. 本表主要用于分析计算自采材料料场价格，应将选用的定额人工、材料、机械台班数量全部列出，包括相应的工、料、机单价。

2. 材料规格用途相同而生产方式（如人工捶碎石、机械轧碎石）不同时，应分别计算单价，再以各种生产方式所占比重根据合计价格加权平均计算料场价格。

3. 定额中机械台班有调整系数时，应在本表内计算。

编制：　　　　　　　　　　　　　　　　　　　　　　　　复核：

331

机械台班单价计算表

建设项目名称：
编制范围：

序号	定额号	机械规格名称	台班单价(元)	不变费用(元)		可变费用(元)								合计
				调整系数：		人工：(元/工日)		汽油：(元/kg)		柴油：(元/kg)		……		
				定额	调整值	定额	金额	定额	金额	定额	金额	定额	金额	

填表说明：1.本表应根据公路工程机械台班费用定额进行计算。不变费用如有调整系数应填入调整值；可变费用各栏填入定额数量。

2.人工、动力燃料的单价由材料预算单价计算表(09表)中转来。

编制：　　　　　　　　　　　　　　　　　　　　　　　　复核：

辅助生产工、料、机械台班单位数量表

建设项目名称：
编制范围：

序号	规格名称	单位	人工(工日)				

填表说明：本表各栏数据由自采材料料场价格计算表(10表)统计而来。

编制：　　　　　　　　　　　　　　　　　　　　　　　　复核：

附录三　公路交工前养护费指标

公路交工前养护费为陆续完工的路段,在路段交工初验时止,以路面为主包括路基、构造物在内的养护费用。该费用按全线里程及平均养护月数,以下列标准计算:

三、四级公路每月养护费按每公里每月 60 个工日计算:

二级及二级以上公路每月养护费按每公里每月 30 个工日计算;

另按路面工程类别计算其他工程费和间接费。

附录四　绿化补助费指标

新建公路的绿化补助费指标如下:

平原微丘区:5 000 元/km;

山岭重丘区:1 000 元/km。

以上费用标准内已包括其他工程费和间接费。

本指标仅适用于无绿化设计的二级以下等级公路建设项目。

附录五　雨季及夜间施工增工百分率、临时设施用工指标

1.冬雨季及夜间施工增工百分率按下表计算:

项　　目	雨季施工		冬 季 施 工							
	(雨量区)		冬一区		冬二区		冬三区	冬四区	冬五区	冬六区
	I	II	I	II	I	II				
路线	0.30	0.45	0.70	1.00	1.40	1.80	2.40	3.00	4.50	6.75
独立大中桥	0.30	0.45	0.30	0.40	0.50	0.60	0.80	1.00	1.50	2.25

注:冬雨季施工增加工以各类工程概、预算工数之和为依据,表中雨季施工增工百分率为每个雨季月的增加率,如雨季期(不是施工期)为两个半月时,表列数值应乘 2.5,余类推。夜间施工增加工按夜间施工工程项目概、预算工数的4%计。

2.临时设施用工指标按下表计算:

项　　目	路线(1km)					独立大中桥
	公路等级					(100m² 桥面)
	高速公路	一级公路	二级公路	三级公路	四级公路	
工日	2 340	1 160	340	160	100	60

参 考 文 献

[1] 苏寅申. 桥梁施工及组织管理(下册). 北京:人民交通出版社,1999.

[2] 周伟,王选仓. 道路工程经济与管理. 北京:人民交通出版社,1998.

[3] 严作人,孙立军. 道路工程经济与管理. 北京:同济大学出版社,1995.

[4] 廖正环. 道路施工组织与管理. 北京:人民交通出版社,1990.

[5] 张树升,唐有君,等. 道路工程经济与管理. 北京:人民交通出版社,1991.

[6] 严校徽. 土木工程项目管理与施工组织设计. 北京:人民交通出版社,1999.

[7] 雷俊卿,等. 土木工程项目管理手册. 北京:人民交通出版社,1995.

[8] 张起森,王首绪. 公路施工组织及概预算. 2 版. 北京:人民交通出版社,1999.

[9] 高速公路丛书编委会. 高速公路建设管理. 北京:人民交通出版社,1999.

[10] 交通部工程建设质量监督总站. 工程进度监理. 北京:人民交通出版社,1999.

[11] 交通部. 公路工程国内招标文件范本. 北京:人民交通出版社,2003.

[12] 陈传德,吴丽萍. 公路项目施工管理. 北京:人民交通出版社,1996.

[13] 王首绪. 网络计划技术. 北京:人民交通出版社,1995.

[14] 沈其明. 公路工程概预算手册. 北京:人民交通出版社,2001.

[15] 邬晓光. 路桥施工组织与概预算. 西安:西北大学出版社,1995.

[16] 王明怀. 高等级公路施工技术与管理. 北京:人民交通出版社,1999.

[17] 杨子敏. 公路工程造价指南. 北京:人民交通出版社,1999.

[18] 李辉. 工程施工组织设计编制与管理. 北京:人民交通出版社,2003.

[19] 交通部. JTG B06—2007 公路工程基本建设项目概算预算编制办法. 北京:人民交通出版社,2007.

[20] 交通部. JTG/T B06-02—2007 公路工程预算定额. 北京:人民交通出版社,2007.

[21] 交通部. JTG/T B06-01—2007 公路工程概算定额. 北京:人民交通出版社,2007.

[22] 交通部. JTG/T B06-03—2007 公路工程机械台班费用定额. 北京:人民交通出版社,2007.

[23] 邬晓光. 公路工程施工招投标标书编制手册. 北京:人民交通出版社,2003.

[24] 廖正环. 公路施工与管理. 北京:人民交通出版社,2000.

[25] 梁金江. 公路工程管理. 北京:人民交通出版社,2002.

[26] 姚玉玲. 公路工程施工组织学. 北京:人民交通出版社,2001.

[27] 石勇民. 公路工程定额原理与估价. 北京:人民交通出版社,2004.

[28] 周直,崔新媛. 公路工程造价原理与编制. 北京:人民交通出版社,2003.

[29] 沈其明,刘燕. 公路工程造价编制与管理. 北京:人民交通出版社,2002.

[30] 张丽华. 公路工程概、预算编制指南. 北京:人民交通出版社,1999.

[31] 王清池,秦骧远. 公路工程招标与投标指南. 北京:人民交通出版社,2003.

[32] 周直,崔新媛. 工程项目招标与投标. 北京:人民交通出版社,2004.

[33] 石勇民. 施工企业经营管理学. 北京:人民交通出版社,2001.